MÉMOIRES

DE

TALLEMANT DES RÉAUX.

PARIS, IMPRIMERIE DE DECOURCHANT,
Rue d'Erfurth, n° 1, près de l'Abbaye.

LES HISTORIETTES

DE

TALLEMANT DES RÉAUX.

MÉMOIRES

POUR SERVIR A L'HISTOIRE DU XVIIe SIÈCLE,

PUBLIÉS

SUR LE MANUSCRIT INÉDIT ET AUTOGRAPHE;

AVEC DES ÉCLAIRCISSEMENTS ET DES NOTES,

PAR MESSIEURS

MONMERQUÉ,
Membre de l'Institut,

DE CHATEAUGIRON ET TASCHEREAU.

TOME PREMIER.

PARIS,
ALPHONSE LEVAVASSEUR, LIBRAIRE,
PLACE VENDÔME, 16.

1834

INTRODUCTION DE L'AUTEUR [1].

J'appelle ce recueil les *Historiettes*, parce que ce ne sont que petits Mémoires qui n'ont aucune liaison les uns avec les autres. J'y observe en quelque sorte la suite des temps, pour ne point faire de confusion. Mon dessein est d'écrire tout ce que j'ai appris et que j'apprendrai d'agréable et digne d'être remarqué, et je prétends dire le bien et le mal sans dissimuler la vérité, et sans me servir de ce qu'on trouve dans les Histoires et les Mémoires imprimés. Je le fais d'autant plus librement que je sais bien que ce ne sont pas choses à mettre en lumière, quoique peut-être elles ne laissassent pas d'être utiles. Je donne cela à mes amis qui m'en prient, il y a long-temps. Au reste, je renverrai souvent aux Mémoires que je prétends faire de la régence d'Anne d'Autriche, ou pour mieux dire, de l'administration du cardinal Mazarin, que je continuerai tant qu'il gouvernera, si je me trouve en

---

[1] A la fin de 1657. (T.)

état de le faire (1). Ces renvois seront pour ne pas répéter la même chose, comme par exemple, une fois que M. Chabot (2), devenu duc de Rohan, entrera dans les négociations avec la cour, je ne puis plus continuer son *Historiette*, parce que désormais c'est l'histoire de la seconde guerre de Paris. Voilà quel est mon dessein. Je commencerai par Henri le Grand et sa cour, afin de commencer par quelque chose d'illustre.

(1) Si Tallemant n'a pas renoncé au projet dont il parle ici, et il est peu vraisemblable qu'il l'ait fait, car il renvoie souvent le lecteur à ses Mémoires sur la Régence, il est fort à craindre que l'ouvrage n'ait été perdu ; c'est un malheur pour l'histoire.

(2) Dont les succès ressemblèrent fort à ceux d'un officier de fortune.

MÉMOIRES DE TALLEMANT.

HENRI IV [1].

Si ce prince fût né roi de France, et roi paisible, probablement ce n'eût pas été un grand personnage ; il se fût noyé dans les voluptés, puisque, malgré toutes ses traverses, il ne laissoit pas, pour suivre ses plaisirs, d'abandonner les plus importantes affaires [2]. Après la bataille de Coutras, au lieu de poursuivre ses avantages, il s'en va badiner avec la comtesse de Guiche [3], et lui porte les drapeaux qu'il avoit gagnés. Durant le

---

[1] Henri IV, né au château de Pau, le 13 décembre 1553, roi de Navarre en 1572, et de France en 1589, assassiné à Paris le 14 mai 1610.

[2] C'est ce qui a fait dire à Bayle : « Si la première fois qu'il dé- « baucha la fille ou la femme de son prochain, on l'eût traité comme « Pierre Abélard, il seroit devenu capable de conquérir toute l'Eu- « rope, et il auroit pu effacer la gloire des Alexandre et des César... « Ce fût son incontinence prodigieuse qui l'empêcha de s'élever autant « qu'il auroit pu le faire. » L'article entier de Tallemant peut faire croire qu'il partageoit cette opinion si vivement relevée par Voltaire, et traitée de plaisanterie par Condorcet.

[3] Elle se trouvoit alors en Gascogne, à une distance assez grande du théâtre de la guerre.

siége d'Amiens, il court après madame de Beaufort (1), sans se tourmenter du cardinal d'Autriche, depuis l'archiduc Albert, qui s'approchoit pour tenter le secours de la place (2).

Il n'étoit ni trop libéral, ni trop reconnoissant. Il ne louoit jamais les autres, et se vantoit comme un gascon. En récompense, on n'a jamais vu un prince si humain, ni qui aimât plus son peuple; il ne refusoit point de veiller pour le bien de son État. Il a fait voir en plusieurs rencontres qu'il avoit l'esprit vif et qu'il entendoit raillerie (3).

Pour reprendre donc ses amours, si Sébastien Zamet, comme quelques-uns l'ont prétendu, donna du poison à madame de Beaufort (4), on peut dire qu'il

(1) Gabrielle d'Estrées. Henri IV avoit érigé pour elle le comté de Beaufort en duché-pairie.

(2) Sigogne* en fit cette épigramme :

> Ce grand Henri, qui souloit estre
> L'effroi de l'Espagnol hautain,
> Fuyt aujourd'huy devant un prestre,
> Et suit le c... d'une p..... (T.)

— Mézerai dit que peu après qu'il eut amené Gabrielle au siége de la ville, « il fut contraint d'éloigner ce scandale de la vue des soldats, « non-seulement par leurs murmures qui venoient jusqu'à ses oreilles, « mais aussi par les reproches du maréchal de Biron. » (*Abrégé chronologique de l'Histoire de France*, édition de 1682, tome 6, page 170.)

(3) Henri IV étant près de se faire catholique, ses favoris lui disoient : « Sire, avertissez-nous quand vous changerez de religion. » Il faisoit alors l'amour à une religieuse de Passy, il s'en lassa et s'en alla faire autant à Maubuisson ; ils lui dirent : « Vous aviez promis de nous « avertir. »

(4) Sébastien Zamet étoit de Lucques; il fut naturalisé françois. Plaisant et enjoué, il s'étoit fait aimer de Henri IV, qui avoit choisi sa maison

* Voir sur ce poète une note placée ci-après dans l'*Historiette* de mademoiselle Du Tillet.

rendit un grand service à Henri IV, car ce bon prince alloit faire la plus grande folie qu'on pouvoit faire ; cependant il y étoit tout résolu (¹). On devoit déclarer feu M. le Prince bâtard (²). M. le comte de Soissons se faisoit cardinal, et on lui donnoit trois cent mille écus de rente en bénéfices. M. le prince de Conti (³) étoit marié alors avec une vieille qui ne pouvoit avoir d'enfants (4). M. le maréchal de Biron devoit épouser la fille de madame d'Estrées, qui depuis a été madame de Sanzay. M. d'Estrées la devoit avouer ; elle étoit née durant le mariage, mais il y avoit cinq ou six ans que M. d'Estrées (5) n'avoit couché avec sa femme, qui s'en étoit enallée avec le marquis d'Allègre, et qui fut tuée avec lui à Issoire (6), par les habitants qui se soulevèrent,

pour faire ses parties de plaisir. D'Aubigné est de ceux dont Tallemant parle comme croyant à l'empoisonnement de Gabrielle par Zamet; il dit qu'après s'être rafraîchie chez lui en mangeant d'un gros citron, ou selon d'autres d'une salade, elle sentit aussitôt *un grand feu au gosier, et des tranchées furieuses à l'estomac.*

(¹) *Voyez* à ce sujet les Mémoires de M. de Sully, liv. 9. (T.)

(²) Henri de Bourbon, prince de Condé, père du grand Condé.

(³) François de Bourbon, prince de Conti, fils de Louis de Bourbon Condé, premier du nom.

(4) Madame de Montafier, mère de feue madame la comtesse (*de Soissons*). (T.)

(5) Le premier M. d'Estrées, grand-maître de l'artillerie (mais en ce temps-là ce n'étoit pas officier de la couronne), étoit un brave homme qui fit sa fortune. Il étoit de la frontière de la Picardie; on l'appeloit La Caussée en picard, pour *La Chaussée*, et étoit un peu *dubiæ nobilitatis*. Mais après il se fit appeler d'Estrées, et dit qu'il étoit d'une bonne maison de Flandre. Son fils, par la faveur de madame de Beaufort, fut aussi grand-maître de l'artillerie. J'ai ouï dire que ce premier M. d'Estrées étoit gendarme dans la compagnie d'un M. de Rubempré, et qu'il sauva la vie à son capitaine. On l'appeloit Gran-Jean de La Caussée ; cela servit à sa fortune. (T.)

(6) Le 31 décembre 1593. (*Voyez* Anselme, tome 4, page 599.)

et prirent le parti de la Ligue. Le marquis et sa galante tenoient pour le Roi : ils furent tous deux poignardés et jetés par la fenêtre.

Cette madame d'Estrées étoit de La Bourdaisière, la race la plus fertile en femmes galantes qui ait jamais été en France (1); on en compte jusqu'à vingt-cinq ou vingt-six, soit religieuses, soit mariées, qui toutes ont fait l'amour hautement. De là vient qu'on dit que les armes de La Bourdaisière, c'est *une poignée de vesces*; car il se trouve, par une plaisante rencontre, que dans leurs armes il y a une main qui sème de la vesce (2). On fit sur leurs armes ce quatrain :

> Nous devons bénir cette main
> Qui sème avec tant de largesses,
> Pour le plaisir du genre humain,
> Quantité de si belles *vesces* (3).

Voici ce que j'ai ouï conter à des gens qui le savoient bien, ou croyoient le bien savoir : une veuve à Bourges, première femme d'un procureur ou d'un notaire, acheta un méchant pourpoint à la Pourpointerie (4), dans la basque duquel elle trouva un papier où il y avoit : « Dans la cave d'une telle maison, six pieds « sous terre, de tel endroit (qui étoit bien désigné), « il y a tant en or en des pots, etc. » La somme étoit

(1) On dit qu'une madame de la Bourdaisière se vantoit d'avoir couché avec le pape Clément VII; à Nice, avec l'empereur Charles-Quint, quand il passa en France, et avec François 1er. (T.)

(2) Les Babou écarteloient en effet au 1er et 4e d'argent au bras de gueules, sortant d'un nuage d'azur, tenant une poignée de vesce en rameau de trois pièces de sinople. (P. Anselme, tome 7, page 180.)

(3) Ce mot étoit alors synonyme de femme éhontée. (*Dictionnaire de Trévoux*.

(4) La Pourpointerie étoit, sans doute, le lieu où étaloient les marchands de vieux habits.

très-grande pour le temps (il y a bien 150 ans.). Cette veuve, voyant que le lieutenant-général de la ville étoit veuf et sans enfants, lui dit la chose, sans lui désigner la maison, et offrit, s'il vouloit l'épouser, de lui dire le secret. Il y consent; on découvre le trésor; il lui tient parole et l'épouse. Il s'appeloit Babou. Il acheta La Bourdaisière. C'est, je pense, le grand-père de la mère du maréchal d'Estrées (1).

Madame d'Estrées eut six filles et deux fils, dont l'un est le maréchal d'Estrées qui vit encore aujourd'hui (2). Ces six filles étoient madame de Beaufort, que madame de Sourdis, aussi de La Bourdaisière, gouvernait; madame de Villars, dont nous parlerons de suite; madame de Namps, la comtesse de Sanzay, l'abbesse de Maubuisson et madame de Balagny. Cette dernière est *Délie* dans l'*Astrée*; elle avoit la taille un peu gâtée, mais c'étoit la personne la plus galante du monde. Ce fut d'elle que feu M. d'Epernon eut l'abbesse de Sainte-Glossine de Metz (3). On les appeloit, elles six et leur frère, les sept péchés mortels. Madame de Neufvic, dame d'esprit, qui étoit fort familière chez madame de Bar (4), fit cette épigramme

(1) Il y a du vrai et de l'inexact dans ce souvenir de Tallemant. Françoise Ra, veuve de Laurent Babou, se remaria, le 26 janvier 1504, avec Jean Salar, lieutenant-général de Bourges. Philibert Babou, son fils aîné, épousa en 1510 Marie Gaudin, dame de la Bourdaisière, qui apporta cette terre à son mari. Ce dernier est l'aïeul de Françoise Babou, mère du maréchal d'Estrées. (P. Anselme, *loco cit.*)

(2) Il mourut à Paris le 5 mai 1670.

(3) Louise, bâtarde de La Valette, abbesse de Sainte-Glossine ou Glossinde de Metz, en 1606, morte en 1647. (*Gallia christiana*, tome 13, page 933; le P. Anselme, tome 3, page 857.)

(4) Catherine, princesse de Navarre, sœur de Henri IV, mariée au duc de Bar, en 1599.

sur la mort de madame la duchesse de Beaufort :

> J'ai vu passer par ma fenêtre
> Les six péchés mortels vivants,
> Conduits par le bastard d'un prêtre (1),
> Qui tous ensemble alloient chantant
>   Un *requiescat in pace*,
> Pour le septième trépassé (2).

Henri IV, à ce qu'on prétend, n'en avoit pas eu les

---

(1) Balagny, fils de Montluc, évêque de Valence. Il vint avec cinq cents chevaux et huit cents fantassins levés à ses dépens, trouver Henri IV, lorsqu'il ne savoit comment s'opposer au grand commandeur de Castille et à M. de Mayenne, qui venoient pour faire lever le siége de Laon. Ce service fut si agréable au roi, qu'il fit Balagny maréchal de France, et lui fit épouser la sœur de madame de Beaufort. Ce Balagny avoit été prince de Cambray, dont il s'étoit rendu maître en suivant le duc d'Alençon. Sa première femme, la sœur du brave Bussy d'Amboise, avoit tant de cœur, qu'elle creva de dépit de n'être plus la princesse de Cambray, où ils faisoient grande dépense. Elle eut un fils qui fut le Bouteville de son temps; Puymorin le tua dans la rue des Petits-Champs. Il est vrai qu'un valet le blessa par-derrière d'un coup de fourche, comme il se battoit. Le Balagny qui est venu de la sœur de madame d'Estrées n'est qu'un coquin. (T.)

(2) On conte encore une chose fort jolie de cette madame de Neufvic. Quoique déjà assez âgée, elle aimoit fort les fleurs, et portoit souvent des bouquets. Le comte de Sardini, alors jeune, la trouva un jour chez madame de Bar, avec un bouquet; c'étoit durant le siége d'Amiens. Il se mit à chanter ce couplet de Ronsard :

> Quand ce beau printemps je voy,
>   J'aperçoy
> Rajeunir la terre et l'onde,
> Et me semble que l'amour,
>   En ce jour,
> Comme enfant renaisse au monde.

Elle, sur-le-champ, se mit à chanter :

> Moi je fais comparaison
>   D'un oison
> A un homme malhabile,
> Qui, d'un sang par trop rassis,
>   Cause assis,
> Quand son roi prend une ville. (T.)

gants, et ce fut pour cela qu'il ne fit pas appeler M. de Vendôme *Alexandre*, de peur qu'on ne dît Alexandre le Grand, car on appeloit M. de Bellegarde M. le Grand (1), et apparemment il y avoit passé le premier. Le Roi commanda dix fois qu'on le tuât (2), puis il s'en repentoit quand il venoit à considérer qu'il la lui avoit ôtée; car Henri, voyant danser M. de Bellegarde et mademoiselle d'Estrées ensemble, dit : « Il faut « qu'ils soient le serviteur et la maîtresse (3). »

Henri IV a eu une quantité étrange de maîtresses; il n'étoit pourtant pas grand abatteur de bois; aussi étoit-il toujours cocu. On disoit en riant que son second avoit été tué. Madame de Verneuil l'appela un jour *Capitaine bon vouloir*; et une autre fois, car elle le grondoit cruellement, elle lui dit que bien lui prenoit d'être roi, que sans cela on ne le pourroit souffrir, et qu'il puoit comme charogne. Elle disoit vrai, il avoit les pieds et le gousset fins (4); et quand la feue Reine-mère coucha avec lui la première fois, quelque bien garnie qu'elle fût d'essences de son pays, elle ne laissa

---

(1) A cause de sa charge de grand-écuyer.

(2) Un jour M. de Praslin, capitaine des gardes-du-corps, depuis maréchal de France durant la régence, pour empêcher le Roi d'épouser madame de Beaufort, lui offrit de lui faire surprendre Bellegarde couché avec elle. En effet, il fit lever le Roi une nuit à Fontainebleau; mais quand il fallut entrer dans l'appartement de la duchesse, le Roi dit : « Ah! cela la fâcheroit trop. » Le maréchal de Praslin a conté cela à un homme de qualité de qui je le tiens. (T.)

(3) L'anecdote du médecin Alibour, rapportée dans les Mémoires de Sully, rend vraisemblable le récit de Tallemant. (*Voyez* les *OEconomies royales*, tome 2, page 355 de la deuxième série des *Mémoires relatifs à l'Histoire de France.*)

(4) Locution du temps dont on comprend suffisamment le sens.

pas que d'en être terriblement parfumée. Le feu Roi (1), pensant faire le bon compagnon, disoit : « Je tiens « de mon père, moi, je sens le gousset. »

Je pense que personne n'a approuvé la conduite d'Henri IV avec la feue Reine-mère, sa femme, sur le fait de ses maîtresses; car que madame de Verneuil fût logée si près du Louvre (2), et qu'il souffrît que la cour se partageât en quelque sorte pour elle, en vérité il n'y avoit en cela ni politique, ni bienséance. Cette madame de Verneuil étoit fille de ce M. d'Entragues qui épousa Marie Touchet, fille d'un boulanger d'Orléans (3), et qui avoit été maîtresse de Charles IX. Elle avoit de l'esprit, mais elle étoit fière, et ne portoit guère de respect, ni à la Reine, ni au Roi. En lui parlant de la Reine, elle l'appeloit quelquefois votre grosse banquière, et le roi lui ayant demandé ce qu'elle eût fait si elle avoit été au port de Nully (ou *Neuilly*) quand la Reine s'y pensa noyer (4) : « J'eusse « crié, lui dit-elle : *La Reine boit.* »

Enfin le Roi rompit avec madame de Verneuil; elle se mit à faire une vie de Sardanapale ou de Vitellius : elle

---

(1) Louis XIII.

(2) A l'hôtel de la Force. (T.) Cet hôtel, ainsi que celui de Longueville, avoit été construit près du Louvre, sur le terrain de l'ancien hôtel d'Alençon (Jaillot, *Recherches sur Paris*, quartier du Louvre, p. 55.) L'ancien palais du roi de Sicile n'a pris le nom d'hôtel de la Force que sous Louis XIV. (*Ibid.*, quartier Saint-Antoine, p. 119.)

(3) Brantôme a prétendu que Marie Touchet étoit fille d'un apothicaire d'Orléans; mais suivant Le Laboureur, dans les Additions sur les *Mémoires* de Castelnau, et Dreux du Radier, dans les *Reines et Régentes*, le père de Marie Touchet auroit été lieutenant particulier au bailliage d'Orléans.

(4) Cet événement arriva le 9 juin 1606. (*Mercure françois*, tom. I, fol. 107.)

ne songeoit qu'à la mangeaille, qu'à des ragoûts, et vouloit même avoir son pot dans sa chambre; elle devint si grasse qu'elle en devint monstrueuse; mais elle avoit toujours bien de l'esprit. Peu de gens la visitoient. On lui ôta ses enfants [1]; sa fille fut nourrie auprès des Filles de France.

La feue Reine-mère, de son côté, ne vivoit pas trop bien avec le Roi : elle le chicanoit en toutes choses. Un jour qu'il fit donner le fouet à M. le dauphin : « Ah! lui dit-elle, vous ne traiteriez pas ainsi vos bâ« tards. — Pour mes bâtards, répondit-il, il les pourra « fouetter, s'ils font les sots, mais lui il n'aura personne « qui le fouette. »

J'ai ouï dire qu'il lui avoit donné le fouet lui-même deux fois : la première, pour avoir eu tant d'aversion pour un gentilhomme, que, pour le contenter, il fallut tirer à ce gentilhomme un coup de pistolet sans balle pour faire semblant de le tuer; l'autre, pour avoir écrasé la tête à un moineau ; et que, comme la Reine-mère grondoit, le Roi lui dit : « Madame, « priez Dieu que je vive, car il vous maltraitera, si je « n'y suis plus [2]. »

Il y en a qui ont soupçonné la Reine-mère d'avoir trempé à sa mort, et que pour cela on n'a jamais vu la déposition de Ravaillac. Il est bien certain que le Roi dit un jour que Conchine, depuis maréchal d'Ancre,

---

[1] Tallemant se tait sur la conspiration d'Entragues et du comte d'Auvergne, où madame de Verneuil trempa, si elle n'en a pas été le principal moteur.

[2] La Reine-mère revint de l'éloignement qu'elle avoit témoigné pour ce genre de punition. (*Voyez* les *Mémoires de l'Estoile*, dans la Collection des Mémoires, première série, tome 49, page 26.)

l'étoit allé saluer à Monceau : « Si j'étois mort, cet « homme-là ruineroit mon royaume. »

Ceux qui ont voulu raffiner sur la mort de Henri IV disent que l'interrogatoire de Ravaillac fut fait par le président Jeannin, comme conseiller d'État (il avoit été président au mortier de Grenoble); et que la Reine-mère l'avoit choisi comme un homme à elle (1). On a dit que la Comant avoit persévéré jusqu'à la mort (2).

On a seulement dit que Ravaillac avoit déclaré que voyant que le Roi alloit entreprendre une grande guerre, et que son État en pâtiroit, il avoit cru rendre un grand service à sa patrie que de la délivrer d'un prince qui ne la vouloit pas maintenir en paix, et qui n'étoit pas bon catholique. Ce Ravaillac avoit la barbe rousse et les cheveux tant soit peu dorés. C'étoit une espèce de fainéant qu'on remarquoit à cause qu'il étoit habillé à la flamande plutôt qu'à la françoise. Il traînoit toujours une épée ; il étoit mélancolique, mais d'assez douce conversation.

Henri IV avoit l'esprit vif; il étoit humain, comme

---

(1) Ces accusations tombent devant les faits. Le président Jeannin interrogea Ravaillac le 14 mai, jour même du parricide. Ce monstre subit deux autres interrogatoires devant le premier président Achille du Harlay et d'autres magistrats. Il soutint, même dans la question, que personne ne l'avoit excité à commettre son crime. Ces interrogatoires, tirés des manuscrits de Brienne, ont été imprimés dans le *Supplément aux Mémoires de Condé*, édition de Lenglet du Fresnoy, in-4°; 1743 ou 1745.

(2) Jacqueline Levoyer, dite de Comant, femme d'Isaac de Varennes, accusa le duc d'Épernon et la marquise de Verneuil d'avoir trempé dans l'assassinat du Roi. Elle fut condamnée à une prison perpétuelle. (*Mémoires de l'Estoile*, audit lieu, t. 49, p. 170 et 218.) *Voyez* plus bas l'*Historiette* de mademoiselle Du Tillet.

j'ai déjà dit. J'en rapporterai quelques exemples.

A La Rochelle, le bruit étoit parmi la populace qu'un certain chandelier avoit une *main de gorre*, c'est-à-dire une mandragone; or, communément on dit cela de ceux qui font bien leurs affaires. Le Roi, qui n'étoit alors que roi de Navarre, envoya quelqu'un à minuit chez cet homme demander à acheter une chandelle. Le chandelier se lève et la donne. « Voilà, dit « le lendemain le Roi, la *main de gorre*. Cet homme « ne perd point l'occasion de gagner, et c'est le moyen « de s'enrichir. »

Un monsieur de Vienne, qui s'appeloit Jean, étoit bien empêché à faire sa propre anagramme : le Roi le trouva par hasard en cette occupation : « Hé ! lui dit-« il, il n'y a rien plus aisé : Jean de Vienne, *devienne* « *Jean*. »

Une fois un gentilhomme servant, au lieu de boire l'essai qu'on met dans le couvercle du verre, but en rêvant ce qui étoit dans le verre même; le Roi ne lui dit autre chose sinon : « Un tel, au moins deviez-vous « boire à ma santé, je vous eusse fait raison. »

On lui dit que feu M. de Guise étoit amoureux de madame de Verneuil; il ne s'en tourmenta pas autrement, et dit : « Encore faut-il leur laisser le pain et « les p....: on leur a ôté tant d'autres choses (1) ! »

(1) Il étoit amateur de bons mots : un jour, passant par un village, où il fut obligé de s'arrêter pour y dîner, il donna ordre qu'on lui fît venir celui du lieu qui passoit pour avoir le plus d'esprit, afin de l'entretenir pendant le repas. On lui dit que c'étoit un nommé Gaillard. « Eh bien ! dit-il, qu'on l'aille quérir. » Ce paysan étant venu, le Roi lui commanda de s'asseoir vis-à-vis de lui, de l'autre côté de la table où il mangeoit. « Comment t'appelles-tu ? dit le roi. — Sire, répondit « le manant, je m'appelle Gaillard. — Quelle différence y a-t-il entre

Quand il vint à donner le collier à M. de La Vieuville, père de celui que nous avons vu deux fois surintendant, et que La Vieuville lui dit, comme on a accoutumé : « *Domine, non sum dignus.* — Je le sais bien, « je le sais bien, lui dit le Roi, mais mon neveu m'en « a prié. » Ce neveu étoit M. de Nevers, depuis duc de Mantoue, dont La Vieuville, simple gentilhomme, avoit été maître-d'hôtel. La Vieuville en faisoit le conte lui-même, peut-être de peur qu'un autre ne le fît, car il n'étoit pas bête, et passoit pour un diseur de bons mots (1).

Lorsqu'on fit une chambre de justice contre les financiers : « Ah! disoit-il, ceux qu'on taxera ne « m'aideront plus. »

Il faisoit des banquets avec M. de Bellegarde, le maréchal de Roquelaure et autres, chez Zamet (2) et autres. Quand ce vint au maréchal, il dit au Roi qu'il ne savoit où les traiter, si ce n'étoit *aux Trois Mores*. Le Roi y alla; ils menèrent un page à deux, et le Roi un pour lui tout seul : « Car, dit-il, un page de ma

« gaillard et paillard? — Sire, répondit le paysan, il n'y a que la table « entre deux. — Ventre saint-gris, j'en tiens, dit le Roi en riant. Je ne « croyois pas trouver un si grand esprit dans un si petit village. » (T.)

(1) On dit que La Vieuville ayant fait quelque raillerie d'un brave de la cour, ce brave lui envoya faire un appel, et celui qui lui portoit la parole ajouta que ce seroit pour le lendemain à six heures du matin. « A six heures? reprit La Vieuville, je ne me lève pas de si bon matin « pour mes propres affaires; je serois bien sot de me lever de si bonne « heure pour celles de votre ami. » Cet homme n'en put tirer autre chose. La Vieuville de ce pas en alla faire le premier le conte au Louvre; et, parce que les rieurs étoient de son côté, l'autre passa pour un ridicule. (T.)

(2) Zamet, comme un notaire lui demandoit ses qualités, dit : « Met« tez seigneur de dix-huit cent mille écus. » (T.)

« chambre ne voudra servir que moi. » Ce page fut
M. de Racan, dont nous avons de si belles poésies.

Un jour il alla chez madame la princesse de Condé,
veuve du prince de Condé le bossu (1); il y trouva un
luth sur le dos duquel il y avoit ces deux vers :

>   Absent de ma divinité,
>   Je ne vois rien qui me contente.

Il ajouta :

>   C'est fort mal connoître ma tante,
>   Elle aime trop l'humanité.

La bonne dame avoit été fort galante. Elle étoit de
Longueville.

Avant la réduction de Paris, une nuit qu'il ne dormoit point bien, et qu'il ne pouvoit se résoudre à quitter sa religion, Crillon lui dit : « Pardieu, sire, vous
« vous moquez de faire difficulté de prendre une religion qui vous donne une couronne. » Crillon étoit
pourtant bon chrétien, car un jour, priant Dieu devant un crucifix, tout d'un coup il se mit à crier :
« Ah ! Seigneur, si j'y eusse été on ne vous eût jamais
« crucifié ! » Je pense même qu'il mit l'épée à la main,
comme Clovis et sa noblesse au sermon de saint Remi.
Ce Crillon, comme on lui montroit à danser, et qu'on
lui dit : « Pliez, reculez. Je n'en ferai rien, dit-il;
« Crillon ne plia ni ne recula jamais. » Il refusa,

---

(1) C'est à cette princesse que son époux contrefait disoit, au moment de faire une absence : « Surtout, madame, ne me faites pas c...
« pendant que vous ne me verrez pas. — Partez en paix, monsieur, répondit-elle; je n'ai jamais tant envie de vous le faire que quand je
« vous vois. »

étant mestre-de-camp du régiment des gardes, de tuer M. de Guise; et quand M. de Guise le fils, étant gouverneur de Provence, s'avisa à Marseille de faire donner une fausse alarme, et de lui venir dire : « Les « ennemis ont repris la ville; » Crillon ne s'ébranla point, et dit : « Marchons; il faut mourir en gens de « cœur. » M. de Guise lui avoua après qu'il avoit fait cette malice pour voir s'il étoit vrai que Crillon n'eût jamais peur. Crillon lui répondit fortement : « Jeune « homme, s'il me fût arrivé de témoigner la moindre « foiblesse, je vous eusse poignardé. »

Quand M. du Perron, alors évêque d'Evreux, en instruisant le Roi, voulut lui parler du purgatoire : « Ne touchez point cela, dit-il, c'est le pain des « moines. »

Cela me fait souvenir d'un médecin de M. de Créqui, qui, à l'ambassade de son maître à Rome, comme quelqu'un au Vatican demandoit où étoit la cuisine du pape, dit en riant que c'étoit le purgatoire; on le voulut mener à l'Inquisition; mais on n'osa quand on sut à qui il étoit.

Arlequin et sa troupe vinrent à Paris en ce temps-là, et quand il alla saluer le Roi, il prit si bien son temps, car il étoit fort dispos, que Sa Majesté s'étant levée de son siége, il s'en empara, et comme si le Roi eût été Arlequin : « Eh bien! Arlequin, lui dit-il, vous « êtes venu ici avec votre troupe pour me divertir; « j'en suis bien aise, je vous promets de vous protéger « et de vous donner tant de pension. » Le Roi ne l'osa dédire de rien, mais il lui dit : « Holà! il y a assez « long-temps que vous faites mon personnage; laissez- « le-moi faire à cette heure. »

A ce propos un conte d'Angleterre. Milord Montaigu étoit mal satisfait du roi Jacques, et un jour qu'un gentilhomme écossois, que le roi avoit plusieurs fois évité, venoit pour lui demander récompense, il lui dit : « Sire, vous ne sauriez plus fuir ; « cet homme-là ne vous connoît point, j'ai votre or- « dre, je ferai semblant que je suis le roi, mettez- « vous derrière. » L'Écossois fait sa harangue ; Montaigu lui répond : « Il ne faut pas que vous vous « étonniez que je n'aie rien fait encore pour vous, « puisque je n'ai rien fait pour Montaigu, qui m'a « rendu tant de services. » Le roi Jacques entendit raillerie, et lui dit : « Otez-vous de delà, vous avez « assez joué. »

Henri IV conçut fort bien que détruire Paris c'étoit, comme on dit, se couper le nez pour faire dépit à son visage : en cela plus sage que son prédécesseur, qui disoit que Paris avoit la tête trop grosse, et qu'il la lui falloit casser. Henri IV voulut pourtant, à telle fin que de raison, avoir une issue pour sortir hors de Paris sans être vu, et pour cela il fit faire la galerie du Louvre, qui n'est point du dessin de l'édifice, afin de gagner par là les Tuileries, qui ne sont dans l'enceinte des murs que depuis vingt ou vingt-cinq ans (1). M. de Nevers en ce temps-là faisoit bâtir l'hôtel de Nevers. Henri IV le trouvoit un peu trop magnifique, pour être à l'opposite du Louvre (2), et un jour en causant

---

(1) Tallemant écrivoit ceci vers l'année 1657.

(2) L'hôtel de Nevers étoit situé près du Pont-Neuf entre la rue de Nevers et le palais de l'Institut. Il a fait place à l'hôtel de Conti, qui a été détruit vers la fin du règne de Louis XV, quand on a construit l'Hôtel de la Monnoie.

avec M. de Nevers, et lui montrant son bâtiment:
« Mon neveu, lui dit-il, j'irai loger chez vous, quand
« votre maison sera achevée. » Cette parole du Roi,
et peut-être aussi le manque d'argent, firent arrêter
l'ouvrage.

Un jour qu'il se trouva beaucoup de cheveux blancs:
« En vérité, dit-il, ce sont les harangues que l'on m'a
« faites depuis mon avénement à la couronne, qui
« m'ont fait blanchir comme vous voyez. »

Il dit à sa sœur, depuis madame de Bar, la voyant
rêveuse : « Ma sœur, de quoi vous avisez-vous d'être
« triste? nous avons tout sujet de louer Dieu, nos af-
« faires sont au meilleur état du monde. — Oui, pour
« vous, lui dit-elle, qui avez votre *conte*, mais pour
« moi, je n'ai pas le mien (1). »

Elle fit danser une fois un ballet dont toutes les figures
faisoient les lettres du nom du Roi. « Eh bien! Sire,
« lui dit-elle après, n'avez-vous pas remarqué comme
« ces figures composoient bien toutes les lettres du nom
« de Votre Majesté? — Ah! ma sœur, lui dit-il, ou
« vous n'écrivez guère bien, ou nous ne savons guère
« bien lire; personne ne s'est aperçu de ce que vous
« dites. »

A propos du comte de Soissons, j'ai ouï dire que
comme il se sauvoit de Nantes, conduit par un blanchisseur dont il faisoit le garçon, il alla, car il marchoit fort mal à pied, choquer M. de Mercœur qui
par hasard passoit dans la rue. Le blanchisseur lui

---

(1) Le comte de Soissons. (T.) Madame, sœur du roi, avoit été recherchée par le comte de Soissons; mais Henri IV ne voulut jamais
consentir à ce mariage. Dans le seizième siècle, et même encore dans le
dix-septième, on écrivoit indifféremment *conte* ou *compte*.

donna un grand coup de poing, en lui disant : « Lour-
» daud, prenez garde à ce que vous faites. »

Le jour que Henri IV entra dans Paris, il fut voir
sa tante de Montpensier, et lui demanda des confitures.
« Je crois, lui dit-elle, que vous faites cela pour vous
« moquer de moi. Vous pensez que nous n'en avons
« plus. — Non, répondit-il, c'est que j'ai faim. » Elle
fit apporter un pot d'abricots, et en prenant, elle en
vouloit faire l'essai; il l'arrêta, et lui dit : « Ma tante,
« vous n'y pensez pas. — Comment, reprit-elle, n'en
« ai-je pas fait assez pour vous être suspecte? — Vous
« ne me l'êtes point, ma tante. — Ah ! répliqua-t-elle,
« il faut être votre servante. » Et effectivement elle
le servit depuis avec beaucoup d'affection.

Quelque brave qu'il fût, on dit que quand on lui
venoit dire : « Voilà les ennemis, » il lui prenoit toujours une espèce de dévoiement, et que, tournant cela
en raillerie, il disoit : « Je m'en vais faire bon pour
« eux. »

Il étoit larron naturellement, il ne pouvoit s'empêcher de prendre ce qu'il trouvoit; mais il le renvoyoit. Il disoit que s'il n'eût été roi, il eût été
pendu.

Pour sa personne, il n'avoit pas une mine fort avan-
tageuse. Madame de Simier, qui étoit accoutumée à
voir Henri III, dit, quand elle vit Henri IV : « J'ai vu
« le Roi, mais je n'ai pas vu sa *Majesté*. »

Il y a à Fontainebleau une grande marque de la
bonté de ce prince. On voit dans un des jardins une
maison qui avance dedans, et y fait un coude (1). C'est

---

(1) Cette maison pourroit bien être l'ancien hôpital de la Charité
d'Avon, fondé en 1662 par Anne d'Autriche. Ccet hospice est aujour-

qu'un particulier ne voulut jamais la lui vendre, quoiqu'il lui en voulût donner beaucoup plus qu'elle ne valoit. Il ne voulut point lui faire de violence.

Lorsqu'il voyoit une maison délabrée, il disoit : « Ceci est à moi, ou à l'Eglise. »

LE MARÉCHAL DE BIRON LE FILS (1).

Ce maréchal étoit si né à la guerre, qu'au siége de Rouen, où il étoit encore tout jeune, il dit à son père, à je ne sais quelle occasion, que si on vouloit lui donner un assez petit nombre de gens qu'il demandoit, il promettoit de défaire la plus grande partie des ennemis. « Tu as raison, lui dit le maréchal son père, je le vois « aussi bien que toi, mais il se faut faire valoir ; à « quoi serons-nous bons, quand il n'y aura plus de « guerre (2) ? »

Il étoit insolent et n'estimoit guère de gens. Il disoit que tous ces Jean.... de princes n'étoient bons qu'à noyer, et que le Roi sans lui n'auroit qu'une couronne d'épines. Ce qui le désespéra, c'est qu'étant avide de louanges, et le Roi ne louant guère que soi-même, jamais il n'avoit sur sa bravoure une bonne parole de

---

d'hui un petit séminaire. Les bâtiments et les jardins font une hache dans la partie du parc qui longe le canal.

(1) Charles de Gontaut, duc de Biron, né vers 1562, décapité à Paris en 1602.

(2) Le vieux maréchal s'effrayoit beaucoup de l'activité et de l'ardeur de son fils : « Biron, lui disoit-il, je te conseille, quand la paix sera

son maître (1). D'ailleurs il ne se crut pas assez bien récompensé. On trouva pourtant que Henri IV, dans la lettre qu'il écrivit à la reine Élisabeth, quand il lui envoya le maréchal de Biron, l'appeloit « *le plus tranchant instrument de ses victoires*, » et après sa mort il témoigna assez le cas qu'il en faisoit, quand la mère de feu M. le Prince dit qu'elle vouloit aller à Bruxelles pour être aimée de Spinola, qu'elle appeloit le Biron de la Flandre, comme elle l'avoit été du Biron de la France, car il ne put souffrir cette comparaison, et dit qu'on faisoit grand tort au maréchal de mettre ce marchand en parallèle avec lui.

Il n'étoit pas ignorant, et on dit que Henri IV étant à Fresnes, demanda l'explication d'un vers grec qui étoit dans la galerie. Quelques maîtres des requêtes, qui par malheur se trouvèrent là, ne firent pas semblant d'entendre ce que Sa Majesté disoit ; le maréchal en passant dit ce que le vers vouloit dire et s'enfuit, tant il avoit honte d'en savoir plus que des gens de robe ; car, pour s'accommoder au siècle, il falloit avoir plutôt la réputation de brutal que celle d'homme qui avoit connoissance des bonnes lettres (2). A la ba-

« faite, que tu ailles planter des choux en ta maison, autrement il te
« faudra perdre la tête en Grève. »

(1) Il étoit difficile à contenter, celui dont Henri avoit dit : « Voilà le
« maréchal de Biron que je présente, avec un égal succès, à mes amis
« et à mes ennemis. »

(2) Est-ce à la fausse honte, à la dissimulation de Biron sur ce point,
qu'il faut attribuer le crédit qu'a trouvé généralement parmi les contemporains du maréchal l'opinion toute contraire à celle que Tallemant
exprime ici ? « Je ne puis m'empêcher de remarquer, dit Sully, à l'a-
« vantage des lettres, qu'autant que le maréchal de Biron le père avoit
« de lecture et d'érudition, autant le fils en avoit peu. A peine savoit-
« il lire. »

taille d'Arques, le ministre Damours se mit à prier Dieu avec un zèle et une confiance la plus grande du monde : « Seigneur, les voilà, disoit-il, viens, « montre-toi, ils sont déjà vaincus, Dieu les livre en- « tre nos mains, etc. — Ne diriez-vous pas, dit le maré- « chal, que Dieu est tenu d'obéir à ces diables de mi- « nistres ? »

Il étoit assez humain pour ses gens. Son intendant Sarrau (1) le pressoit, il y avoit long-temps, de réformer son train, et lui apporta un jour une liste de ceux de ses domestiques qui lui étoient inutiles. « Voilà « donc, lui dit-il, après l'avoir lue, ceux dont vous « dites que je me puis bien passer, mais il faut savoir « s'ils se passeront bien de moi. » Et il n'en chassa pas un (2).

LE MARÉCHAL DE ROQUELAURE (3).

C'étoit un simple gentilhomme gascon, qui fut cadet aux gardes avec feu M. d'Epernon. Il se donna à

---

(1) Père du conseiller qui a écrit. (T.) Claude Sarrau, conseiller au parlement de Rouen, a été en relation avec beaucoup de savants, et son fils Isaac a publié, en 1654, un choix de ses lettres.

(2) C'est sans doute parce que les détails de la malheureuse fin de Biron, décapité dans l'intérieur de la Bastille, à l'âge de quarante ans, le 31 juillet 1602, sont trop connus, que Tallemant ne les a pas donnés ici.

(3) Antoine, baron de Roquelaure, d'une ancienne famille de l'Armagnac, né vers 1543, mort à Lectoure, le 9 juin 1625, dans sa quatre-vingt-deuxième année.

Henri IV, comme l'autre à Henri III, et le suivit dans toutes ses adversités. Lui et M. d'Epernon ont toujours été fort bien ensemble, et on disoit à Bordeaux : « M. de Roquelaure et M. d'Epernon, *qui toque l'un* « *toque l'autre.* »

On dit qu'ayant fait sommer je ne sais quelle ville, on lui vint dire qu'ils ne se vouloient pas rendre : « Eh « bien, répondit-il, *que s'en esten*, » c'est-à-dire, qu'ils s'en abstiennent ; mais cela n'a point de grâce comme en gascon ; c'est plutôt : « Eh bien, qu'ils ne se ren- « dent donc pas. »

Il disoit que tous les courtisans étoient des traîtres, et quand il entroit dans l'antichambre du Roi : « Oh ! « s'écrioit-il, que voici de gens de bien ! »

Quand le connétable de Castille vint à Paris, Henri IV le fit traiter, et le connétable de France étoit vis-à-vis de lui ; chaque Espagnol avoit ainsi un François de l'autre côté de la table. Le nonce du pape, qui fut depuis le pape Urbain, étoit au haut bout. Un Espagnol, qui étoit vis-à-vis du maréchal de Roquelaure, faisoit de gros rots en disant : « *La sanita del* « *cuerpo, señor mareschal.* » Le maréchal s'ennuya de cela, et tout d'un coup, comme l'autre réitéroit, il tourna le c.., et fit un gros pet, en disant : « *La sanita del culo, señor Espagnol.* » Il étoit assez sujet aux vents. Un jour il fut obligé de sortir en grande hâte du cabinet de Marie de Médicis ; mais il ne put si bien faire qu'elle n'entendît le bruit. Elle lui cria : « *Lho sentito, segnor mares-* « *chal.* » Lui, qui ne savoit pas l'italien, lui répondit sans se déferrer : « Votre Majesté a donc bon nez, « madame ? »

Le Roi lui demanda pourquoi il avoit si bon appétit quand il n'étoit que roi de Navarre, et qu'il n'avoit quasi rien à manger, et pourquoi à cette heure qu'il étoit roi de France, paisible il ne trouvoit rien à son goût : « C'est, lui dit le maréchal, qu'alors vous étiez « excommunié, et un excommunié mange comme un « diable. »

Il perdit un œil d'une épine qui lui perça la prunelle, comme il étoit à la portière du carrosse, en allant voir madame de Maubuisson, sœur de madame de Beaufort. Or, un jour qu'il étoit en carrosse avec Henri IV, il s'avisa, en passant, de demander à une vendeuse de maquereaux si elle connoissoit bien les mâles d'avec les femelles. « Jésus ! dit-elle, il n'y « a rien de plus aisé, les mâles sont borgnes. » On l'accusoit d'avoir fait quelquefois le *ruffian* (1) à son maître.

Le Roi se plaisoit à lui faire des niches. Il avoit juré de ne plus voir des ballets, à cause qu'il falloit attendre trop long-temps. Sa Majesté, pour l'attraper, en alla faire danser un chez lui-même; il n'y eut pas moyen de fuir, mais il se mit en telle posture qu'il avoit son bon œil caché. On n'y prit pas garde, et après il dit au Roi, qu'avec toute sa puissance il ne lui avoit pu faire voir un ballet en dépit de lui. Il se trouva du même temps à la cour un gentilhomme nommé Roquelaure et borgne comme lui; ils n'étoient point parens.

Une autre fois le Roi le tenoit entre ses jambes, tandis qu'il faisoit jouer à Gros-Guillaume la farce du

(1) Du mot italien *rufficno*, proxénète de la nature la plus honteuse.

Gentilhomme Gascon. A tout bout de champ, pour divertir son maître, le maréchal faisoit semblant de vouloir se lever, pour aller battre Gros-Guillaume, et Gros-Guillaume disoit : « *Cousis, ne bous fâchez.* » Il arriva qu'après la mort du Roi, les comédiens n'osant jouer à Paris, tant tout le monde y étoit dans la consternation, s'en allèrent dans les provinces, et enfin à Bordeaux. Le maréchal y étoit lieutenant de roi; il fallut demander permission. « Je vous la donne, « leur dit-il, à condition que vous jouerez la farce du « Gentilhomme Gascon. » Ils crurent qu'on les roueroit de coups de bâton au sortir de là; ils voulurent faire leurs excuses. « Jouez, jouez seulement, » leur dit-il. Le maréchal y alla; mais le souvenir d'un si bon maître lui causa une telle douleur qu'il fut contraint de sortir tout en larmes dès le commencement de la farce.

Ce fut lui qui dit à un capitaine qui avoit gagné un gouvernement en changeant de religion, qu'il falloit bien que celle qu'il avoit quittée fût la meilleure, puisqu'il avoit pris du retour.

Il fut marié deux fois. En allant pour accommoder deux gentilshommes qui prétendoient une même fille, il les mit d'accord, en la prenant pour lui. Elle étoit belle, mais elle n'avoit point de bien. Il ne voulut jamais qu'elle vît la cour, et quand le Roi lui disoit pourquoi il ne l'amenoit pas, il ne répondoit autre chose, sinon : « Sire, elle n'a pas de *sabattous* » (de souliers).

LE MARQUIS DE PISANI (1).

Pour diversifier, je mettrai après le maréchal de Roquelaure un homme qui ne lui ressembloit guère. C'est M. le marquis de Pisani, de la maison de Vivonne. Il fut envoyé par Charles IX ambassadeur en Espagne, où il demeura onze ans, parce que le roi de France et le roi d'Espagne se trouvoient également bien de lui. Son prince en fit plus de cas que jamais, quand il vit que cet ambassadeur ayant reçu quelque déplaisir des habitants d'une ville par où il passoit, ne voulut jamais, quoi qu'on fît, se tenir pour satisfait que ces habitants ne fussent venus en corps lui en demander pardon. Le marquis disoit que s'il croyoit ressembler de mine aux Espagnols, il ne se montreroit jamais en public, tant il avoit d'amour pour sa nation et d'aversion pour l'Espagne.

Henri III étant parvenu à la couronne, le pape et le roi d'Espagne demandèrent en même temps le marquis de Pisani pour ambassadeur. Le pape l'emporta. Il fut renvoyé à Rome pour la seconde fois du temps du pape Sixte V. Ce fut lui qui remit la France dans la posses-

---

(1) Jean de Vivonne, marquis de Pisani. C'est un caractère fort remarquable et un personnage de l'obscurité historique duquel on se rend difficilement compte après avoir lu cette *historiette*. Son nom ne se trouve dans aucune des Biographies modernes. Le marquis de Pisani est mort en 1599.

sion de la préséance sur l'Espagne ; car, à la canonisation de saint Diego, dont les Espagnols avoient fait toute la dépense, quoique le pape l'eût prié de laisser les Espagnols en liberté ce jour-là, et de ne point assister à la cérémonie, il y voulut aller à toute force ; et parce que l'ambassadeur d'Espagne s'étoit vanté qu'il l'arracheroit de sa chaise, il porta un poignard, et en fit porter à tous ceux de la nation. Il gagna même les propres Suisses du pape, dont le saint Père fut fort en colère ; de sorte que l'ambassadeur d'Espagne fut contraint de voir la cérémonie par une jalousie.

Ce fut durant cette ambassade qu'il se maria. Catherine de Médicis, qui aimoit extrêmement les Strozzi, tant parce qu'ils étoient ses parens, que parce qu'ils s'étoient incommodés à suivre le parti de France, ayant perdu depuis peu la comtesse de Fiesque, qui étoit de cette maison, voulut faire venir d'Italie quelque femme ou quelque fille de cette race. Il ne se trouva personne plus propre à être transportée de deçà les monts qu'une jeune veuve, qui n'avoit point d'enfants. A la vérité, elle étoit Savelle, et veuve d'un Ursin, mais sa mère étoit Strozzi. La Reine jeta les yeux sur le marquis de Pisani, qui étoit un vieux garçon de soixante-trois ans, mais encore frais et propre. Il ne la vit que deux ou trois jours avant que de l'épouser.

Quand le pape excommunia le roi de Navarre et le prince de Condé, et qu'il envoya sa bulle en France par un Frangipani, archevêque de Nazareth, napolitain, le Roi ne le voulut point recevoir, et lui envoya ordre à Lyon de s'arrêter. Cet homme n'avoit fait que souffler la sédition du temps de Charles IX, auprès duquel il avoit été nonce. Le pape en colère mande à

Pisani qu'il ait à sortir de ses terres dans trois jours, et cela, sans attendre les lettres du Roi. Le marquis répondit qu'il trouvoit l'ordre du pape bien extraordinaire et bien violent; qu'il ne se soucioit guère de savoir quel sujet avoit mu le pape à le traiter de la sorte, mais qu'il vouloit qu'il sût qu'il abrégeoit de deux jours le temps que le pape lui donnoit, et que l'étendue de ses terres n'étoit pas si grande qu'il n'en pût commodément sortir en moins de vingt-quatre heures. M. de Thou dit qu'il rendit trois jours au pape. Le Roi ne vouloit pas que l'archevêque de Nazareth, qui étoit gagné par les Guisards, vînt légat en France. L'affaire s'accommoda, et puis le marquis revint. Il avoit offert au Roi d'enlever le pape par une porte secrète qui étoit au bout d'une galerie du Vatican, où le saint Père avoit accoutumé de se promener seul. Le pape disoit qu'il voudroit M. de Pisani pour sujet, mais qu'il ne le vouloit point pour ambassadeur. Il lui a dit plusieurs fois : « Plût à Dieu que votre maître eût autant de « courage que vous! nous ferions bien nos affaires. » Il entendoit le dessein qu'il avoit de chasser les Espagnols du royaume de Naples, et c'est à quoi il vouloit employer cette grande quantité d'argent qu'il amassoit. Le roi d'Espagne en avoit été averti; c'est pourquoi il envoya exprès un ambassadeur à Rome pour le sommer de contribuer à la guerre contre les hérétiques de France. Mais le pape fit dire à l'ambassadeur qu'il lui feroit couper la tête s'il lui faisoit une semblable sommation; sur quoi l'ambassadeur n'osa passer outre. Ce même pape disoit au marquis de Pisani qu'il n'y avoit qu'un homme et qu'une femme en Europe qui méritassent de commander, mais qu'ils étoient tous deux hérétiques : c'étoient le roi de Navarre et la reine Elisabeth.

Comme M. de Pisani revenoit de Rome avec l'évêque du Mans (de Rambouillet) (1), leur galère fut surprise par un corsaire nommé Barberoussette. Ce corsaire les retint huit jours, et prétendoit bien en tirer grosse rançon. Le marquis, voyant un jour que le corsaire avoit quitté la galère, après avoir donné ses prisonniers en garde à ses gens, délibéra de sortir sans rien payer. M. du Mans, craignant la furie du corsaire, n'y vouloit nullement entendre; enfin M. de Pisani lui dit : « Allez prier Dieu, et me laissez faire le reste. » En effet, il prit si bien son temps, qu'assisté des François qui avoient été pris avec eux, il tua le capitaine et se rendit maître de la galère. Apparemment cet exploit ne s'est point fait sans de notables circonstances; mais quelques diligences que j'aie faites, je n'en ai pu apprendre autre chose, sinon que le neveu du corsaire, charmé de la bravoure et de la conduite du marquis, se jeta à ses pieds et lui demanda en grâce de le recevoir au nombre de ses domestiques. Le marquis l'embrassa, et cet homme mourut effectivement à son service. Il ne faut pas s'étonner de cela, tout le monde l'aimoit; les hôteliers d'Italie, quelque intéressés qu'ils soient, au second voyage qu'il y fit, ne vouloient pas qu'il payât. Il laissa à Rome sa femme et une fille, qui fut le seul enfant né de ce mariage (2), parce qu'il n'y

---

(1) Charles d'Angennes de Rambouillet, né en 1580, ambassadeur de France à Rome, cardinal en 1570, mort à Corneto, dont il étoit gouverneur pour le pape, en 1587.

(2) Cette fille a été la marquise de Rambouillet, l'une des femmes les plus distinguées de son siècle. Tallemant, admis dans l'intimité de

avoit rien à craindre pour elles au milieu de leurs parents. Cette dame, qui étoit une femme de sens, faisoit en quelque sorte avec M. le cardinal d'Ossat, qui n'étoit alors qu'agent, le métier d'ambassadeur. Après il la fit venir en France, quand les choses furent un peu plus calmes.

Pour lui, à son retour il suivit Henri IV. En une rencontre, le Roi voyant qu'il étoit nécessaire de prendre un poste contre l'ordre et à la chaude, fit commandement à M. de Pisani d'y aller. Il y va. Quelqu'un avertit le Roi que le marquis étoit trop âgé pour un semblable commandement. Le Roi s'excusa en disant : « Il est si bien fait, si propre et si bien à cheval, que « je l'ai pris pour un jeune homme ; courez après lui « et prenez sa place. » Le marquis répondit : « J'irai, « et si je reviens, je prierai le Roi d'y prendre garde « de plus près une autre fois. » Le Roi disoit que si tous les seigneurs de sa cour et tous les officiers de son armée étoient aussi ardents à le servir, qu'il ne faudroit point de trompettes pour sonner le boute-selle.

Quelque sévère qu'il fût, on a remarqué que les jeunes gens l'aimoient fort et se plaisoient extrêmement avec lui. Ils lui portoient un tel respect qu'ils n'osoient paroître devant lui, s'ils n'étoient tout-à-fait dans la bienséance. Il aimoit les gens de lettres, quoiqu'il ne fût pas autrement savant. M. de Thou a laissé par écrit en des Mémoires à la main, qu'il ne savoit point de vie plus belle à écrire (1).

cette dame, tenoit d'elle tous ces détails, ainsi qu'on le verra plus tard.

(1) Jacques-Auguste de Thou dit dans ses *Mémoires* que l'année 1599 lui fut funeste, par la perte qu'il fit des trois hommes illustres qui

Quand on crut que Malte seroit assiégée pour la seconde fois, le marquis de Pisani, Timoléon de Cossé, et Strozzi, qui mourut depuis aux Tercères, se jetèrent dans la place comme volontaires.

Il avoit été fort galant; on croit que ce fut un des premiers amants de mademoiselle de Vitry, depuis madame de Simier. Madame la marquise de Rambouillet, sa fille, avoit plusieurs lettres qu'elle lui écrivoit, mais par malheur on les a laissé perdre.

Il fut ensuite un des ambassadeurs pour l'absolution; mais le pape Clément VIII ne voulut recevoir ni lui, ni le cardinal de Gondi.

Henri IV lui donna la cornette blanche à commander. Il le fit gouverneur de feu M. le Prince (1), qu'il venoit de déclarer héritier présomptif de la couronne, et lui dit que s'il avoit un fils, il le lui donneroit, mais qu'il lui donnoit celui qui devoit régner après lui, qu'il le prioit d'en prendre soin, que la France lui auroit l'obligation de lui avoir fait un bon roi. Le marquis avoit les appointemens de gouverneur de Dauphin, et ne logeoit point avec M. le Prince. M. de Haucourt étoit le sous-gouverneur; mais la peste étant survenue à Paris, il eut ordre de le mener à Saint-Maur, où il demeura avec lui pendant deux ans. Et comme un jour ils étoient ensemble à la chasse, et qu'un paysan, auprès duquel ils passoient, se fut mis le ventre à terre, sans que le jeune prince le saluât, même

---

étoient ou ses alliés ou ses meilleurs amis. « C'étoient le comte de Schom-
« berg, le chancelier de Chiverny, et *le marquis de Pisani*, qui mou-
« rurent tous trois en ce temps-là. » (Pag. 336 de l'édition d'Amsterdam, 1713.)

(1) Henri II, prince de Condé.

de la tête, le marquis l'en reprit fort aigrement, et lui dit : « Monsieur, il n'y a rien au-dessous de cet « homme, il n'y a rien au-dessus de vous; mais si « lui et ses semblables ne labouroient la terre, vous « et vos semblables seriez en danger de mourir de « faim. »

Un jour ce petit prince, en jouant avec mademoiselle de Pisani, depuis madame la marquise de Rambouillet, alors âgée de huit ans, la prit par la tête et la baisa. Le marquis, qui en fut averti, l'en fit châtier très-sévèrement, car les princes sont des animaux qui ne s'échappent que trop. On en a fait la guerre bien des fois à cette demoiselle, comme si elle étoit cause de l'aversion que feu M. le Prince a eue toute sa vie pour les femmes.

M. de Pisani n'avoit nullement bonne opinion de M. le Prince, et trouvoit qu'il n'avoit pas une belle inclination. Au reste, madame la princesse (Charlotte de La Tremouille) et le marquis n'étoient jamais d'accord ensemble. Il avoit résolu de quitter cet emploi à la première occasion, et sans doute il eût demandé son congé à la dissolution du mariage du Roi, mais il mourut à Saint-Maur un peu devant, et le Roi donna le comte de Belin pour gouverneur à M. le Prince, avec ce témoignage honorable pour M. de Pisani : « Quand « j'ai voulu, dit-il, faire un roi de mon neveu, je lui ai « donné le marquis de Pisani; quand j'en ai voulu faire « un sujet, je lui ai donné le comte de Belin. » Ce comte s'accorda bien mieux que le marquis avec madame la princesse, et ils firent de belles galanteries ensemble.

Depuis, il peut y avoir quatorze à quinze ans, mademoiselle de Rambouillet, aujourd'hui madame de Montausier, étant allée à Saint-Maur avec feu madame la Princesse, une infinité de gens vinrent au château pour voir, disoient-ils, la petite-fille de ce M. de Pisani, dont ils avoient ouï parler à leurs pères.

Le marquis de Pisani étoit fier. Le maréchal de Biron le fit prier de mettre à prix un fort beau cheval d'Espagne qu'il avoit, puisqu'aussi bien il n'alloit plus à la guerre. Le marquis, au lieu d'y entendre, répondit que s'il savoit où il y en a encore trois de même, il en donneroit deux mille écus de la pièce pour les mettre à son carrosse. En ce temps-là on n'alloit pas si communément à six chevaux.

On a dit que le marquis de Pisani avoit rapporté d'Espagne, qui est un pays à simagrées, certaine affectation de ne point boire; mais madame de Rambouillet dit que cela vient d'une blessure qu'il reçut à la bataille de Moncontour, pour laquelle, craignant l'hydropisie, on lui conseilla de boire le moins qu'il pourroit. Insensiblement il s'accoutuma à boire fort peu, et enfin il voulut voir si on pourroit se passer de boire. En effet, il fut onze ans sans boire; mais il mangeoit beaucoup de fruits.

M. DE BELLEGARDE (1),

ET BEAUCOUP DE CHOSES DE HENRI III.

Les gens qui connoissoient bien M. de Bellegarde (comme M. de Racan) disent qu'on a cru trois choses de lui qui n'étoient point : la première, que c'étoit un poltron; la seconde, qu'il étoit fort galant; la troisième, qu'il étoit fort libéral. A la vérité, il ne recherchoit pas le péril, mais il ne manquoit nullement de cœur; dans la suite nous en verrons des preuves. Il avoit le port agréable, étoit bien fait, et rioit de fort bonne grâce. Son abord plaisoit; mais hors quelques petites choses qu'il disoit assez bien, tout le reste n'étoit rien qui vaille. Ses gens étoient toujours déchirés, et hors que ce fût pour quelque entrée, ou pour quelque autre chose semblable, il n'eût pas voulu faire un sou de dépense; mais dans les occasions d'éclat, la vanité l'emportoit. Il n'étoit point trop bel homme de cheval, à moins que d'être armé, car cela le faisoit tenir plus droit. Il étoit grand et fort, et portoit fort bien ses armes. Je n'ai que faire de dire que sa beauté lui servit fort à faire sa fortune auprès de Henri III. On sait ce que dit un courtisan de ce temps-là, à qui on reprochoit qu'il ne s'avançoit pas comme

---

(1) Roger de Saint-Lary, duc de Bellegarde, grand-écuyer de France, né vers 1563, mort le 13 juillet 1646.

Bellegarde. « Hé! dit-il, il n'a garde qu'il ne s'avance; « on le pousse assez... » Il avoit la voix belle, et chantoit bien, mais il n'en fit jamais son capital, et cessa de chanter d'assez bonne heure.

Une dame d'Auvergne, sœur de madame de Senneterre, de la maison de La Chastre, se mit en tête d'être galantisée par ce M. de Bellegarde, dont elle entendoit tant parler, et un jour qu'il passoit assez près du lieu où elle demeuroit, elle l'envoya prier de venir loger chez elle. Il y alla; elle se fit toute la plus jolie qu'elle put;... et il repartit le lendemain matin. Au bout de trente ans il la revit à Paris; elle étoit effroyablement changée; il ne voulût pas croire que ce fût elle, et craignoit que le monde ne s'imaginât que cette femme-là ne pouvoit jamais avoir été passable.

Jamais il n'y eut un homme plus propre; il étoit de même pour les paroles. Il ne pouvoit entendre nommer un pet. Une nuit il eut une forte colique venteuse; il appela ses gens et se mit à se promener, et, en se promenant, il pétoit; Yvrande, garçon d'esprit, qui étoit à lui, y vint comme les autres, mais il se cacha; M. de Bellegarde l'aperçut à la fin : « Ah! vous voilà, « lui dit-il, y a-t-il long-temps que vous y êtes? — Dès « le premier, monsieur, dès le premier. » M. de Bellegarde se mit à rire, et cela acheva de le guérir.

Un jour que le dernier cardinal de Guise, qui étoit archevêque de Reims, vint fort frisé dîner chez M. de Bellegarde, le même Yvrande alla dire tout bas ces quatre vers à M. le Grand (on appeloit ainsi M. de Bellegarde) :

> Les prélats des siècles passés
> Etoient un peu plus en servage,

> Ils n'étoient bouclés ni frisés,
> Et......... rarement leur page.

Malgré toute cette grande propreté dont nous venons de parler, dès trente-cinq ans M. de Bellegarde avoit la roupie au nez; avec le temps cette incommodité augmenta. Cela choquoit fort le feu roi Louis XIII, qui pourtant n'osoit le lui dire, car on lui portoit quelque respect. Le Roi dit à M. de Bassompierre qu'il le lui dît. M. de Bassompierre s'en excusa. « Mais, « Sire, dit-il au Roi, ordonnez en riant à tout le monde « de se moucher, la première fois que M. de Belle- « garde y sera. » Le Roi le fit, mais M. de Bellegarde se douta d'où venoit ce conseil, et dit au Roi : « Il est « vrai, Sire, que j'ai cette incommodité, mais vous la « pouvez bien souffrir, puisque vous souffrez les pieds « de M. de Bassompierre. » Or, M. de Bassompierre avoit le pied fin. On empêcha que cette brouillerie n'allât plus loin.

Une fois qu'on attendoit M. de Bellegarde à Nancy, où il devoit aller de la part du Roi, un conseiller d'état du duc de Lorraine revenoit d'un petit voyage à neuf heures du soir. Il se présenta aux portes pour voir si on lui ouvriroit. Il dit : « *C'est M. le Grand.* » On crut que c'étoit M. de Bellegarde. Voilà les tambours, les trompettes, grande quantité de flambeaux, des gens qui venoient demander *où est M. le Grand*. « Le voilà qui vient, » disoient les valets. Le duc l'envoya prier de venir au palais. Il y va bien étonné de tant d'honneurs, au lieu qu'on avoit accoutumé de n'ouvrir à personne à cette heure-là. Le duc lui dit : « Où est M. Le Grand ? — Monseigneur, c'est moi,

« je suis *le Grand.* — Vous êtes un *grand* sot, » lui dit le duc, et il le quitta là, fort en colère de la bévue de ses gens.

Pour en revenir à ce que nous avons dit, qu'il ne manquoit point de cœur, je rapporterai ce que M. d'Angoulême, bâtard de France (1), dit de lui dans ses *Mémoires* au combat d'Arques : « Parmi ceux,
« dit-il, qui donnèrent le plus de marques de leur va-
« leur, il faut nommer M. de Bellegarde, grand-
« écuyer, duquel le courage étoit accompagné d'une
« telle modestie, et l'humeur d'une si affable conver-
« sation, qu'il n'y en avoit point qui parmi les combats
« fît paroître plus d'assurance, ni dans la cour plus de
« gentillesse. Il vit un cavalier tout plein de plumes,
« qui demanda à faire le coup de pistolet pour l'amour
« des dames; et comme il en étoit le plus chéri, il
« crut que c'étoit à lui que s'adressoit le cartel, en
« sorte que, sans attendre, il part de la main sur un
« genêt, nommé *Frégouze,* et attaque avec autant d'a-
« dresse que de hardiesse cê cavalier, lequel tirant
« M. de Bellegarde d'un peu loin, le manque ; mais
« lui, le serrant de près, lui rompit le bras gauche, si
« bien que, tournant le dos, le cavalier chercha son
« salut, en faisant retraite dans le premier escadron
« qu'il trouva des siens (2). »

Il fit bien au combat de Fontaine-Françoise, et à La

(1) Voir ci-après son *Historiette.*

(2) *Mémoires très-particuliers du duc d'Angoulême pour servir à l'histoire du règne de Henri* III *et Henri* IV. (T.) — Tallemant cite ces Mémoires d'après la première édition qui en fut publiée à Paris, en 1662. (Voyez la *Collection des Mémoires relatifs à l'Histoire de France,* première série, tom. 44, pag. 566.) On y remarque quelques différences de langage.

Rochelle. On l'avoit donné à *Monsieur*, depuis M. d'Orléans, pour lui servir de conseil, quand il fit faire son fort devant La Rochelle. M. de Bellegarde avoit ordre sur toutes choses d'empêcher qu'on ne se battît. Il sortit des gens de La Rochelle, M. de Bellegarde en étoit assez loin. Cinquante jeunes gentilshommes poussent à eux. Ces gens-là s'ouvrent et les enveloppent. M. le Grand y court en pourpoint, les rallie et les retire. En se retirant il vit quatre Rochellois qui emmenoient un cavalier, il les charge lui deuxième et le délivre.

Quant à sa galanterie, je pense que l'amour qu'il eut pour la reine Anne d'Autriche fut sa dernière amour. Il disoit quasi toujours : « Ah ! je suis mort. » On dit qu'un jour, comme il lui demandoit ce qu'elle feroit à un homme qui lui parleroit d'amour : « Je le « tuerois, dit-elle. — Ah! je suis mort, » s'écria-t-il. Elle ne tua pourtant pas Buckingham, qui fit quitter la place à notre courtisan d'Henri III. Voiture en fit un pont-breton (1), qui disoit :

> L'astre de Roger
> Ne luit plus au Louvre ;
> Chacun le découvre,
> Et dit qu'un berger,
> Arrivé de Douvre,
> L'a fait déloger.

Un jour Du Moustier (2) le trouva de la plus méchante humeur du monde ; il s'habilloit, et s'étoit fait apporter sa boîte aux rubans ; il n'y en avoit point

---
(1) Espèce de chanson du temps.
(2) Peintre de portraits dont on lira l'*Historiette* plus bas.

trouvé de jaune. « En voilà, dit-il, de toutes les cou-
« leurs, il n'y en manque que de celle qu'il me faut
« aujourd'hui. Ne suis-je pas malheureux? je ne trouve
« jamais ce dont j'ai affaire. » Madame de Rambouillet, à qui on avoit fait ce conte, dit qu'apparemment
il tenoit cela d'Henri III, dont M. Bertaut, le poète,
alors lecteur du Roi, depuis évêque de Seez, contoit
une chose toute pareille. « Une après-dîner, disoit-il,
que Henri III étoit sur son lit assez chagrin, il regardoit une image de Notre-Dame qui étoit dans des Heures, dont la reliure ne lui plaisoit pas, et il en avoit
d'autres, où il la vouloit faire mettre : « Bertaut, me dit-
« il, comment ferions-nous pour la faire passer dans ces
« autres Heures? coupe-la. » Je pris des ciseaux, et invo-
quai en tremblant l'Adresse et tous ses artifices, mais
je ne pus m'empêcher d'y faire quelques dents. « Ah !
« dit le Roi, ma pauvre petite image ! ce maladroit l'a
« toute gâtée ! Ah ! le fâcheux ! Ah ! qui m'a donné cet
« homme-là ! » Il en dit par où il en savoit. M. de
Joyeuse arrive, il lui fait des plaintes de Bertaut, Bertaut n'étoit bon qu'à noyer. Dans ces entrefaites,
voilà, ajoutoit M. Bertaut, un ambassadeur qui arrive.
« Ah! l'importun ambassadeur, dit le Roi, il prend tou-
« jours si mal son temps. Donnez-moi pourtant mon
« manteau. » Il va dans la chambre de l'audience.
Vous eussiez dit que c'étoit un Dieu, tant il avoit de
majesté. » On conclut de là que ce prince étoit mer-
veilleusement mol et efféminé, mais qu'il se surmon-
toit en quelques rencontres. Il étoit libéral, et faisoit
les choses de fort bonne grâce. Ce même M. Bertaut
l'alla voir un jour; mais quoiqu'à son goût il se fût fort
paré, le Roi, d'un ton chagrin, lui dit : « Bertaut,

« comme vous voilà fait! Combien avez-vous de pen-
« sion ? — Tant, Sire. — Je vous donne le double, et
« soyez mieux habillé (1). »

Allant à la foire Saint-Germain, il trouva un jeune
garçon endormi; un assez bon prieuré vaquoit, plusieurs personnes étoient après, à qui l'auroit. « Je le
« veux donner, dit-il, à ce garçon, afin qu'il se puisse
« vanter que le bien lui est venu en dormant. » Ce jeune
garçon s'appeloit Benoise (2); il le prit en affection et
le fit secrétaire du cabinet. Ce Benoise avoit soin de
lui tenir toujours des plumes bien taillées, car le Roi
écrivoit assez souvent. Un jour, pour essayer si une
plume étoit bonne, Benoise avoit écrit au haut d'une
feuille ces mots : *Trésorier de mon épargne*. Le Roi
ayant trouvé cela, y ajouta : « Payez présentement
« à Benoise, mon secrétaire, la somme de trois mille
« écus, » et signa. Benoise trouva cette ordonnance et
en fut payé.

On dit que Fernel (3) dit à Henri II, qu'il falloit se
résoudre à voir la Reine durant ses mois, parce qu'il
croyoit que la partie étoit trop foible, et que c'étoit
ce qui l'empêchoit de concevoir. Le Roi eut de la
peine à y consentir; il le fit pourtant. Aussitôt les
mois cessèrent. Fernel conclut que la Reine avoit
conçu; mais le premier enfant fut si malsain, qu'il

(1) La *Biographie universelle*, tom. 11, pag. 228, donne pour acteurs
à cette scène Henri IV et Desportes, ce qui n'a nulle vraisemblance,
car Desportes, titulaire de plusieurs abbayes, jouissoit d'un revenu considérable (voir ci-après son *Historiette*), et n'avoit pas besoin qu'on
doublât son revenu pour être vêtu convenablement.

(2) De là est venu M. Benoise de Paris. (T.)

(3) Célèbre médecin et mathématicien, né en 1497, mort le 26
avril 1558.

ne put vivre jusques à vingt ans. Les autres ne sont pas morts faute de bons tempéraments.

Albert de Gondi, depuis maréchal et duc de Retz, avoit été premier gentilhomme de la chambre sous Charles IX; Henri III étant parvenu à la couronne, il se douta bien, car il étoit bon courtisan, qu'on l'obligeroit à se défaire de sa charge, car c'est proprement une charge pour un homme qui plaît, et nullement pour un visage qui n'est point agréable. Il fut donc trouver le Roi et lui remit sa charge. Le Roi la donna à M. de Joyeuse, et le lendemain envoya un brevet de duc à madame de Retz, avec ce compliment, « qu'elle « étoit de trop bonne maison pour n'avoir pas un « rang que de moindres qu'elle avoient. » Et cela étoit bien plus galant que s'il se fût adressé au mari. La duchesse de Retz, de la maison de Clermont-Tallard de Tonnerre, étoit veuve du fils de M. l'amiral d'Annebault. Sa mère, madame de Dampierre (1), de la maison de Vivonne, ne pouvant l'empêcher d'épouser M. de Retz, lui donna sa malédiction. Cette mère avoit été dame d'honneur de la reine Elisabeth (2). On conte d'elle une chose assez raisonnable. Elle avoit fait une de ses nièces fille d'honneur de la reine Louise, et s'étant aperçue que le Roi la cajoloit, un beau matin elle la met dans un carrosse et la renvoie à son père. Le Roi n'en osa rien dire. Cette dame étoit fort estimée, et on avoit du respect pour elle.

Madame de Retz, malgré la malédiction de sa mère,

(1) Madame de Dampierre étoit tante de Brantôme, qui en a parlé fréquemment dans ses *Mémoires*.

(2) Elisabeth d'Autriche, femme de Charles IX. Brantôme en a tracé un charmant portrait dans ses *Dames Illustres* (Tom. 5 de l'édition Foucault de 1823).

ne laissa pas d'avoir bon nombre d'enfants. Le marquis de Bellisle, son fils aîné, épousa une fille de la maison de Longueville, qui étoit belle et bien faite; elle voulut venger la mort de son mari, tué au Mont-Saint-Michel, et après cela elle se fit religieuse, fut abbesse de Fontevrault, et puis fondatrice du Calvaire. Elle fit cette réformation, et mourut comme une sainte.

Le cardinal de Richelieu fit exiler M. de Bellegarde à Saint-Fargeau, où il demeura huit ou neuf ans. Feu M. le Prince, qui eut son gouvernement de Bourgogne, voulut aussi avoir Seurre, que M. de Bellegarde avoit acheté à madame de Mercœur pour en faire une duché, et lui donner son nom. La chose étoit faite de façon que la duché devoit aller à M. de Termes, son frère, et à ses fils, s'il en avoit alors. Il fut tué à Montauban. M. de Termes mourut le premier, et ne laissa qu'une fille que M. de Bellegarde maria à M. de Montespan. Feu M. le Prince acheta donc Bellegarde, et M. de Bellegarde acheta Choisy, dans la forêt d'Orléans, terre de la maison de L'Hospital, à laquelle il donna le nom de Bellegarde. C'est sur cela que M. de Bellegarde d'aujourd'hui, qui est fils de la sœur et s'appelle Gondrin en son nom (on l'appeloit au commencement Montespan), prétend être duc. Il n'a point d'enfant; mais ses frères, les marquis d'Antin et Termes-Pardaillan, en ont. Il est vrai que ce sont de pauvres garçons pour l'esprit. L'archevêque de Sens est aussi son frère.

Nous avons vu revenir M. de Bellegarde à la cour, après la mort du cardinal de Richelieu, et il a porté le deuil de ce prince (Louis XIII), qui ne pouvoit souffrir sa roupie. Il est vrai qu'il mourut bientôt après.

M. DE TERMES (1).

M. de Termes savoit bien mieux la guerre que son frère, M. de Bellegarde, qui ne la savoit point du tout, et il étoit capable de commander; il avoit la survivance de la charge de grand-écuyer. C'étoit un fort bel homme de cheval, mais le plus puant homme du monde. Les dames attendoient quelquefois pour le voir passer à cheval. Il eut un coup de fauconneau aux guerres des Huguenots, qui lui mit les deux genoux en dehors; pour réparer ce défaut, il portoit ses jarretières en dedans. Avec tout cela il dansoit fort bien.

Il étoit de fort amoureuse manière. Rien ne fit tant de bruit que la galanterie d'une fille de la Reine-mère, nommée Sagonne. Il alla familièrement coucher avec elle dans le Louvre. La gouvernante fit du bruit, il sauta par la fenêtre, mais il laissa son pourpoint; c'étoit au premier étage du Louvre sur le perron. Les gardes de la porte le laissèrent sauver; il étoit assez aimé, puis on pardonne aisément les crimes d'amour. La demoiselle fut chassée, et lui exilé; mais il fit bientôt sa paix. J'ai ouï dire à un vieux porte-manteau du Roi, nommé Véron, qu'il lui avoit tenu une échelle pour traverser d'un côté de rue à l'autre, à un troisième étage, afin d'aller voir une religieuse. Il se mit jambe

---

(1) Frère de Roger de Saint-Lary, maréchal de France et duc de Bellegarde.

de çà jambe de là sur l'échelle qui étoit étroite, et en revint comme il y étoit allé. Il aima encore une autre fille de la feue Reine-mère (Marie de Médicis), nommée de Bains, supérieure des carmélites; mais il ne fut pas en danger de perdre son pourpoint, comme l'autre fois. Cette fille étoit plus agréable que belle, mais il n'y a jamais eu une plus aimable personne; elle a toujours eu de la vertu, et ne se fit religieuse que par dévotion. On en fait aujourd'hui une béate. M. de Bellegarde avoit marié M. de Termes avec l'héritière du marquis de Mirebeau-Chabot, en Bourgogne. Cette folle épousa depuis ce fou de président Vigné, premier président du parlement de Metz, qui est mort lié et gueux. Quand elle eut fait cette extravagance, mademoiselle du Tillet la fut voir, et faisant semblant de ne rien savoir, elle lui dit: « Que veulent
« dire vos gens, madame ma mie (elle appeloit ainsi
« toutes les femmes)? ils vous appellent madame Vigné;
« vous avez un beau et bon nom, pourquoi ne vous
« appellent-ils pas madame de Termes? — Hé! made-
« moiselle, dit l'autre, c'est que j'ai épousé M. le pré-
« sident Vigné. — Jésus! ma mie, que dites-vous là?
« reprit mademoiselle du Tillet; si vous aimiez ce gar-
« çon, eh bien! ne pouviez-vous pas en passer votre
« envie? Dieu pardonne, madame ma mie, mais les
« hommes ne pardonnent point. »

LA PRINCESSE DE CONTI (1).

La princesse de Conti étoit fille du duc de Guise, que Henri III fit tuer aux États de Blois; mais avant que de parler de ses galanteries, je dirai quelque chose de celles de sa bisaïeule et de sa mère. Madame de Guise (2), mère de François, duc de Guise, tué au siége d'Orléans, étant amoureuse d'un seigneur de la cour, pour jouir de ses amours et éviter les mauvais bruits, le faisoit conduire la nuit, dans sa chambre, les yeux bandés, et on le ramenoit de même. Un de ses amis lui conseilla de couper de la frange du lit, et d'aller après chez toutes les dames, pour voir s'il trouveroit de la frange semblable. Il découvrit ainsi qui étoit la dame, et au premier rendez-vous, il le lui fit connoître; mais cette impertinente curiosité rompit leur commerce. M. d'Urfé a mis cette histoire dans l'*Astrée* sous le nom d'*Alcippe* (3), père de Céladon, c'est-à-dire père de M. d'Urfé lui-même; et ce pourroit bien être en effet quelqu'un de sa maison, car

---

(1) Louise de Lorraine, fille du duc de Guise, dit *le Balafré*, femme de François de Bourbon-Conti, troisième fils de Louis de Bourbon, premier du nom, prince de Condé. Née en 1577, elle épousa le prince de Conti en 1605, et mourut à Eu en 1631.

(2) Antoinette de Bourbon. C'étoit une honnête femme; ce conte ne lui convient pas trop bien. (T.)

(3) Voyez l'*histoire d'Alcippe*, dans le deuxième livre de la première partie de l'*Astrée*.

ce qu'il dit ensuite de la délivrance de son ami est véritable, et le roi François 1er l'ayant su, s'écria : « Ah! « le paillard! » Ensuite ce M. d'Urfé, qui avoit délivré son ami, en écrivant à quelqu'un de la cour, signa par galanterie : *Le Paillard*. Depuis quelques-uns de cette maison ont eu ce nom-là pour nom de baptême; au moins l'ai-je ainsi ouï dire. Cela me fait souvenir d'une bonne maison d'Auvergne qu'on appelle d'Aché, au moins signent-ils ainsi, mais leur véritable nom est fort vilain; ils se nomment *Merdezac*, et on dit que c'est un sobriquet qui fut donné à un de leurs auteurs dans je ne sais quelle bataille, où, quoiqu'il lui eût pris un dévoiement, il ne se retira point du combat et y fit merveilles.

Le Balafré, père de la princesse de Conti, fut beaucoup plus malheureux en femme que son grand-père. La sienne (1) se gouvernoit fort mal. Un de ses amis, croyant qu'il ne s'en apercevoit point, voulut tenter s'il pourroit le lui dire; il lui raconta donc qu'il avoit un ami dont la femme ne vivoit pas bien, et qu'il le prioit de lui dire s'il lui conseilloit de le découvrir à cet ami; « car j'en suis si assuré, ajouta-t-il, « que je puis le prouver facilement. » Le Balafré, qui avoit bon nez, lui répondit : « Pour moi, je poi-« gnarderois qui me viendroit dire une chose comme « cela. — Ma foi! reprit l'autre, je ne le dirai donc « point à mon ami, car il pourroit bien être de votre « humeur. »

Il lui fit pourtant la peur tout entière, à ce qu'on

---

(1) Elle étoit de Clèves, cadette de madame de Nevers, mère de M. de Mantoue. (T.)

dit; car un jour qu'elle se trouvoit un peu mal, après avoir témoigné qu'il avoit quelque chose dans l'esprit qui le chagrinoit fort, il lui dit d'un ton assez étrange qu'il falloit qu'elle prît un bouillon; elle lui dit qu'elle n'en avoit point de besoin. « Vous m'excuserez, ma-« dame, il en faut prendre un. » Et de ce pas en envoya quérir un à la cuisine. Elle qui n'avoit pas la conscience trop nette, crut fermement qu'il la vouloit dépêcher, et lui demanda en grâce qu'elle ne prît ce bouillon que dans une demi-heure. On dit qu'elle employa ce temps-là à se préparer à la mort, sans en rien dire toutefois, et qu'après elle prit le bouillon qu'il lui envoya, et qui n'étoit qu'un bouillon à l'ordinaire.

Saint-Mégrin (La Vauguyon), qu'on a cru père de feu M. de Guise, parce qu'il étoit camus comme lui, étoit son galant. M. de Mayenne, qui n'entendoit pas raillerie, le fit assassiner. Il en fit autant à Sacremore, qu'on accusoit de coucher avec la fille de madame de Mayenne. Ce Sacremore étoit un gentilhomme dont je n'ai pu savoir autre chose.

M. de Mayenne, pour attraper sa femme [1], qui s'inquiétoit fort de ce qu'il sortoit la nuit, faisoit mettre son valet avec sa robe de chambre auprès d'une table, avec bien des papiers, comme s'il eût travaillé à quelque grande affaire; ce valet, de loin, faisoit signe de la main à madame de Mayenne qu'elle se retirât, et elle se retiroit par respect.

Mademoiselle de Guise, depuis princesse de Conti, fut cajolée de plusieurs personnes, et entre autres du

---

[1] Madame de Mayenne étoit héritière de Tende (le comte de Tende, bâtard de Savoie). Elle étoit veuve de M. de Montpézat. Devenue héritière, M. de Mayenne l'épousa. (T.)

brave Givry. On dit qu'en ayant obtenu un rendez-vous, elle s'avisa par galanterie de se déguiser en religieuse. Givry monta par une échelle de corde; mais il fut tellement surpris de trouver une religieuse au lieu de mademoiselle de Guise, qu'il lui fut impossible de se remettre, et il fallut s'en retourner comme il étoit venu. Depuis il ne put obtenir d'elle un second rendez-vous; elle le méprisa, et Bellegarde (1) acheva l'aventure (2). Il est vrai que, de peur de semblable surprise, elle ne se déguisa point en religieuse. J'ai ouï dire que ce fut sur le plancher, dans la chambre de madame de Guise même, qui étoit sur son lit, et qui s'étant trouvée assoupie avoit fait tirer les rideaux pour dormir. Mademoiselle de Vitry, confidente de mademoiselle de Guise, étoit la Dariolette (3). A un soupir expressif de la belle, la mère se réveilla, et demanda ce que c'étoit. « C'est, répondit la confidente, que « mademoiselle s'est piquée en travaillant. » Avant cela, durant une trêve de peu d'heures, Bellegarde et

---

(1) Bellegarde prit un homme qui se sauvoit de Paris. Cet homme lui donna le portrait au crayon de mademoiselle de Guise. Elle n'avoit que quinze ans quand on fit ce portrait. Ce fut par là qu'il commença à en devenir amoureux. Six ans devant que de mourir, elle recouvra ce portrait et le vit à madame de Rambouillet qui la fut voir ce jour-là même; elle en avoit une grande joie. (T.)

(2) Dans *les Amours d'Alcandre* on voit la naissance de cette galanterie. (T.)

(3) Dariolette étoit la confidente de l'infante Elisenne, mère d'Amadis de Gaule. Le rôle que joue Dariolette dans l'ancien roman a fait donner son nom aux suivantes qui se font entremetteuses d'amour. Scarron, dans le livre 4 du *Virgile travesti*, dit de la sœur de Didon que :

> En un cas de nécessité
> Elle eût été Dariolette.

Givry vinrent causer à la porte de la Conférence avec madame et mademoiselle de Guise. M. de Nemours (1), amoureux aussi bien qu'eux de cette jeune princesse, nonobstant la trêve fit tirer sur eux. Bellegarde se retire, et Givry, qui étoit plus brave que lui, lui crioit : « Quoi, Bellegarde, tu fais retraite devant cette « beauté ! » Enfin Givry (2), voyant qu'elle le quittoit, lui écrivit un billet que je mettrai ici, parce que c'est un des plus beaux billets qu'on puisse trouver :

« Vous verrez, en apprenant la fin de ma vie, que
« je suis homme de parole, et qu'il étoit vrai que je ne
« voulois vivre qu'autant que j'aurois l'honneur de vos
« bonnes grâces. Car ayant appris votre changement,
« je cours au seul remède que j'y puisse apporter, et vais
« périr sans doute, puisque le ciel vous aime trop pour
« sauver ce que vous voulez perdre, et qu'il faudroit
« un miracle pour me tirer du péril où je me jetterai.
« La mort que je cherche et qui m'attend m'oblige à
« finir ce discours. Voyez donc, belle princesse, par
« mon respectueux désespoir, ce que peuvent vos mé-
« pris, et si j'en étois digne. »

En effet, il s'engagea si fort parmi les ennemis, au siége de Laon, qu'il y fut tué. On lui avoit prédit depuis peu, à ce que j'ai entendu dire, qu'il mourroit *devant l'an*, et cela se pouvoit entendre devant l'année, ou devant la ville de Laon.

Je dirai encore un mot de ce M. de Givry. Il avoit

---

(1) Celui qui après fut le tyran de Lyon. Il étoit frère de mère de M. de Guise, tué à Blois. Leur mère, fille de la duchesse de Ferrare (Renée), qui étoit fille de France, avoit épousé M. de Guise, puis M. de Nemours. (T.)

(2) Il étoit de la maison d'Anglure. (T.)

aimé autrefois une dame, dont je n'ai pu savoir le nom. Comme il la pressoit, car il voyoit bien qu'elle l'aimoit, elle lui dit un jour en soupirant : « Si vous sa-
« viez en quelle peine je suis, vous auriez pitié de
« moi. Je ne puis me résoudre à vous perdre, et si je
« vous accorde ce que vous me demandez, je mourrai,
« sans doute, de déplaisir. » Le cavalier, qui connut aux larmes et à la manière dont la belle parloit, que ce n'étoit point une feinte, en fut si touché, qu'encore qu'il fût persuadé qu'il n'avoit qu'à persévérer pour tout avoir, il lui dit, en prenant le ciel à témoin, que jamais il ne lui en parleroit, et qu'il l'aimeroit désormais comme sa sœur.

Mademoiselle de Guise se gouverna ensuite de sorte qu'il n'y avoit que le prince de Conti capable de l'épouser (1). C'étoit un stupide.

En une petite ville où la cour passoit, le juge qui venoit haranguer le Roi s'adressa après à la princesse de Conti, qu'il prit pour la Reine. Le Roi dit tout haut : « Il ne se trompe pas trop, elle l'auroit été,
« si elle eût été sage (2). » On dit que comme elle prioit M. de Guise, son frère, de ne jouer plus, puisqu'il perdoit tant : « Ma sœur, lui dit-il, je ne jouerai
« plus quand vous ne ferez plus l'amour. — Ah! le
« méchant, reprit-elle, il ne s'en tiendra jamais. »

---

(1) François de Bourbon-Conti, mort en 1614.

(2) Henri IV s'étoit en effet senti un doux penchant pour mademoiselle de Guise. Mais il vit Gabrielle, et n'eut plus d'yeux que pour elle; c'est alors que la beauté délaissée, pour se consoler, peut-être aussi pour diminuer les reproches qu'Henri pouvoit se faire, lia intrigue avec Bellegarde. Ce quadrille amoureux figure dans l'*Histoire des amours du grand Alcandre*.

Elle avoit beaucoup d'esprit; elle a même écrit une espèce de petit roman qu'on appelle les *Adventures de la cour de Perse* (1), où il y a bien des choses arrivées de son temps. Elle étoit humaine et charitable; elle assistoit les gens de lettres, et servoit qui elle pouvoit. Il est vrai qu'elle étoit implacable pour celles qu'elle soupçonnoit d'avoir débauché ses galans. Vers la fin de sa vie, elle devint insupportable sur la grandeur de sa maison, et se mit si fort ses intérêts dans la tête qu'elle faisoit des choses étranges pour cela. Dans cette vision, passant un jour avec feu madame la comtesse de Soissons devant la porte du Petit-Bourbon (2) qui regarde sur l'eau, elle lui fit remarquer qu'on y voyoit encore un reste de la peinture jaune dont elle fut barbouillée autrefois, quand le connétable de Bourbon se retira (3). « Il faut avouer, dit madame la com-
« tesse, que nos rois ont été bien négligens de ne pas

---

(1) *Les Adventures de la cour de Perse, où sont racontées plusieurs histoires d'amour et de guerre arrivées de notre temps;* Paris, Pomeray, 1629, in-8°. Jusqu'à présent on avoit attribué cet ouvrage à Jean Baudouin. (*Voy.* le *Dictionnaire des Anonymes* de Barbier.) On s'accorde à regarder la princesse de Conti comme l'auteur de l'*Histoire des amours du grand Alcandre*, insérée dans le *Recueil de diverses pièces servant à l'histoire de Henri* III; Cologne, P. du Marteau, 1663, in-12. Cet ouvrage contient le tableau des galanteries de Henri IV, sous le nom du *grand Alcandre;* la princesse de Conti y est désignée sous le nom de *Milagarde*. (*Voyez* le *Recueil* A B C, vol. S, pag. 1.)

(2) Le Petit-Bourbon s'élevoit sur l'emplacement où l'on a construit depuis la colonnade du Louvre.

(3) « Après la mort de Charles de Bourbon, on fit peindre de jaune la
« porte et le seuil de son hôtel à Paris, devant le Louvre. C'étoit la cou-
« tume du temps passé, pour déclarer un homme traître à son roi, de
« peindre sa porte de jaune, et de semer du sel dans sa maison, comme
« on fit dans celle de M. l'amiral de Châtillon. » (*Dictionnaire de Trévoux*.)

« jaunir la muraille de l'hôtel de Guise (1). » Madame la princesse de Conti dit aussi à madame la comtesse : « Vous m'êtes bien obligée de n'avoir point fait d'en-
« fants. — En vérité, lui répondit l'autre, pas tant
« que vous penseriez ; nous sommes fort persuadés
« qu'il n'a pas tenu à vous. »

Lorsque le cardinal de Richelieu l'envoya en exil dans la comté d'Eu, elle logea vers Compiègne chez un gentilhomme, nommé M. de Jonquières, parce que son carrosse rompit. Il y avoit là dedans trois ou quatre grands garçons ; elle ne laissa pas le lendemain de se plâtrer devant eux, avec un pinceau, le visage, la gorge et les bras. Le soir qu'elle y arriva, pour passer son chagrin, elle demanda un livre, et lut avec plaisir un vieux *Jean de Paris* (2), tout gras, qui se trouva dans la cuisine.

PHILIPPE DESPORTES (3).

Philippe Desportes étoit de Chartres et d'assez basse naissance, mais il avoit bien étudié. Il fut clerc chez un procureur à Paris. Ce procureur avoit une femme assez jolie, à qui ce jeune clerc plaisoit un peu trop.

---

(1) Elle l'a été depuis. (T.)

(2) Ancien roman de chevalerie, cent fois réimprimé dans la Bibliothèque bleue.

(3) Philippe Desportes, né à Chartres en 1546, mort dans son abbaye de Bonport le 5 octobre 1606.

Il s'en aperçut, et un jour que Desportes étoit allé en ville, il prit ses hardes, en fit un paquet, et les pendit au maillet de la porte de l'allée avec cet écrit : « Quand Philippe reviendra, il n'aura qu'à prendre « ses hardes et s'en aller. » Desportes prit son paquet et s'en va à Avignon (peut-être que la cour étoit vers ce pays-là), sur le pont, où les valets à louer se tiennent, comme à Paris sur les degrés du Palais. Il entendit quelques jeunes garçons qui disoient : « M. l'évêque « du Puy a besoin d'un secrétaire. » Desportes va trouver l'évêque qui étoit alors à Avignon. La physionomie de Desportes plut au prélat. Étant au service de M. du Puy, qui étoit de la maison de Senecterre, il devint amoureux de sa nièce, sœur de mademoiselle de Senecterre, dont nous parlerons ensuite. Cette maîtresse est appelée *Cléonice* dans ses ouvrages (1).

Ce fut du temps qu'il étoit à ce prélat, qu'il commença à se mettre en réputation, par une pièce de vers qui commence ainsi :

O nuit ! jalouse nuit, etc. (2) !

Il se garda bien de dire que ce n'étoit qu'une tra-

(1) On lit dans les *Anecdotes historiques et littéraires sur Philippe Desportes, abbé de Tiron, et ses ouvrages*, par Dreux du Radier, insérées au *Conservateur* de septembre 1757 : « Cléonice fut la troisième dame « à qui la muse de Desportes fut consacrée à l'âge de trente-deux ou « trente-trois ans. Cette Cléonice étoit Héliette de Vivonne de la Châ-
« taigneraie... Il est parlé de cette demoiselle dans le sonnet de Ron-
« sard, imprimé à la suite des amours de Cléonice, où il lui donne le
« nom véritable d'*Héliette*, et Desportes a fait l'épitaphe d'Héliette de
« Vivonne de la Châtaigneraie à la fin de ses *Diverses Amours*. » Accorde qui pourra les historiens des amours de Desportes.

(2) *OEuvres de Desportes*. Rouen, Raphaël du Petit-Val, 1611, pag. 518.

duction, ou du moins une imitation de l'Arioste. On y mit un air, et tout le monde la chanta.

Un peu avant sa mort, il eut le déplaisir de voir un livre avec ce titre : *la Conformité des Muses italiennes et des Muses françaises* (1), où les sonnets qu'il avoit imités ou traduits étoient placés vis-à-vis des siens.

Il fit sa grande fortune durant la faveur de M. de Joyeuse, dont il étoit tout le conseil. Il eut quatre abbayes qui lui valoient plus de quarante mille livres de rente (2). M. de Joyeuse le mit si bien avec Henri III, qu'il avoit grande part aux affaires. Ce fut alors qu'il fit beaucoup de bien aux gens de lettres, et leur fit donner bon nombre de bénéfices.

Je ne sais si ce fut lui qui mit chez le Roi un nommé Autron, dont Sa Majesté se servoit pour les harangues qu'il avoit à faire; mais il ne l'avoit pas bien averti de ne pas se railler de son maître, car le Roi suant la v..... à Saint-Cloud, demanda un jour à Autron ce qu'on disoit à Paris. « Sire, dit-il étourdiment, « on dit qu'il fait bien chaud à Saint-Cloud. » Le Roi se fâcha et lui dit qu'il se retirât.

Desportes cependant quitta le parti du Roi pour suivre messieurs de Guise, parce qu'il crut qu'infailliblement il succomberoit. Il se retira à Rouen avec l'amiral de Villars, auprès duquel il avoit tenu même

---

(1) N'est-ce pas plutôt *les Rencontres des Muses de France et d'Italie*, 1604, in-4°? Desportes, s'il éprouva du déplaisir de ce rapprochement, comme le dit Tallemant, eut l'art de le déguiser, et répondit de bonne grâce « qu'il avoit pris aux Italiens plus qu'on ne disoit, et que « si l'auteur l'avoit consulté, il lui auroit fourni de bons Mémoires. »

(2) Desportes étoit chanoine de la Sainte-Chapelle, abbé de Tiron, de Bonport, de Josaphat, des Vaux-de-Cernai, et d'Aurillac. (Dreux de Radier, *loc. cit.*)

place qu'auprès de M. de Joyeuse. Depuis pourtant l'amiral et lui se brouillèrent; en voici l'occasion :

La Reine, Catherine de Médicis, avoit une fille d'honneur nommée mademoiselle de Vitry, qui étoit galante, agréable et spirituelle. Desportes lui fit une fille. Comme elle étoit chez la Reine, on dit qu'elle alla accoucher un matin au faubourg Saint-Victor, et que le soir elle se trouva au bal du Louvre, où même elle dansa, et on ne s'en aperçut que par une perte de sang qui lui prit. Elle disoit plaisamment que les femmes se moquoient de prendre la ceinture de sainte Marguerite, elles qui pouvoient crier tout leur soûl; mais que c'étoit aux filles à la mettre, puisqu'elles n'osoient faire un pauvre *hélas!* Depuis, comme il arrive entre amants, elle n'aima plus M. Desportes et le mit mal avec l'amiral de Villars, qui, quoiqu'elle fût déjà sur le retour, étoit devenu amoureux d'elle à toute outrance. Malicieusement elle dit à l'amiral que s'il avoit toujours Desportes avec lui, on croiroit qu'il ne faisoit rien que par son conseil, et que cet homme le régentoit toujours; car c'étoit par le crédit de Desportes que l'amiral avoit été fait ce qu'il étoit. L'amiral en étoit si fou, qu'en Picardie, allant au combat où il fut tué, après avoir fait sa paix avec Henri IV, il se mit à baiser un bracelet de cheveux de madame de Simier (c'est ainsi qu'elle s'appela après), et dit à M. de Bouillon qui lui en faisoit honte : « En bonne foi, j'y « crois comme en Dieu. » Il ne laissa pas d'y être tué.

M. Desportes eut la fantaisie d'avoir tout le patrimoine de sa famille : c'étoit une fantaisie un peu poétique. Il avoit un frère et six sœurs, dont trois ne lui voulurent pas vendre leur part. Il ne leur fit point de bien. Il en fit aux autres, et principalement à son frère.

Régnier, poëte satirique, son neveu, ne fut à son aise qu'après la mort de Desportes; alors le maréchal d'Estrées lui fit donner une abbaye de cinq mille livres de rente. Il avoit déjà une prébende de Chartres.

Desportes étoit en si grande réputation, que tout le monde lui apportoit des ouvrages pour en avoir son sentiment. Un avocat lui apporta un jour un gros poëme qu'il donna à lire à Régnier, afin de se délivrer de cette fatigue; en un endroit cet avocat disoit :

> Je bride ici mon Apollon.

Régnier écrivit à la marge :

> Faut avoir le cerveau bien vide
> Pour brider des Muses le roi;
> Les dieux ne portent point de bride,
> Mais bien les ânes comme toi.

Cet avocat vint à quelque temps de là, et Desportes lui rendit son livre, après lui avoir dit qu'il y avoit bien de belles choses. L'avocat revint le lendemain tout bouffi de colère, et, lui montrant ce quatrain, lui dit qu'on ne se moquoit pas ainsi des gens. Desportes reconnoît l'écriture de Régnier, et il fut contraint d'avouer à l'avocat comme la chose s'étoit passée, et le pria de ne lui point imputer l'extravagance de son neveu. Pour n'en faire pas à deux fois, je dirai que Régnier mourut à trente-neuf ans à Rouen, où il étoit allé pour se faire traiter de la v..... par un nommé Le Sonneur. Quand il fut guéri, il voulut donner à manger à ses médecins. Il y avoit du vin d'Espagne nouveau ; ils lui en laissèrent boire par complaisance ; il en eut une pleurésie qui l'emporta en trois jours.

Desportes, sous le règne de Henri IV, ne laissa pas d'être en estime ; et un jour le Roi lui dit en riant, en présence de madame la princesse de Conti : « *M. de* « *Tiron* (c'étoit sa principale abbaye), il faut que vous « aimiez ma nièce (1), cela vous réchauffera et vous « fera faire encore de belles choses, quoique vous ne « soyez plus jeune. » La princesse lui répondit assez hardiment : « Je n'en serois pas fâchée ; il en a aimé « de meilleure maison que moi. » Elle entendoit la reine Marguerite, que Desportes avoit aimée lorsqu'elle n'étoit encore que reine de Navarre.

Ce fut lui qui fit la fortune du cardinal du Perron, qui étoit sa créature. Quand il le vit cardinal, il fut bien empêché comment lui écrire, car il ne se pouvoit résoudre à traiter de *monseigneur* un homme qu'il avoit nourri si long-temps. Il trouva un milieu, et lui écrivit *domine*.

Mais il faut reprendre madame de Simier (2) ; aussi bien nous ne saurions trouver un endroit qui lui soit plus propre que celui-ci.

Elle avoit eu, étant fille de la Reine, une promesse de mariage du jeune Randan (de La Rochefoucauld), et lui, pour s'en dégager, fut contraint de lui donner six mille écus. Après cela, elle s'en alla au Louvre avec une robe de plumes, et dit : « L'oiseau m'est

---

(1) Le roi appeloit ainsi madame la princesse de Conti, quand il vouloit l'obliger. (T.)

(2) Mademoiselle de Vitry, fille d'honneur de Catherine de Médicis, dont il vient d'être question dans cet article.

« échappé, mais il y a laissé des plumes. » Madame de Randan, mère du cavalier, qui étoit présente, répondit : « Ce ne sont que de celles de la queue ; cela ne « l'empêchera pas de voler. » Elle disoit plaisamment qu'elle envoyoit assez souvent ses pensées au rimeur ; c'est-à-dire qu'elle les envoyoit à Desportes pour les rimer. Elle fit pourtant des vers elle-même, mais ce ne fut qu'à quarante ans. On a remarqué, soit qu'effectivement elle fût encore belle, ou que s'étant mise à étudier, elle en fût devenue encore plus spirituelle et plus divertissante, qu'elle a fait beaucoup plus de bruit à cet âge-là qu'en sa jeunesse.

On fit cette épigramme à laquelle elle répondit :

> Contre toute loi naturelle,
> Vous renversez le droit humain :
> La plus jeune (1) est la m.........
> Et la plus vieille est la p.....

Elle la retourna ainsi :

> Selon toute loi naturelle,
> C'est conserver le droit humain :
> La plus laide est la m.........
> Et la plus belle est la p......

Elle fit la *Magdelaine* en trois parties ; c'étoient pour la plupart des traductions du Tansille (2). Elle les

---

(1) Mademoiselle de Vitry, sa sœur, qui ne fut point mariée. Il en est parlé précédemment dans l'*Historiette* de la princesse de Conti.

(2) Tansillo (Louis), poète italien, né à Venosa vers 1510, mort à Teano, dans le royaume de Naples, en 1568. Ses principaux ouvrages sont : *Il Vendemmiatore*, poème dont la première édition parut à Naples, in-4°, 1534 ; *le Lagrime di san Pietro* ; *il Podere*, poèmes, et des *Sonetti et Canzoni*.

envoya toutes trois au cardinal Du Perron. Il dit à celui qui lui en demanda son avis de la part de la dame : « Dites-lui qu'elle a fait admirablement bien la première « partie de la vie de la Magdelaine. » Un jour qu'elle lui demanda si faire l'amour étoit véritablement un péché mortel : « Non, dit-il, car si cela étoit, il y a « long-temps que vous en seriez morte. »

LE CARDINAL DU PERRON (1).

Le cardinal du Perron étoit fils d'un ministre nommé David (2). Il changea de religion et vint à Paris, où il fit connoissance avec l'abbé de Tiron (3), qui en faisoit cas à cause de son esprit. Du Perron étoit fort colère et fort vindicatif. En un cabaret, il prit querelle avec un homme, et quelque temps après, ayant rencontré ce même homme, il le fit tenir par trois ou quatre autres qu'il avoit avec lui et le poignarda. Le voilà en prison. Desportes, alors en grand crédit, composa avec les parents du mort pour deux mille écus qu'il prêta à du Perron. Ses vers lui acquirent de la réputation, et aussi la facilité qu'il avoit à parler. Il fit un jour un discours devant Henri III, pour prouver qu'il y avoit

---

(1) Du Perron (Jacques Davy, cardinal) né le 25 novembre 1556, d'une famille protestante réfugiée, mort le 5 septembre 1618.

(2) Quand le cardinal fut grand seigneur, il signa d'*Avit* pour se dépayser et faire croire qu'il étoit d'une maison qui s'appeloit Avit.

(3) Le poète Desportes, dont l'*Historiette* précède immédiatement celle-ci.

un Dieu, et, après l'avoir fait, il offrit de prouver, par un discours tout contraire, qu'il n'y en avoit point. Cela déplut au Roi, et il fut comme chassé de la cour.

Dans cette misère, une fois que le Roi alloit au bois de Vincennes, il se tint sur le chemin, et comme il vit le carrosse du Roi à portée de sa voix, il se mit à crier : « Sire, ayez pitié du pauvre du Perron; » et il continua jusqu'à ce qu'il l'eut perdu de vue. Quelques personnes persuadèrent au Roi, comme apparemment c'étoit la vérité, que le pauvre homme n'avoit offert de faire ce discours opposé à l'autre, que pour faire parade de son esprit; qu'il avoit le fonds bon et qu'il ne péchoit que par emportement. Il suivit le Roi à Tours, et s'adonna, car c'étoit son talent, à lire les livres de controverse. Il fut fait évêque d'Evreux (en 1591), et ce fut lui qui instruisit Henri IV en la religion catholique. On le fit quelque temps après archevêque de Sens, et enfin cardinal (en 1604). Le pape y eut de la répugnance, et disoit : « *Non bastava al figlio d'un eretico d'esser vescovo; vuol ancora esser cardinale.* »

A propos du pape, l'archevêque de Reims, Léonor de Valencay [1], dans un *Traité de la puissance du pape* [2], dit que le cardinal du Perron souffrit qu'on lui donnât un coup de gaule dans la cérémonie de l'absolution de Henri IV, et que ce fut sur la parole qu'on lui donna de l'avancer, comme en effet il fut fait

---

[1] Léonor d'Estampes-Valencay, évêque de Chartres, transféré à l'archevêché de Reims en 1641. Son *Historiette* se trouve plus bas.

[2] Il ne paroît pas que Léonor d'Estampes ait publié sur cette matière un traité *ex professo*; c'est plutôt dans une déclaration qu'en 1626 il fit conjointement avec l'évêque de Soissons, qu'il aura avancé ce fait. (*Voyez* la *Bibliothèque chartraine* de Liron. Paris, 1719, in-4°, pag. 245.)

cardinal ensuite. Henri IV ne le sut que quatre mois avant de mourir, et on raconte qu'il disoit qu'il se ressentiroit de ce coup de gaule. Vous verrez que ce coup de gaule, auquel M. du Perron consentit, fit résoudre le pape. Il vainquit enfin la répugnance qu'il avoit à le faire cardinal.

Il rapporta la v..... de Rome et en mourut. En mourant, il ne voulut jamais dire autre chose, quand il prit l'hostie, sinon qu'il la prenoit comme les apôtres l'avoient prise. On disoit qu'il avoit voulu mourir en fourbe, comme il avoit vécu. C'étoit un fort bel homme. Il dit une fois une assez plaisante chose d'un prédicateur qui disoit : *M. saint Augustin, M. saint Jérôme,* etc. : « Vraiment, dit-il, il paroît bien que cet « honnête homme n'a pas grande familiarité avec les « Pères, car il les appelle encore *monsieur.* »

L'ARCHEVÊQUE DE SENS,

FRÈRE DU PRÉCÉDENT (1).

Son frère, qui fut archevêque de Sens après lui, étoit un fort ridicule personnage. Avant la mort de son frère on l'appeloit l'*Ambigu,* car il n'étoit ni d'église, ni de robe, ni d'épée, ni ignorant, ni savant. Il faut

(1) Du Perron (Jean Davy), archevêque de Sens, mort en 1621.

lire la pièce que Bautru fit contre lui, qu'il a intitulée *l'Ambigu*(1). Quand son frère alla à Rome, il fut longtemps à décider s'il l'y mèneroit ou non, et il disoit plaisamment que cet homme étoit si *ambigu*, qu'il rendoit ambiguës toutes les choses qui le concernoient. Quand il fut fait archevêque, pour montrer qu'il savoit du latin, il traduisit toutes les harangues de Quinte-Curce et le traité *de Amicitiâ* de Cicéron; mais il ôta sur ce point-là l'*ambiguité* où l'on avoit été jusques alors, car il persuada tous ceux qui s'y connoissoient, qu'il n'entendoit pas cette langue. Ces traductions pourtant furent estimées de toute la cour; mais c'étoit en un temps où l'on peut dire que l'on donnoit la réputation. On ne laissoit pas de dire que les cadets avoient perdu leur procès, car le cadet de Desportes et celui de Bertaut approchoient encore moins de leurs aînés que cet *ambigu* du cardinal.

(1) « M. de Bautru a fait une satire contre l'*Ambigu*. L'Ambigu étoit
« frère de M. le cardinal du Perron. On ne pouvoit pas, disoit-il, déci-
« der s'il étoit jour ou nuit lorsqu'il vint au monde. Il étoit hermaphro-
« dite, et la sage-femme, lors qu'il fut né, dit à la mère : « Madame,
« votre fils est une fille, et votre fille est un garçon. » On le nomma
« *Lysique*, afin qu'on ne pût distinguer si c'étoit le nom d'un homme
« ou d'une femme. Il mit un ouvrage en lumière; mais on ne pouvoit
« pas dire pour cela qu'il fût auteur, parce que c'étoit une traduction. »
(*Menagiana*, édit. de 1762, tom. I, pag. 339.)

LE DUC DE SULLY (1).

On a dit, et soutenu, qu'il venoit d'un Écossais nommé Béthun, et non de la maison des comtes de Béthune de Flandre. Il y avoit un Écossois archevêque de Glascow qu'il traitoit de parent. Par sa vision d'être allié de la maison de Guise par la maison de Coucy, issue, dit-il, de l'ancienne maison d'Autriche, comme s'il réputoit à déshonneur d'être parent de l'empereur et du roi d'Espagne, il alla s'offrir à MM. de Guise contre M. le comte de Soissons. Le Roi (2) lui manda par M. du Maurier, huguenot, depuis ambassadeur en Hollande, qu'il le rendroit si petit compagnon, qu'il lui feroit bien voir que la maison de

(1) J'ai tiré la plus grande part de ceci d'un manuscrit qu'a fait feu M. Marbault, autrefois secrétaire de M. Duplessis-Mornay, sur les Mémoires de M. de Sully, dont il montre presque partout la fausseté pour les choses qui concernent l'auteur. J'ai extrait de cet écrit ce qu'on n'oseroit publier, quand on l'imprimera. (T.)—Si nous avions besoin de prouver que les *Mémoires de Tallemant* ne sont pas une reproduction fastidieuse des autres Mémoires du temps, il nous suffiroit de citer à l'appui de notre assertion l'article *Sully*. Certes, ce ministre y est peint sous un jour tout nouveau. Est-il également vrai? Nous sommes très-portés à croire qu'un peu de passion a pu parfois rembrunir le tableau; mais il ne nous paroît pas moins constant par les mots cités par Tallemant, de Henri IV sur Sully, mots qui portent évidemment le cachet de ce prince, que, fort attaché à son ministre dont il appréciait l'habileté, Henri IV regardoit son dévoûment et ses services comme loin d'être complètement désintéressés.

(2) Henri III.

Guise n'en seroit pas mieux pour avoir son appui; qu'il étoit un ingrat, lui qu'il avoit élevé de rien, de s'aller offrir contre un prince du sang à ceux qui avoient tâché d'ôter la couronne et la vie à son bienfaiteur. M. du Maurier ne dit pas la moitié de ce que le Roi lui avoit donné charge de dire ; cependant mon homme fut si abattu que c'étoit une pitié, car comme dans la prospérité il étoit insolent, de même il étoit lâche et failli de cœur dans l'adversité.

Il eut une querelle ensuite avec M. le comte de Soissons pour quelques assignations où il rebuta fort ce prince. Ceux de Lorraine s'offrirent à lui pour lui rendre la pareille, dont le Roi fut fort irrité. Ce qu'il conte d'une autre querelle avec M. le comte pour un logement à Châtellerault est faux (1) : M. le comte lui eût passé l'épée au travers du corps. Quoiqu'il fût gouverneur du Poitou, il n'y avoit pourtant nul crédit.

Il se vanta d'avoir fait donner le gouvernement de Provence à feu M. de Guise (2), et M. le chancelier de Chiverny fit ses protestations contre cela (3). Il blâme M. d'O (4), qui pourtant avoit les mains nettes, et qui, au lieu de s'enrichir dans la surintendance, y mangea son bien.

Il passe par-dessus M. de Sancy, comme s'il n'avoit point été surintendant (5). M. de Sancy fut chassé pour avoir dit au Roi, au siége d'Amiens, comme il lui demandoit conseil sur son mariage avec madame de Baufort, en présence de M. de Montpensier, que « p.....

---

(1) *Mémoires de Sully*, liv. 22.

(2) *Mémoires de Sully*, liv. 7.—(3) *Mémoires d'État de messire Philippe Hurault, comte de Chiverny*, 1636, in-4º. — (4) *Mémoires*, liv. 4 et 7. — (5) *Mémoires*, liv. 7.

« pour p....., il aimeroit mieux la fille d'Henri II (1)
« que celle de madame d'Estrées, qui étoit morte au
« bordel; » et pour avoir dit aussi à madame la duchesse (2) même, qui disoit qu'un gentilhomme de ses voisins avoit mis ses enfants sous le poêle en épousant celle dont il les avoit eus, « que cela étoit bon pour
« un héritage de cinq ou six mille livres de rentes,
« mais que pour un royaume elle n'en viendroit jamais à bout, et que toujours un bâtard seroit un fils
« de p..... » A la vérité ces paroles sont un peu bien rudes, mais le Roi devoit considérer que M. de Sancy étoit homme de bien, et qu'il lui avoit rendu de grands services.

Il avoit en effet soudoyé à ses dépens les Suisses en grand nombre qu'il amena à Henri IV (3). Il mourut pauvre avec un arrêt de défense dans sa poche. Plusieurs fois il lui est arrivé d'être pris par les sergents; il se laissoit mener jusqu'à la porte de la prison, puis il leur montroit son arrêt et se moquoit d'eux.

Il avoit un fils qui fut page de la chambre de Henri IV. Las de porter le flambeau à pied, il trouva moyen d'avoir une haquenée. Le Roi le sut et lui fit donner le fouet. Il juroit toujours *pa la mort*; on l'appela *Palamort*. C'étoit un assez plaisant homme. Il trouva une fois madame de Guémenée sur le chemin

---

(1) Marguerite de France, reine de Navarre, épouse divorcée de Henri IV. Tallemant lui consacre un article peu après.

(2) La duchesse de Beaufort, Gabrielle.

(3) Harlay de Sancy, pour procurer des secours à Henri IV, mit en gage chez des Juifs de Metz un très-beau diamant. Cette pierre a été réunie aux diamants de la couronne. Il ne faut pas la confondre avec le Pitt ou le Régent, qui est d'un poids beaucoup plus considérable.

d'Orléans; elle venoit à Paris. Il s'ennuyoit d'être à cheval, car il faisoit mauvais temps; il lui dit : « Madame, il y a des voleurs à la vallée de Torfou, je m'offre à vous escorter. — Je vous rends grâces, lui dit-elle. — Ah! madame, répliqua-t-il, il ne sera pas dit que je vous aie abandonnée au besoin; » et en disant cela, il baisse la portière, et, quoi qu'elle dît, il se mit dans le carrosse. A Rome, comme M. de Brissac étoit ambassadeur, un jour que l'ambassadrice devoit aller voir la vigne de Médicis, il se mit tout nu dans une niche où il n'y avoit point de statue; il y a là une galerie qui en est toute pleine. Cet homme se fit Père de l'Oratoire, et on l'appeloit le Père *Palamort*. Il n'avoit dans sa chambre que des Saints cavaliers, comme saint Maurice, saint Martin et autres.

L'autre fils de M. de Sancy, qui fut ambassadeur en Turquie, se fit également Père de l'Oratoire.

Madame de Beaufort n'eut point de patience qu'elle n'eût fait mettre M. de Rosny en la place de M. de Sancy. Il lui faisoit la cour, il y avoit long-temps. Son premier emploi fut de contrôler les passe-ports au siége d'Amiens, et puis il fut envoyé dans les élections pour prendre tous les deniers qui se trouveroient chez les receveurs, ce qu'il fit avec beaucoup de rigueur. Il en usa de même en toutes rencontres. Comme il étoit assez ignorant en fait de finances, il mena avec lui un nommé Ange Cappel, sieur du Luat (1), une espèce

---

(1) Ange Cappel, seigneur du Luat, est auteur d'un livre intitulé: *l'Abus des Plaideurs*, Paris, 1604, in-folio. Il nous a été impossible de découvrir dans aucune bibliothèque de Paris, et dans aucun catalogue, le petit livre, ayant pour titre : *Le Confident*, dont parle Tallemant. Ange Cappel a son article dans la *Biographie universelle* de

de fou de belles-lettres, qui fit imprimer long-temps après, pour flatter M. de Sully, un petit livre intitulé : *Le Confident*, dont M. de Lesdiguières fut fort en colère. Du Luat en fut mis en prison. Quand on voulut l'interroger et qu'on lui dit : « Promettez-vous de dire la « vérité ? — Je m'en garderai bien, dit-il, je ne suis « en peine que pour l'avoir dite. » Il donnoit des avis très-pernicieux, et disoit, entre autres sottises, qu'il ne falloit qu'un *lait d'amendes* pour restaurer la France, parce qu'il y avoit une affaire sur les amendes. Il fit imprimer un livre de ses beaux avis, au frontispice duquel il étoit peint comme un Ange, avec des ailes et de la barbe au menton, et des vers qui disoient qu'il n'avoit rien d'humain que la barbe (1).

M. d'Incarville, contrôleur général des finances, n'étoit point un voleur, comme le dit M. de Sully (2); c'étoit un honnête homme et homme de bien. Cette querelle avec madame de Beaufort, lorsqu'elle alloit être reine ne s'accorde guère avec ce que M. de Sully conte du voyage de Clermont, où il donna des coups de bâton au cocher par son commandement ; elle l'eût fait chasser bien vite.

Michaud ; on trouve aussi des renseignemens sur lui dans les *Remarques* sur le chapitre 11 de la *Confession de Sancy*. (Voyez le *Recueil de diverses pièces servant à l'histoire de Henri* III. Cologne, P. Marteau, 1699, t. 2, p. 555.)

(1) Cette facétie orne le frontispice de *l'Abus des Plaideurs*. On répondit à Cappel par un quatrain lourd et grossier, attribué à Rapin, que cite la *Biographie*. Ce donneur d'avis obtint le 27 septembre 1612 un arrêt du conseil qui lui accordoit le vingtième denier d'un nouveau fonds qu'il proposoit sur le *ménage du domaine* du roi. Une copie collationnée de cet arrêt existe dans le manuscrit du roi 8778, in-folio. Fonds de Béthune, p. 64.

(2) *Mémoires*, liv. 12.

Voici ce qui se passa à la maladie de madame de Beaufort. Elle dépêcha Puypeiroux vers le Roi pour lui en donner avis, et le supplier de trouver bon qu'elle se fît mettre dans un bateau pour l'aller trouver à Fontainebleau. Elle espéroit que cela le feroit venir aussitôt, et qu'en faveur de ses enfants, il l'épouseroit avant qu'elle mourût. En effet, aussitôt que Puypeiroux fut arrivé, le Roi le fit repartir pour lui aller faire tenir prêt le bac des Tuileries, dans lequel il vouloit passer pour n'être point vu, et incontinent il monta à cheval, et fit si grande diligence qu'il rattrapa Puypeiroux, à qui il fit de terribles reproches. Auprès de Juvisy, le Roi trouva M. le chancelier de Bellièvre, qui lui apprit la mort de madame la Duchesse. Nonobstant cela, il vouloit aller à Paris pour la voir en cet état, si M. le chancelier ne lui eût remontré que cela étoit indigne d'un roi. Il se laissa vaincre à ses raisons, et retourna à Fontainebleau.

M. de Sully dit en un endroit que le Roi monta dans son carrosse; il n'en avoit point, quoiqu'il fût surintendant des finances. Il alloit au Louvre en housse, et n'eut un carrosse que quand il fut grand maître de l'artillerie. Le Roi ne vouloit pas qu'on en eût. Le marquis de Cœuvres et le marquis de Rambouillet furent les premiers des jeunes gens qui en eurent, le dernier à cause de sa mauvaise vue, l'autre en rendoit quelque autre raison (1). Ils se cachoient, quand ils rencon-

---

(1) « J'ai appris de la vieille madame Pilou, dit Sauval, qu'il n'y a
« point eu de carrosse à Paris avant la fin de la Ligue... La première
« personne qui en eut étoit une femme de sa connoissance et sa voi-
« sine, fille d'un riche apothicaire de la rue Saint-Antoine, nommé
« Favereau, et qui s'étoit fait séparer de corps et de biens d'avec Bor-

troient le Roi. Bassompierre disoit que quand il pleuvoit ils alloient chercher des dames de leurs amies pour faire des visites avec elles. Arnauld le Péteux (1) a été le premier garçon de la ville qui en ait eu, car les hommes mariés en eurent avant lui. Le Roi ne trouva pas bon que Fontenay-Mareuil (2) en eût un, on lui dit qu'il s'alloit marier. Enfin les carrosses devinrent tout communs; on ne savoit ce que c'étoit que des chevaux d'amble, le Roi seul avoit une haquenée; du temps d'Henri IV même cela étoit ainsi; on trottoit après le Roi.

Quand le Roi fit M. de Sully surintendant, cet homme, par bravoure, fit un inventaire de ses biens qu'il donna à Sa Majesté, jurant qu'il ne vouloit que vivre de ses appointemens et profiter de l'épargne de son revenu, qui ne consistoit alors qu'en la terre de Rosny. Mais aussitôt il se mit à faire de grandes acquisitions, et tout le monde se moquoit de son bel inventaire. Le Roi témoigna assez ce qu'il en pensoit, car M. de Sully ayant un jour bronché dans la cour du Louvre, en le voulant saluer, comme il étoit sur un balcon, il dit à ceux qui étoient auprès de lui, qu'ils ne s'en

« deaux, maître des comptes, son premier mari. » (*Antiquités de Paris*, tome 1er, p. 191.)

(1) On trouvera plus bas un article sur cet Arnauld; on y donne la raison du surnom bizarre qu'il portoit.

(2) Ceci doit être entendu de Louis XIII et non de Henri IV. François Du Val, marquis de Fontenay-Mareuil, élevé auprès du dauphin, comme enfant d'honneur, n'avoit que quinze ans à la mort de Henri IV. Il épousa en novembre 1626 Suzanne de Monceaux. Fontenay-Mareuil s'est rendu célèbre dans la carrière des ambassades; il a laissé des *Mémoires* importants qui ont été publiés pour la première fois dans la première série de la *Collection des Mémoires relatifs à l'histoire de France*, tomes 50 et 51.

étonnassent pas, et que si le plus fort de ses Suisses avoit autant de *pots de vin* dans la tête, il seroit tombé tout de son long.

Il se fait écrire *monseigneur* par La Varenne (1); on ne donnoit point du *monseigneur* en ce temps-là au surintendant des finances, et il n'étoit que cela alors. D'ailleurs La Varenne étoit trop fier pour en user ainsi. On le voit par une chose qu'il lui écrivit depuis, à propos du différend de leurs gendres (2) en Bretagne, pour la préséance, quoique M. de Sully fût duc et pair, l'autre lui écrivit ainsi : *Le différend qui est entre nos gendres...* Cela pensa faire enrager le bon homme. Cela me fait ressouvenir que M. le chancelier Seguier, dont la fille a épousé le petit-fils de M. de Sully, lui ayant écrit une fois, à propos de quelques démêlés, en ces mots : *Pour conserver la paix dans nos*

---

(1) Grand m... du roi (T.) — Cette assertion de Tallemant sur les fonctions secrètes de La Varenne ne paroît pas dénuée de vraisemblance. Son premier office avoit été celui de cuisinier chez Madame : il excelloit à piquer les viandes. Quand il eut fait fortune et quand Guillaume Fouquet (c'étoit son nom) eut gagné le marquisat de La Varenne, Madame le rencontrant un jour, lui dit : « La Varenne, tu as plus ga« gné à porter les *poulets* de mon frère qu'à piquer les miens. » Il fut fait porte-manteau du Roi, puis conseiller d'état et contrôleur général des postes; toutefois ces différentes charges ne le détournèrent jamais du soin de ses missions amoureuses. Mais l'âge du Roi diminuoit chaque jour l'importance du rôle de son confident; aussi La Varenne ayant obtenu une grâce nouvelle du prince, comme le chancelier de Bellièvre faisoit quelques difficultés d'en sceller l'expédition, La Varenne lui dit : « Monsieur, ne vous en faites pas tant accroire : je veux bien « que vous sachiez que si mon maître avoit vingt-cinq ans de moins, « je ne donnerois pas mon emploi pour le vôtre. »

(2) M. de Rohan; le comte de Vertus d'Avaugour. (T.) — Henri, duc de Rohan, épousa en 1605 Marguerite de Béthune-Sully, et Claude de Bretagne, comte de Vertus, avoit épousé Catherine Fouquet, fille du marquis de La Varenne.

familles, il s'en mit en colère, et dit que le mot de famille n'étoit bon que pour le chancelier, qui n'étoit qu'un citadin.

Jamais il n'y eut un surintendant plus rébarbatif. Cinq ou six seigneurs des plus qualifiés de la cour, et de ceux que le Roi voyoit de meilleur œil, l'allèrent un après-dîner visiter à l'Arsenal. Ils lui déclarèrent en entrant qu'ils ne venoient que pour le voir. Il leur répondit que cela étoit bien aisé, et s'étant tourné devant et derrière pour se faire voir, il entra dans son cabinet et ferma la porte sur lui.

Un trésorier de France, nommé Pradel, autrefois maître-d'hôtel du vieux maréchal de Biron, et fort connu du Roi, ne pouvoit avoir raison de M. de Sully, qui lui ôtoit ses gages. Un jour il le voulut faire sortir de chez lui par les épaules, mais cet homme prit un couteau de dessus la table, car le couvert étoit mis, et lui dit : « Vous aurez ma vie auparavant ; je suis dans « la maison du roi, vous me devez justice. » Enfin, après bien du bruit, Pradel alla trouver le Roi, lui conta l'histoire, et déclara que, dans le désespoir où le mettoit M. de Sully, il ne se soucioit point d'être pendu, pourvu qu'il se fût vengé ; qu'aussi bien il mourroit de faim. Le Roi le gourmanda fort ; mais, quelques plaintes que fît M. de Sully, il fallut payer Pradel.

Un Italien, venant de l'Arsenal, où il avoit eu quelques rebuffades du surintendant, passa par la Grève, où l'on pendoit quelques malfaiteurs. « *O beati im-* « *piccati!* s'écria-t-il, *che non avete da fare con quel* « *Rosny.* »

Il étoit si haï que par plaisir on coupoit les ormes qu'il avoit fait mettre sur les grands chemins pour les

orner. « C'est un *Rosny*, disoient-ils, faisons-en un *Bi-
« ron* (1). » Il avoit proposé au Roi, qui aimoit les établissements, d'obliger les particuliers à mettre des arbres le long des chemins ; et comme il vit que cela ne réussissoit pas, il fut le premier à s'en moquer.

M. de Sully dit en un endroit de ses *Mémoires* que M. de Biron et douze des plus galants de la cour ne pouvoient venir à bout d'un ballet qu'ils avoient entrepris, et qu'il fallut lui faire commander par le Roi de s'en mettre. C'étoit une de ses folies que la danse. Tous les soirs, jusqu'à la mort d'Henri IV, un nommé La Roche, valet de chambre du Roi, jouoit sur le luth les danses du temps, et M. de Sully dansoit tout seul avec je ne sais quel bonnet extravagant en tête, qu'il avoit d'ordinaire quand il étoit dans son cabinet. Les spectateurs étoient Duret, depuis président de Chevry, et La Clavelle, depuis seigneur de Chevigny (2), qui, avec quelques femmes d'assez mauvaise réputation, bouffonnoient tous les jours avec lui. Ces gens lui applaudissoient, quoique ce fût le plus maladroit homme du monde (3). Il montoit quelquefois des chevaux dans la

(1) Par allusion au supplice du maréchal de Biron, décapité le 31 juillet 1602.

(2) Duret de Chevry, sur lequel on verra plus bas un article dans ces Mémoires, et La Clavelle de Chevigny avoient été secrétaires de Sully. (Voyez l'*avertissement* qui précède les *Mémoires de Sully*, Tome 1er, p. 3, de la 2e série de la *Collection des Mémoires relatifs à l'histoire de France.*)

(3) Tout ceci contraste fort avec le caractère d'austérité de convention qu'on a prêté à Sully. Il est surtout une pointe qui traîne dans tous les *ana* historiques et qui se trouve révoquée en doute par le récit de Tallemant. Si l'on en croit les conteurs, après la mort de Henri IV le prince de Condé témoigna un jour le désir que le marquis de Rosny, fils de l'ex-surintendant, figurât dans un ballet qu'il montoit. Sully lui

cour de l'Arsenal, mais de si mauvaise grâce que tout le monde se moquoit de lui.

A propos de ballet, M. le Prince en dansa un, et le Roi commanda à M. de Sully de donner une ordonnance pour cela. M. de Sully enrageoit, et, comme pour se moquer, il mit en bas : « Et autant pour le » brodeur. » Pour le faire enrager encore plus, M. le Prince se fit payer le double en disant qu'il y en avoit la moitié pour le brodeur. Il alla avec toute sa maison chez M. d'Arbault, trésorier de l'Épargne, et n'en sortit qu'il n'eût reçu l'argent. Le Roi ne fit qu'en rire, et dit que M. de Sully méritoit bien cela.

Sully gardoit lui-même la porte de la salle à double rang de galeries qu'il avoit fait faire à l'Arsenal pour les ballets.

C'étoit à Duret, son m........, qu'on présentoit les gants (1). Il parle dans ses *Mémoires* d'un nommé Robin qu'il rebuta (2); c'est qu'il s'étoit adressé à lui-même, et non pas à Duret.

La chambre de justice ne fut établie que pour perdre M. de Sully et découvrir ses malversations; et cela étoit mené par des gens qu'il avoit mis dans les finances. Il s'opposa tant qu'il put à la recherche, et ce fut

auroit répondu avec cette sévérité théâtrale que la tradition lui prête : « Rosny est marié, il a des enfants, ce n'est plus à lui à danser. — Je « vois bien ce que c'est, auroit repris le prince, vous voulez faire de « mon ballet une affaire d'État. — Nullement, monsieur, lui répondit « Sully, tout au contraire : je tiens vos affaires d'État pour des ballets. » Cela est bien digne, mais Tallemant est plus naturel, et il étoit rapproché des sources.

(1) *Présenter, donner les gants*, locutions tirées de l'ancien usage de donner une paire de gants à celui qui apportoit le premier une bonne nouvelle, et par extension faire un cadeau en échange d'un service, d'une faveur. Cet usage venoit d'Espagne, où il s'appeloit la *paraguante*. — (2) Livre 9.

lui qui fit la composition des financiers. M. de Bellegarde s'en étant rendu le solliciteur, il fit si bien qu'il réduisit à fort peu de chose ce qui devoit revenir de cette composition, pour faire accroire au Roi qu'il avoit été mal conseillé, et que, pour un petit profit, il avoit perdu la bonne volonté de ses officiers. Ceci arriva en 1606, et le roi, sachant les pots-de-vin qu'il prenoit, et croyant qu'il avoit part aux intérêts d'avance qu'on payoit aux trésoriers de l'Epargne, faisoit état de donner la surintendance à M. de Vendôme, quand il auroit plus d'âge; lorsque Sa Majesté mourut, elle étoit sur le point de l'y établir.

Son triomphe d'Ivry et les grandes sommes qu'il tira des prisonniers de guerre qu'il fit, sont les plus plaisants endroits de son livre (1). Toutes ces extravagances sont peintes dans une grande salle à Villebon, dans le pays Chartrain.

C'étoit le plus sale homme du monde en paroles. Un jour, je ne sais quel gentilhomme fort bien fait alla dîner avec lui. Madame de Sully, sa seconde femme (2), qui vit encore, le regardoit de tous ses yeux. « Avouez, madame,
« lui dit-il tout haut, que vous seriez bien attrapée si
« monsieur n'avoit point de... » Il ne se tourmentoit pas autrement d'être cocu; et en donnant de l'argent à sa femme, il disoit : « Tant pour cela, tant pour cela, et tant
« pour vos f... » Il fit faire un escalier séparé qui alloit à l'appartement de sa femme, et lui dit : « Madame,
« faites passer les gens que vous savez par cet esca-
« lier-là, car si j'en rencontre quelqu'un sur mon es-

---

(1) *Mémoires*, liv. 3. — (2) Sully, veuf d'Anne de Courtenay, se remaria à Rachel de Cochefilet, veuve elle-même en premières noces de Châteaupers.

« calier, je lui en ferai sauter toutes les marches. »

Ce bon homme, plus de vingt-cinq ans après que tout le monde avoit cessé de porter des chaînes et des enseignes de diamants, en mettoit tous les jours pour se parer, et se promenoit en cet équipage sous les porches de la Place-Royale, qui est près de son hôtel. Tous les passans s'amusoient à le regarder. A Sully, où il s'étoit retiré sur la fin de ses jours (1), il avoit quinze ou vingt vieux puants et sept ou huit vieux reîtres de gentilshommes qui, au son de la cloche, se mettoient en haie pour lui faire honneur, quand il alloit à la promenade, et puis le suivoient. Il entretenoit je ne sais quelle espèce de garde suisse. Il disoit qu'on se pouvoit sauver en toute sorte de religion, et a voulu être enterré en terre sainte.

(1) Sully se retira en effet, à la mort de Henri IV, dans la terre de son nom; mais étant rentré en possession du château de Villebon qu'il avoit cédé au prince de Condé, il en fit son habitation principale, et il y est mort. Tallemant, dans cet article, montre plus qu'ailleurs son esprit mordant et porté au dénigrement. On voit dans les *Mémoires de Sully* de l'abbé de l'Ecluse, Londres, 1747, in-4°, tom. 3, pag. 414, le grand état que le ministre de Henri IV conserva jusque dans ses terres. Le château de Sully est un curieux monument du moyen âge; il a été sous Charles VII la demeure de La Trémouille. Il étoit avant la révolution flanqué de tours, mais il n'en subsiste qu'une seule aujourd'hui. On voit au milieu de la cour la statue en marbre que Rachel de Cochefilet, duchesse de Sully, fit élever à Villebon à la mémoire de son mari; on regrette que cette statue n'ait pas encore été placée sur son piédestal, et qu'elle soit encore couchée dans la caisse qui a servi à la transporter de Villebon à Sully.

LE CONNÉTABLE DE LESDIGUIÈRES.

M. DE CRÉQUI.

François de Bonne, seigneur de Lesdiguières (1), étoit d'une maison noble et ancienne des montagnes du Dauphiné, mais pauvre. Après avoir fait ses études, il se fit recevoir avocat au parlement de Grenoble, et y plaida, dit-on, quelquefois; mais se sentant appelé à de plus grandes choses, il se retira chez lui, en dessein d'aller à la guerre. Cependant, n'ayant pas autrement de quoi se mettre en équipage, il emprunta une jument à un hôtelier de son village, faisant semblant d'aller voir un de ses parents. Or, cette jument, n'appartenant pas à cet hôtelier, lui fut redemandée, et cela donna sujet à un procès qui, quoique de petite conséquence, dura pourtant si long-temps, comme il n'arrive que trop souvent, qu'avant qu'il fût terminé, M. de Lesdiguières étoit déjà gouverneur du Dauphiné. Un jour donc qu'il passoit à cheval, suivi de ses gardes, dans la place de Grenoble, ce pauvre hôtelier, qui y étoit à la poursuite de son procès, ne put s'empêcher de dire assez haut : « Le diable emporte François de

---

(1) Le connétable de Lesdiguières, né à Saint-Bonne de Champsaut, le 1er avril 1543, mort à Valence en 1626.

« Bonne, tant il m'a causé de mal et d'ennui. » Un des assistants lui demanda pourquoi il parloit ainsi; cet homme lui raconta toute l'histoire de la jument. Celui qui lui avoit fait cette demande étoit un des domestiques de M. de Lesdiguières, et le soir même il lui en fit le conte; car le connétable avoit, dit-on, cette coutume, qu'il vouloit voir tous ses domestiques avant de se coucher, et quelquefois il s'entretenoit familièrement avec eux. Ayant su cette aventure, il commanda à cet homme de lui amener le lendemain le pauvre hôtelier, qui, bien étonné, et intimidé exprès par son conducteur, se vint jeter aux pieds de M. de Lesdiguières, lui demandant pardon de ce qu'il avoit dit de lui; mais lui, n'en faisant que rire, le releva, et pendant qu'il l'entretenoit du temps passé, on fit venir la partie adverse, avec laquelle il s'accorda sur-le-champ, et donna même quelque récompense à ce bon homme.

M. le connétable aimoit à se souvenir de sa première fortune, et on en voit aujourd'hui une grande marque, en ce qu'ayant fait bâtir un superbe palais à Lesdiguières, il prit plaisir à laisser tout auprès, en son entier, la petite maison où il étoit né, et que son père avoit habitée.

Pour venir à madame la connétable de Lesdiguières, sa femme, qui est morte il n'y a pas long-temps, elle s'appeloit Marie Vignon, et étoit fille d'un fourreur de Grenoble. Elle fut mariée à un marchand drapier de la même ville, nommé sire Aymon Mathel; dont elle eut deux filles. C'étoit une assez belle personne, mais il n'y avoit rien d'extraordinaire. Son premier galant fut un nommé Roux, secrétaire de la cour de parlement de Grenoble, qui depuis la donna à M. de Lesdiguières. Or, ce Roux étoit grand ami d'un Cordelier appelé de Nobilibus, qui fut brûlé à Grenoble pour avoir dit la messe sans avoir reçu les ordres. On le soupçonnoit aussi de magie, et le peuple croit encore aujourd'hui que ce Cordelier avoit donné à madame la connétable des charmes pour se rendre maîtresse de l'esprit de M. de Lesdiguières. Il est bien certain qu'elle eut d'abord un fort grand pouvoir sur lui.

Il n'y avoit pas long-temps que cet amour duroit, lorsque la femme quitta la maison de son mari; elle ne logeoit pourtant pas avec son galant, mais en un logis séparé où il lui donna grand équipage, et bientôt après il la fit marquise. Il en eut deux filles durant cette séparation d'avec son mari. On dit que les parents de M. de Lesdiguières gagnèrent son médecin, qui lui conseilla, pour sa santé, de changer de maîtresse, et qu'en même temps, pour essayer de la lui faire oublier, on lui présenta une fort belle personne, nommée Pachon, femme d'un de ses gardes. Mais la marquise, car on l'appeloit ainsi alors, fit donner des coups de bâton à cette femme dans la maison même de M. de Lesdiguières, et incontinent après s'alla jeter à ses pieds. Elle n'eut pas grande peine à faire sa paix, et fut plus aimée qu'auparavant.

M. de Lesdiguières étoit obligé de faire plusieurs voyages; elle le suivit partout, et même à la guerre; on dit pourtant qu'il voulut faire en sorte que le drapier la reprît, et qu'il lui fit offrir pour cela de le faire intendant de sa maison. Mais ce marchand, qui étoit homme d'honneur, n'y voulut jamais entendre.

Cependant elle ne perdoit point d'occasion d'avancer ses parents. Elle fit donner des bénéfices ou des compagnies à sept ou huit frères qu'elle avoit, maria fort bien deux de ses sœurs. L'une épousa un gentilhomme de la campagne, et depuis, étant veuve, elle fut entretenue, car c'est une bonne race, par un prieur proche de Die, dont elle eut une fille qui est religieuse dans Grenoble, mais que madame la connétable, cette prude, n'a pas voulu voir. L'autre fut mariée à un capitaine nommé Tonnier, et après sa mort elle épousa un président de la chambre des comptes de Grenoble, appelé Le Blanc. Celle-ci ne voulut point faire honte à ses aînées, et pendant la vie et après la mort de son second mari, elle eut pour galant un nommé L'Agneau, qu'elle épousa à l'article de la mort, et après avoir reçu l'extrême-onction.

La marquise maria aussi les deux filles qu'elle avoit eues du drapier, l'une à La Croix, maître-d'hôtel de M. de Lesdiguières, et en secondes noces au baron de Barry. Celle-ci se garda bien de dégénérer, et fut une digne fille d'une telle mère. L'autre fut mariée trois fois : la première à un gentilhomme de la campagne dont je ne sais point le nom; la seconde à un autre gentilhomme nommé Moncizet, avec lequel elle fut démariée, et pour la troisième fois elle épousa le marquis de Canillac.

Quant aux filles qu'elle avoit eues de M. de Lesdiguières, nous dirons ensuite à qui elles furent mariées; mais il faut dire auparavant de quelle façon leur mère parvint à se faire épouser par M. de Lesdiguières.

Elle étoit demeurée à Grenoble, tandis que M. de Lesdiguières étoit au siége de quelque place dans le

Languedoc. En ce temps-là, un certain colonel Alard, piémontais, vint faire des recrues en Dauphiné. Elle en fut cajolée, mais non pas aussi ouvertement qu'elle l'avoit été auparavant par M. de Nemours, qui lui fit mille galanteries, durant un voyage que M. de Lesdiguières avoit été obligé de faire en Picardie. Or comme elle ne pensoit qu'à devenir femme de M. de Lesdiguières, et que la vie de son mari étoit un obstacle insurmontable, elle persuada à ce colonel de l'assassiner ; ce qu'il fit en cette sorte.

Le drapier, ayant abandonné son commerce, s'était retiré aux champs depuis quelques années, en un lieu appelé le Port de Gien, dans la paroisse de Mellan, à une petite lieue de Grenoble. Le colonel monte à cheval, accompagné d'un grand valet italien à pied ; il arriva de bonne heure en ce lieu, et ayant rencontré un berger, il lui demanda la maison du capitaine Clavel. Le berger lui dit qu'il ne connoissoit personne de ce nom-là, mais que s'il demandoit la maison de sire Mathel, c'était une de ces deux qu'il voyoit seules assez près de là. Le colonel le pria de l'y conduire, afin que le berger lui montrât l'homme qu'il cherchoit, car il ne le connoissoit pas. Ils n'eurent pas fait beaucoup de chemin que le berger lui montra le drapier qui se promenoit seul le long d'une pièce de terre ; le colonel le remercia, lui donna pour boire et le renvoya. Après il va au marchand, et le jette par terre d'un coup de pistolet qu'il accompagne de quelques coups d'épée, de peur de manquer à le tuer.

La justice fit prendre le valet du mort et une servante qui étoit sa concubine, avec le berger qui raconta toute l'histoire, sans pouvoir nommer le meurtrier. On lui demanda s'il le reconnoîtroit bien. Il répondit qu'oui. C'est pourquoi on le mit à Grenoble à une grille de la prison qui répond sur la grande place appelée Saint-André. Il n'y fut pas long-temps sans voir passer le colonel, qu'il reconnut aussitôt, et qui fut tout aussitôt emprisonné, car il avoit cru sottement que ce berger n'avoit rien vu.

M. de Lesdiguières, en ayant reçu avis en diligence, craignit que, si cette affaire s'approfondissoit, sa maîtresse ne fût terriblement embarrassée; il partit promptement du lieu où il étoit, et, entrant dans la ville sans qu'on l'y attendît, alla d'autorité délivrer le Piémontais, et le fit sauver en même temps. Le parlement fit du bruit, et voulut s'en venger sur la maîtresse de M. de Lesdiguières, ne pouvant s'en venger sur lui-même. Mais comme le connétable étoit adroit, il sut si bien négocier avec chaque conseiller en particulier, qu'il ne se parla plus de cette affaire.

Depuis ce temps-là il fut encore cinq ou six ans sans épouser la marquise, et à la fin il s'y résolut, pour légitimer les deux filles qu'il en avoit eues. Elles étoient adultérines pourtant (1).

Il en avoit une d'un premier lit qui fut mariée à M. de Créqui. M. de Lesdiguières d'aujourd'hui, auparavant M. le comte de Saulx, et feu M. de Canaples, père de M. de Créqui d'à présent, vinrent de ce mariage. Cette fille étant morte, on prit une étrange résolution, qui fut de marier les deux filles qu'il avoit eues de madame la connétable, l'une au comte de

---

(1) En partant pour s'aller marier, il dit à sa maîtresse : « Allons donc « faire cette sottise, puisque vous le voulez » (T.)

Saulx, et l'autre à M. de Créqui (1) son père, afin de leur conserver tout le bien de M. le connétable. Il est vrai qu'il y eut quelque intervalle de temps entre ces deux mariages, car l'aînée de ces filles, mariée au marquis de Montbrun, fut démariée pour épouser le comte de Saulx dont elle étoit tante; il étoit fils de la fille du premier lit de M. de Lesdiguières.

Ce mariage ne fut pas heureux, et la comtesse de Saulx mourut bientôt sans enfants. Voilà pourquoi, comme on avoit toujours la pensée de conserver tout le bien à M. de Créqui et à ses enfants, la cadette ne pouvant pas être épousée par M. le comte de Saulx, qui étoit veuf de sa sœur de père et de mère, ni par M. de Canaples, qui étoit marié avec une parente de MM. de Luynes, sœur de Combalet. Il fallut que M. de Créqui l'épousât, quoiqu'il fût veuf d'une sœur du premier lit et beau-frère de celle qui venoit de mourir. Le pape, quand on lui demanda la dispense pour ce dernier mariage, dit qu'il falloit un pape tout entier pour donner toutes les dispenses que ceux de cette maison demandoient. Et il ne laissa pourtant pas de la donner.

Ce mariage du maréchal de Créqui fut encore plus malheureux que les autres. Sa femme et lui ne vivoient pas bien ensemble, et un nommé Najère, chef de son conseil (2), le fit résoudre, après la mort du connétable, à une méchanceté qu'on auroit de la peine à croire, qui fut de faire persuader à la maréchale, qui

---

(1) Charles, maréchal de Créqui, épousa Madeleine de Bonne, fille du connétable de Lesdiguières. Il mourut en 1638, à l'âge d'environ soixante et onze ans.

(2) Il étoit garde-des-sceaux du parlement de Grenoble.

n'avoit point d'enfants, d'en supposer un, afin que la supposition étant découverte, cela donnât lieu de la cloîtrer et de retenir tout son bien. On persuada donc à la maréchale cette supposition, comme elle étoit à une maison des champs, appelée la Tour-d'Aigues. Il se trouva que la fermière étoit grosse, qui consentit volontiers à donner son enfant à la maréchale, pour en faire un grand seigneur. Mais le maréchal donna ordre que celui qui transporteroit cet enfant d'une chambre à l'autre l'étouffât en chemin, sur quoi la véritable mère, reconnoissant sa faute, commença dans sa douleur à s'accuser, et sa maîtresse aussi, de cette supposition. Aussitôt le comte de Saulx survint avec des commissaires qu'on avoit fait tenir tout prêts, et qui, ayant fait leurs informations, emprisonnèrent la maréchale. Ce procès pourtant fut si bien conduit par le conseil et l'adresse de madame la connétable, que ce mari, qui avoit voulu embarrasser sa femme par cette accusation, se trouva presqu'aussi embarrassé qu'elle, et fut obligé de s'accommoder. Après cette belle affaire, il en fit encore une autre. Il fit enlever la connétable, sa belle-mère, et la tint long-temps prisonnière au fort de Barreaux, l'accusant faussement de crime de lèze-majesté et d'avoir intelligence avec le duc de Savoie; mais le feu roi (Louis XIII) et le cardinal de Richelieu, passant à Lyon, la mirent en liberté.

M. de Créqui ayant été tué en Italie, la maréchale eut sur la fin de ses jours feu M. d'Elbœuf pour galant durant le séjour qu'elle fit à Paris. Après elle alla mourir à Bourg en Bresse, et à l'heure de sa mort elle donna toutes ses pierreries à un gentilhomme du duc pour les lui porter. Elles étoient en assez bonne quantité, car sa mère lui en avoit donné de belles pour une terre qu'elle lui avoit baillée en échange. Par son testament elle donna encore à M. d'Elbœuf une belle terre auprès de Paris.

Ce M. d'Elbœuf étoit un grand abatteur de bois. Il attrapa plaisamment (il y a trois ou quatre ans) une demoiselle de sa femme, madame d'Elbœuf, qui est devenue ridicule, de belle qu'elle avoit été autrefois (elle est sœur de M. de Vendôme) (1). Elle étoit fort malade. Elle avoit une demoiselle très-jolie; le mari en étoit épris. Un jour il vint tout triste, et dit devant cette fille : « Ma femme est morte, les médecins en « désespèrent, ils me l'ont avoué, et de plus un astro- « logue, qui a fait son horoscope, et que je viens de « visiter exprès pour cela, assure qu'elle n'en sauroit « échapper. » Cette fille depuis ce moment se mit dans l'esprit qu'elle pourroit bien devenir princesse, et se laissa faire un petit enfant. Madame d'Elbœuf a enterré son mari; il est mort cette année, âgé de soixante-un ans (2), et il disoit : « Faut-il que je meure si jeune! »

Pour revenir au connétable, voici ce que Bérançon a rapporté de sa mort. Il travailloit avec lui, le propre jour qu'il mourut, à des départs de gens de guerre. « Il faudroit, lui dit Bérançon, que M. de Créqui fût « ici. — Voire, répondit le connétable, nous aurions « beau l'attendre, s'il a trouvé un chambrillon en son

---

(1) Catherine Henriette, légitimée de France, fille de Henri IV et de Gabrielle d'Estrées, fut mariée au duc d'Elbœuf en 1619, et mourut en 1663.

(2) Charles de Lorraine, deuxième du nom, duc d'Elbœuf, mourut le 5 novembre 1657. Cette date et quelques autres, particulièrement celle que Tallemant a mise à la marge de son introduction, font connoître principalement l'époque à laquelle il écrivoit ses Mémoires.

« chemin, il ne viendra d'aujourd'hui. » Il travailla de
fort bon sens, après il fit venir son curé. « Monsieur le
« curé, lui dit-il, faites-moi faire tout ce qu'il faut. »
Quand tout fut fait : « Est-ce là tout, dit-il, monsieur le
« curé?—Oui, monsieur.—Adieu, monsieur le curé, en
« vous remerciant. » Le médecin lui dit : « Monsieur,
« j'en ai vu de plus malades échapper. — Cela peut-
« être, répondit-il, mais ils n'avoient pas quatre-
« vingt-cinq ans comme moi. » Il vint des moines à
qui il avoit donné quatre mille écus, qui eussent bien
voulu en avoir encore autant. Ils lui promettoient paradis en récompense. « Voyez-vous, leur dit-il, mes
« pères, si je ne suis sauvé pour quatre mille écus, je
« ne le serai pas pour huit mille. Adieu. » Il mourut
comme cela, le plus tranquillement du monde.

J'ajouterai quelque chose de feu M. de Créqui. On
lui dit, quand il voulut attaquer Gavi, forteresse des
Génois, que Barberousse n'avoit pu la prendre. « Eh!
« bien, répondit-il, *Barbegrise* la prendra. » Il la
prit en effet.

Il disoit les choses assez plaisamment. Un jour il
tomba du haut d'un escalier en bas, sans se faire autrement de mal. « Ah! monsieur, lui dit-on, que vous
« avez sujet de remercier Dieu ! — Je m'en garderai
« bien, dit-il, il ne m'a pas épargné un échelon. »

Il fit de si grandes pertes au jeu qu'il en pensa perdre l'esprit, et si le connétable ne lui eût envoyé cent
mille écus et promesse d'autant, il n'en fût point revenu. Il n'y eut que cela qui le remit. Il étoit fort coquet et il vouloit toujours paroître jeune. Quand le
cardinal de Richelieu, avant que d'être duc, se fit recevoir conseiller honoraire au Parlement, M. de Cré-

qui fut un de ses témoins, et lui dit en dînant chez le premier président au sortir de là : « Monsieur, je vous « ai rendu aujourd'hui le plus grand service que je « vous pouvois rendre, en disant mon âge. »

On conte de lui une chose qui est assez de galant homme. La nuit, des filoux lui demandèrent la bourse. « Je n'ai rien, leur dit-il, je viens de perdre. — Mon- « sieur, lui dirent-ils, nous vous connoissons, pro- « mettez-nous de nous donner quelque chose, et de- « main un de nous ira vous le demander. » Il leur promit trente pistoles. Le lendemain matin, un de ces honnêtes gens demanda à lui parler, et lui dit tout bas qu'il venoit quérir ce qu'il leur avoit promis. Il avoit oublié ce que c'étoit. L'autre l'en fit ressouvenir, il se mit à rire et lui dit : « Je tiendrai parole, mais il faut « avouer que tu es bien imprudent. » En effet, il lui donna les trente pistoles (1).

(1) Turenne, comme chacun sait, se trouva dans une circonstance toute pareille, et tint la même conduite.

LA REINE MARGUERITE DE VALOIS.

La reine Marguerite (1) étoit belle en sa jeunesse, hors qu'elle avoit les joues un peu pendantes, et le visage un peu trop long. Jamais il n'y eut une personne plus encline à la galanterie. Elle avoit d'une sorte de papier dont les marges étoient toutes pleines de trophées d'amour. C'étoit le papier dont elle se servoit pour ses billets doux. Elle parloit *phébus* selon la mode de ce temps-là, mais elle avoit beaucoup d'esprit. On a une pièce d'elle, qu'elle a intitulée : *La Ruelle mal assortie* (2), où l'on peut voir quel étoit son style de galanteries.

Elle portoit un grand vertugadin, qui avoit des pochettes tout autour, en chacune desquelles elle mettoit une boîte où étoit le cœur d'un de ses amants trépassés, car elle étoit soigneuse, à mesure qu'ils mouroient, d'en faire embaumer le cœur. Ce vertugadin se pendoit tous les soirs à un crochet qui fermoit au cadenas, derrière le dossier de son lit.

---

(1) Je ne dirai que ce qui n'est point dans ses *Mémoires*, ni dans ceux que M. de Peiresc a laissés à M. Dupuy. (T.) — Marguerite de France, reine de Navarre, première femme de Henri IV, née en 1552, morte le 27 mars 1615. On a d'elle des Mémoires fort curieux, qui ont eu beaucoup d'éditions.

(2) Cette pièce ne paroît pas avoir été imprimée.

On dit qu'un jour M. de Turenne, depuis M. de Bouillon, étant ivre, lui dégobilla sur la gorge en la voulant jeter sur un lit.

Elle devint horriblement grosse, et avec cela elle faisoit faire ses carrures et ses corps de jupes beaucoup plus longs qu'il ne le falloit, et ses manches à proportion. Elle étoit coiffée de cheveux blonds, d'un blond de filasse blanchie sur l'herbe. Elle avoit été chauve de bonne heure; pour cela elle avoit de grands valets de pied blonds que l'on tondoit de temps en temps.

Elle avoit toujours de ces cheveux-là dans sa poche, de peur d'en manquer; et, pour se rendre de plus belle taille, elle faisoit mettre du fer-blanc aux deux côtés de son corps pour élargir la carrure. Il y avoit bien des portes où elle ne pouvoit passer.

Elle aima sur la fin de ses jours un musicien nommé Villars. Il falloit que cet homme eût toujours des chausses troussées et des bas d'attache, quoique personne n'en portât plus. On l'appeloit vulgairement *le roi Margot* (1). Elle a eu quelques bâtards, dont l'un, dit-on, a vécu, et a été capucin (2). Ce roi Margot n'empêchoit point que la bonne Reine fût bien dévote

---

(1) Margot étoit le nom abrégé et familier que Charles IX donnoit à sa sœur Marguerite. « En donnant ma sœur Margot au prince de Béarn, « je la donne à tous les huguenots du royaume. » En effet, les faveurs de la princesse passoient déjà pour être partagées par un assez grand nombre d'élus.

(2) Bassompierre en a parlé. « Le soir (du 5 août 1628), ce capucin, fils « de la feue reine Marguerite et de Chauvalon, nommé Père Archange, « me vint trouver et me dit force impertinences. » (*Mémoires de Bassompierre*, deuxième série des *Mémoires relatifs à l'Histoire de France*, t. 21, pag. 162.)

et bien craignant Dieu, car elle faisoit dire une quantité étrange de messes et de vêpres.

Hors la folie de l'amour, elle étoit fort raisonnable. Elle ne voulut point consentir à la dissolution de son mariage en faveur de madame de Beaufort. Elle avoit l'esprit fort souple et savoit s'accommoder au temps. Elle a dit mille cajoleries à la feue Reine-mère (1), et quand M. de Souvray (2) et M. de Pluvinel (3) lui menèrent le feu Roi, elle s'écria : « Ah ! qu'il est beau, « ah ! qu'il est bien fait ! que le Chiron est heureux qui « élève cet Achille ! » Pluvinel, qui n'étoit guère plus subtil que ses chevaux, dit à M. de Souvray : « Ne « vous disois-je pas bien que cette méchante femme « nous diroit quelque injure ? » M. de Souvray (4) lui-même n'étoit guère plus habile. On avoit fait des vers dans ce temps-là qu'on appeloit *les Visions de la cour*, où l'on disoit de lui *qu'il n'avoit de Chiron que le train de derrière*.

Henri IV alloit quelquefois visiter la reine Marguerite (5), et gronda de ce que la Reine-mère n'alla pas assez avant la recevoir à la première visite.

(1) Marie de Médicis, qui l'avoit remplacée dans la couche de Henri IV, et au couronnement de laquelle Henri IV exigea qu'elle parût.

(2) M. de Souvray, ou de Souvré, étoit gouverneur de Louis XIII.

(3) Il étoit sous-gouverneur et premier écuyer de la grande écurie. (T.)

(4) Ce M. de Souvray, à ce qu'on prétend, disoit *Bucéphale* en lieu de Céphale, en cet endroit de Malherbe (*Ode à la Reine-mère du Roi, sur sa bienvenue en France*) où il y a :

>Quand les yeux même de Céphale
>En feroient la comparaison. (T.)

(5) Elle avoit fait bâtir un hôtel à l'entrée de la rue de Seine (sur l'em-

Durant ses repas, elle faisoit toujours discourir quelques hommes de lettres. Pitard, qui a écrit de la morale, étoit à elle, et elle le faisoit parler assez souvent.

Le feu Roi s'avisa de danser un ballet de la vieille cour, où, entre autres personnes qu'on représentoit, on représenta la reine Marguerite avec la ridicule figure dont elle étoit sur ses vieux jours. Ce dessein n'étoit guère raisonnable en soi; mais au moins devoit-on épargner la fille de tant de rois.

A propos de ballets, une fois qu'on en dansoit un chez elle, la duchesse de Retz la pria d'ordonner qu'on ne laissât entrer que ceux qu'on avoit conviés, afin qu'on pût voir le ballet à son aise. Une des voisines de la reine Marguerite, nommée mademoiselle Loiseau, jolie femme et fort galante, fit si bien qu'elle y entra. Dès que la duchesse l'aperçut, elle s'en mit en colère, et dit à la Reine qu'elle la prioit de trouver bon que pour punir cette femme elle lui fît seulement une petite question. La Reine lui conseilla de n'en rien faire, et lui dit que cette demoiselle avoit bec et ongles; mais voyant que la duchesse s'y opiniâtroit, elle le lui permit enfin. On fit donc approcher mademoiselle (1) Loiseau, qui vint avec un air fort délibéré : « Mademoi-
« selle, lui dit la duchesse, je voudrois bien vous prier
« de me dire si les oiseaux ont des cornes? — Oui,

placement des maisons qui commencent la rue à droite). Les jardins s'étendoient le long de la rivière jusqu'à la rue des Saints-Pères. La première fois que Henri alla la voir, il lui dit, en la quittant, qu'*il la prioit d'être plus ménagère.* « Que voulez-vous, répondit-elle, la pro-
« digalité est chez moi un vice de famille. »

(1) On ne donnoit alors que la qualification de *demoiselle* aux femmes bourgeoises ; celle de *madame* n'appartenoit qu'aux femmes de qualité.

« madame, répondit-elle, les ducs en portent (1). » La Reine, oyant cela, se mit à rire, et dit à la duchesse : « Eh bien ! n'eussiez-vous pas mieux fait de me croire?»

J'ai ouï faire un conte de la reine Marguerite qui est fort plaisant. Un gentilhomme gascon, nommé Salignac, devint, comme elle étoit encore jeune, éperdument amoureux d'elle; mais elle ne l'aimoit point. Un jour, comme il lui reprochoit son ingratitude : « Or « çà, lui dit-elle; que feriez-vous pour me témoigner « votre amour! — Il n'y a rien que je ne fisse, répon- « dit-il. — Prendriez-vous bien du poison? — Oui, « pourvu que vous me permettiez d'expirer à vos pieds. « — Je le veux, » reprit elle. On prend jour; elle lui fait préparer une médecine fort laxative. Il l'avale, et elle l'enferme dans un cabinet, après lui avoir juré de venir avant que le poison opérât; elle le laissa là deux bonnes heures, et la médecine opéra si bien que, quand on vint lui ouvrir, personne ne pouvoit durer autour de lui. Je crois que ce gentilhomme a été depuis ambassadeur en Turquie.

(1) Madame de Retz étoit galante. (T.) — Ménage, qui croyoit cette anecdote plus récente, la rapporte ainsi : « Madame Loiseau, bourgeoise, « étoit à Versailles. Le Roi, voyant qu'elle s'avançoit fort près du cercle, « dit à madame la duchesse de *** : « Questionnez-la un peu, madame.» « Madame la duchesse de ***, l'ayant fait approcher, lui dit : « Ma- « dame, quel est l'oiseau le plus sujet à être cocu? » Elle lui répondit : « C'est un duc, madame. » (*Ménagiana*, édition de 1762, tom. 1, pag. 264.)

LA COMTESSE DE MORET. M. DE CÉSY.

Madame de Moret étoit de la maison de Bueil (1); n'ayant ni père ni mère, elle fut nourrie chez madame la princesse de Condé, Charlotte de La Trémouille. Elle étoit là en bonne école. Henri IV, qui ne cherchoit que de belles filles, et qui, quoique vieux, étoit plus fou sur ce chapitre-là qu'il n'avoit été dans sa jeunesse, la fit marchander, et on conclut à trente mille écus. Mais madame la princesse de Condé souhaita que, par bienséance, on la mariât en figure, si j'ose ainsi dire. Césy, de la maison de Harlay, homme bien fait, et qui parloit agréablement, mais qui avoit mangé tout son bien, s'offre à l'épouser. On les maria un matin. Le Roi, impatient et ne goûtant pas trop qu'un autre eût un pucelage qu'il payoit, ne voulut pas permettre que Césy couchât avec sa femme, et la vit dès ce soir-là (2). Césy, lâche comme un courtisan

---

(1) Jacqueline de Bueil, comtesse de Bourbon-Moret.

(2) Ce fait, indiqué dans les *Amours du grand Alcandre*, est rapporté à la date du 5 octobre 1604 dans le Journal de l'Estoile, tom. 47, pag. 476 de la première série des *Mémoires relatifs à l'histoire de France*. Barclay, dans l'ingénieuse satire de l'Euphormion, rapporte de la manière la plus spirituelle les conditions du mariage de Jacqueline qu'il désigne sous le nom de *Casina*. Nous en rapporterons ce passage : *Nescio quis antistes in candidâ veste connubii legem ad hunc modum recitavit, novam sanè, et quam ideò in tabulâ descripserat, nè inter pronunciandum laberetur: Ut tu Oympio hanc Casinam conjugem tuam nec atti-*

ruiné, prétendoit ravoir sa femme le lendemain, résolu de tout souffrir pour faire fortune; mais elle n'y voulut jamais consentir. On rompit le mariage à condition que Césy auroit les trente mille écus.

Il se maria après avec Béthune, fille de la Reine, aussi laide que l'autre étoit belle. Ses trente mille écus ne durèrent pas long-temps, et depuis, pour se remettre, il demanda l'ambassade de Turquie, où, contre l'ordinaire, il mena sa femme; mais il ne craignoit pas autrement que le Grand-Seigneur la fît enlever pour la mettre dans le sérail.

En passant à Turin il laissa sa fille à madame de Savoie (1). Elle étoit belle et y fut comme favorite; mais il fallut la renvoyer parce qu'elle contrefaisoit le bossu (2), qui étoit amoureux de sa belle-fille. Elle y avoit fait quelque fortune; au retour elle épousa M. de Courtenay (3). Le bossu étoit galant. En une collation qu'il donna à Madame, toute la vaisselle d'argent étoit en forme de guitare, parce qu'elle aimoit cet instrument.

geris, nec osculum retuleris, nisi peregrè proficiscens et trinundinum abfuturus, ut à sinu curiosam abstineas manum, nec adsis molestus noctium arbiter, aut antè sextam diei horam uxoris thalamum temerariâ manu recludas; si quam intereà prolem tibi genuerint Dii, illam protinùs tollas, et gratuito hærede felicissimam augeas domum. Si hæc faxis, tum tibi in uxoris nomen venire licebit, bonisque avibus juncto per exterarum gentium urbes celeberrimis itineribus volitare. (Euphormionis Lusinini, sive Joannis Barclaii satiricon. Lugd. Bat. apud Elzevirios 1637, pag. 196.) Plus d'un de nos lecteurs recourra à l'ouvrage que nous citons pour y voir les conditions imposées à l'épouse. La longueur de cette note ne nous a pas permis de les insérer ici.

(1) Chrétienne de France, fille de Henri IV.
(2) Le duc de Savoie.
(3) C'étoit ce qu'il lui falloit, car elle fait assez la princesse. Les Courtenay, depuis quelques années, ont prétendu être princes du sang. (T.)

Césy fit tant de sortes de friponneries en Turquie, que tout le commerce cessa, et il fallut, au bout de dix-huit ans, y envoyer M. de Marcheville, qui eut bien de la peine à le tirer de là. Il demeura huit ou neuf ans à Venise, avant que de rentrer en France. Enfin, de retour à Paris, il reparut avec un train assez raisonnable, car il avoit mis quelque chose à part pour ses vieux jours. Au sortir d'une maladie, en avril 1612, il alloit presque toutes les après-dînées faire planter sa chaise (1) sur les degrés de la pompe du Pont-Rouge pour y prendre l'air; il y donnoit rendez-vous aux gens. On m'a assuré qu'au commencement de la régence de la Reine, on compta entre ceux qu'on disoit être en passe de gouverneur du Roi, un homme tel que je viens de le dépeindre.

Madame de Moret eut un fils qui fut d'église (2). On l'avoit fort bien instruit; il étoit bien fait : on dit que de tous les enfants d'Henri IV, c'étoit celui qui lui ressembloit le plus. Il avoit l'esprit agréable (3). Sa jeunesse fut assez déréglée, mais on dit qu'il avoit fort profité aux voyages qu'il avoit faits durant deux ans,

---

(1) Des chaises des rues. (T.) — Le Pont-Rouge étoit établi devant la galerie du Louvre, en face de la rue de Beaune.

(2) Antoine de Bourbon, comte de Moret, né à Fontainebleau en 1607, légitimé en 1608. Il étoit abbé de Savigny, de Saint-Victor de Marseille, de Saint-Etienne de Caen et de Signy; il n'en porta pas moins les armes.

(3) Il devint amoureux terriblement de madame de Chevreuse. M. de Chevreuse en étoit fort jaloux. En ce temps-là, madame de Chevreuse et Buckingham prièrent madame de Rambouillet de leur faire entendre mademoiselle Paulet, la plus belle voix de son temps. M. de Moret se trouva par hasard à l'hôtel de Rambouillet, où ils se devoient rendre. Quand l'heure vint, elle le pria de se retirer, parce qu'elle ne vouloit point que M. de Chevreuse, son voisin, pût l'accuser de quelque chose.

au retour desquels il se jeta dans le parti de Monsieur, et fut tué au combat où M. de Montmorency fut pris (1).

J'ai ouï conter à Venise qu'une célèbre courtisane lui voulut faire payer la qualité, et que, pour l'attraper, il fit dorer des réales d'Espagne qui ressembloient à des pistoles; ils étoient convenus à trois cents. Les nobles vénitiens ne trouvèrent cela nullement bon; il en pensa arriver du désordre. Ils disoient : « Ne pou-
« vons-nous point être princes à meilleur titre que
« lui, en devenant doges, et ne descendons-nous pas
« presque tous de princes, puisqu'il n'y a guère de
« familles nobles qui n'aient eu un doge? »

Henri IV se refroidissant, madame de Moret s'avisa de faire la dévote. Elle n'avoit que du linge uni, une grande pointe, une robe de serge, les mains nues : c'étoit pour les montrer, car elle les avoit belles. Jusque M. de Moret fit ce qu'il put pour la fléchir, mais il s'en alla enfin, et ne lui en voulut aucunement.

Un jour, chez madame des Loges, il jugeait de bien des choses d'esprit en jeune homme de qualité, Gombauld lui fit cette épigramme :

> Vous choquez la nature et l'art,
> Vous qui êtes né d'un crime ;
> Mais pensez-vous que d'un bâtard
> Le jugement soit légitime?

Il étoit d'une comédie que les enfants d'Henri IV jouèrent; il n'y eut que lui qui fit bien. (T.)

(1) Au combat de Castelnaudary. L'opinion que le comte de Moret fut tué sur le champ de bataille, ou mourut de ses blessures quelques heures après, est la plus générale. D'autres cependant ont cru qu'ayant été pansé secrètement et guéri de ses blessures, il passa en Italie, se fit ermite, parcourut divers pays sans se faire connoître, vint enfin prendre retraite à l'ermitage des Gardelles, près de Saumur, sous le nom de frère *Jean-Baptiste*, et y mourut le 24 décembre 1692. Cette version sent bien le roman.

là elle avoit été un peu goinfre, mais fort agréable. Henri IV fut tué avant qu'elle eût achevé sa farce. Elle joua un autre personnage ensuite, car elle feignit de devenir aveugle. On croit que c'étoit pour faire pitié à la Reine-mère. Enfin elle fit semblant que M. de Mayerne, médecin célèbre, qui étoit fort son ami, lui avoit fait recouvrer la vue d'un œil, mais il ne paroissoit point que l'autre fût plus malade. Elle se remit à faire l'amour tout de nouveau. M. de Vardes se laissa attraper et l'épousa. Il y a six à sept ans qu'elle est morte empoisonnée par mégarde et sans y porter d'autre dessein (1). On a dit que c'étoit un valet qui l'a empoisonnée, et on soupçonne le mari, qui a retiré chez lui une demoiselle de bon lieu, qu'il pourroit bien avoir envie d'épouser. J'ai su depuis qu'on avoit fait un quiproquo chez l'apothicaire, et qu'on avoit donné du sublimé pour du cristal minéral. Elle en mourut. On lui trouva deux abcès qui l'eussent fait mourir subitement.

(1) On voit par ce passage que la comtesse de Moret mourut vers l'an 1650. Nous avons vainement cherché cette date ailleurs.

LE CONNÉTABLE DE MONTMORENCY.

Le dernier connétable de Montmorency (1) n'étoit pas un grand personnage; on l'accusoit d'être fort brutal : à peine savoit-il lire. Sa plus belle qualité étoit d'être à cheval aussi bien qu'homme du monde; il tenoit un teston (2) sur l'étrier sous son pied, et travailloit un cheval, tant il étoit ferme d'assiette, sans que le teston tombât; et en ce temps-là le dessous de l'étrier n'étoit qu'une petite barre large d'un travers de doigt. Il aimoit extrêmement les chevaux, et dès qu'un cheval étoit à lui, il ne changeoit plus de maître, et, n'eût-il eu que trois jambes, on le nourrissoit dans une infirmerie qui étoit à Chantilly. De sorte que chez lui le proverbe d'*Equi senectus* n'étoit pas trop véritable. C'étoit un grand tyran pour la chasse. Cependant il disoit qu'il falloit permettre à un gentilhomme de poursuivre le gibier qu'il auroit fait lever sur sa propre terre, et qu'en ce cas il laisseroit prendre un lièvre jusque dans sa salle.

En Languedoc il devint amoureux, étant déjà âgé,

---

(1) Henri, duc de Montmorency, fils de Anne de Montmorency, maréchal de France en 1566, connétable en 1593, mort à Agde le 1er avril 1614.

(2) Monnoie d'argent qui valoit environ douze sous ; elle étoit grande comme le sont aujourd'hui les pièces de trente sous.

de mademoiselle de Portes (1), de la maison de Budos; c'étoit une belle fille, mais pauvre, et qui, quoiqu'elle fût bien demoiselle, n'étoit pas pourtant de naissance à prétendre un connétable. C'est à cause de cela, et sur ce qu'elle mourut d'apoplexie, et qu'elle avoit le visage tout contourné, qu'on a dit qu'elle s'étoit donnée au diable pour épouser M. le connétable, et que César, un Italien qui passoit pour magicien à la cour, avoit été l'entremetteur de ce pacte.

Ce César disoit qu'il n'avoit point trouvé de si méchantes femmes qu'en France, et qui fussent si vindicatives. Je ne m'en étonne pas, car presque partout ailleurs elles sont comme enfermées, et ne peuvent pas faire galanterie, puisqu'elles ne voient point d'hommes. Le bonhomme de La Haye, un vieux gentilhomme huguenot, qui avoit bien vu des choses, m'a dit que César n'étoit qu'un fourbe : « Vous me vou-
« lez, lui disoit-il, faire voir le diable dans une cave où
« cinq ou six coquins charbonnés me viendront peut-
« être bien étriller. Je le veux voir dans la plaine
« Saint-Denis. »

Après la mort de sa femme, le connétable épousa une demoiselle de Montoison (2), tante de sa femme, parce qu'il la trouva sous sa main, car elle n'étoit ni jeune ni belle. Au bout de trois mois il en fut si las, qu'il la relégua à Meru. Depuis sa mort, cette madame la connétable fut dame d'honneur de la reine Anne d'Autriche. Mais quand M. de Luynes voulut faire sa

---

(1) Louise de Budos, fille du vicomte de Portes, née le 13 juillet 1575, mariée le 13 mars 1593, morte à Chantilly le 30 avril 1598.

(2) Laurence de Clermont, fille de Claude de Clermont, comte de Montoison. Ce mariage fut contracté en 1601.

femme surintendante de la maison de la Reine, la connétable, qui n'avoit point cru la qualité de dame d'honneur au-dessous d'elle quand elle étoit la première personne de chez la Reine, se retira, et on mit à sa place madame de La Boissière, qui avoit été renvoyée d'Espagne au bout d'un an avec tous les François. Madame de Senecey, dame d'atours, succéda depuis à madame de La Boissière.

La connétable n'est morte que depuis deux ou trois ans (1). Le connétable eut de ce second mariage feu M. de Montmorency et feu madame la Princesse. De son premier mariage avec une fille de Bouillon La Mark il avoit eu deux filles, madame de Ventadour, qui vit encore, et feu madame d'Angoulême, femme de M. d'Angoulême le père.

Le connétable voulut mourir en habit de capucin. Un gentilhomme nommé Montdragon lui dit: « Ma foi, « vous faites finement, car, si vous ne vous déguisez « bien, vous n'entrerez jamais en paradis. »

On a dit de lui qu'à l'imitation de ce duc de Ferrare qui disoit de chacune de ses filles : *l'ho fatta, l'ho allevata, e un altro n'avra il fiore? Cazzo!..* il prenoit la peine de percer lui-même le tonneau avant de donner à boire à ses gendres. Je n'en crois rien ; mais, pour ses tantes, ses sœurs, ses cousines, ses nièces, il n'en faisoit aucun scrupule. On vivoit fort désordonnément chez lui.

(1) Elle mourut le 14 septembre 1654, âgée de quatre-vingt-trois ans.

MADAME LA PRINCESSE DE CONDÉ (1).

Mademoiselle de Montmorency n'avoit que quatre ans, qu'on vit bien que ce seroit une beauté extraordinaire. Madame de Sourdis, qui avoit gagné cinquante mille livres de rentes à la faveur de madame de Beaufort, sa nièce, et qui espéroit que cette *aurore* donneroit dans les yeux du Roi, fit dessein de la faire épouser à son fils, le marquis de Sourdis d'aujourd'hui, qui avoit trente mille livres de rente en fonds de terre, et à qui elle avoit fait apprendre toutes les choses imaginables. On disoit qu'il y avoit en lui de quoi faire quatre honnêtes gens, et que cependant ce n'étoit pas un honnête homme (2). En cette intention elle la demande et offre de la prendre sans aucun bien. Le connétable accepte le parti; mais madame d'Angoulême (3), bâ-

---

(1) Charlotte-Marguerite de Montmorency, née vers 1593, épousa le 3 mars 1609 Henri de Bourbon, deuxième du nom, prince de Condé. Elle mourut à l'âge de cinquante-sept ans, à Châtillon-sur-Loing, le 2 décembre 1650.

(2) On trouvera ci-après des détails sur le marquis de Sourdis dans l'article de madame Cornuel.

(3) Elle avoit épousé, en premières noces, le duc de Castro, frère du duc de Parme, Alexandre Farnèse. Elle n'eut point d'enfants. Puis elle fut maréchale de Montmorency. On lui donna, quand elle fut veuve, le domaine d'Angoulême, et monseigneur le duc d'Auvergne lui succéda. On conte une plaisante chose de cette princesse. Etant venue en hâte de Tours à Paris, elle laissa tout son train chez un chanoine, en dessein de retourner aussitôt à Tours. Ceux qu'elle avoit amenés avec elle à Paris

tarde de Henri II, veuve du frère aîné du connétable, mais sans enfants, ayant deviné le dessein de la marquise, rompit le coup, et prit sa nièce chez elle, après la mort de la connétable, qui arriva bientôt après.

M. de Bassompierre, au bout de quelques années, voulut aussi la prendre sans bien ; mais, quoiqu'il fût bien fait et fort bien avec le connétable, et que l'affaire fût fort avancée, madame d'Angoulême la rompit. Bassompierre, depuis, c'étoit avant que M. le Prince fût mis dans la Bastille, fit tout ce qu'il put, mais en vain, pour faire accroire qu'il étoit bien avec mademoiselle de Montmorency (1).

La Reine-mère, quelque temps après, fit un ballet (2), dont elle mit les plus belles de la cour. Elle n'oublia pas mademoiselle de Montmorency, qui pouvoit avoir alors treize à quatorze ans. On ne pouvoit rien voir de plus beau, ni de plus enjoué (3); mais il y en avoit bien d'aussi spirituelles qu'elle pour le moins.

lui disoient : « Mais, madame, nous ne sommes pas assez pour vous ser-
« vir; prenez donc quelqu'un. » Insensiblement on fit un nouveau train
à Paris. Elle écrivoit toujours à Tours : « Je pars la semaine qui vient. »
On tenoit ce train en bon état. Cela dura vingt-huit ans. (T.)

(1) Bassompierre dit positivement dans ses *Mémoires* que la main de mademoiselle de Montmorency lui étoit accordée par le connétable, et que le Roi descendit jusqu'à le prier en ami de renoncer à cette belle alliance. Le récit de Bassompierre est en partie confirmé par celui de Fontenay-Mareuil. (*Mémoires de Bassompierre*, deuxième série des *Mémoires relatifs à l'histoire de France*, tom. 19, pag. 385 et suiv.; et *Mémoires de Fontenay*, première série de la même collection, tom. 50, pag. 15.)

(2) Ce ballet eut lieu au mois de février 1609. (*Lettres de Malherbe à Peiresc.* Paris, Blaise, 1822, pag. 62.)

(3) « Sous le ciel il n'y avoit lors rien de si beau que mademoiselle de « Montmorency, ni de meilleure grâce, ni plus parfait. » (*Mémoires de Bassompierre*, *ibid.*, pag. 388.)

Il y eut quelques démêlés entre la Reine et le Roi sur ce ballet. Il vouloit que madame de Moret en fût. La Reine ne le vouloit pas, et elle vouloit que madame de Verderonne (1) en fût, et le Roi ne le vouloit pas. Ils avoient tort tous deux en ce qu'ils vouloient, et raison en ce qu'ils ne vouloient pas. A la fin, pourtant, la reine l'emporta. Pendant ce petit désordre, elle ne laissoit pas de répéter son ballet. Pour y aller on passoit devant la chambre du Roi; mais, comme il étoit en colère, il la faisoit fermer brusquement dès qu'elle venoit pour passer.

Un jour il entrevit par cette porte mademoiselle de Montmorency, et, au lieu de la faire fermer, il sortit lui-même, et alla voir répéter le ballet. Or, les dames devoient être vêtues en nymphes; en un endroit, elles levoient leur javelot, comme si elles l'eussent voulu lancer. Mademoiselle de Montmorency se trouva vis-à-vis du Roi quand elle leva son dard, et il sembloit qu'elle l'en vouloit percer. Le Roi a dit depuis qu'elle fit cette action de si bonne grâce qu'effectivement il en fut blessé au cœur et pensa s'évanouir. Depuis ce moment l'huissier ne ferma plus la porte, et le Roi laissa faire à la Reine tout ce qu'elle voulut. Madame la marquise de Rambouillet, alors la vidame du Mans, étoit de ce ballet : ce fut là qu'elle fit amitié avec madame la Princesse.

On avoit déjà parlé de marier M. le Prince avec mademoiselle de Montmorency; le Roi conclut l'affaire, croyant que cela avanceroit les siennes. M. le connétable donna cent mille écus à sa fille. M. le

---

(1) La femme d'un président des comptes. Elle étoit demoiselle. (T.)

Prince étoit fort pauvre (1), mais c'étoit un grand honneur que d'avoir pour gendre le premier prince du sang.

Le Roi, dans sa passion, fit toutes les folies que pouvoient faire les jeunes gens, quoiqu'il eût cinquante-trois ans ou environ. Il couroit la bague avec un collet de senteurs et des manches de satin de la Chine.

Le roi obtint une fois de madame la Princesse qu'elle se montreroit un soir tout échevelée sur un balcon avec deux flambeaux à ses côtés. Il s'en évanouit quasi, et elle dit : « Jésus ! qu'il est fou ! » Elle se laissa peindre pour lui en cachette; ce fut Ferdinand qui fit le portrait. M. de Bassompierre l'emporta vite après qu'on l'eut frotté de beurre frais, de peur qu'il ne s'effaçât; car il fallut le rouler pour le porter sans qu'on le vît. Quelques années après, madame la Princesse, croyant que Ferdinand avoit oublié cela, ou bien n'y songeant plus, lui demanda un jour quel portrait de tous ceux qu'il avoit faits en sa vie lui avoit semblé le plus beau. « C'est, dit-il, un qu'il fallut frotter avec « du beurre frais. » Cela la fit rougir.

M. le Prince, qui voyoit que l'amour du Roi étoit fort violente, emmena sa femme à Muret auprès de Soissons. Le Roi ne put être long-temps sans la voir. Il va avec une fausse barbe à une chasse où elle devoit être. M. le Prince en a avis et remet la partie à une autre fois. A quelques jours de là le Roi fait que M. de Traigny, un seigneur de ces quartiers-là, convie M. le Prince et madame la Princesse à dîner, et lui se cache derrière une tapisserie, d'où, par un trou, il la voyoit

(1) On dit qu'il n'avoit en fonds de terre que dix mille livres de rente. (T.)

tout à son aise. Elle savoit l'affaire, et l'a avoué à madame de Rambouillet. Comme elle y alloit avec sa belle-mère, le Roi, pour la voir en passant, se déguisa en postillon, et avec M. de Beneux, qui feignoit d'aller voir une belle-sœur en ces quartiers-là, passa auprès du carrosse, où M. de Beneux fut quelque temps à parler. Quoique le Roi eût une grande emplâtre sur la moitié du visage, il fut pourtant reconnu de l'une et de l'autre (1). Madame la Princesse et sa belle-mère (2) furent quinze jours à Roucy, où la comtesse de Roucy, parente de M. le Prince par son mari, fils d'une héritière de Roye, leur prêta quatre mille écus pour leur voyage, et depuis, quand la belle-mère fut revenue de Flandre, elle la défraya à Paris.

Madame la Princesse fit bien pis que cela, car elle se laissa persuader de signer une requête pour être démariée. Le Roi avoit obligé ses parents à dresser cette requête, et le connétable étoit un lâche qui croyoit que cette amour du Roi le combleroit de trésors et de dignités. Les gens de madame la Princesse, qui étoit fort jeune, lui faisoient accroire qu'elle seroit reine. Voyez quelle apparence il y avoit : il eût donc fallu empoisonner la reine Marie de Médicis, car elle avoit des enfants. M. le Prince n'a jamais pu pardonner à sa femme d'avoir signé cette requête. Enfin, il s'enfuit avec elle à Bruxelles, où il ne se trouva pas trop en sû-

(1) Cette anecdote est racontée avec des différences dans les *Mémoires de Fontenay-Mareuil*, tom. 50, pag. 16 de la première série de la collection des *Mémoires relatifs à l'histoire de France*, et dans les *Mémoires des Lenet*, tom. 53, pag. 139 de la deuxième série de la même collection.

(2) Charlotte-Catherine de La Trémouille, veuve de Henri de Bourbon, prince de Condé.

reté par les menées du marquis de Cœuvres, depuis maréchal d'Estrées, qui y étoit allé en qualité d'ambassadeur.

On a dit que c'étoit de son consentement que le marquis de Cœuvres la devoit enlever de Bruxelles, et le petit Toiras, depuis maréchal de France, page de M. le Prince, étoit espion pour le Roi. Le marquis écrivoit : « Le petit Toiras sert toujours bien Votre Majesté, je « lui ai payé sa pension. »

M. le Prince passa avec sa femme à Milan. En ce temps-là l'armement du Roi tenoit tout le monde en jalousie. On armoit aussi dans le Milanais. Le bruit courut que M. le Prince devoit commander cette armée.

Après la mort du roi, M. le Prince ramena sa femme à la cour de France. Madame de Rambouillet dit que madame la Princesse eut la petite vérole, et qu'il lui demeura une grosse couture à chaque joue, qui, avec une grande maigreur qu'elle eut, la défigurèrent fort long-temps ; enfin, ses coutures se guérirent. Elle devint grasse et fut la plus belle personne de la cour. Madame de Rambouillet dit encore que durant sa grande fleur, dès qu'il venoit une beauté nouvelle, on disoit aussitôt : « Elle est plus belle que madame la « Princesse ? » mais qu'enfin on revenoit de cette erreur. Elle avoue pourtant que madame des Essars (1), depuis la maréchale de L'Hôpital, qui succéda à madame de Moret, mais simplement comme une belle courtisane plutôt que comme une maîtresse, et ma-

---

(1) Charlotte des Essars, comtesse de Romorantin. Henri IV en eut deux filles, qui furent toutes les deux abbesses, l'une de Fontevrault, l'autre de Chelles.

dame Quelin (1), qui eût l'honneur d'avoir sa part aux embrassements du Roi, à bien examiner tous les traits, étoient plus belles que madame la Princesse, mais que madame la Princesse avoit tout une autre grâce.

Quand M. le Prince fut arrêté, il fallut par bienséance demander à entrer en prison avec lui; sans cela peut-être n'eussent-ils point eu d'enfants, car madame de Longueville et M. le Prince (2) y sont nés, et avant cela le mari et la femme n'étoient pas trop bien ensemble. Au sortir de là elle fit galanterie avec le cardinal de La Valette, qui y dépensoit si bien son argent que quand il est mort il avoit mangé son revenu jusqu'en l'an 1650.

Il mourut, je pense, en 1640. Une fois il lui en coûta deux mille écus pour une poupée, la chambre, le lit, tous les meubles, le déshabillé, la toilette et bien des habits à changer, pour mademoiselle de Bourbon, depuis duchesse de Longueville, encore enfant.

Le cardinal de La Valette étoit un galant homme, mais fort laid. Pompeo Frangipani (3), seigneur ro-

---

(1) Madame Quelin eut depuis pour galant un maître des comptes qu'on appeloit Nicolas. Il se rencontra en ce temps-là que M. Quelin, conseiller de la grand'chambre, son mari, rapporta un procès pour un nommé Nicolas Fouquelin. Le président de Harlay, qui aimoit à rire, fut ravi de cette rencontre, et pour se divertir, toutes les fois qu'il pouvoit faire venir cela à propos, il faisoit redire le fait à ce bonhomme, afin d'avoir le plaisir de lui entendre dire *Nicolas Fouquelin*. Quelin, conseiller à la grand'chambre, dit qu'il est fils de Henri IV. Il est vrai qu'il fait assez de tyrannies aux marchands de bois de l'île Notre-Dame pour n'être pas fils d'un particulier : mais il n'a que cela de royal. (T.)

(2) Le grand Condé.

(3) Il dit, voyant qu'on faisoit le marquis de Thémines maréchal de

main qui étoit à la cour, disoit que c'étoit justement un *viso di Cazzo* (1). M. d'Aumont disoit qu'il croyoit qu'en relevant la moustache du cardinal La Valette, on lui relevoit aussi les lèvres, tant il les avoit grosses. Ce cardinal étoit galant, libéral, et avoit beaucoup d'esprit. Il étoit enjoué, jusqu'à se mettre sous un lit en badinant avec des enfants; cela lui est arrivé bien des fois à l'hôtel de Rambouillet. Mais il étoit quelquefois un peu emporté, et une fois il alla dire le diable, en présence de madame la Princesse, des femmes qui faisoient l'amour. Il disoit, car il avoit l'esprit délicat et n'étoit pas ignorant, que le cardinal de Richelieu avoit des galanteries de pédant; et sa plus grande joie étoit de venir en rire avec madame de Rambouillet, en qui il avoit une confiance entière. Le cardinal de Richelieu vivoit avec lui tout autrement qu'avec les autres, car il lui avoit, comme nous dirons ensuite, la plus grande obligation qu'on puisse avoir à un homme. Il le traitoit civilement et respectueusement; et comme M. de La Valette n'avoit rien dans la tête que la guerre, il le satisfaisoit en cela. Ce cardinal étoit brave, mais il ne savoit point la guerre. M. de Montmorency donnoit aussi beaucoup à madame la

---

France et gouverneur de Brétagne pour avoir arrêté M. le Prince : « *Non ho mai visto sbirro cosi ben pagato.* » Comme on lui demandoit s'il ne trouvoit pas que madame la Princesse et madame de Guémenée étoient des personnes admirables? : *Sono bellissime*, dit-il, *ma quel Pontgibault è un bel cavaliere*. On parlera ailleurs de Pontgibault. (T.)

(1) C'est une injure d'Italie, comme *visage de bois flotté* ici. (T.) « On « dit par injure à une personne que c'est un plaisant visage, un *visage* « *de bois flotté*, un visage de cuir bouilli, un visage à étui, quand il est « noir, rude, couperosé. » (*Dict. de Trévoux.*)

Princesse, et le cardinal lui ayant manqué après ce frère, elle se trouva bien mal à son aise. Le cardinal fut le seul qui ne l'abandonna pas à la disgrâce de M. de Montmorency. Madame de La Trémouille dit qu'elle étoit de leurs divertissements; que madame la Princesse et M. le cardinal, quand ils vouloient parler seuls, étoient dans un cabinet la porte ouverte; que tout le monde les voyoit : les autres dansoient et jouoient.

Madame la Princesse étoit une des plus lâches personnes qui aient jamais été. Elle disoit à madame d'Aiguillon : « Jésus! madame, que je serai aise de vous « céder, si vous épousez Monsieur! » Elle donna la serviette à feue Madame, qui la prit en tournant la tête d'un autre côté. En revanche, quand elle menoit quelqu'un, elle étoit la plus civile du monde. Un jour qu'elle mena madame de La Trémouille à je ne sais quelle fête au Louvre, la Reine l'appela dans sa garde-robe, où personne n'entre que les princesses. Elle s'excusa en disant : « J'ai amené madame de La Trémouille; je n'irai nulle part où elle ne puisse pas entrer. » On fit sur elle un vaudeville que voici :

<pre>
        La Combalet et la Princesse
        Ne pensent point faire de mal,
        Et n'en iront point à confesse
        D'avoir chacune un cardinal (1);
        Car laisser lever leur chemise
        Et mettre ainsi leur corps à l'abandon,
        N'est que se soumettre à l'église,
        Qui, en tout cas, leur peut donner pardon.
</pre>

(1) Voir ci-après l'article du cardinal de Richelieu et de madame de Combalet, depuis duchesse d'Aiguillon, sa nièce.

Je sais qu'on a voulu dire que M. de Chavigny, qui en sa jeunesse avoit eu entrée chez madame la Princesse, avoit eu aussi quelque part à ses bonnes grâces du temps du cardinal de La Valette; mais il n'en est rien. On a cru cela à cause que, qui a un galant en peut bien avoir deux; mais, outre que le cardinal ne l'eût pas souffert, ou du moins que cela eût mis du divorce entre elle et lui, c'est que madame la Princesse n'eût pas enduré volontiers les galanteries d'un homme de la ville.

Cependant madame de La Trémouille dit qu'un jour elle vit sortir madame la Princesse fort en désordre d'une ruelle de lit où elle étoit avec Chavigny, et que jusqu'alors elle n'avoit eu aucune mauvaise opinion d'elle.

Le cardinal La Valette avoit quelquefois de plaisantes visions. Un jour il disoit qu'il voudroit être *montagne*. « Et moi, je voudrois être *soleil*, dit madame « de Rambouillet. — *Soleil, soleil,* reprit-il, ne l'est « pas qui veut. » Comme s'il étoit plus aisé d'être *montagne* que *soleil* !

Il croyoit une fois avoir fait des vers, et voici ce qu'il avoit fait; c'étoit sur l'air d'un vaudeville. Ce cardinal étoit meilleur dans le sérieux que dans la raillerie.

> M'en allant en Touraine,
> J'acheterai à Tours
> Des pruneaux de Touraine,
> De bons pruneaux de Tours;
> Puis, revenant en Beauce,
> J'irai à Chartres en Beauce,
> Et puis à Orléans,
> Voir monsieur d'Orléans.

J'ai appris depuis peu de madame de La Trémouille une chose que madame de Rambouillet ne m'a jamais voulu avouer que quand je l'ai sue d'ailleurs; c'est qu'un jour le cardinal de La Valette demanda la dernière faveur à madame la Princesse, qui l'en refusa. De désespoir, il alla se mettre incognito dans Saint-Louis, où il y avoit des pestiférés. Il mena avec lui un confident, à qui il donna un billet pour la belle, qu'il avoit apporté tout fait. Le confident n'entra point. Elle a dit à madame de La Trémouille que de sa vie elle ne fut si embarrassée. Il en sortit par son ordre. Le reste est aisé à deviner. Il aima depuis mademoiselle de Bourbon (1) aussi fortement qu'il avoit aimé sa mère.

MADEMOISELLE DU TILLET.

Mademoiselle Charlotte du Tillet ne fut jamais mariée; mais on dit qu'elle n'en étoit pas plus pucelle pour cela. Sa sœur avoit épousé le président Séguier (2), qui étoit tout le conseil de M. d'Epernon. Par ce moyen elle fit connoissance avec ce seigneur, et fut sa meilleure amie. Il en faisoit cas, car elle avoit fort bon sens, étoit

---

(1) Anne-Geneviève de Bourbon-Condé, duchesse de Longueville, si célèbre dans l'histoire de la Fronde.

(2) Pierre Séguier, deuxième du nom, seigneur de Soret, président à mortier au parlement de Paris, avoit épousé Marie du Tillet, fille de Jean du Tillet, seigneur de La Bussière, greffier en chef du Parlement.

fort adroite et fort née pour la cour. Elle étoit de toutes les intrigues, soit d'amour, soit d'autre chose. Six mois après la mort d'Henri IV, une certaine demoiselle Coetman (1), une petite bossue, qui se fourroit partout et qui se faisoit toujours de fête, l'accusa d'avoir été d'intelligence avec M. d'Epernon pour faire assassiner Henri IV. Ravaillac, qui étoit d'Angoulême, dont M. d'Epernon étoit gouverneur, fut six mois chez elle comme chez la bonne amie du duc, mais quelques années avant que de faire le coup. La Coetman ne disoit point que la Reine-mère fût du complot; mais on ajoutoit dans le monde que M. d'Epernon l'avoit fait faire pour lui faire plaisir. Faute de preuves, *et pour assoupir une affaire qui n'étoit pas bonne à ébruiter*(2), la Coetman fut condamnée à mourir entre quatre murailles; elle fut mise aux Filles repenties, où on lui fit faire une petite *logette* grillée dans la cour, et elle y est morte quelques années après.

Une extravagante madame de Poyanne battit une fois la pauvre mademoiselle du Tillet, sur le quai des Augustins, comme elle retournoit seule de la messe. Elles avoient eu querelle pour une suivante. Sigogne (3)

---

(1) Jacqueline Le Voyer, dite de Comant ou de Coetman, femme d'Isaac de Varenne.

(2) Le passage imprimé en lettres italiques est biffé dans le manuscrit de Tallemant; mais avec quelque soin on parvient encore à le lire sous les ratures, et nous avons cru devoir le rétablir.

(3) Sigogne est un poète satirique dont les œuvres n'ont pas été recueillies, et dont aucune biographie n'a parlé. *Le Combat d'Ursine et de Perrette*, parodie de la dispute de madame de Poyanne et de mademoiselle du Tillet, se trouve dans la deuxième partie du *Cabinet satirique*. Cette pièce y est suivie d'une *Réponse*, par Motin. Ce Recueil, licencieux et rare, contient un grand nombre de satires en vers par Sigogne, Motin, Desportes, Maynard, Régnier et d'autres poètes du

en a fait une espèce de satire qu'on appelle *le Combat d'Ursine et de Perrette*. On appeloit cette madame de Poyanne, madame de Poyanne *de la Loupe*. Elle avoit une grosse loupe au front. C'étoit une espèce de gendarme. Depuis elle se fit épouser, je ne sais comment, par le père de feu M. de Bouillon La Mark, et, qui pis est, quoiqu'elle fût pauvre, elle fit si bien que sa fille épousa le fils; madame de La Boulaie est venue de ce mariage-là.

Mademoiselle du Tillet étoit une diseuse de vérités; elle ne ressembloit pas mal en cela à madame Pilou (1), aussi bien qu'en laideur. Elle disoit du feu roi et de la Reine-mère, que c'étoit une vache qui avoit fait un veau. « La sotte couvée qu'elle nous a faite là, ajou-
« toit-elle, que le Roi et Monsieur! »

Quand le cardinal de Richelieu fit courir les lettres d'amour de madame du Fargis à M. le comte de Cramail : « Que dites-vous de cela, mademoiselle? dit-il à mademoiselle du Tillet. — Monsieur, répondit-elle,
« je suis vieille, je me souviens de loin; je vous dirai
« que, durant le siége de Paris (2), tous les passages
« étoient bouchés, tout commerce étoit interdit; mais
« les lettres d'amour alloient et venoient toujours. »

Elle dit une plaisante chose à feu madame de Sour-

temps d'Henri IV et de Louis XIII. Colletet avoit l'intention de consacrer un article à Sigogne dans ses *Vies des poètes françois* (manuscrit dépendant de la Bibliothèque particulière du roi); mais cette notice devoit trouver place dans la partie non terminée de cet ouvrage, et le nom de Sigogne n'y figure qu'à la table.

(1) Cette madame Pilou, bonne, spirituelle, alloit à la cour, quoique femme d'un procureur. On verra plus bas dans ces Mémoires des détails fort curieux sur cette femme singulière.

(2) En 1591.

dis, fille du comte de Cramail : « Madame ma mie, lui
« dit-elle, que ne faites-vous l'amour avec M. l'évêque
« de Maillezais, votre beau-frère? — Jésus! mademoi-
« selle, que me dites-vous? lui répondit madame de
« Sourdis.— Ce que je vous dis? reprit-elle; il n'est pas
« bon de laisser sortir l'argent de la famille ; votre
« belle-mère en usoit ainsi avec son beau-frère, qui
« étoit tout de même évêque de Maillezais. » Le comte
de Cramail disoit du marquis de Sourdis : « Il peut
« bien faire sa fortune, car sa femme ne la lui fera ja-
« mais. » Elle n'étoit pas belle.

Madame de La Noue, sœur de la maréchale de
Thémines, et une de ses parentes, eurent quelques paroles en présence de mademoiselle Du Tillet. « Je pense,
« disoit cette parente, que nous ne nous devons rien
« l'une à l'autre. — Madame ma mie (1), lui dit ma-
« demoiselle Du Tillet, en vérité ce n'est pas autre-
« ment *bille pareille*. Madame de La Noue est belle et
« jeune, et vous n'êtes ni l'une ni l'autre. »

---

(1) Elle disoit *madame ma mie* à la Reine même. (T.)

LE MARÉCHAL D'ANCRE (1).

Il étoit Florentin et se nommoit Concini. Son grand-père fut secrétaire d'État du grand-duc Côme. Ce bonhomme pouvoit avoir gagné cinq ou six mille écus de rente, mais il avoit grand nombre d'enfants. Son fils aîné étoit père de Concini dont nous parlons. Ce garçon, en sa jeunesse, s'adonna à toutes les débauches imaginables, mangea tout son bien, et se rendit si infâme, que la première chose que les pères défendoient à leurs enfants, c'étoit de hanter Concini.

N'ayant plus rien de quoi vivre à Florence, il s'en alla à Rome, où il servit de croupier au cardinal de Lorraine, qui y étoit alors; mais il ne voulut pas le suivre et demeura à Rome, d'où il revint à Florence. Quand il sut qu'on faisoit la maison de Marie de Médicis, dont le mariage étoit conclu avec Henri IV, il y entra en qualité de gentilhomme suivant, et vint en France avec elle. Or la Reine-mère avoit une femme de chambre appelée Léonora Dori, fille de basse naissance, mais qui étoit adroite, et qui connut incontinent que sa maîtresse étoit une personne à se laisser gouverner. En effet, elle prit tant d'empire sur son esprit qu'elle lui faisoit faire tout ce qu'elle vouloit. Concini,

(1) Concini Concino, maréchal d'Ancre, tué par ordre du Roi, le 24 avril 1617.

qui avoit de l'esprit, s'attacha à cette Léonore, et lui rendit tant de petits soins qu'elle se résolut à l'épouser. Elle déclara son intention à la Reine, qui n'avoit garde de ne la pas approuver. Ainsi ils se marièrent, quoique le Roi en eût fait difficulté assez longtemps.

Henri IV ayant été assassiné, ce fut alors que le pouvoir de la Léonore parut tout de bon; elle mit son mari si bien avec la Reine, que cette princesse leur laissoit faire tout ce qu'ils vouloient (1). Quant à lui, c'étoit un grand homme, ni beau ni laid, et de mine assez passable; il étoit audacieux, ou pour mieux dire insolent. Il méprisoit fort les princes; en cela il n'avoit pas grand tort. Il étoit libéral et magnifique, et il appeloit assez plaisamment ses gentilshommes suivants : *Coglioni di mila franchi*. C'étoient leurs appointements. On ne l'a pas tenu pour vaillant. Il eut querelle avec M. de Bellegarde, qui avoit prétendu à être galant de la Reine-mère, et il se sauva à l'hôtel de Rambouillet, car M. de Rambouillet étoit de ses amis, pour de là tenir la campagne; il monta au deuxième étage, et se fit découdre sa fraise par une fille qui avoit été à sa femme. Cette fille a rapporté qu'il étoit extraordinairement pâle. On ne sait pourquoi il quittoit sa fraise, si ce n'étoit peut-être pour n'être point reconnu par ceux que la Reine avoit envoyés après lui. Ils furent raccommodés.

Il n'a jamais logé dans le Louvre, mais il couchoit

---

(1) Toutes les médisances qu'on en a faites sont publiques. Un jour, comme la Reine-mère disoit : « Apportez-moi mon voile; » le comte du Lude, grand-père de celui d'aujourd'hui, dit en riant : « Un navire « qui est *à l'ancre* n'a pas autrement besoin de voiles. » (T.)

souvent dans un petit logis qu'on vient d'abattre (1), qui étoit au bout du jardin vers l'abreuvoir; à la vérité il y avoit un petit pont, pour entrer dans le jardin, qu'on appeloit vulgairement le Pont-d'Amour.

Quand il fut assassiné par l'ordre du Roi sur le pont du Louvre (2), on dit que M. de Vitry, capitaine des gardes, dans le transport où il étoit, le passa, et que M. Du Hallier, son frère, lui donna le premier coup (3). M. de Vitry alla ensuite prendre les clefs de l'appartement de la Reine. Les gens de la populace, le lendemain, le déterrèrent de Saint-Germain-l'Auxerrois, le traînèrent par les rues, et contraignoient ceux qu'ils rencontroient à les suivre et à leur donner de quoi boire. Le Roi, du balcon du Louvre, leur faisoit signe de la main de continuer, et la Reine entendoit tout cela.

L'hôtel des ambassadeurs extraordinaires au faubourg

(1) C'étoit l'ancienne capitainerie du Louvre, construite sur la partie du jardin de l'Infante qui est la plus rapprochée de la place de la colonnade du Louvre, et qui paroît avoir fait partie du Petit-Bourbon, hôtel du connétable. Tallemant écrivoit ceci en 1657.

(2) Du côté de la rue du Coq.

(3) On lit dans les *Mémoires de Brienne*, publiés en 1818, tom. 1, pag. 255 : « Lorsque le coup fut décidé, on délibéra pour savoir qui l'on « en chargeroit. Dubuisson le père, qui avoit soin de gouverner les oi- « seaux du Cabinet du Roi, fut choisi pour en faire la proposition au « baron de Vitry, et eut ordre de l'assurer de la charge de maréchal de « France pour récompense du grand service qu'il rendroit à Sa Majesté. « En effet, Du Hallier, son frère, que nous avons vu depuis maréchal de « l'Hôpital, et les autres gentilshommes qu'il avoit mis du complot, « ayant tué sur le pont du Louvre le maréchal d'Ancre, Vitry reçut « *le jour même* le bâton vacant par sa mort. »

On voit par le récit de Brienne que les assassins de Concini, avides des récompenses qui étoient le prix de cette horrible expédition, se disputèrent l'honneur infâme d'avoir porté le premier coup. Du reste, ce service profita surtout aux deux frères Vitry et Du Hallier. Longues années après l'assassinat, en 1651, on fit graver un portrait du premier,

Saint-Germain étoit à lui (1); c'étoit où il logeoit. On y trouva pour deux cent mille écus de pierreries. M. de Luynes eut sa confiscation : Anet, Lesigny, etc. Il avoit un fils d'environ treize ans, qu'on laissa aller en Italie, où il est mort jeune. Il y pouvoit avoir quinze ou seize mille livres de rente, de ce que son père et sa mère y avoient envoyé durant leur faveur. Il eut aussi une fille qui mourut à cinq ou six ans ; on l'avoit déjà demandée en mariage.

Revenons à la maréchale d'Ancre (2). Quoiqu'elle eût été si long-temps avec la Reine, elle n'en savoit pas mieux son monde. En Italie, elle ne voyoit personne, et dès qu'elle fut en France, elle s'enferma, car elle étoit fort bizarre; de sorte qu'elle ne savoit point vivre à la mode de la cour, et j'ai ouï dire à madame de Rambouillet qu'elle embarrassoit fort la maréchale, lorsqu'elle l'alloit voir, et que quelquefois cette femme, croyant lui faire bien de l'honneur, ne la traitoit pas selon sa condition. C'étoit une petite personne fort maigre et fort brune, de taille assez agréable, et qui, quoiqu'elle eût tous les traits du visage beaux, étoit laide à cause de sa grande maigreur.

au bas duquel on lit : « Il fut long-temps capitaine des gardes-du-corps « du feu roi Louis XIII, qui s'en servit habilement pour étouffer la nais- « sance d'une guerre civile, contre la personne du maréchal d'Ancre, « qui divisoit tous les François, arrachant des mains de cet ambitieux « favori les prétextes aux mécontentements. Cet *incomparable coup de* « *justice* de ce *grand prince* marquera à jamais qu'il étoit divinement « inspiré pour le salut de son Etat et le repos de ses sujets. » (Ce portrait fait partie du *cabinet* des estampes à la Bibliothèque du roi.)

(1) Rue de Tournon. Il sert aujourd'hui de caserne à la garde municipale.

(2) Léonore Dori, dite Galigaï, née à Florence, brûlée à Paris le 8 juillet 1617.

Comme elle étoit mal saine, elle s'imagina être ensorcelée, et, de peur des fascinations, elle alloit toujours voilée, pour éviter, disoit-elle, *i Guardatori* (1). Elle en vint jusqu'à se faire exorciser. On se servit de cela contre elle dans son procès, et aussi de trois coffres remplis de boîtes pleines de petites boulettes de cire. Car en rêvant, elle avoit accoutumé de faire de petites boulettes de cire qu'elle mettoit dans ces boîtes. M. Perrot, père du président de même nom, se moquoit fort de ces accusations, et il fallut que sa famille, par politique, l'enfermât de peur qu'il n'allât au Palais faire quelque chose qui eût déplu à la cour et qui n'eût pas sauvé cette femme. Le Parlement, qui ne croit point aux sorciers, condamna la maréchale comme sorcière; cela a fait dire qu'on ne l'avoit fait que pour couvrir l'honneur de la Reine. Quand on lui demanda de quels charmes elle s'étoit servie pour gagner l'esprit de la Reine, « Pas d'autre chose, dit-elle, que du pouvoir « qu'a une habile femme sur une *balourde*. » Je doute qu'elle ait dit cela.

Dans son procès elle se nomme Léonora Galigaï, quoique effectivement elle s'appelât Dori. Cela vient de ce qu'à Florence, quand une famille est éteinte, pour de l'argent on peut avoir la permission d'en prendre le nom, et c'est ce qu'elle a fait. On dit qu'elle mourut très-chrétiennement et très-courageusement (2).

(1) Superstition du moyen âge; sort que l'on croyoit être jeté par le simple regard; on l'appeloit *jettatura*. Il falloit, pour l'éviter, rompre l'air entre l'œil du magicien et l'objet qu'il considéroit. Les habitants de nos campagnes ne sont pas encore guéris de ces chimères.

(2) On ne peut indiquer aux lecteurs une source plus curieuse pour tous les faits qui composent cet article, que la *Relation exacte de tout ce qui s'est passé à la mort du maréchal d'Ancre*. On la doit à Michel

LISETTE (1).

Lisette étoit filleule de la princesse de Conti (2); c'étoit une assez pauvre fille que cette princesse n'osa tenir sur les fonts que par procureur. Elle la fit nommer Louise comme elle; de Louise on fit Louisette, et par corruption Lisette. Quand cette fille eut quinze ans, elle se mit à imiter Mathurine; cette Mathurine avoit été folle, puis guérie, mais non pas parfaitement. Il y avoit encore quelque chose qui n'alloit pas bien. Elle continua à faire la folle, et sous prétexte de folie elle portoit des poulets. Elle y gagna du bien, et laissa un fils qui a été un admirable joueur de luth; on l'appeloit Blanc-Rocher. Lisette donc prend un chapeau, une fraise, un pourpoint et une jupe, et en cet équipage, plus insolente qu'un valet, elle entre chez toutes

de Marillac, et on regrette de ne pas la voir reproduite dans la Collection des *Mémoires relatifs à l'histoire de France.* Elle a été imprimée à la suite de l'*Histoire des plus illustres favoris*, par P. Dupuy; Leyde, Jean Elzevier, 1659, in-12.

(1) Lisette est un personnage demeuré inconnu, mais nous croyons vrai le portrait que Tallemant en a tracé. « On n'a pas toujours besoin « de preuves historiques pour croire à l'authenticité d'un fait, de même « qu'il n'est pas toujours nécessaire de connoître l'original d'un portrait « pour en affirmer la ressemblance. » (*Zuleima*, imité de l'allemand de madame Pichler, par H. de Châteaugiron; Paris, Firmin Didot, 1826, in-18.)

(2) Louise Marguerite de Lorraine, veuve de François de Bourbon, prince de Conti.

les personnes de la cour. Au bout de quelque temps elle disparoît tout-à-coup, et après quelques années elle revint à Paris, et voulut se faire passer pour fille d'Henri IV, qui étoit mort il y avoit déjà plus d'un an, et de la princesse de Conti. Elle se faisoit nommer *Henriette Chrétienne*, disoit que la princesse de Conti n'avoit jamais voulu permettre que le Roi la reconnût, qu'à cause de cela il l'avoit fait nourrir secrètement; qu'il se l'étoit fait apporter en cachette plusieurs fois, et qu'il l'avoit plus aimée que tous ses autres enfants.

Toute la cour se moqua d'elle, car on savoit toutes les amourettes d'Henri IV, et personne n'ignoroit qu'encore qu'il eût trouvé la princesse de Conti fort belle la première fois qu'il la vit, il ne voulut point penser à l'épouser, parce qu'il savoit trop de ses nouvelles : peut-être aussi ne l'auroit-il pas voulu faire par politique. Il est vrai, d'un autre côté, que ce qu'il vouloit faire pour madame de Beaufort étoit encore pis que tout cela. Il étoit encore constant qu'étant marié il n'avoit jamais eu inclination pour cette princesse.

Cependant assez de badauds à Paris croyoient ce que cette friponne disoit. Il y avoit ici en ce temps-là un Flamand nommé M. Migon, homme fort ingénieux, mais du reste assez simple. Ce bon Flamand connut Lisette; et comme cette créature avoit le caquet bien emmanché, car jamais on n'a mieux débité le galimatias, il en fut charmé et pleinement persuadé de toutes les fables qu'elle débitoit. Or, il arriva qu'un certain Allemand, qui se faisoit appeler le baron de Crullembourg, fit accroire à M. des Hagens, favori de M. de

Luynes, qu'il savoit faire l'or. Des Hagens lui donna dix mille écus qu'il lui avoit demandés pour cela. Crullembourg se met en équipage, loue une maison à la Place-Royale, croyant que s'il se faisoit valoir il en tireroit encore bien d'autres. M. des Hagens ne donna pourtant point son argent sans en parler à M. d'Ornano, alors gouverneur de Monsieur, et qui depuis fut maréchal de France, car il lui communiquoit tous ses desseins. D'Ornano, qui connoissoit Migon, lui conseilla de le mettre avec Crullembourg comme témoin et comme participant de tout ce qu'il entreprendroit. Voilà donc Migon avec Crullembourg. Il n'y fût pas plus tôt qu'il pense à Lisette, qu'il croyoit princesse, et dont il avoit grande compassion : il la loge avec lui en intention de lui faire avoir si bonne part à l'or qu'on feroit, qu'elle auroit de quoi se marier selon sa naissance. M. de Chaudebonne, qui connoissoit fort Migon, mena un soir cette fille chez madame la marquise de Rambouillet, sa bonne amie, qui alors logeoit à la Place-Royale, pendant qu'elle faisoit bâtir l'hôtel de Rambouillet. Elle n'avoit rien d'extraordinaire en son habillement, hors qu'elle avoit un chapeau avec des plumes. Dès que madame de Rambouillet la vit, elle la reconnut, et lui dit qu'elle l'avoit vue ailleurs. « Ah! répondit-elle, madame, c'est cette malheureuse « Lisette qui m'a perdue d'honneur. Elle étoit fille de « ma nourrice et ma sœur de lait. » Madame de Rambouillet lui fit toutes les objections qu'on lui pouvoit faire, et entre autres, que si le feu Roi se l'eût fait porter pour la voir, comme elle disoit, que cela se seroit su, et que les rois ne pouvoient rien faire sans témoins.

Au commencement, la princesse de Conti, qui étoit déjà veuve, laissa dire cette fille; mais voyant que le monde en étoit trop imbu, et que quelques-uns ne savoient qu'en croire, elle la fit prendre et la fit mettre en prison dans l'abbaye Saint-Germain. On donna le fouet à Lisette, mais elle soutint toujours à la princesse de Conti même qu'elle étoit sa fille. Cette princesse, qui étoit bonne, se contenta de ce châtiment et ne la voulut point mettre en justice. Lisette au sortir de là courut tout le royaume. Elle est encore en vie et parle comme elle faisoit en ce temps-là. Elle étoit petite, mais bien faite. Pour le visage, elle l'avoit médiocrement beau. Pour Crullembourg, au bout de trois mois il fit un trou dans la nuit (1).

MADAME DE VILLARS (2).

C'étoit une des sœurs de madame de Beaufort. Elle avoit épousé le neveu de M. l'amiral de Villars. Ils s'appeloient Brancaccio en leur nom, et viennent du royaume de Naples. Son oncle, qui ne s'étoit point marié, lui avoit laissé beaucoup de bien; il n'y a jamais eu un si pauvre homme. Lui et sa femme ont mangé huit cent mille écus d'argent comptant, et soixante

---

(1) Expression proverbiale qui a le même sens que *faire un trou dans la lune.*

(2) *Voyez* les *Amours du grand Alcandre.* (T.)

mille livres de rente en fonds de terre, dont il n'en est resté que dix-sept qui étoient substitués. Il avoit eu une terre de vingt-cinq mille livres de rente, de l'argent qu'il avoit reçu du cardinal de Richelieu pour le Hâvre-de-Grâce, la lieutenance de roi de Normandie, et le vieux palais de Rouen. Par le marché il eut un brevet de duc, mais il ne fut reçu qu'au parlement de Provence, où il trouva plus de crédit qu'ailleurs, parce qu'il étoit de ce pays-là.

Avant cela, le mari et la femme démeuroient d'ordinaire au Hâvre. Elle y fit (il est vrai que cela n'étoit pas son apprentissage) le coup le plus effronté qu'aucune femme ait guère fait en amour. Un capucin, nommé le Père Henri de La Grange-Palaiseau, de la maison d'Arville, oncle de Céleste, dont nous parlerons ailleurs, qui peut-être s'étoit fait religieux pour ne pouvoir vivre selon sa condition, faute de biens, fut envoyé par le Provincial au couvent qu'ils ont au Hâvre. C'étoit un des plus beaux hommes de France, et de la meilleure mine, homme d'esprit, et à la vie duquel il n'y avoit rien à reprendre. Il prêcha l'Avent au Hâvre. Dès le premier sermon, madame de Villars devint passionnément amoureuse de lui, et, pour le tenter, elle s'ajustoit tous les jours le mieux qu'il lui étoit possible. Elle quitta pour lui l'habit extravagant qu'elle portoit au Hâvre. C'étoit une espèce de pourpoint avec un haut-de-chausses et une petite jupe de gaze par-dessus, de sorte qu'on voyoit tout au travers. Pensez qu'avec ce pourpoint elle n'avoit pas une coiffe : elle n'avoit garde. Elle portoit toujours un chapeau avec des plumes. Parée donc de son mieux, elle s'alloit toujours mettre vis-à-vis de la chaire, sans masque, et la gorge fort découverte, car c'étoit ce qu'elle avoit de plus beau; pour les traits du visage, ils n'étoient pas merveilleux : elle avoit les yeux petits et la bouche grande; mais sa taille, ses cheveux et son teint étoient incomparables. En ce temps-là elle étoit encore fort jeune. Tout cela ne toucha point notre capucin. Que fait-elle? elle envoie à Rome pour faire avoir au Père Henri de La Grange la permission de la confesser; elle expose qu'elle avoit été touchée de ses sermons, qu'ayant jusqu'alors été trop avant dans le monde, elle croyoit que Dieu se vouloit servir de cette voie pour sa conversion. En même temps elle se tue de dire partout que les prédications de ce bon Père seroient cause qu'elle changeroit de vie. A Rome elle obtint facilement la permission qu'elle demandoit, et l'ayant fait signifier, elle demande qu'il l'entende en confession dans une chapelle qui étoit chez elle. Les autres capucins, qui croyoient que cela feroit venir l'eau au moulin, l'y envoyèrent aussitôt. Mais la dame, au lieu de se confesser de ses vieux péchés, car elle avoit dit qu'elle vouloit faire une confession générale, le voulut persuader de lui en faire faire de nouveaux. Le bon Père fait des signes de croix et la tance sévèrement. Elle ne perd point courage, elle fait tout ce qu'elle peut pour l'exciter, et lui montre peut-être ce qu'elle ne lui pouvoit montrer durant le sermon. Tout cela ne servit de rien : il la laisse demi-folle.

Au sortir de là il demande permission aux supérieurs de se retirer. Elle en a avis et fait garder les portes; il trouve pourtant moyen de s'évader. Elle le sait, monte secrètement à cheval et court après. Elle l'attrape dans un bois, descend et le presse de revenir;

il se dépêtre d'elle, prend son cheval et s'enfuit à Paris.
L'amante délaissée, afin d'avoir un prétexte d'aller
aussi à Paris et de suivre son amant, feint d'être malade et de vomir du sang. Effectivement elle en vomissoit, mais ce n'étoit pas du sien, tout cela se faisoit par
artifice. Elle se fait porter à Paris dans un brancard
pour s'y faire traiter. Le bruit courut qu'elle se mouroit. Elle écrivit en vain au Père de La Grange, et
voyant qu'il n'y avoit plus d'espérance, elle se guérit
toute seule. Mais avant cela elle découvrit qu'il étoit à
Rouen; lui qui savoit que cette folle y étoit aussi, disoit sa messe le premier, et se tenoit caché. Un jour
elle y alla de si bonne heure qu'elle le rencontra;
pour elle, elle étoit déguisée en bourgeoise. Il fit un
grand cri quand il l'aperçut, mais il ne laissa pas de
dire sa messe; ce fut en allant à l'autel qu'il la reconnut. Il partit dès le jour même.

Elle fut aimée ensuite de M. de Chevreuse. En ce
temps-là, faute d'argent, elle souffrit les galanteries d'un
partisan nommé Moisset; c'est celui qui a bâti Ruel;
c'étoit le Montauron de ce temps-là. Elle fut même
si dévergondée que de loger chez lui. M. de Chevreuse
lui en fit des reproches, et feignit de la vouloir quitter.
Elle, pour lui montrer qu'elle ne pouvoit vivre sans
lui, fit semblant d'avaler des diamants non enchâssés
qu'elle tenoit alors dans une boîte; mais elle laissa
tomber les diamants et ne fit que lécher les bords de la
boîte. Sur cela on fit un conte quelque temps après:
on disoit que feu Comminges, frère de Guitaud, capitaine des gardes de la Reine, qui la servoit auprès de
M. de Bassompierre dont elle s'étoit éprise, lui ayant
rapporté que M. de Bassompierre ne correspondoit

point à sa passion, elle avala des diamants; que Comminges, qui étoit avare, la prit par le cou et les lui fit rendre; et que sachant combien il y en avoit, il la pensa étrangler pour lui en faire rejeter un qui restoit, et qu'après il les emporta tous (1).

Madame de Villars étoit la plus grande escroqueuse du monde. Quand il fallut sortir du Hâvre pour ne point faire crier toute la ville, car elle devoit à Dieu et au monde, elle fit publier que tous leurs créanciers vinssent un certain jour parler à elle. Elle parla à tous en particulier, leur avoua qu'elle n'avoit point d'argent, mais qu'elle avoit en deux ou trois lieux qu'elle leur nomma, des magasins de pommes à cidre pour dix ou douze mille écus, qu'elle leur en donneroit pour les deux tiers de leur dette, et une promesse pour le reste payable en tel temps. Elle disoit cela à chacun d'eux avec protestation qu'elle ne traitoit pas les autres de la sorte, et qu'il se gardât bien de s'en vanter. Les pauvres gens, les plus contents du monde, prirent chacun en paiement un ordre aux fermiers de donner à l'un pour tant de pommes et pour tant à l'autre; mais quand ils y furent, ils ne trouvèrent en tout que pour cinq cents livres de pommes.

Elle vit encore, mais gueuse.

(1) Comminges, père de Comminges reçu capitaine des gardes de la Reine en survivance, et gouverneur de Saumur, étoit un homme d'esprit qui partageoit souvent avec les galants qu'il servoit, car il étoit bien fait. (T.)

MADAME LA COMTESSE DE SOISSONS.

Le père de madame la comtesse étoit d'une maison de Piémont qu'on appeloit Montafié. Son père avoit épousé Jeanne de Coesme, du pays du Maine. Il n'eut qu'elle d'enfants; on l'appeloit mademoiselle de Lucé. Son bien de France pouvoit être de vingt mille livres de rentes ou environ.

Le prince de Conti (1) épousa cette madame de Montafié (2), et M. le comte de Soissons (3) devint amoureux de mademoiselle de Lucé, qui passoit alors pour une des plus belles personnes de la cour; et en effet, sans qu'elle avoit les yeux un peu trop hors de la tête, elle eût été parfaitement belle. Elle en usa comme elle devoit. M. le comte avoit beau être prince du sang, spirituel, beau, et de bonne mine, sans le sacrement il n'y avoit rien à faire. Feu M. de Guise s'en éprit aussi. On croit que cela ne servit pas peu à faire conclure M. le comte. Il l'épousa, et par sa qualité il tira du duc de Savoie, le bossu, qui ne l'eût pas fait autre-

---

(1) Troisième fils de Louis 1er, prince de Condé.

(2) La comtesse de Montafié, première femme de François de Bourbon, prince de Conti, mourut le 26 décembre 1601, et sa fille épousa le comte de Soissons le lendemain. (*Voyez* le Père Anselme, tom. 1, pag. 334 et 350.)

(3) Charles de Bourbon, comte de Soissons, dernier fils de Louis de Bourbon, premier du nom, prince de Condé, né en 1566, mort en 1612.

ment, cinq à six cent mille écus pour le bien que sa femme avoit en Piémont, dont le bossu s'étoit saisi, parce qu'il n'avoit à faire qu'à une fille, et qui encore demeuroit en France. Ainsi mademoiselle de Lucé étoit bien plus riche pour M. le comte que pour un autre.

Elle vivoit bien avec M. le comte, à quelques petites querelles près qu'ils eurent souvent pour des femmes de chambre. Car madame la comtesse s'est toujours laissée empaumer par quelqu'un, et M. le comte, qui étoit soupçonneux, ne le trouvoit nullement bon. Ils se raccommodoient aussi facilement qu'ils s'étoient brouillés. Elle avoit un mauvais mot dont elle n'a jamais pu se défaire, c'est qu'elle disoit toujours *ovec* pour *avec*, et cela sembloit le plus vilain du monde à une personne de sa condition. Il y a une autre chose que je lui pardonnerois encore moins, c'est de n'avoir rien laissé à mademoiselle de Vertus (1), qui a été assez long-temps avec elle, et qui est une fille de mérite (2).

(1) Catherine Françoise de Bretagne, sœur de la duchesse de Montbason, se retira à Port-Royal. Elle y devint l'amie de madame de Longueville. Ce fut elle qui se chargea d'annoncer à cette princesse la mort de son fils. (*Voyez* la lettre de madame de Sévigné du 20 juin 1672.) Sa vieillesse se passa dans les souffrances les plus aiguës, car elle est morte le 21 novembre 1691, et le 26 janvier 1674, madame de Sévigné écrivoit à sa fille : « Ce Port-Royal est une Thébaïde, c'est un paradis, « c'est un désert où toute la dévotion du christianisme s'est rangée..... « Mademoiselle de Vertus y achève sa vie avec des douleurs inconceva- « bles et une résignation extrême. »

(2) Anne de Montafié, comtesse de Soissons, mourut à Paris dans l'hôtel de Soissons, le 17 juin 1644.

MADEMOISELLE DE SENECTERRE.

Mademoiselle de Senecterre (1) fut fille d'honneur de Catherine de Médicis. Après la mort de sa maîtresse, elle s'en retourna en Auvergne, son pays; mais ayant été nourrie à la cour, et étant d'un esprit qui n'aimoit guère le repos, elle revint bientôt à Paris, et s'alla loger dans un petit logis sur le quai des Augustins, où elle vivoit assez petitement, car elle étoit pauvre. Plusieurs personnes la visitoient; elle avoit de l'esprit et savoit toutes les nouvelles. Feu M. de Nemours (2), le bonhomme qu'on avoit nommé auparavant le prince de Genevois, qui étoit un des plus galants de la cour et le premier qui se soit adonné à faire des galanteries en vers, et qui se soit mis en peine de se rendre capable de faire des desseins de carrousels et de ballets, y alloit assez souvent comme voisin.

En ce temps-là il faisoit quelquefois des voyages à Turin, où il demeuroit deux à trois ans tout de suite. Durant ces voyages, une grande partie de l'hôtel de Nemours demeuroit vide. La première fois qu'il y alla, depuis que mademoiselle de Senecterre étoit de retour à Paris, elle lui demanda permission de loger à l'hôtel

---

(1) Madeleine de Saint-Nectaire (on prononçoit *Senneterre*) mourut fort âgée en 1646.

(2) Henri de Savoie, duc de Nemours et de Genevois, qui épousa Anne de Lorraine, fille de Charles, duc d'Aumale, et mourut en 1632.

de Nemours pendant son absence, ce qu'il lui accorda facilement. Etant là, elle eut la connoissance d'un cadet de feu M. de Bouillon La Mark, nommé le marquis de Bresne. Ce cadet-là ne faisoit point de honte à son aîné. Il n'étoit pas plus habile que lui ; mais il étoit bien fait et jeune, et mademoiselle de Senecterre étoit laide et vieille. (Elle avoit peut-être pu passer en sa jeunesse, et je ne doute pas qu'elle n'ait fait comme les autres de la cour des Valois.) Cependant je ne sais quelle tentation du malin le prit, mais la pucelle s'en plaignit hautement, et le marquis de Nesle, qui étoit son ami, prit la querelle pour elle, et on fut très-long-temps sans les pouvoir accommoder lui et le marquis de Bresne.

Mademoiselle de Senecterre, qui étoit naturellement intrigante et qui avoit besoin de se pousser, voyoit le plus de monde qu'elle pouvoit. Elle fit donc soigneusement sa cour à madame la comtesse de Soissons, qui étoit veuve, et sut si bien ménager cet esprit facile, qu'elle fut reçue dans la maison, et peu de temps après y fit aussi entrer son frère en qualité de gouverneur de feu M. le comte. Senecterre avoit aussi grand besoin que sa sœur d'une semblable fortune, car il étoit logé chez Codeau, marchand linger de la rue Aubry-le-Boucher, qui le logeoit, le nourrissoit, lui, un cheval et un laquais, à tant par an. Cet homme a été plus de huit ans depuis la fortune de Senecterre sans pouvoir être payé.

Elle a fait un roman où il y a assez de choses de son temps. On l'a imprimé depuis sa mort (1); il n'est pas

---

(1) Ce roman a pour titre : *Orasie, où sont contenues les plus mé-*

trop mal écrit, mais elle affecte un peu trop de paroître savante. C'est le vice de la plupart des femmes qui écrivent.

Elle a vécu fort long-temps, mais elle revint en enfance quelques années avant de mourir.

M. DE SENECTERRE (1).

On avoit fait un couplet de son père ou de son grand-père durant le siége de Metz :

> Senecterre
> Fut en guerre ;
> Il porta sa lance à Metz,
> Mais
> Il ne la tira jamais.

François de Guise, qui défendit Metz, fit ce couplet pour se venger de la hablerie de cet homme qui n'étoit qu'un parleur (2).

morables aventures et les plus curieuses intrigues qui se soient passées en France vers la fin du seizième siècle, par une dame illustre. Paris, Ant. de Sommaville, 1646, 4 vol. in-8º.

(1) Henri de Saint-Nectaire, marquis de La Ferté-Habert, chevalier des ordres du Roi, lieutenant-général au gouvernement de Champagne, ambassadeur en Angleterre et à Rome, mourut le 4 janvier 1662, âgé de quatre-vingt-neuf ans.

(2) François, père de Henri, étoit dans la ville de Metz lorsque

M. de Senecterre est d'une bonne maison d'Auvergne, mais fort incommodée; avant d'entrer chez M. le comte de Soissons, il ne jouissoit pas de deux mille livres de rente, tant son bien étoit engagé. Chez ce prince il fit si bien ses affaires, qu'en peu de temps il devint fort riche. Sa sœur même y acquit beaucoup de bien. Il étoit bien fait, et même encore à cette heure c'est un beau vieillard et propre, quoiqu'il ait bien près de quatre-vingts ans.

Madame la comtesse le trouva fort à son gré. Sa sœur, qui avoit beaucoup de pouvoir sur son esprit, servit puissamment à cette amourette. Cependant madame la comtesse, quoique belle, n'avoit, ni durant la vie de son mari, ni après, fait parler d'elle en aucune sorte. On dit pourtant que quand madame de Senecterre mourut, Senecterre dit : « Bon, bon, j'épouserai « peut-être une princesse. » En effet, on assure qu'il l'avoit épousée et qu'il en eut une fille, qui est présentement à Faremontier en Brie, dont une parente de Senecterre est abbesse. Elle est religieuse et à avec elle une sœur, sa cadette, qui peut avoir vingt ans et qui est une belle fille; mais elle ne veut point prendre l'habit qu'on ne fasse donner une abbaye à sa sœur, et qu'on ne la fasse coadjutrice (1).

Madame la comtesse étoit bien faite, mais une pauvre femme du reste. Elle avoit des oreillers dans son

---

Charles-Quint l'assiégea; ainsi c'est sur lui que le duc de Guise fit la plaisanterie rapportée par Tallemant.

(1) Celle-ci est fille d'une mademoiselle de Dampierre, de bonne maison, qui étoit belle comme un ange. La Ferté en étoit aussi amoureux, mais le bon homme étoit horriblement jaloux. On l'a mariée depuis en Auvergne. (T.)

lit de toutes les grandeurs imaginables. Il y en avoit même pour son pouce (¹). Elle se laissoit gouverner absolument au frère et à la sœur, qui lui mirent dans l'esprit que ce lui seroit un grand avantage que de s'allier avec le cardinal de Richelieu. En effet, on voit par le *Journal* de ce cardinal, qui a été imprimé, que plusieurs fois l'un et l'autre lui portent la parole de la part de madame la comtesse au sujet du mariage de M. le comte avec madame de Combalet, et en ce temps-là madame la comtesse faisoit toutes les caresses imaginables à cette princesse nièce, et lui donnoit tous les divertissements dont elle pouvoit s'aviser. Madame de Combalet en recevoit trois visites pour une, et sans cesse des petits présents et des régals.

« Elle en parla, dit le *Journal* (²), à M. le comte, qui « lui répondit en ces mots : « Elle est venue d'une per- « sonne de petite condition, et je suis d'une naissance « la plus relevée qu'on puisse être (³). » M. le comte étoit glorieux d'une sotte gloire. Il étoit soupçonneux, bizarre, et d'une petite étendue d'esprit, mais homme de cœur, d'honneur et de foi. Le cardinal de Richelieu le reconnoît pour tel dans ce Journal, où l'on voit aussi que Senecterre et sa sœur lui donnent cent avis contre ce prince. Un jour, voyant qu'il étoit trop fier pour certaines dames, elle lui dit plaisamment qu'au

---

(¹) Elle ne fermoit jamais les mains, parce que cela rendoit les jointures rudes; elle avoit les mains belles. (T.)

(²) *Journal de M. le cardinal de Richelieu, qu'il a fait durant le grand orage de la cour en l'année* 1630 *et* 1631, *tiré des Mémoires écrits de sa main,* 1649, in-8°.

(³) Il est vrai qu'après qu'on avoit parlé de le marier avec la reine d'Angleterre, c'étoit furieusement descendre. Il avoit eu quelque incli-

pays de *Dames* il n'y avoit point de prince. Il étoit bien fait et dansoit fort bien. Il étoit bien devenu plus civil depuis qu'il commanda en Picardie; il avoit bon besoin de gagner la Noblesse, car le traitement qu'il fit faire au baron de Coupet parut une étrange violence à tout le monde. Ce jeune homme avoit ouï médire de madame de Chalais, et, en provincial, n'avoit pas considéré qu'on n'en avoit parlé qu'avec des gens beaucoup au-dessus de lui. L'ayant donc trouvée aux Tuileries, il lui dit des sottises. Elle, qui en ce temps-là, étoit servie par M. le comte, voulut s'en venger, et fit sentir à ce prince qu'elle désiroit cette satisfaction. M. le comte envoya Beauregard, son capitaine des gardes, donner des coups de bâton à Coupet dans son logis. Depuis, Coupet se battit contre Beauregard. Ce Coupet étoit fils d'un secrétaire de M. de Lesdiguières, qui acheta une terre, se fit riche et se fit anoblir. Son fils porta les armes et passoit partout pour gentilhomme. M. le comte, pour s'excuser, disoit que ce n'étoit pas un gentilhomme. Le feu Roi trouva cela fort mauvais et disoit : « Je voudrois bien savoir si je « ne puis pas faire un gentilhomme moi, et si le père « de Coupet, ayant été anobli par un roi de France, « ne doit pas passer pour noble. »

Enfin, Senecterre en fit tant que M. le comte le chassa. Il avoit chassé auparavant le chevalier de Se-

---

nation pour elle fondée sur l'espérance de l'épouser, et ce fut pour elle que Malherbe fit, au nom de M. le comte, ces vers qui commençoient ainsi :

Ne délibérons plus, etc. (T.) MALHERBE, *Stances*, livre 5.

necterre (1), son fils, qui étoit un garçon de cœur et de bonne mine; mais on dit qu'à la valeur près, il ressembloit assez à son père. Il alla au siége de La Mothe, où il fut tué. M. le comte l'accusoit de lui avoir fait une infidélité, car on dit qu'au lieu de servir simplement son maître auprès de madame de Montbazon, il en prenoit sa part, comme vous verrez plus au long dans l'*historiette* de cette belle.

Le cardinal de Richelieu se servoit plus de Senecterre pour espion que pour autre chose, et en effet il ne lui a jamais fait beaucoup de bien. Le cardinal Mazarin (car autrefois, durant la vie du cardinal de Richelieu, Senecterre, Chavigny et M. Mazarin, c'étoient trois têtes dans le même bonnet) donna à son fils, aujourd'hui le maréchal de La Ferté, le gouvernement de Lorraine; et à lui la lieutenance de roi d'Auvergne. Il cajoloit Bullion, comme une maîtresse, et étoit de toutes ses petites débauches. Il est fort avare et fort inhumain. Il entreprit un grand procès contre cette petite de Rhodes, aujourd'hui madame de Vitry. Elle étoit fille de M. de Rhodes et de la comtesse d'Alais, fille du maréchal de La Chastre, et veuve du fils aîné de M. d'Angoulême le père (2). Mais ce mariage-là étoit un mariage *de Jean des Vignes* (3). Cependant l'avarice de Senecterre, qui étoit fort riche, et la com-

(1) Gabriel, dit *le Chevalier de Saint-Nectaire*, tué au siége de La Mothe, en Lorraine, le 30 mai 1634.

(2) Cette madame la comtesse d'Alais étoit une grande et grosse femme. Madame de Rambouillet disoit, quand elle la voyoit, qu'il lui sembloit voir le colosse de Rhodes. (T.)

(3) On disoit proverbialement, *faire le mariage de Jean des Vignes, ou des gens des vignes, tant tenu tant payé.* (Voyez *l'étymologie ou explication des proverbes françois*, par Fleury de Bellingen. La Haye,

passion qu'on avoit de voir une mère soutenir l'honneur de sa fille, mettoit tout le monde du côté de la petite. A Rennes, où l'affaire fut renvoyée, madame de Pisieux, madame de La Chastre et autres firent une telle cabale avec les femmes des conseillers et des présidents à qui elles rendirent tous les soins imaginables, que la fille ne gagna pas seulement son procès, mais qu'après cela on la mit sur une espèce de char, couronnée de lauriers, et on la fit aller ainsi par toute la ville. Toutes les femmes étoient si irritées contre Senecterre, qu'il sortit de la ville plus vite que le pas, quoique le maréchal de La Meilleraye eût sollicité pour lui.

En 1659 il arriva à Rennes une chose quasi pareille. Un gentilhomme nommé La Bussière, qui étoit des amis de M. de Lionne, maria sa fille à un cadet d'un gentilhomme nommé Brécourt : ce cadet s'appelle Sainte-Sesonne. Le père n'y consentit point. La Bussière meurt et son gendre aussi. Brécourt veut faire casser le mariage. L'affaire est envoyée à Rennes. Lionne la recommande à Delorme. La veuve, qui est bien faite, va avec sa mère, femme intelligente, descend par la Loire à Nantes ; là, elles trouvent un carrosse à six chevaux sans qu'on sût qui l'envoyoit, et dans les hôtelleries jusqu'à Rennes on ne prit point de leur argent. Là, tout le monde sollicita pour elles. Les porteurs de chaises, les laquais, le menu peuple,

---

1656, pag. 68.) On lit dans les *Proverbes en rimes ou Rimes en proverbes* de Le Duc, Paris, 1664, in-12 :

Mariage de Jean des Vignes,
On en a mal aux eschines.

menaçoient à tout bout de champ leurs parties. Le jour qu'on plaidoit leur cause, les laquais s'avisèrent de faire un président, des conseillers, des avocats, etc., etc. Ils plaidèrent la cause et allèrent aux opinions. Il n'y en eut qu'un qui ne fut pas pour la veuve; ils le battirent comme plâtre. A l'audience, comme le président prononçoit, il s'éleva un grand murmure, comme pour dire : « Président, faites-lui « gagner sa cause. » Elle la gagna sur l'heure. Son fils de quinze mois, ou environ, fut couronné de lauriers. On cria *haro* sur les parties, on les appela *Juifs;* ils eurent de la peine à se sauver. On cria : *Vive le Roi et madame de Sainte-Sesonne!* et au logis de son avocat, où elle dîna, le peuple vint lui donner l'aubade avec des violons, des tambours et des trompettes. Ce fut la vanité de Delorme qui fit tout cela. Dans les Mémoires de la régence il sera bien parlé de lui [1].

M. de Senecterre a une fort grande maison, et quasi personne dedans. Un jour il entendit que son fils le maréchal disoit à quelqu'un : « Je ferai ceci ; j'ajus-« terai cela. » Il se mit à battre du pied vigoureusement contre terre et à faire claquer ses dents les unes contre les autres en lui disant : « Tout homme qui fait « cela n'est pas si près à laisser la place aux autres. »

Il est toujours propre, quoique vieux. Un gentilhomme le cajoloit un jour sur sa propreté, et lui disoit que madame de Gueménée disoit que si elle vouloit avoir un galant que ce seroit M. de Senecterre. Le bonhomme répondit : « Madame de Gueménée fait « mieux qu'elle ne dit, monsieur ; elle fait mieux

---

[1] On a déjà exprimé le regret de la perte de ces Mémoires. (*Voyez* la note de la page 2.)

« qu'elle ne dit. » On m'a dit qu'une fois il entra dans sa cuisine; un laquais y faisoit une omelette : il crut que c'étoit à ses dépens. Il appela un palefrenier pour donner les étrivières à ce laquais; le palefrenier dit qu'il les souffriroit plutôt lui-même. Senecterre, furieux, dépouille ce laquais lui-même et les lui donne de sa propre main.

Il peut y avoir six ou sept ans qu'étant résolu de se faire tailler, après s'être fait sonder, il alla dire adieu à M. le cardinal, et, sans en rien dire à personne, se fit tailler, et fut si bien guéri, qu'il se remaria deux ans après avec la veuve de Couslinan, dont nous parlerons ailleurs.

M. D'ANGOULÊME (1).

Si M. d'Angoulême eût pu se défaire de l'humeur d'escroc que Dieu lui avoit donnée, c'eût été un des plus grands hommes de son siècle. Il étoit bien fait, brave, spirituel, avoit de l'acquis, savoit la guerre,

---

(1) Les Mémoires de M. de Sully et autres parlent assez de ses brouilleries et de sa bravoure. On parlera de lui à l'*historiette* du cardinal de Richelieu. Il a écrit assez de choses, mais on ne sait ce que tout cela est devenu. C'étoient des Mémoires (ils ont été imprimés depuis.(T.)— Le duc d'Angoulême, auquel cette historiette donne une physionomie si nouvelle, naquit des liaisons de Charles IX et de Marie Touchet, le 28 avril 1573. Il fut impliqué dans la conspiration de Biron, et con-

mais il n'a fait toute sa vie que griveller (1) pour dépenser et non pour thésauriser. Jamais courtisan n'entendit mieux raillerie. Le cardinal de Richelieu, en lui donnant à commander un corps d'armée, eut bien la cruauté de lui dire : « Monsieur, le Roi entend que « vous vous absteniez de...... » Et en disant cela il faisoit avec la main la patte de chapon rôti, lui voulant dire qu'il ne falloit pas griveller. Le bonhomme, comme vieux courtisan, au lieu de se fâcher, lui répondit en souriant et en haussant les épaules : « Mon« sieur, on fera tout ce qu'on pourra pour contenter « Sa Majesté. »

Un jour qu'on disoit à feu Armantières, que M. d'Angoulême savoit je ne sais combien de langues : « Ma foi, dit-il, je croyois qu'il ne savoit que le *nar-* « *quois* (2). »

Le feu Roi lui ayant demandé combien il gagnoit par an à la fausse monnoie : « Je ne sais, Sire, répondit-il, « ce que c'est que tout cela. Mais je loue une cham-

---

damné à mort pour avoir trempé dans celle de d'Entragues. Henri IV commua sa peine. Il mourut à Paris le 24 septembre 1650, ayant vécu sous cinq rois, et s'étant distingué dans nombre de batailles. Ses Mémoires ont été publiés après sa mort sous le titre de *Mémoires très-particuliers du duc d'Angoulême pour servir à l'histoire des règnes de Henri III et de Henri IV*, 1662, in-12. Ils ont été insérés dans la Collection des Mémoires relatifs à l'histoire de France, tom. 44 de la première série.

(1) Expression familière qui se prenoit dans le sens d'un profit illicite sur des commissions dont on étoit chargé. Péréfixe, dans son *Histoire de Henri IV*, l'a employée plusieurs fois. (*Dictionnaire de Trévoux*.)

(2) Le *narquois* étoit le jargon que parloient entre eux les voleurs et les escrocs; on l'appelle plus communément l'argot. (Voyez *le Jargon ou le langage de l'argot reformé*, dans le Recueil de facéties intitulé : *les Joyeusetés, facéties et folastres imaginations de Caresmes prenant*, Gauthier Garguille, etc., Paris, Techener, 1831.)

« bre à Merlin à Gros-Bois dont il me donne quatre
« mille écus par an (¹). Je ne m'informe pas de ce qu'il
« y fait. » Un peu avant que de mourir, il montra à
M. d'Aguvry, de qui je le sais, bon nombre de faux
louis d'or qu'il confrontoit à de bons louis. Feu M. de
La Vieuville, alors surintendant des finances pour la
seconde fois, s'amusoit à cela avec lui.

M. d'Angoulême ne pouvoit s'empêcher de bâtir
toujours quelque maisonnette; mais il se gardoit bien
d'achever Gros-Bois; comme il n'étoit pas riche, cela
l'incommodoit, et il en faisoit d'autant plus volontiers
de la fausse monnoie.

Il disoit les choses fort agréablement : il contoit qu'en
sa jeunesse, il étoit amoureux d'une dame, et qu'un
jour la servante de cuisine, qui étoit une vieille fort
malpropre, fort dégoûtante, lui ayant ouvert la porte,
il prit occasion de la prier de lui être favorable et lui
voulut donner quelque chose; mais elle, en le repoussant, lui dit : « Ardez, monsieur, je ne veux point de
« votre argent; il n'y a qu'un mot, c'est que madame
« n'en a jamais tâté que je n'aie fait l'essai auparavant;
« c'est comme du bouillon de mon pôt; il faut passer
« par là ou par la fenêtre. » Il eut beau tourner,
virer, il fallut satisfaire cette vieille souillon, et il dit
qu'il détournoit le nez de peur de sentir son tablier gras.

Il demandoit à M. de Chevreuse : « Combien donnez-
« vous à vos secrétaires? — Cent écus, dit M. de Che-
« vreuse. — Ce n'est guère, reprit-il, je donne deux
« cents écus aux miens. Il est vrai que je ne les paie
« pas. »

(¹) Cela ne dura guère. Il fit évader Merlin, quand on y alla. (T.)

Quand ses gens demandoient leurs gages, il leur disoit : « C'est à vous à vous pourvoir : quatre rues aboutissent à l'hôtel d'Angoulême (1), vous êtes en beau lieu ; profitez-en si vous voulez. »

Après avoir été veuf quelque temps, il voulut épouser madame d'Hautefort, qui a depuis épousé M. de Schomberg ; elle n'en voulut point. Il trouva pourtant à se marier à quelques années de là. Il avoit soixante-dix ans, étoit tout courbé et tout estropié de goutte. En ce bel état il épousa une fille de vingt ans, bien faite et bien agréable ; son père s'appeloit Nargonne : c'étoit un gentilhomme de Champagne. Il ne jouit guère de la grandeur de sa fille, car allant au bois de Vincennes avec elle, les chevaux emportèrent le cocher, et cet homme, brutalement, sans considérer qu'ils étoient du côté des murs du parc, et qu'il ne pouvoit s'élancer assez loin, s'élança pourtant et tomba de sorte, entre les roues, qu'il en fut tout brisé, et expira aussitôt.

Cette pauvre femme étoit obligée de souffrir presque tout l'été un grand feu à son dos, car le duc vouloit qu'elle fût toujours auprès de lui. Cela lui avoit tellement échauffé le sang, qu'elle avoit toujours un érysipèle aux oreilles.

Quand il mourut, en 1650, le gazetier, Renaudot le fils, rapporta qu'il étoit mort chrétiennement, comme il avoit vécu. M. le comte d'Alais, ou plutôt madame, traita fort rudement sa veuve. Elle se retira

---

(1) L'hôtel d'Angoulême, situé rue Pavée, au Marais, s'appelle aujourd'hui l'hôtel de Lamoignon, parce qu'il a appartenu sous Louis XIV aux célèbres magistrats de ce nom.

aux filles Sainte-Elisabeth, où elle est encore logée au dehors avec son petit train. L'intendant de M. d'Alais lui alla offrir mille écus pour son deuil. Elle lui demanda de la part de qui : « De la mienne, dit-il. — « J'ai déjà mon deuil, répondit-elle, et si j'ai à rece-« voir ce qui m'appartient, j'entends que ce soit de « ceux qui me le doivent et non d'autres. » L'année d'après on transigea avec elle à huit mille livres par an. Elle eut quelque chose de la cour, car elle n'a rien de sa maison (1).

(1) Françoise de Nargonne; qui avoit épousé le duc d'Angoulême le 25 février 1644, mourut, cent trente-neuf ans après son beau-père Charles IX, le 10 août 1715, à l'âge de quatre-vingt douze ans. Boursault dit en parlant d'elle, en 1702, dans une de ses Lettres : « Peut-« être depuis les premiers âges où les hommes vivoient si long-temps, « n'y a-t-il eu de bru que madame d'Angoulême qu'on ait vue dans « une pleine santé plus de six-vingts ans après la mort de son beau-père. « Quelque longue que sa vie puisse être, elle en a toujours fait un si « bon usage, qu'elle mourra avec plus de vertus que d'années. » (*Lettres nouvelles de M. Boursault*, Luxembourg, 1702, pag. 50.)

LE MARÉCHAL DE LA FORCE (1).

Nompar de Caumont, depuis maréchal et duc de La Force, étoit d'une bonne et ancienne maison de Gascogne. Il étoit à Paris à la Saint-Barthélemi, d'où il fut sauvé miraculeusement (2); car ayant été laissé entre les morts, un paumier s'aperçut qu'il vivoit, le retira et le conduisit à l'Arsenal, chez le vieux maréchal de Biron, son parent. Il reconnut bien ce grand service, et donna une pension à cet homme qui lui fut bien payée.

M. le maréchal de Biron lui donna sa fille en mariage. Cette fille étoit de la religion, pour avoir été élevée auprès d'une tante huguenote. Elle pouvoit avoir quinze ans et lui dix-huit. La première nuit de ses noces, elle fit la sotte, et ne voulut jamais laisser consommer le mariage. Cela mit ce jeune homme si en colère qu'il jura qu'elle le lui demanderoit. En effet, elle s'ennuya de n'en être plus sollicitée, et enfin on lui conseilla de dire à son mari : « *Monsou*,

(1) Jacques Nompar de Caumont, duc de La Force, né vers 1559, mort le 10 mai 1652.

(2) On trouve dans le *Mercure* de novembre 1765, des *Mémoires* du maréchal de La Force, où il retrace les événements dont il fut, dans cette journée, témoin et acteur. Voltaire en a donné un extrait dans les pièces justificatives, à la suite de la *Henriade*.

« *donnas de la sibade* (1) *à la caballe.* » Il l'appela toujours *mignonne*, quoiqu'elle ne le fût pas autrement. Cinquante ans après, il convia ses amis pour renouveler ses noces, et donna ce jour-là le plus de *sibade* qu'il put à la *caballe*.

Lorsqu'il commandoit en Allemagne, il y a peut-être vingt-cinq ans, il galopa jusqu'à Metz pour y voir sa femme, et la prenant par de grandes peaux qu'elle avoit sous le cou, il la baisoit du meilleur courage du monde en disant : « Certes, mignonne, je ne vous trou-
« vai jamais si belle. »

On raconte de cette femme qu'elle aimoit extrêmement les montres et se tourmentoit sans cesse pour les ajuster au soleil. Un jour elle envoya un page voir quelle heure il étoit à un cadran qui étoit dans le jardin ; mais l'heure qu'il rapporta ne s'accordant pas à sa montre, elle lui soutenoit toujours qu'il n'avoit pas bien regardé, et l'y renvoya par deux ou trois fois ; enfin le page, las de tant de voyages, lui dit : « Madame,
« quelle heure vous plaît-il qu'il soit ? » Elle fut si sotte que de le faire fouetter.

M. de La Force, comme vous pouvez penser, suivit Henri IV, et à la régence de la Reine-mère, il se trouva vice-roi de Navarre et gouverneur du Béarn. Il étoit le maître de tout, disposoit des charges et tenoit Navarreins. Le comte de Gramont en eut envie, et ne pouvant être ni vice-roi ni gouverneur, il voulut être sénéchal, chose au-dessous de lui. Il y eut bien du bruit ; mais quoique lui et le marquis, qui prenoit la querelle pour son père, et le comte, fussent assez

---

(1) *Sibade*, avoine.

éclairés, Théobon, gentilhomme huguenot, prit si bien son temps qu'il appelle le comte dans le Louvre, et ils eurent le loisir de se rendre sur le pré. Le marquis avoit le premier cheval qu'il avoit rencontré : on n'alloit guère en carrosse en ce temps-là. Mais le comte avoit un cheval d'Espagne et ne voulut jamais se battre à pied. Le marquis poussa son cheval, et ayant trouvé qu'il savoit un peu tourner : « Allons, « dit-il, il ne faut plus marchander. » Il désarma bientôt le comte et alla séparer les autres. Le comte de Gramont, outre ce cheval d'Espagne, s'étoit de longue main fait accompagner par un gladiateur célèbre, nommé Termes.

Quand M. de Luynes entreprit la guerre contre les huguenots, M. de La Force se déclara pour eux. Théobon tenoit Sainte-Foy. Durant ces guerres on ôta le Béarn à M. de La Force, et le comte de Gramont eut le gouvernement, mais sans Navarreins, qu'on donna à Poyane. Ce gouvernement fut réduit au pied des autres gouvernemens ; on ôta aussi au marquis de La Force sa charge de capitaine des gardes-du-corps. En ce temps-là, madame la duchesse de La Force d'aujourd'hui étoit jeune et bien faite ; ce Théobon en étoit amoureux. Elle l'amusa, et lui laissa espérer tout ce qu'il voulut jusqu'à ce qu'elle l'eut obligé de donner sa place au marquis de La Force, son mari, et après elle le planta là. Cette femme a pourtant de la vertu. Elle a vécu admirablement bien avec la maréchale de Châtillon, sa sœur, quoique leur commune mère, madame de Polignac, n'eût jamais voulu consentir au mariage du marquis de La Force et d'elle, qu'elle n'en eût tiré auparavant quittance de la tutelle, où elle avoit beaucoup gagné, et avoit pris tous les meubles. Les parens, voyant que cette femme vouloit marier cette héritière au fils de Polignac, son second mari, s'en plaignirent à Henri IV, qui la maria avec le marquis de La Force.

Au siége de Montauban on élut, pour commander dans la place, le comte d'Orval, comme fils de duc et pair, et aussi pour obliger M. de Sully, son père. Puis, c'étoit élire en effet M. de La Force, dont ce comte avoit épousé la fille. Le beau-père étoit lieutenant de son gendre. On avoit donné au comte d'Orval un vieux capitaine pour se tenir auprès de sa personne et lui dire ce qu'il falloit faire. Or, un jour, comme les ennemis avoient attaqué un ouvrage avancé, le comte d'Orval, armé jusqu'aux dents comme un jacquemart, étoit encore à pied dans le fossé de la ville, que le vieux capitaine, qui n'étoit pas peut-être plus échauffé, le retint en lui disant : « Monseigneur, ne hasardez « pas votre personne. » (Depuis, on appela ce vieux capitaine : *Monseigneur, ne hasardez pas votre personne.*) M. de La Force y entra tout à cheval ; de sorte que les mousquetades pleuvoient sur lui. Son second fils, nommé Castelnau, lui dit en l'arrêtant : « Mon- « sieur, je ne permettrai pas que vous vous exposiez « ainsi. » Le bon homme le repoussa fièrement et lui dit : « Castelnau, vous devriez faire ce que je fais. »

L'année que les ennemis prirent Corbie, le cardinal de Richelieu l'avoit toujours dans son carrosse, parce que le peuple l'aimoit (1). Et quand on leva ici des gens

(1) En 1636. « On n'entendoit que murmures de la populace contre « le cardinal, qu'elle menaçoit comme étant cause de ces désordres; « mais lui qui étoit intrépide, pour faire voir qu'il n'appréhendoit rien,

si à la hâte, M. de La Force étoit sur les degrés de l'Hôtel-de-Ville, et les crocheteurs lui touchoient dans la main en disant : « Oui, monsieur le maréchal, je « veux aller à la guerre avec vous. »

C'est une race de bonnes gens qui ont presque tous du cœur, mais qui n'ont point bonne mine. Le bon homme étoit bien fait, mais sa femme étoit fort laide. Ils n'ont jamais pu se défaire de dire : *Ils allarent, ils mangearent, ils frapparent*, etc., etc. (1). Rarement trouvera-t-on une maison où l'on ait moins l'air du monde (2).

Ce n'est pas que le bon homme ne fût courtisan à sa mode, mais ce n'étoit pas des plus fins. Il fit une

« monta dans son carrosse, et se promena sans gardes dans les rues, sans « que personne lui osât dire mot. » (*Mémoires de Montglas*, dans la Collection des Mémoires relatifs à l'histoire de France, deuxième série, tom. 49, pag. 126.)

(1) Ancienne locution du midi que l'on retrouve dans tout ce qui reste de manuscrits originaux de Brantôme.

(2) Comme il étoit devant Renty, en Flandre, il dit à M. de Castelnau, son fils : « Castelnau, vous vous êtes tout rouillé dans la pro-« vince. » Ce Castelnau fut commandé pour escorter les femmes avec douze cents chevaux et dix-huit cents hommes de pied. Le voilà en bataille ; il prononce lui-même le ban que personne, sous peine de la vie, n'eût à sortir de son rang ; il n'eut pas plus tôt achevé qu'un lièvre vint à partir. Au lieu de retenir ses gens, il crie le premier : *Ah ! lévrier !* tout le monde le suit, on prend le lièvre. Après il tâcha de rallier ses gens, et crie : *Ah ! cavalerie !* plus fort qu'il n'avoit crié *ah ! lévrier !* Mais il n'y eut jamais moyen, et si l'ennemi eût donné, c'étoit une affaire faite, tous les équipages étoient perdus. Dans le conseil de guerre en cette même campagne, il opina ainsi : « Je suis d'avis que « nous nous retirions ; j'avois de l'avoine, je n'en ai plus, il faut s'en « aller. » Cet homme-là, cependant, avec cent mille livres de partage, a si bien fait qu'il a marié trois filles de quatre qu'il avoit, l'une à M. de Ravailles, aîné de sa maison, premier baron de Béarn ; la seconde au comte de Lauzun, et la troisième au marquis de Montbrun, tous grands seigneurs. (T.)

chose qui n'étoit guère d'habile homme. A la mort du cardinal de Richelieu, il s'en alla bien empressé au Louvre, et, s'approchant du Roi, lui dit tout bas : « Sire, M. le cardinal de Richelieu est mort certaine- « ment, mais on le cache à Votre Majesté. » Le Roi le lui fit redire pour se moquer de lui, en faisant semblant de le croire à peine, car il y avoit deux heures qu'il le savoit.

Quand M. d'Enghien gagna la bataille de Rocroy, le maréchal dit qu'il souhaiteroit de mourir comme étoit mort le comte de Fontaine, qui, fort âgé, fut tué à cette bataille.

Ce bon homme se vantoit tout haut de n'avoir jamais connu que sa femme. Sa tempérance lui conserva une santé admirable, presque jusqu'à la fin de ses jours. A quatre-vingt-deux ans il se voulut remarier; depuis cela il n'a rien fait de raisonnable, et il avoit bon nez de souhaiter de finir comme le comte de Fontaine. Le bon Dieu lui eût fait une belle grâce, s'il l'eût retiré après avoir dit ce bon mot. Il y eut bien des disputes, car ses enfants ne se pouvoient résoudre à le laisser remarier, à cause que cela passoit pour une folie. Enfin, il épousa madame de La Tabarière, veuve d'un gentilhomme qualifié de Poitou, et fille de feu M. Du Plessis-Mornay. Ce mauvais exemple fit remarier bien des vieilles gens, comme madame de Coislin et autres; et par hasard s'étant rencontré qu'on avoit fait quelques mariages inégaux en ce temps-là (vers le commencement de la régence), on disoit qu'il y avoit une influence pour les mariages ridicules.

Cette madame de La Tabarière étoit laide et austère cependant il l'appeloit sa *toute mienne*. On disoit que pour lui plaire il ne lisoit que les livres de M. Du Plessis. Cette femme, soit que ses purgations eussent cessé, car elle étoit d'âge à cela, ou qu'elle fût devenue hydropique, s'imagina être grosse, et le crut d'autant plus qu'on lui avoit prédit qu'elle auroit un fils qui seroit maréchal de France. Elle avoit espéré l'effet de cette prédiction déjà deux fois, car elle avoit deux garçons, et elle les avoit vus tous deux commencer à porter les armes. L'aîné fut noyé au siége de Bois-le-Duc, et l'autre fut tué malheureusement l'année que les ennemis prirent Corbie. On faisoit garde dans tous les villages des environs de Paris, il revenoit avec Tilly, qui est mort depuis peu gouverneur de Collioure. Ce Tilly étoit ivre, cela lui arrivoit souvent; il alla donner l'alarme en je ne sais quel village, et un paysan, à l'étourdie, donna un coup de carabine à La Tabarière, dont il mourut.

La mort de ce second fils la fit résoudre à se remarier. Le maréchal crut qu'elle étoit grosse, et l'écrivit à tous ses amis. A Charenton on disoit que c'étoit une nouvelle Sara. Mais le miracle n'étoit pas autrement nécessaire, car le maréchal pouvoit compter en fils et en petits-fils plus de vingt-quatre enfants. A la cour on disoit que c'étoit l'Antechrist. Enfin il se trouva qu'elle étoit presque hydropique, et au bout de trois mois elle en mourut en partie de regret. On a dit même que du dépit qu'elle eut de ce qu'on se moquoit partout de cette belle grossesse, elle fut trois semaines à ne prendre quasi rien, faisant accroire à sa femme-de-chambre qu'elle étoit dans un dégoût effroyable. Cette fille n'en dit rien à personne, parce que sa maîtresse lui disoit toujours que l'appétit lui reviendroit, et que cela fâcheroit M. de La Force s'il le savoit. Quoi qu'il en soit, les boyaux se rétrécirent, et elle en mourut.

Cette femme n'a jamais été très-raisonnable; elle se prenoit fort pour une autre. Elle vit un jour dans un almanach : *Mort d'un grand.* « Hélas ! dit-elle, Dieu « sauve mon père ! » Une fois, en voulant passer sur je ne sais quelle palissade, elle se fourra un pieu où vous savez. Ce pieu n'adressa pas pourtant si bien qu'elle n'en fût blessée. Elle vouloit, par une ridicule pruderie, que son mari la pansât, afin que le chirurgien ne vît rien; il s'en moqua, et lui dit qu'elle allât se faire panser. Elle fit de si terribles lamentations sur la mort d'une fille bossue qui lui mourut, qu'on eût dit qu'elle avoit tout perdu; cependant elle avoit encore alors deux garçons et deux filles. Son mari mourut avant ses fils; c'étoit un homme assez *fichu*. Elle portoit son portrait couvert d'un crêpe noir dans son sein. Par ses grimaces elle s'étoit acquis la réputation d'une sainte. Une dame de Bretagne, dont j'ai oublié le nom, avoit fait mettre le portrait de son second mari au dos du premier dans une même boîte, et pleuroit encore tous les jours le défunt. Feu madame de La Case ôta de la chambre le portrait de son premier mari, M. de Courtaumer, quand elle se remaria avec La Case, frère de mademoiselle de Pons. Sa fille lui dit : « Hé ! ma-» man, hé ! maman, que je le baise encore avant que » vous l'ôtiez. » Elle disoit pour ses raisons que La Case étoit parent du Roi. Il étoit de la maison de Pons.

Le bon homme avoit voulu épouser auparavant la veuve d'un M. de La Forest, de Normandie, homme de qualité. Cette femme étoit de Montgommery, mais un peu trop galante pour un vieux Rodrigue. On en parla pourtant sérieusement, et pendant qu'on travailloit à l'affaire, madame couchoit toutes les nuits avec le petit Clinchamp de chez Monsieur. Enfin M. de Montlouet d'Angenne, comme voisin et ami de M. le marquis de La Force, lui en donna avis, et le bon homme fut détrompé par ce moyen.

Après il pensa à une femme de trente-deux ans, veuve du fils de M. d'Arambure, le borgne, qui avoit commandé les chevau-légers de la garde d'Henri IV. Cette femme étoit riche; et parce qu'elle n'étoit fille que d'un trésorier de Navarre (1), il vouloit qu'elle lui donnât par contrat de mariage quarante mille écus; mais quoiqu'elle fût fort ambitieuse, elle eut assez de cœur pour ne pouvoir se résoudre à accepter un mari de quatre-vingts ans.

En second veuvage, il devint amoureux de la comtesse d'Adington (2), veuve depuis un an, aujourd'hui la comtesse de La Suze, dont nous aurons bien des choses à dire en un autre endroit. En ce dessein il en parle lui-même à la mère, madame de Châtillon, car le maréchal étoit mort. Cette dame lui remontra qu'il n'y avoit nulle proportion dans l'âge, et que cette jeune veuve pourroit être l'arrière-petite-fille de celui qui la vouloit épouser. Se voyant désespéré d'avoir la fille, il s'adressa à la mère; elle le remercie et lui dit qu'elle avoit juré de ne se remarier jamais. Le bon

(1) M. Tallemant, père du maître des requêtes. (T.)
(2) Henriette de Coligny, petite-fille de l'amiral, avoit épousé en 1643 Thomas Hamilton, comte de Hadington. Devenue veuve après quelques années de mariage, elle contracta une nouvelle alliance avec le comte de La Suze. On a d'elle des poésies assez remarquables qui ont été publiées dans un Recueil qui en contient beaucoup de Pélisson, de mademoiselle de Scudéri et de bien d'autres.

homme en eut une telle affliction que sur l'heure il en tomba en défaillance et s'en retourna très-mal satisfait.

Il avoit quatre-vingt-neuf ans quand il pressa plus que jamais ses enfants de le laisser remarier, alléguant que ne pouvant plus courir le cerf (il l'a couru jusqu'à quatre-vingt-six ans) et n'ayant plus d'emploi (car il en eût pris encore volontiers), il lui étoit impossible de demeurer seul à la campagne; qu'à la cour il avoit des sujets de fâcherie (l'année auparavant il avoit été trois heures au soleil sur ses pieds à Fontainebleau, en attendant le cardinal Mazarin, et se tint un gros quart-d'heure découvert quand il passa). Il disoit que Dieu n'y seroit point offensé, et que ses enfants n'en seroient pas plus pauvres. Enfin il raisonnoit assez pour faire une seconde sottise, et nos ministres [1], qui sont de fort pauvres gens, disoient qu'il falloit mieux le laisser marier que le laisser brûler. Ma foi, je pense que c'étoient de grandes ardeurs que les siennes! Ces vieux fous-là sont ravis du passage de saint Paul, et de pouvoir dire : *Dieu n'y est point offensé*, comme si le scandale n'offensoit point Dieu. Hé! n'est-ce point une chose ridicule qu'un homme ne se puisse contenir à cet âge-là? Pour moi, cela me scandalise, et cela est de mauvais exemple. Plusieurs vieilles femmes catholiques lui ont voulu donner de l'argent pour l'épouser, afin d'avoir le tabouret. A la vérité, c'étoient toutes femmes de la ville, qui, pour l'ordinaire, ont toutes plus d'ambition que les autres. Mais il n'y voulut jamais entendre. Il y en a qui ont

---

[1] Les ministres protestants de Charenton. Tallemant étoit de la religion réformée.

cru qu'il ne disoit tout cela que pour obliger ses enfants à lui en offrir vite une Huguenotte. Enfin on lui proposa la veuve d'un gentilhomme hollandais, nommé Langherac, qui avoit été ambassadeur en France. Cette femme étoit pourtant Françoise et sœur du marquis de Gallerande, de la maison de Clermont d'Amboise. Mais le propre jour qu'il signa les articles, il alla trouver auparavant madame la maréchale de Châtillon pour lui offrir, mais en vain, la préférence. Cette madame de Langherac étoit hors d'âge d'avoir des enfants. On admiroit sa destinée pour le tabouret. Elle l'avait eu comme étrangère en son pays, et maintenant elle le recouvre en épousant un homme de quatre-vingt-dix ans, qui est un âge où l'on songe rarement à se remarier. Il faut aussi admirer la destinée du bon homme à être cocu au moins une fois en sa vie. Il l'écrivit à madame de La Forest, mais il y a toutes les apparences du monde que Cumont, le conseiller, homme d'esprit, qui de tous temps étoit le galant de madame de Langherac, n'aura pas perdu une si belle occasion de coucher avec une duchesse. C'est ce même M. de Cumont qui étoit si avare qu'il est mort dans son pourpoint, faute d'une chemisette.

On dit que le bon homme, le jour de ses noces, fit demeurer ses gens dans sa chambre, pour être témoins comme il avoit consommé le mariage. On ajoute qu'il les fit aussi appeler le lendemain matin. Cette troisième femme ne dura guère plus d'un an. De regret, le maréchal quitta La Force, et se retira à une autre maison qu'on appelle Mucidan, pour y faire le *beau ténébreux* (1).

(1) Allusion à *Dom Quichotte de la Manche*.

Le bon homme, depuis la mort de sa femme, se laissa gouverner par Castelnau, son second fils; et parce que le marquis n'a qu'une fille, aujourd'hui madame de Turenne, il fit tous les avantages à ce second fils et aux siens, et ses belles dispositions ont mis bien des procès dans la famille, que le marquis, depuis la mort de son père, a tous gagnés.

Le bon homme, à quatre-vingt-douze ans, eût bien voulu se remarier pour la quatrième fois, mais le bruit couroit, disoit-on, qu'il devoit avoir encore deux femmes, et personne ne vouloit être la première.

Cela me fait souvenir d'une madame de Pibrac, à qui le parlement de Paris fit défense de se remarier pour la septième fois, et elle avoit été veuve dix-neuf ans après la mort de son premier mari. Il y avoit soixante-onze ans qu'elle l'avoit épousé.

En 1652, comme si ce bon homme n'avoit pas fait assez d'extravagances de son chef, à la suscitation de Castelnau, qui tenoit pour certain que M. le Prince seroit duc de Guyenne, et que par son autorité il gagneroit tous ses procès, il se déclara pour M. le Prince. Il mourut bientôt après, non sans témoigner bien du regret d'avoir fait cette sottise. Il sera assez parlé de cela dans les Mémoires de la régence.

MALHERBE (1).

François de Malherbe naquit à Caen en Normandie, environ l'an 1555; il étoit de la maison de Malherbe Saint-Aignan, qui s'est rendue plus illustre en Angleterre, depuis la conquête que le duc Guillaume fit de cet Etat, qu'au lieu de son origine, où elle s'étoit tellement rabaissée, que le père de Malherbe n'étoit qu'assesseur à Caen. Le bon homme se fit de la religion

(1) Tallemant dit plus loin, dans le cours de cette Historiette : « Ra-« can, de qui j'ai eu la plus grande part de ces *Mémoires*...... » Racan ayant pris le parti, après qu'il eut communiqué tous ces renseignements à Tallemant, de faire imprimer sa *Vie de Malherbe*, tous les faits rapportés dans cette *Vie* se retrouvent ici. Mais Tallemant en a ajouté un grand nombre qui sont en général les plus piquants, et il en a reproduit plusieurs avec une franchise que Racan, qui s'attendoit bien à ce que son travail seroit prochainement imprimé, s'est cru forcé d'adoucir. Nous indiquerons par des notes tous les passages qui ne se trouvent pas dans la *Vie* donnée par Racan, et qui fut imprimée pour la première fois dans un Recueil intitulé : *Divers Traités d'Histoire, de Morale et d'Eloquence*. Paris, 1672, in-12, publié par P. de Saint-Glas, abbé de Saint-Ussans. Des bibliographes avoient cité une édition de cette *Vie*, publiée selon eux en 1651. Personne ne l'a vue, et aux preuves de sa non existence données par M. Beuchat dans la *Biographie universelle* de Michaud, tom. 36, pag. 497, note, nous pouvons ajouter que si cette *Vie* avoit été imprimée en 1651, Tallemant, qui écrivoit ces *historiettes* postérieurement à cette époque, n'en auroit pas reproduit les principaux faits ; il se fût borné à y renvoyer. Evidemment il n'a pu connoître qu'un travail manuscrit de Racan.

avant que de mourir; son fils, qui n'avoit alors que dix-sept ans, en reçut un si grand déplaisir qu'il se résolut de quitter son pays, et suivit M. le Grand Prieur en Provence, dont il étoit gouverneur, et fut avec lui jusqu'à sa mort (1).

Pendant son séjour en Provence, il gagna les bonnes grâces de la fille d'un président d'Aix, nommé Coriolis, veuve d'un conseiller de ce parlement, et l'épousa depuis. Il en eut plusieurs enfants, entre autres une fille, qui mourut de la peste à l'âge de cinq ou six ans, laquelle il assista jusqu'à la mort, et un fils qui fut tué malheureusement à l'âge de vingt-neuf ans, comme nous dirons ensuite.

Les actions les plus remarquables de sa vie sont que, pendant la Ligue, lui et un nommé La Roque, qui faisoit joliment des vers, et qui est mort à la suite de la reine Marguerite (2), poussèrent M. de Sully deux ou trois lieues si vertement, qu'il ne l'a jamais oublié, et c'étoit la cause, à ce que disoit Malherbe, qu'il n'avoit jamais pu rien avoir de considérable d'Henri IV, depuis que M. de Sully fut dans les finances.

Dans un partage de quelque butin qu'il avoit fait, un capitaine l'ayant maltraité, il l'obligea à se battre contre lui, et lui donna d'abord un coup d'épée au travers du corps qui le mit hors de combat.

Depuis la mort de M. le Grand Prieur (3), il fut en-

(1) Ce M. le Grand Prieur étoit bâtard de Henri II, et frère de madame d'Angoulême, veuve du maréchal de Montmorency, dont nous avons parlé dans l'*historiette* du connétable de Montmorency. (T.)

(2) Les œuvres de ce poète ont été réunies sous ce titre : *OEuvres du sieur de La Roque de Clairmont en Beauvoisis*, dédiées à la reine Marguerite, Paris, 1606; petit in-12.

(3) M. le Grand Prieur fut tué par un nommé Altoviti, qui avoit été

voyé avec deux cents hommes de pied au siége de la ville de Martigues, qui étoit infectée de contagion, et que les Espagnols assiégeoient par mer, et les Provençaux par terre, pour empêcher que la maladie ne s'étendît dans le pays. Ils la tinrent assiégée par ligne de communication, si étroitement qu'ils réduisirent le dernier vivant à mettre le drapeau noir sur la muraille, avant que de lever le siége.

Son nom et son mérite furent connus de Henri IV par le rapport avantageux que lui en fit M. le cardinal du Perron (1), car un jour le Roi lui ayant demandé s'il ne faisoit plus de vers, le cardinal lui dit que depuis qu'il lui avoit fait l'honneur de l'employer à ses affaires, il avoit tout-à-fait quitté cette occupation, et qu'il ne falloit plus que personne s'en mêlât après un gentilhomme de Normandie, habitué en Provence, qu'on appeloit M. de Malherbe. Il avoit trente ans

corsaire, et alors capitaine de galère, après avoir enlevé une fille de qualité, la belle de Rieux-Château-Neuf, qu'Henri III pensa épouser; ce fut elle qui lui dit qu'il parlât pour lui un jour qu'il lui parloit pour un autre. Henri III le tenoit comme espion auprès de M. le Grand Prieur, qui, l'ayant découvert, alla chez lui en dessein de lui faire affront. Mais Altoviti, blessé à mort par ce prince, lui donna un coup de poignard dont il mourut *. Il est vrai qu'il reçut cent coups après sa mort, car les gens du gouverneur se jetèrent tous sur lui.

Un jour ce M. le Grand Prieur, qui avoit l'honneur de faire de méchants vers, dit à Du Perrier : « Voilà un sonnet; si je dis à Malherbe « que c'est moi qui l'ait fait, il dira qu'il ne vaut rien; je vous prie, « dites-lui qu'il est de votre façon. » Du Perrier montre ce sonnet à Malherbe en présence de M. le Grand Prieur. « Ce sonnet, lui dit « Malherbe, est tout comme si c'étoit M. le Grand Prieur qui l'eût « fait. » (T.)

(1) C'étoit en 1601. Le cardinal n'étoit encore qu'évêque d'Evreux.

* Le 2 juin 1586.

quand il fit cette pièce à M. Du Perrier, qui commence :

> Ta douleur, Du Perrier, sera donc éternelle.

Ses premiers vers étoient pitoyables; j'en ai vu quelques-uns, et entre autres une élégie qui débute ainsi :

> Doncque tu ne vis plus, Généric fut, et la mort
> En l'avril de tes ans te montre son effort, etc.

Il n'avoit pas beaucoup de génie; la méditation et l'art l'ont fait poète. Il lui falloit du temps pour mettre une pièce en état de paroître. On dit qu'il fut trois ans à faire l'Ode pour le premier président de Verdun, sur la mort de sa femme (1), et que le président étoit remarié, avant que Malherbe lui eût donné ces vers.

Balzac dit en une de ses lettres que Malherbe disoit que quand on avoit fait cent vers ou deux feuilles de prose, il falloit se reposer dix ans. Il dit aussi que le bon homme barbouilla une demi-rame de papier pour corriger une seule stance. C'est une de celles de l'Ode à M. de Bellegarde; elle commence ainsi :

> Comme en cueillant une guirlande
> L'homme est d'autant plus travaillé, etc. (2).

Le Roi se ressouvint de ce que le cardinal du Perron

---

(1) *Voyez* les stances à M. le premier président de Verdun pour le consoler de la mort de sa première femme. (*Poésies de Malherbe*, Paris, Barbou, 1764, in-8°, pag. 239.)

(2) Elle fut composée en 1608. *Voyez* cette ode, pag. 103 du volume précité. La strophe dont les deux premiers vers sont rappelés ici est la cinquième dans l'édition de Barbou.

lui avoit dit, et il en parloit souvent à M. des Yveteaux, qui étoit alors précepteur de M. de Vendôme. M. des Yveteaux lui offrit plusieurs fois de le faire venir; ils étoient de même ville; mais le Roi, qui étoit ménager, n'osoit le faire, de peur d'être chargé d'une nouvelle pension. Cela fut cause que Malherbe ne fit la révérence au Roi que trois ou quatre ans après que M. du Perron lui en eut parlé. Encore fut-ce par occasion. Etant venu à Paris pour ses affaires particulières, M. des Yveteaux en avertit le Roi, qui aussitôt l'envoya quérir. Ce fut en l'an 1605. Comme le Roi étoit sur le point de partir pour aller en Limosin, il lui commanda de faire des vers sur son voyage. Malherbe en fit, et les lui présenta à son retour. C'est cette pièce qui commence ainsi :

O Dieu, dont les bontés de nos larmes touchées, etc. (1).

Le Roi la trouva admirable, et désira de le retenir à son service; mais, par une épargne, ou plutôt une lésine, que je ne comprends point, il commanda à M. de Bellegarde, alors premier gentilhomme de la chambre, de le garder jusqu'à ce qu'il l'eût mis sur l'état de ses pensionnaires. M. de Bellegarde lui donna mille livres d'appointements avec sa table, et lui entretenoit un laquais et un cheval (2).

Ce fut là que Racan, qui alors étoit page de la chambre sous M. de Bellegarde, et qui commençoit déjà à *rimailler*, eut la connaissance de Malherbe, et

---

(1) Edition Barbou, pag. 65.
(2) Racan, on le pense bien, s'est donné de garde d'entrer dans ces détails sur la *lésine* du Roi, et de la laisser même entrevoir.

en profita si bien que l'écolier vaut quasi le maître.

A la mort de Henri IV, la Reine Marie de Médicis donna cinq cents écus de pension à Malherbe, qui depuis ce temps-là ne fut plus à charge à M. de Bellegarde. Depuis il a fort peu travaillé, et on ne trouve de lui que les odes à la Reine-mère, quelques vers de ballets, quelques sonnets au feu Roi, à Monsieur et à quelques particuliers, avec la dernière pièce qu'il fit avant de mourir; c'est sur le siége de La Rochelle (1).

Pour parler de sa personne, il étoit grand et bien fait, et d'une constitution si excellente, qu'on a dit de lui aussi bien que d'Alexandre, que ses sueurs avoient une odeur agréable.

Sa conversation étoit brusque, il parloit peu, mais il ne disoit mot qui ne portât. Quelquefois même il étoit rustique et incivil, témoin ce qu'il fit à Desportes. Régnier l'avoit mené dîner chez son oncle; ils trouvèrent qu'on avoit déjà servi. Desportes le reçut avec toute la civilité imaginable, et lui dit qu'il lui vouloit donner un exemplaire de ses *Psaumes* qu'il venoit de faire imprimer. En disant cela il se met en devoir de monter à son cabinet pour l'aller quérir, Malherbe lui dit rustiquement qu'il les avoit déjà vus, que cela ne méritoit pas qu'il prît la peine de remonter, et que son potage valoit mieux que ses *Psaumes*. Il ne laissa pas de dîner, mais sans dire mot, et après dîner ils se séparèrent, et ne se sont pas vus depuis. Cela le brouilla avec tous les amis de Desportes; et Régnier, qui étoit son ami, et qu'il estimoit pour le genre satirique à l'é-

---

(1) *Voyez* l'ode à Louis XIII. Edition Barbou, pag. 258.

gal des anciens, fit une satire contre lui qui commence ainsi :

> Rapin, le favori d'Apollon et des Muses, etc. (1).

Desportes, Bertaut, et des Yveteaux même, critiquèrent tout ce qu'il fit. Il s'en moquoit, et dit que s'il s'y mettoit, il feroit de leurs fautes des livres plus gros que leurs livres mêmes.

Des Yveteaux lui disoit que c'étoit une chose désagréable à l'oreille que ces trois syllabes : *ma, la, pla*, toutes de suite dans un vers :

> Enfin cette beauté m'a la place rendue (2).

« Et vous, lui répondit-il, vous avez bien mis : *pa,
« ra, bla, la, fla*.
— Moi, reprit des Yveteaux, vous ne sauriez me le
« montrer. — N'avez-vous pas mis, répliqua Mal-
« herbe :

> « Comparable à la flamme ? »

De toute cette volée, il n'estimoit que Bertaut, encore ne l'estimoit-il guère : « Car, disoit-il, pour trouver une pointe, il faisoit les trois premiers vers insupportables. Il n'aimoit pas du tout les Grecs, et particulièrement il s'étoit déclaré ennemi du galimatias de Pindare.

Virgile n'avoit pas l'honneur de lui plaire. Il y trou-

---

(1) RÉGNIER, satire 9.
(2) Stances qui commencent par ce vers. Edition Barbou, pag. 28.

voit beaucoup de choses à redire, entre autres ce vers où il y a :

......*Euboïcis Cumarum allabitur oris.*
Æneidos lib. 6, vers 2.

lui sembloit ridicule. « C'est, dit-il, comme si quel-
« qu'un alloit mettre *aux rives françoises de Paris.* »
Ne voilà-t-il pas une belle objection ! Stace lui sembloit bien plus beau. Pour les autres, il estimoit Horace, Juvénal, Martial, Ovide, et Sénèque le tragique.

Les Italiens ne lui revenoient point ; il disoit que les
sonnets de Pétrarque étoient à la grecque, aussi bien
que les épigrammes de mademoiselle de Gournay.

De tous leurs ouvrages il ne pouvoit souffrir que
l'*Aminte* du Tasse (1).

A l'hôtel de Rambouillet on amena un jour je ne
sais quel homme, qui disloquoit tout le corps aux gens
et le remettoit sans leur faire mal. On l'éprouva sur
un laquais. Malherbe, qui y étoit, voyant cela, lui dit :
« Démettez-moi le coude. » Il ne sentit point de mal.
Après il se le fit remettre aussi sans douleur. « Cepen-
« dant, dit-il, si cet homme fût mort tandis que j'avois
« comme cela le coude démis, on auroit crié au *curieux*
« *impertinent* (2). »

Il faisoit presque tous les jours sur le soir quelque
petite conférence dans sa chambre avec Racan, Colomby (3), Maynard et quelques autres. Un habitant

(1) Toute cette partie a bien moins d'étendue dans Racan.

(2) Cette anecdote ne fait pas non plus partie du récit de Racan. Il y
est fait allusion à la nouvelle de Cervantes insérée dans son roman,
liv. 7, ch. 33. (Voyez l'*Histoire de l'admirable Don Quichotte*, tom. 2,
pag 82, Amsterdam, 1768.)

(3) François de Cauvigny, sieur de Colomby, parent de Malherbe ;

d'Aurillac, où Maynard étoit alors président, vint une fois heurter à la porte en demandant : « M. le pré-« sident n'est-il point ici? » Malherbe se lève brusquement à son ordinaire, et dit à ce monsieur le provincial : « Quel président demandez-vous? Sachez qu'il « n'y a que moi qui préside ici. »

Lingendes (1), qui étoit pourtant assez poli, ne voulut jamais subir la censure de Malherbe, et disoit que ce n'étoit qu'un tyran, et qu'il abattoit l'esprit aux gens (2).

Un jour Henri IV lui montra des vers qu'on lui avoit présentés. Ces vers commençoient ainsi :

> Toujours l'heur et la gloire
> Soient à votre côté,
> De vos faits la mémoire
> Dure à l'éternité.

Malherbe, sur-le-champ et sans en lire davantage, les retourna ainsi :

> Que l'épée et la dague
> Soient à votre côté;
> Ne courez point la bague
> Si vous n'êtes botté.

Et là-dessus se retira, sans en dire autrement son avis.

poëte très-médiocre, membre de l'Académie française. « Il avoit une « charge à la cour qui n'avoit point été avant lui, et n'a point été de-« puis; car il se qualifioit orateur du roi pour les affaires d'Etat : et « c'étoit en cette qualité qu'il recevoit douze cents écus tous les ans. » (Pellisson, *Histoire de l'Académie*, tom. 1, pag. 289, Paris, 1730.) On trouve quelques détails sur les ouvrages de Colomby dans la *Bibliothèque françoise* de l'abbé Goujet, tom. 16, pag. 105.

(1) Jean de Lingendes, poète assez remarquable pour son temps. Ses vers sont épars dans les Recueils. Il mourut en 1616.

(2) mis par Racan.

Le Roi lui montra une autre fois la première lettre (1) que M. le Dauphin, depuis Louis XIII, lui avoit écrite, et ayant remarqué qu'il avoit signé *Loys* sans *u*, il demanda au Roi si M. le Dauphin avoit nom *Loys*. Le Roi demanda pourquoi : « Parce qu'il signe « *Loys et non Louys*. » On envoya quérir celui qui montroit à écrire à ce jeune prince pour lui faire voir sa faute, et Malherbe disoit qu'il étoit cause que M. le Dauphin avoit nom *Louis*.

Comme les États-généraux se tenoient à Paris (2), il y eut une grande consternation entre le clergé et le Tiers-Etat, qui donna sujet à cette célèbre harangue de M. le cardinal du Perron. Cette affaire s'échauf-

---

(1) Cette lettre n'est point celle que les éditeurs de l'*Isographie* ont découverte dans les manuscrits de Béthune de la Bibliothèque du roi, puisque Louis XIII n'a signé que *dauphin* et non *Loys*; mais elle nous a paru tellement curieuse que nous la donnons ici avec l'orthographe du jeune prince. Elle est sans date, mais il devoit être très-enfant, lorsqu'il l'écrivit :

« PAPA,

« Depuy que vous ete pati, j'ay bien donné du paisi à maman. J'ay
« été a la guere dans sa chambe, je sui allé reconete les enemy, il été
« tous a un tas en la ruele du li a maman ou j dormé. Je les ay bien
« éveillé avc mon tambour. J'ay été à vote asena papa, moucheu de
« Rong ma monté tou plein de belles ames, e tan tan de go canon, e
« puy j m'a donné de bonne confiture e ung beau peti canon d'agen, j
« ne me fau qu'un peti cheval pour le tire. Maman me renvoie demain à
« Sain Gemain où je pieray bien Dieu pou bon papa afin qu'il vou gade
« de tou dangé et qu'il me fasse bien sage, e la gache de vou pouvoi
« bien to faire tes humbe sevices. J'ay fort envie de domi papa, Fe Fe
« Vendome * vou dira le demeuran, et moy que je suj vote tes humbe
« e tes obeissan fi papa et seviteu.

« DAUPHIN. »

(2) En 1614. Ils se tenoient au Petit-Bourbon.

* César de Vendôme, fils d'Henri IV et de la belle Gabrielle.

fant, les évêques menaçoient de se retirer et de mettre la France à l'interdit (1). M. de Bellegarde avoit peur d'être excommunié; Malherbe lui dit, pour le consoler, que cela lui seroit fort commode, et que devenant noir comme les excommuniés, il n'auroit pas la peine de se peindre la barbe et les cheveux.

Une autre fois il lui disoit : « Vous faites bien le « galant ; lisez-vous encore à livre ouvert? » C'étoit sa façon de parler pour dire : Être toujours prêt à servir les dames. M. de Bellegarde lui dit que oui. « Ma foi, répondit-il, je vous envie plus cela que votre « duché-pairie. »

Il y eut grande contestation entre ceux qu'il appeloit du pays d'*Adiousias* (ce sont ceux de delà la rivière de Loire) et ceux de deçà qu'il appeloit du pays de *Dieu vous conduise*, pour savoir s'il falloit dire une *cueiller* ou une *cueillère*. Le Roi et M. de Bellegarde, tous deux du pays d'*Adiousias*, étoient pour cueillère, et disoient que ce mot étant féminin, devoit avoir une terminaison féminine. Le pays de *Dieu vous conduise* alléguoit, outre l'usage, que cela n'étoit pas sans exemple, et que *perdrix, met* (2), *mer* et autres étoient féminins et avoient pourtant une terminaison masculine. Le Roi demanda à Malherbe de quel avis il

---

(1) Le sujet de cette querelle étoit un article devenu le premier de la déclaration du clergé de France de 1682. Le Tiers-État vouloit que l'on posât ce principe d'éternelle vérité que l'autorité spirituelle n'a aucun droit sur la puissance temporelle du Roi, et le Tiers-État fut traité d'hérétique! (*Voyez* les *Mémoires de Fontenay-Mareuil*, première série de la Collection des Mémoires relatifs à l'histoire de France. tom. 50, pag. 258.)

(2) C'est un mot de province pour *huche*. (T.) — La plupart de nos paysans se servent encore de ce mot.

étoit. Malherbe le renvoya aux crocheteurs du Port-au-Foin, comme il avoit accoutumé; et comme le Roi ne se tenoit pas bien convaincu, il lui dit à peu près ce qu'on dit autrefois à un empereur romain : « Quelque absolu que vous soyez, vous ne sauriez, « Sire, ni abolir, ni établir un mot, si l'usage ne l'au-« torise. »

A propos de cela, M. de Bellegarde lui envoya demander un jour lequel étoit le meilleur de *dépensé* ou de *dépendu*. Il répondit sur-le-champ que *dépensé* étoit plus françois, mais que *pendu, dépendu, répendu*, et tous les composés de ce vilain mot, étoient plus propres pour les Gascons.

Il perdit sa mère environ l'an 1615, qu'il étoit âgé de plus de cinquante-huit ans ; et comme la Reine lui eut fait l'honneur de lui envoyer un gentilhomme pour le consoler, il dit au gentilhomme qu'il ne pouvoit se revancher de la bonté de la Reine qu'en priant Dieu que le Roi pleurât sa mort aussi vieux qu'il pleuroit celle de sa mère [1]. Il délibéra long-temps s'il devoit en prendre le deuil, et disoit : « Je suis en pro-« pos de n'en rien faire ; car regardez le gentil- or-« phelin que je ferois ! » Enfin pourtant il s'habilla de deuil.

Un jour, au cercle, je ne sais quel homme, qui faisoit fort le prude, lui fit un grand éloge de madame la marquise de Guercheville [2], qui étoit alors pré-

---

[1] Racan a omis tout ce qui termine cet alinéa.

[2] *Voyez* les *Amours du grand Alcandre*. Madame de Guercheville y est désignée sous le nom de *Scilinde*.

La maison de La Roche-Guyon, une des bonnes de France, étoit tombée en quenouille. L'héritière, au lieu de se donner à quelqu'un

sente, comme dame d'honneur de la Reine-mère, et, après lui avoir compté toute sa vie et comme elle avoit résisté aux poursuites amoureuses du feu roi Henri le Grand, il conclut son panégyrique par ces mots en la lui montrant : « Voilà, monsieur, ce qu'a « fait la vertu. » Malherbe, sans hésiter, lui montra la connétable de Lesdiguières, qui étoit assise auprès de la Reine, et lui dit : « Voilà, monsieur, ce qu'a fait « le vice (1). »

Sa façon de corriger son valet étoit plaisante. Il lui donnoit dix sols par jour, c'étoit honnêtement en ce temps-là, et vingt écus de gages; et quand ce valet l'avoit fâché, il lui faisoit une remontrance en ces termes : « Mon ami, quand on offense son maître, on

---

des grands seigneurs qui la recherchoient, se donna à un gentilhomme de son voisinage, nommé M. de Silly, qui prit le nom de La Roche-Guyon. Le fils de cet homme-là épousa une fille de la maison de Pons. C'est cette madame de Guercheville. Elle demeura veuve fort jeune avec un seul fils, qui étoit le feu comte de La Roche-Guyon. Henri IV étant à Mantes, qui est près de ce lieu, fit bien des galanteries à madame de La Roche-Guyon, qui étoit une belle et honnête personne. Il y trouva beaucoup de vertu, et pour marque d'estime, il la fit dame d'honneur de la feue Reine-mère, en lui disant : « Puisque vous avez « été dame d'honneur, vous le serez. » Entre deux, cette dame avoit épousé M. de Liancourt, premier écuyer de la petite écurie, et par pruderie elle se fit appeler madame de Guercheville, à cause qu'on appeloit alors madame de Beaufort madame de Liancourt. Le comte de La Roche-Guyon mort sans enfants, M. de Liancourt, en donnant le surplus en argent, eut la terre de La Roche-Guyon pour les conventions matrimoniales de sa mère. (T.)—L'abbé de Choisy rapporte dans ses Mémoires le fait relatif à Henri IV, que Tallemant s'est contenté d'indiquer ici. (*Voyez* les *Mémoires de Choisy*, tom. 63, pag. 515 de la deuxième série de la Collection des Mémoires relatifs à l'histoire de France.)

(1) Voir précédemment l'*historiette* du connétable, où sa femme joue un très-grand rôle.

« offense Dieu, et quand on offense Dieu, il faut, pour
« en obtenir le pardon, jeûner et donner l'aumône.
« C'est pourquoi je retiendrai cinq sous de votre dé-
« pense que je donnerai aux pauvres à votre inten-
« tion, pour l'expiation de vos péchés. »

Tout son contentement étoit d'entretenir ses amis particuliers, comme Racan, Colomby, Yvrande et autres, du mépris qu'il faisoit de toutes les choses qu'on estimoit le plus dans le monde. Il disoit souvent à Racan, qui est de la maison de Bueil, que c'étoit une folie de se vanter d'être d'une ancienne noblesse; que plus elle étoit ancienne, plus elle étoit douteuse; et qu'il ne falloit qu'une femme lascive pour pervertir le sang de Charlemagne et de saint Louis (1).

Il ne s'épargnoit pas lui-même en l'art où il excelloit, et disoit souvent à Racan : « Voyez-vous, mon cher
« monsieur, si nos vers vivent après nous, toute la
« gloire que nous pouvons en espérer, c'est qu'on dira
« que nous avons été deux excellents arrangeurs de
« syllabes, et que nous avons été tous deux bien fous
« de passer toute notre vie à un exercice si peu utile
« et au public et à nous, au lieu de l'employer à nous
« donner du bon temps, et à penser à l'établissement
« de notre fortune. »

Il avoit un grand mépris pour tous les hommes en général, et il disoit, après avoir conté en trois mots la mort d'Abel : « Ne voilà-t-il pas un beau début?
« Ils ne sont que trois ou quatre au monde, et ils s'en-
« tretuent déjà; après cela, que pouvoit espérer Dieu

---

(1) Racan fait ajouter à Malherbe : « Tel qui pense être issu de ces
« grands héros est-peut être venu d'un valet-de-chambre ou d'un
« violon. »

« des hommes pour se donner tant de peine à les con-
« server ? »

Il parloit fort ingénument de toutes choses; il ne faisoit pas grand cas des sciences, principalement de celles qui ne servent qu'à la volupté, au nombre desquelles il mettoit la poésie. Et comme un jour un faiseur de vers se plaignoit à lui qu'il n'y avoit de récompense que pour ceux qui servoient le Roi dans ses armées et dans les affaires d'importance, et que l'on étoit trop cruel pour ceux qui excelloient dans les belles-lettres, Malherbe lui répondit que c'étoit une sottise de faire le métier de rimeur pour en espérer autre récompense que son divertissement; et qu'un bon poète n'étoit pas plus utile à l'Etat qu'un bon joueur de quilles.

Pendant la prison de M. le Prince (1), le lendemain que madame la Princesse, sa femme, fut accouchée de deux enfants morts pour avoir été incommodée de la fumée qu'il faisoit dans sa chambre au bois de Vincennes, il trouva un conseiller de province de ses amis en une grande tristesse chez M. le garde-des-sceaux Du Vair. « Qu'avez-vous? lui dit-il. — Les gens de bien, lui « dit cet homme, pourroient-ils avoir de la joie après « qu'on vient de perdre deux princes du sang »? Malherbe lui repartit : « Monsieur, monsieur, cela ne doit « point vous affliger : ne vous souciez que de bien « servir, vous ne manquerez jamais de maître. »

Allant dîner chez un homme qui l'en avoit prié, il trouva à la porte de cet homme un valet qui avoit des gants dans ses mains; il étoit onze heures. « Qui

(1) Henri de Bourbon, père du grand Condé.

« êtes-vous, mon ami? lui dit-il. — Je suis le cuisi-
« nier, monsieur. — Vertu Dieu! reprit-il en se reti-
« rant bien vite, que je ne dîne pas chez un homme
« dont le cuisinier, à onze heures, a des gants dans ses
« mains (1). »

Etant allé avec feu Du Moustier et Racan aux Chartreux pour voir un certain Père Chazerey, on ne voulut leur permettre de lui parler qu'ils n'eussent dit chacun un *Pater;* après le Père vint et s'excusa de ne pouvoir les entretenir. « Faites-moi donc rendre mon *Pater*, » dit Malherbe (2).

Racan le trouva une fois qui comptoit cinquante sols. Il mettoit dix, dix et cinq, et après dix, dix et cinq. « Pourquoi cela? dit Racan. — C'est, répondit-il, que « j'avois dans ma tête cette stance, où il y a deux grands « vers et un demi-vers, puis deux grands vers et un « demi-vers. »

> Que d'épines, Amour, etc. (3)!

Une fois il ôta les chenets du feu. C'étoient des chenets qui représentoient de gros satyres barbus ; « Mon Dieu, dit-il, ces gros B.... se chauffent

---

(1) Cette anecdote ne se trouve pas dans Racan.
(2) Omis par Racan.
(3) Omis par Racan. Voici la première stance de cette pièce :

> Que d'épines, Amour, accompagnent tes roses !
> Que d'une aveugle erreur, tu laisses toutes choses
>   A la merci du sort ?
> Qu'en les prospérités à bon droit on soupire,
> Et qu'il est malaisé de vivre en ton empire
>   Sans désirer la mort ?

(*Poésies de Malherbe*, édition Barbou, pag. 143.)

« tout à leur aise, tandis que je meurs de froid (1). »

Un de ses neveux le vint voir une fois, après avoir été neuf ans au collége. Il lui voulut faire expliquer quelques vers d'Ovide, à quoi ce garçon se trouvoit bien empêché. Après l'avoir laissé ânonner un gros quart-d'heure, Malherbe lui dit : « Mon neveu, croyez-« moi, soyez vaillant, vous ne valez rien à autre « chose. »

Un gentilhomme de ses parents étoit fort chargé d'enfants; Malherbe l'en plaignoit, l'autre lui dit qu'il ne pouvoit avoir trop d'enfants, pourvu qu'ils fussent gens de bien. « Je ne suis point de cet avis, répondit « notre poète, et j'aime mieux manger un chapon avec « un voleur qu'avec trente capucins. »

Le lendemain de la mort du maréchal d'Ancre, il dit à madame de Bellegarde, qu'il trouva allant à la messe : « Hé quoi, madame, a-t-on encore quelque « chose à demander à Dieu, après qu'il a délivré la « France du maréchal d'Ancre? »

Une année que la Chandeleur avoit été un vendredi, Malherbe faisoit une grillade le lendemain, entre sept et huit heures, d'un reste de gigot de mouton qu'il avoit gardé du jeudi. Racan entre et lui dit : « Quoi! mon-« sieur, vous mangez de la viande, et Notre-Dame n'est « plus en couche. — Vous vous moquez, dit Malherbe, « les dames ne se lèvent pas si matin (2). »

Il alloit fort souvent chez madame des Loges (3). Un jour, ayant trouvé sur sa table le gros livre de M. Du-

---

(1) Omis par Racan.
(2) Omis par Racan.
(3) Marie Bruneau, dame des Loges; c'étoit une femme très-renom-

moulin contre le cardinal du Perron (1), et l'enthousiasme l'ayant pris à la seule lecture du titre, il demanda une plume et du papier, et écrivit ces vers :

>Quoique l'auteur de ce gros livre
>Semble n'avoir rien ignoré,
>Le meilleur est toujours de suivre
>Le prône de notre curé.
>Toutes ces doctrines nouvelles
>Ne plaisent qu'aux folles cervelles;
>Pour moi, comme une humble brebis,
>Sous la houlette je me range;
>Il n'est permis d'aimer le change
>Qu'en fait de femmes et d'habits.

Madame des Loges ayant lu ces vers, piquée d'honneur et de zèle, prit la même plume, et de l'autre côté écrivit ces autres vers :

>C'est vous dont l'audace nouvelle
>A rejeté l'antiquité,
>Et Dumoulin ne vous rappelle
>Qu'à ce que vous avez quitté.
>Vous aimez mieux croire à la mode :
>C'est bien la foi la plus commode
>Pour ceux que le monde a charmés.
>Les femmes y sont vos idoles;
>Mais à grand tort vous les aimez,
>Vous qui n'avez que des paroles (2).

Il ne traita guère mieux M. de Méziriac que Desportes. Car un jour que cet honnête homme lui apporta une traduction qu'il avoit faite de l'arithmétique de

mée pour son esprit chez laquelle les gens de lettres se réunissoient souvent.

(1) *Le Bouclier de la Foi*

(2) Tallemant ne tenoit pas cette anecdote de Racan. C'est Balzac qui le premier l'a rapportée ainsi : elle est inexacte. Ménage, dans ses *Ob-*

Diophante, auteur grec, avec des commentaires(1), quelques-uns de leurs amis communs se mirent à louer ce travail, en présence de l'auteur, et à dire qu'il seroit fort utile au public. Malherbe leur demanda seulement s'il feroit diminuer le pain et le vin. Il appeloit M. de Méziriac, *M. de Miseriac.* Il en répondit presqu'autant à un gentilhomme huguenot, et lui dit, pour toute réplique à la controverse qu'il avoit débitée : « Dites-moi, monsieur, boit-on de meilleur vin à La « Rochelle et mange-t-on de meilleur blé qu'à Paris ? »

Un président de Provence avoit mis une méchante devise sur sa cheminée, et croyant avoir fait merveilles, il dit à Malherbe : « Que vous en semble ? —

servations sur Malherbe, l'a rectifiée d'après le récit même de Racan, qui y jouoit un rôle : « J'ai su de M. Racan, dit-il, que c'est lui qui avoit fait ces vers que M. de Balzac attribue à Malherbe, et que Gombaud avoit fait ceux que M. de Balzac donne à madame des Loges. Madame des Loges, qui étoit de la religion réformée, avoit prêté à M. de Racan le livre de Dumoulin le ministre, intitulé *le Bouclier de la Foi*, et l'avoit obligé de le lire. M. de Racan, après l'avoir lu, fit sur ce livre cette épigramme que M. de Balzac a altérée en plusieurs endroits. L'ayant communiquée à Malherbe, qui l'étoit venu visiter dans ce temps-là, Malherbe l'écrivit de sa main dans le livre de Dumoulin, qu'il renvoya en même temps à madame des Loges de la part de M. de Racan. Madame des Loges, voyant ces vers écrits de la main de Malherbe, crut qu'ils étoient de Malherbe; et comme elle étoit extraordinairement zélée pour sa religion, elle ne voulut pas qu'ils demeurassent sans réponse. Elle pria Gombauld, qui étoit de la même religion et qui avoit le même zèle, d'y répondre. Gombauld, je le sais de lui-même, qui croyoit, comme madame des Loges, que Malherbe étoit l'auteur de ces vers, y répondit par l'épigramme que M. de Balzac attribue à madame des Loges, et qu'il trouve trop gaillarde pour une femme qui parle à un homme. » (Les *OEuvres de François de Malherbe*, 1723, tom. 2, pag. 387.)

(1) *Diophanti Alexandrini arithmeticorum libri sex, et de numeris multangulis liber unus, græcis et latinis commentariis illustratus.* Paris, 1621, in-fol.

« Il ne falloit, répondit Malherbe, que la mettre un
« peu plus bas (1). »

Quand il soupoit de jour, il faisoit fermer les fenêtres et allumer de la chandelle, autrement, disoit-il, c'étoit dîner deux fois (2).

Quelqu'un lui dit que M. Gaumin avoit trouvé le secret d'entendre la langue punique et qu'il y avoit fait le *Pater noster* : « Je m'en vais tout à cette heure
« vous en faire le *Credo*. » Et à l'instant il prononça une douzaine de mots barbares, et ajouta : « Je vous
« soutiens que voilà le *Credo* en langue punique. Qui
« est-ce qui me pourra dire le contraire? »

Il avoit un frère aîné avec lequel il a toujours été en procès ; et comme quelqu'un lui disoit : « Des pro-
« cès entre des personnes si proches ! Jésus, que cela
« est de mauvais exemple! — Et avec qui voulez-vous
« donc que j'en aie? avec les Turcs et les Moscovites ?
« je n'ai rien à partager avec eux (3). »

On lui disoit qu'il n'avoit pas suivi dans un psaume le sens de David : « Je crois bien, dit-il, suis-je le valet
« de David? J'ai bien fait parler le bon homme autre-
« ment qu'il n'avoit fait (4). »

Un jour il dit des vers à Racan; et après il lui en demanda son avis. Racan s'en excusa, lui disant : « Je
« ne les ai pas bien entendus, vous en avez mangé la
« moitié. » Cela le piqua; il répondit en colère :

---

(1) Dans le feu. (T.) — Cette anecdote ne se trouve pas dans Racan.

(2) Également omis par Racan.

(3) *Avec qui voulez-vous donc que j'en aie?* Ce mot d'un si bon comique ne se trouve pas dans Racan, dont le récit est presque continuellement pâle et froid.

(4) Omis par Racan.

« Mordieu, si vous me fâchez, je les mangerai tout
« entiers. Ils sont à moi, puisque je les ai faits; j'en puis
« faire ce qu'il me plaira. »

Il se mettoit en colère contre les gueux qui lui disoient : « Mon noble gentilhomme, » et disoit en grondant : « Si je suis gentilhomme, je suis noble. »

Il n'étoit pas toujours si fâcheux, et il a dit de lui-même qu'il étoit de Balbut en *Balbutie* (1). C'étoit le plus mauvais récitateur du monde. Il gâtoit ses beaux vers en les prononçant. Outre qu'on ne l'entendoit presque point, à cause de l'empêchement de sa langue et de l'obscurité de sa voix, avec cela il crachoit au moins six fois en disant une stance de quatre vers. C'est pourquoi le cavalier Marini disoit qu'il n'avoit jamais vu d'homme plus humide ni de poète plus sec. A cause de sa *crachotterie*, il se mettoit toujours auprès de la cheminée.

Il disoit à M. Chapelain, qui lui demandoit conseil sur la manière d'écrire qu'il falloit suivre : « Lisez les
« livres imprimés, et ne dites rien de ce qu'ils
« disent (2). »

Ce même M. Chapelain le trouva un jour sur un lit de repos qui chantoit :

> D'où venez-vous, Jeanne?
> Jeanne, d'où venez-vous?

et ne se leva point qu'il n'eût achevé. « J'aimerois

---

(1) Ce mot n'est pas non plus rapporté dans Racan. La suite de cet alinéa y manque aussi; mais Balzac a donné également les détails qu'il renferme.

(2) Cet alinéa et le suivant ne se trouvent pas dans la *Vie* pa Racan.

« mieux, lui dit-il, avoir fait cela que toutes les œuvres
« de Ronsard. » Racan dit qu'il lui a ouï dire la même
chose d'une chanson où il y a à la fin :

> Que me donnerez-vous ?
> Je ferai l'endormie.

Il avoit effacé plus de la moitié de son Ronsard, et en colloit les raisons à la marge. Un jour Racan, Colomby, Yvrande (1), et autres de ses amis, le feuilletoient sur sa table, et Racan lui demanda s'il approuvoit ce qu'il n'avoit point effacé. « Pas plus que le reste, » dit-il. Cela donna sujet à la compagnie, et entre autres à Colomby, de lui dire qu'après sa mort ceux qui rencontreroient ce livre croiroient qu'il avoit trouvé bon tout ce qu'il n'avoit point rayé. « Vous avez raison, » lui répondit Malherbe. Et sur l'heure il acheva d'effacer le reste.

Il étoit mal meublé et logeoit d'ordinaire en chambre garnie, où il n'avoit que sept ou huit chaises de paille ; et comme il étoit fort visité de ceux qui aimoient les belles-lettres, quand les chaises étoient toutes occupées, il fermoit sa porte par dedans, et si quelqu'un heurtoit, il lui crioit : « Attendez, il n'y a plus de chaises, » disant qu'il valoit mieux ne les point recevoir que de les laisser debout.

Il se vantoit d'avoir sué trois fois la v....., comme un autre se vanteroit d'avoir gagné trois batailles, et faisoit assez plaisamment le récit du voyage qu'il fit à Nantes pour aller trouver un homme qui guérissoit de

---

(1) Yvrande étoit un de ses disciples, gentilhomme breton, page de la grande écurie. (T.)

cette maladie dans une chaire ; sans doute c'étoit avec des parfums. Par son crédit, il se fit céder cette chaire par un autre qui l'avoit déjà retenue, et il écrivoit qu'il avoit gagné une chaire à Nantes, où il n'y avoit pourtant point d'université. On l'appeloit chez M. de Bellegarde *le Père Luxure* (1).

Il a toujours été fort adonné aux femmes, et se vantoit en conversation de ses bonnes fortunes et des merveilles qu'il y avoit faites (2).

Il disoit qu'il se connoissoit en deux choses, en musique et en gants. Voyez le grand rapport qu'il y a de l'un à l'autre !

Dans ses *Heures* il avoit effacé des Litanies tous les noms des saints et des saintes, et disoit qu'il suffisoit de dire : « *Omnes sancti et sanctæ, Deum orate pro « nobis.* »

Un soir, qu'il se retiroit après souper, de chez M. de Bellegarde avec son homme qui lui portoit le flambeau, il rencontra M. de Saint-Paul, homme de condition, parent de M. de Bellegarde, qui le vouloit entretenir de quelque nouvelle de peu d'importance. Il lui coupa court en lui disant : « Adieu, monsieur, adieu, vous me « faites brûler pour cinq sols de flambeau, et ce que « vous me dites ne vaut pas un *carolus*. »

Le feu archevêque de Rouen (3) l'avoit prié à dîner pour le mener après au sermon qu'il devoit faire, en une église proche de chez lui. Aussitôt que Malherbe

---

(1) Omis par Racan.
(2) Cet alinéa et le suivant renferment également des détails que Racan ne donne pas.
(3) François de Harlay, auquel, en 1651, succéda son neveu, François Harlay de Champvallon, depuis archevêque de Paris.

eut dîné, il s'endormit dans une chaise, et comme l'archevêque le pensa réveiller pour le mener au sermon : « Hé! je vous prie, dit-il, dispensez-m'en; je dor-
« mirai bien sans cela. »

Un jour, entrant dans l'hôtel de Sens, il trouva dans la salle deux hommes qui, disputant d'un coup de trictrac, se donnoient tous deux au diable qu'ils avoient gagné. Au lieu de les saluer, il ne fit que dire : « Viens, Diable, viens vite, tu ne saurois faillir, il y
« en a l'un ou l'autre à toi. »

Quand les pauvres lui disoient qu'ils prieroient Dieu pour lui, il leur répondoit « qu'il ne croyoit
« pas qu'ils eussent grand crédit auprès de Dieu, vu le
« pitoyable état où il les laissoit, et qu'il eût mieux
« aimé que M. de Luynes ou M. le surintendant lui eût
« fait cette promesse. »

Un jour qu'il faisoit un grand froid, il ne se contenta pas de bien se garnir de chemisettes, il étendit encore sur sa fenêtre trois ou quatre aunes de frise verte, en disant : « Je pense qu'il est avis à ce froid
« que je n'ai plus de quoi faire des chemisettes. Je lui
« montrerai bien que si. »

En ce même hiver, il avoit une telle quantité de bas, presque tous noirs, que pour n'en mettre pas plus à une jambe qu'à l'autre, à mesure qu'il mettoit un bas il mettoit un jeton dans une écuelle. Racan lui conseilla de mettre une lettre de soie de couleur à chacun de ses bas, et de les chausser par ordre alphabétique. Il le fit, et le lendemain il dit à Racan : « J'en
« ai dans l'*L*, » pour dire qu'il avoit autant de paires de bas qu'il y avoit de lettres jusqu'à celle-là. Un jour chez madame des Loges il montra quatorze tant che-

mises que chemisettes, ou doublure. Tout l'été il avoit de la panne, mais il ne portoit pas trop régulièrement son manteau sur les deux épaules. Il disoit, à propos de cela, que Dieu n'avoit fait le froid que pour les pauvres ou pour les sots, et que ceux qui avoient le moyen de se bien chauffer et de se bien vêtir ne devoient point souffrir le froid.

Quand on lui parloit d'affaires d'Etat, il avoit toujours ce mot à la bouche qu'il a mis dans l'Épître liminaire de Tite-Live, adressée à M. de Luynes (1), qu'il ne faut point se mêler de la conduite d'un vaisseau où l'on n'est que simple passager.

M. Morand, Trésorier de l'épargne, qui étoit de Caen, promit à Malherbe et à un gentilhomme de ses amis, qui étoit aussi de Caen, de leur faire toucher à chacun quatre cents livres pour je ne sais quoi, et en cela il leur faisoit une grande grâce. Il les convia même à dîner. Malherbe n'y vouloit point aller, s'il ne leur envoyoit son carrosse. Enfin le gentilhomme l'y fit aller à cheval. Après dîner, on leur compta leur argent. En revenant, il prend une vision à Malherbe d'acheter un coffre-fort. « Et pourquoi ? dit l'autre. — « Pour serrer mon argent. — Et il coûtera la moitié de « votre argent. — N'importe, dit-il, deux cents livres « sont autant à moi que mille à un autre. » Et il fallut lui aller acheter un coffre-fort (2).

Patrix (3) le trouva une fois à table : « Monsieur,

---

(1) Épître dédicatoire de la Traduction du trente-troisième livre de Tite-Live.

(2) Omis par Racan.

(3) Patrix est gentilhomme ; il est de Caen, mais originaire de Languedoc. (T.)

« lui dit-il, j'ai toujours eu de quoi dîner, mais jamais
« de quoi rien laisser au plat (1). »

Il donna pourtant un jour à dîner à six de ses amis. Tout le festin ne fut que de sept chapons bouillis, à chacun le sien, disant qu'il les aimoit tous également, et ne vouloit être obligé de servir à l'un la cuisse et à l'autre l'aile (2).

Pour aborder M. de La Vieuville, surintendant des finances, et lui rendre grâces de quelque chose, il s'avisa d'une belle précaution. Dès qu'on disoit à cet homme : *Monsieur, je vous...* il croyoit qu'on alloit ajouter *demande*, et il ne vouloit plus écouter : Malherbe y alla, et lui dit : « Monsieur, remercier je vous
« viens (3). »

Retournons à la poésie. Il lui arrivoit quelquefois de mettre une même pensée en plusieurs lieux différens, et il vouloit qu'on le trouvât bon : « car, disoit-il, ne
« puis-je pas mettre sur mon buffet un tableau qui
« aura été sur ma cheminée ? » Mais Racan lui disoit que ce portrait n'étoit jamais qu'en un lieu à la fois, et que cette même pensée demeuroit en même temps en diverses pièces (4).

On lui demanda une fois pourquoi il ne faisoit point d'élégies : « Parce que je fais des odes, dit-il, et qu'on
« doit croire que qui saute bien pourra bien mar-
« cher (5). »

Il s'opiniâtra fort long-temps à faire des sonnets ir-

---

(1) Omis par Racan.
(2) Omis par Racan.
(3) Omis par Racan.
(4) Omis par Racan.
(5) Omis par Racan.

réguliers (dont les deux quatrains ne sont pas de même rime). Colomby n'en voulut jamais faire et ne les pouvoit approuver. Racan en fit un ou deux, mais il s'en ennuya bientôt; et comme il disoit à Malherbe que ce n'étoit pas un sonnet, si on n'observoit les règles du sonnet : « Eh bien, lui dit Malherbe, si ce n'est pas un « sonnet, c'est une sonnette. » Enfin il les quitta, comme les autres, quand on ne l'en pressa plus, et de tous ses disciples il n'y a eu que Maynard qui ait continué à en faire.

Il avoit aversion pour les fictions poétiques, si ce n'étoit dans un poème épique; et en lisant une élégie de Régnier à Henri IV, où il feint que la France s'enleva en l'air pour parler à Jupiter, et se plaindre du misérable état où elle étoit pendant la Ligue, il demandoit à Régnier en quel temps cela étoit arrivé, qu'il avoit demeuré toujours en France depuis cinquante ans, et qu'il ne s'étoit point aperçu qu'elle se fût enlevée hors de sa place.

Un jour que M. de Termes reprenoit Racan d'un vers qu'il a changé depuis, où il y avoit, parlant de la vie d'un homme des champs,

Le labeur de ses bras rend sa maison prospère,

Racan lui répondit que Malherbe avoit bien dit :

Oh ! que nos fortunes prospères, etc.

Malherbe, qui étoit présent : « Eh bien, mordieu, si je « fais un pet, en voulez-vous faire un autre ? »

Quand on lui montroit des vers où il y avoit des mots qui ne servoient qu'à la mesure ou à la rime, il disoit que c'étoit une bride de cheval attachée avec une aiguillette.

Un homme de robe de fort bonne condition lui apporta d'assez mauvais vers qu'il avoit faits à la louange d'une dame, et lui dit, avant que de les lui lire, que des considérations l'avoient obligé à les faire. Malherbe les lut d'un air fort chagrin, et lui dit : « Avez-« vous été condamné à être pendu, ou à faire ces « vers? car, à moins que de cela, on ne vous le sau-« roit pardonner. »

Il se prenoit pour le maître de tous les autres, et avec raison. Balzac, dont il faisoit grand cas, et de qui il disoit : « Ce jeune homme ira plus loin pour la « prose que personne n'a encore été en France, » lui apporta le sonnet de Voiture pour *Uranie*, sur lequel on a tant écrit depuis. Il s'étonna qu'un aventurier, ce sont ses propres termes, qui n'avoit point été nourri sous sa discipline, qui n'avoit point pris attache de lui, eût fait un si grand progrès dans un pays dont il disoit qu'il avoit la clef (1).

Il ne vouloit point qu'on fît des vers en une langue étrangère, et disoit que nous n'entendions point la finesse d'une langue qui ne nous étoit point naturelle; et, à ce propos, pour se moquer de ceux qui faisoient des vers latins, il disoit que si Virgile et Horace revenoient au monde, ils donneroient le fouet à Bourbon (2) et à Sirmond (3).

(1) Omis par Racan.
(2) Nicolas Bourbon, dit le Jeune, dont les Œuvres furent recueillies en 1630, sous le titre de *Poematia*, et qui fut appelé en 1637 à l'Académie françoise, quoiqu'il n'eût jamais écrit d'une manière un peu supportable qu'en latin.
(3) Sirmond (Jean), également de l'Académie françoise, avoit com-

Quand il eut fait cette chanson qui commence :

> Cette Anne si belle, etc. (1),

qui est une chanson pitoyable, Bautru la retourna ainsi :

> Ce divin Malherbe,
> Cet esprit parfait,
> Donnez-lui de l'herbe :
> N'a-t-il pas bien fait?

Pour s'excuser, il disoit tantôt qu'on l'avoit trop pressé, tantôt que c'étoit pour les empêcher de lui demander sans cesse des vers pour des récits de ballet; puis, qu'il les falloit ainsi pour s'accommoder à l'air; et il enrageoit de n'avoir pas une bonne raison à dire (2).

On a aussi retourné ces couplets où il y a à la reprise :

> Cela se peut facilement,

et puis

> Cela ne se peut nullement (3);

mais c'étoient des couplets que M. de Bellegarde avoit faits, et que Malherbe n'avoit fait que raccommoder. La

---

posé quelques pièces latines qui lui avoient donné du renom. Elles furent rassemblées sous le titre de *Carminum libri duo, quorum prior heroïcorum est, posterior elegiarum*, 1654, in-8°.

(1) Poésies de Malherbe. Edition Barbou, 1764, pag. 216.
(2) Omis par Racan.
(3) Poésies de Malherbe; Barbou, pag. 94.

parodie en est plaisante. Elle est dans le *Cabinet satirique*. C'est Berthelot qui l'a faite (1).

Il avoit pour ses écoliers Racan, Maynard, Touvant et Colomby (2). Il en jugeoit diversement, et disoit, en termes généraux, que Touvant faisoit bien des vers, sans dire en quoi il excelloit; que Colomby avoit beaucoup d'esprit, mais qu'il n'avoit point de génie pour la poésie; que Maynard étoit celui de tous qui faisoit mieux des vers, mais qu'il n'avoit point de force, et qu'il s'étoit adonné à un genre de poésie, voulant dire l'épigramme, auquel il n'étoit pas propre, parce qu'il n'avoit pas assez de pointe d'esprit; pour Racan, qu'il avoit de la force, mais qu'il ne travailloit pas assez ses vers; que bien souvent, pour mettre une bonne pensée, il prenoit de trop grandes licences, et que de ces deux derniers on en feroit un grand poète. Il disoit à Racan qu'il étoit hérétique en poésie. Il le blâmoit de rimer indifféremment aux terminaisons en *ant* et en *ent*, en *ance* et en *ence*. Il vouloit qu'on rimât pour les yeux

(1) Cette parodie, fort piquante en effet, se trouve aussi dans le commentaire de Ménage sur Malherbe. Quand on l'aura lue, on s'expliquera pourquoi nous ne l'avons pas rapportée ici. En voici une stance: ce n'est pas la meilleure, mais c'est la seule que nous puissions décemment citer :

> Etre six ans à faire une ode,
> Et faire des lois à sa mode,
>   Cela se peut facilement :
> Mais de nous charmer les oreilles
> Par sa *merveille des merveilles*,
> Cela ne se peut nûlement.

« Malherbe, dit Ménage, pour réponse à ces vers, fit donner des coups
« de bâton à Berthelot, par un gentilhomme de Caen, nommé la Bou-
« lardière. »

(2) Ces deux derniers ne sont pas grand'chose. (T.)

aussi bien que pour les oreilles. Il le reprenoit de rimer le simple et le composé, comme *temps* et *printemps, jour* et *séjour;* il ne vouloit pas qu'on rimât les mots qui avoient quelque connivence ou qui étoient opposés, comme *montagne* et *campagne* (1), *offense* et *défense, père* et *mère, toi* et *moi;* il ne vouloit pas non plus qu'on rimât les mots dérivés d'un même mot, comme, *admettre, commettre, promettre*, qui viennent tous de *mettre;* ni les noms propres les uns avec les autres, comme *Thessalie* et *Italie, Castille* et *Bastille, Alexandre* et *Lisandre;* et sur la fin il étoit devenu si scrupuleux en ses rimes, qu'il avoit même de la peine à souffrir qu'on rimât les verbes en *er* qui avoient tant soit peu de convenance, comme, *abandonner, ordonner, pardonner,* et disoit qu'ils venoient tous trois de *donner.* La raison qu'il en rendoit est qu'on trouvoit de plus beaux vers en rapprochant les mots éloignés, qu'en rimant ceux qui avoient de la convenance, parce que ces derniers n'avoient presque qu'une même signification. Il s'étudioit fort à chercher des rimes rares et stériles, sur la créance qu'il avoit qu'elles lui faisoient trouver des pensées nouvelles, outre qu'il disoit que cela sentoit un grand poète de tenter les rimes qui n'avoient point encore été rimées. Il faut entendre cela principalement pour les sonnets où il faut quatre rimes. Il ne vouloit point qu'on rimât sur *bonheur* ni sur *malheur,* parce que les Parisiens n'en prononcent que l'*u,* comme s'il y avoit *bonhur, malhur,* et de le rimer à *honneur* il le trouvoit trop proche. Il défendoit de rimer à *flame,* parce qu'il l'écrivoit et le prononçoit

---

(1) Il l'a rimé lui-même. (T.)

avec deux *m, flamme,* et le faisoit long en le prononçant, de sorte qu'il ne le pouvoit rimer qu'avec *épigramme.*

Il reprenoit Racan de rimer *qu'ils ont eu* avec *vertu* ou *battu,* parce, disoit-il, qu'on prononçoit à Paris les mots *eu* en deux syllabes.

Au commencement que Malherbe vint à la cour, qui fut en 1605, comme nous avons dit, il n'observoit pas encore de faire une pause au troisième vers des stances de six, comme il se peut voir dans celles qu'il fit pour le Roi allant en Limosin, où il y en a deux ou trois où le sens va jusqu'au quatrième vers, et aussi en cette stance du psaume *Domine, Deus noster :*

>   Sitôt que le besoin excite son désir,
>   Qu'est-ce qu'en ta largesse il ne trouve à choisir ?
>   Et par ton mandement, l'air, la mer et la terre
>   N'entretiennent-ils pas
>   Une secrète loi de se faire la guerre,
>   A qui de plus de mets fournira ses repas (1) ?

Il demeura presque toujours en cette espèce de négligence durant la vie d'Henri IV, comme il se voit encore dans une des pièces qu'il fit pour lui, lorsqu'il étoit amoureux de madame la Princesse.

>   Que n'êtes-vous lassées,
>   Mes tristes pensées, etc. (2).

Mais à une autre pièce qu'il fit pour ce prince amou-

---

(1) *Voyez* dans les *Poésies de Malherbe* la paraphrase du psaume 8, pag. 60 de l'édition Barbou.

(2) *Poésies de Malherbe,* déjà citées, pag. 149.

reux, il a observé de finir exactement le sens au troisième vers ; c'est :

Que d'épines, Amour, etc. (1).

Le premier qui s'aperçut que cette observation étoit nécessaire aux stances de six, ce fut Maynard, et c'est peut-être la raison pourquoi Malherbe l'estimoit l'homme de France qui faisoit mieux les vers. D'abord Racan, qui jouoit un peu du luth et aimoit la musique, se rendit, en faveur des musiciens qui ne pouvoient faire leur reprise aux stances de six, s'il n'y avoit un arrêt au troisième vers; mais quand Malherbe et Maynard voulurent qu'aux stances de dix on en fît encore un au septième vers, il s'y opposa, et ne l'a presque jamais observé. Sa raison étoit que ces stances ne se chantent presque jamais, et que, quand elles se chanteroient, on ne les chanteroit point en trois reprises ; c'est pourquoi il suffiroit d'en faire une au quatrième vers.

Malherbe vouloit que les élégies eussent un sens parfait de quatre vers en quatre vers, même de deux en deux, s'il se pouvoit ; à quoi jamais Racan ne s'est accordé.

Il ne vouloit pas que l'on nombrât en vers avec ces nombres vagues de cent et de mille, comme *mille*, ou *cent tourments*, et disoit assez plaisamment, quand il voyoit *cent* : « Peut-être n'y en avoit-il que quatre-« vingt-dix et neuf. » Mais il disoit qu'il y avoit de la

---

(1) *Poésies de Malherbe*, déjà citées, pag. 143.

grâce à nombrer nécessairement comme en ce vers de Racan :

> Vieilles forêts de trois siècles âgées.

C'est encore une des censures à quoi Racan ne se pouvoit rendre, et néanmoins il n'a osé le faire que depuis la mort de Malherbe.

A propos de nombres, quand quelqu'un disoit : « Il a les fièvres, » il demandoit aussitôt : « Combien en a-t-il de fièvres (1) ? »

Il se moquoit de ceux qui disoient qu'il y avoit du nombre dans la prose, et il disoit que de faire des périodes nombreuses, c'étoit faire des vers en prose. Cela a fait croire à quelques-uns que la traduction des Epîtres de Sénèque n'étoit point de lui, parce qu'il y a quelque nombre dans les périodes.

On voit par une de ses lettres que c'étoit un amoureux un peu rude. Il a avoué à madame de Rambouillet, qu'ayant eu soupçon que la vicomtesse d'Auchy (2) (c'est *Caliste* dans ses Œuvres) aimoit un autre auteur, et l'ayant trouvée seule sur son lit, il lui prit les deux mains d'une des siennes et de l'autre la souffleta jusqu'à la faire crier au secours. Puis quand il vit que le monde venoit, il s'assit comme si de rien étoit. Depuis il lui en demanda pardon (3).

Racan, de qui j'ai eu la plus grande part de ces mémoires, dit que, sur les vieux jours de Malherbe, s'entre-

---

(1) Omis par Racan.
(2) Son *Historiette* suit immédiatement celle-ci.
(3) Ce fait très-curieux ne se trouve pas dans la *Vie* donnée par Racan.

tenant avec lui du dessein qu'ils avoient de choisir quelque dame de mérite et de qualité pour être le sujet de leurs vers, Malherbe nomma madame la marquise de Rambouillet, et lui madame de Termes qui étoit alors veuve (1). Il se trouva que toutes deux avoient nom Catherine, l'une Catherine de Vivonne, et l'autre Catherine Chabot. Le plaisir que prit Malherbe en cette conversation lui fit venir l'envie d'en faire une églogue ou entretien de bergers sous les noms de Mélibée pour lui et d'Arcan pour Racan. Il lui en a récité plus de quarante vers. Cependant on n'en a rien trouvé parmi ses papiers.

Le jour même qu'il fit le dessein de cette églogue, craignant que ce nom d'Arthenice, s'il servoit pour deux personnes, ne fît de la confusion dans cette pièce, il passa toute l'après-dînée avec Racan à retourner ce nom-là. Ils ne trouvèrent que *Arthénice*, *Eracinthe* et *Carinthée*. Le premier fut jugé le plus beau; mais Racan s'en étant servi dans la pastorale qu'il fit peu de temps après, Malherbe laissa les deux autres et prit *Rodanthe*.

Madame de Rambouillet dit qu'elle n'a jamais ouï parler de *Rodanthe* (2), mais qu'un jour Malherbe lui dit : « Ah ! madame, si vous étiez femme à faire faire « des vers, j'ai trouvé le plus beau nom du monde en « tournant le vôtre. » Elle ajoute que quelque temps après il lui dit qu'il étoit fort en colère contre Racan,

(1) Racan a aimé madame de Moret, sa parente, car on voit dans ses vers qu'il parle de cet œil qu'elle perdit ou qu'elle feignit d'avoir perdu. Voyez l'*Historiette* de madame de Moret. (T.)

(2) On lit dans les *Œuvres de Malherbe* une chanson adressée à la marquise de Rambouillet, sous le nom de *Rodanthe*, pag. 234 de l'édition déjà citée.

qui lui avoit volé ce beau nom, et qu'il vouloit faire une pièce qui commenceroit ainsi :

Celle pour qui je fis le beau nom d'Arthenice.,

afin qu'on sût que c'étoit lui qui l'avoit trouvé dans ses lettres. Elle dit que dans cette petite élégie qui commence :

Et maintenant encore en cet âge penchant
Où mon peu de lumière est si près du couchant, etc.,

Malherbe vouloit parler d'elle, quand il dit :

« Cette jeune bergère à qui les Destinées
« Sembloient avoir donné mes dernières années, etc. »

Elle m'a assuré que ce sont les seuls vers qu'il ait faits pour elle (1).

(1) *Voyez* le fragment pour madame la marquise de Rambouillet, 1624 ou 1625, dans les *Poésies de Malherbe*, pag. 254 de l'édition Barbou. Tallemant paroît avoir cité de mémoire les vers que madame de Rambouillet disoit avoir été faits pour elle; nous croyons devoir les rétablir ici :

Cette belle bergère, à qui les Destinées
Sembloient avoir gardé mes dernières années,
Eut en perfection tous les rares trésors
Qui parent un esprit et font aimer un corps.
Ce ne furent qu'attraits, ce ne furent que charmes;
Sitôt que je la vis, je lui rendis les armes,
Un objet si puissant ébranla ma raison.
Je voulus être sien, j'entrai dans sa prison,
Et de tout mon pouvoir essayai de lui plaire
Tant que ma servitude espéra du salaire ;
Mais comme j'aperçus l'infaillible danger
Où, si je poursuivois, je m'allois engager,
Le soin de mon salut m'ôta cette pensée;
J'eus honte de brûler pour une âme glacée,
Et sans me travailler à lui faire pitié,
Restreignis mon amour aux termes d'amitié.

Elle m'a conté que Malherbe ne l'ayant pas trouvée, s'étoit amusé un jour à causer chez elle avec une fille, et qu'on tira par hasard un coup de mousquet dont la balle passa entre lui et cette demoiselle. Le lendemain il vint voir madame de Rambouillet, et comme elle lui faisoit quelque civilité sur cet accident: « Je voudrois, « lui dit-il, avoir été tué de ce coup. Je suis vieux, « j'ai assez vécu, et puis on m'eût peut-être fait l'hon- « neur de croire que M. de Rambouillet l'auroit fait « faire (1). »

M. Racan soutient pourtant que c'est pour elle qu'il fit cette chanson :

Chère beauté, que mon âme ravie, etc. (2)

et cette autre ou Boisset mit un air :

Ils s'en vont ces rois de ma vie,
Ces yeux, ces beaux yeux (3), etc.

(1) Cette curieuse anecdote et les détails qui la précèdent n'ont point été donnés par Racan.

(2) Cette chanson paroît avoir été adressée à la marquise de Rambouillet sous le nom de *Rodanthe*. On est d'autant plus porté à le croire que l'on y retrouve les mêmes images sur la froideur de sa maîtresse, que dans les fragments cités plus haut.

Voici la seconde stance :

En tous climats, voire au fond de la Thrace,
Après les neiges et les glaçons,
Le beau temps reprend sa place,
Et les étés mûrissent les moissons ;
Chaque saison y fait son cours ;
En vous seule on trouve qu'il gèle toujours.

(3) *Poésies de Malherbe*, pag. 101. Ces vers sont indiqués dans toutes les éditions de Malherbe comme étant adressés à la vicomtesse

Racan, qui avoit trente-quatre ans moins que Malherbe, changea son amour poétique en un véritable et légitime amour. C'est ce qui donna lieu à Malherbe de lui écrire une lettre où il y avoit des vers qui sont ceux où il est parlé de madame de Rambouillet, pour le divertir de cette passion; parce qu'il avoit appris que madame de Termes se laissoit cajoler par le président Vignier, qu'elle a épousé depuis (1). Et quand il sut que Racan étoit décidé de se marier en son pays du Maine, il le manda aussitôt à madame de Termes par une lettre qui est imprimée.

Environ en ce temps là son fils fut assassiné à Aix, où il étoit conseiller. Malherbe ne vouloit pas qu'il le fût : cela lui sembloit indigne de lui. Il ne s'y résolut qu'après qu'on lui eut représenté que M. de Foix, nommé à l'archevêché de Toulouse, étoit bien conseiller au parlement de Paris, lui qui étoit allié de toutes les maisons souveraines de l'Europe. Voici comme ce pauvre garçon fut tué. Deux hommes d'Aix ayant querelle prirent la campagne; leurs amis coururent après; les deux partis se rencontrèrent en une hôtellerie; chacun parla à l'avantage de son ami. Le fils de Malherbe étoit insolent, les autres ne le purent souffrir, ils se jetèrent dessus et le tuèrent. Celui qu'on en accusoit s'appeloit Piles. Il n'étoit pas seul sur Malherbe, les autres l'aidèrent à le dépêcher (2). Or on soupçonnoit

---

d'Auchy. (Voyez l'*Historiette* de cette dame à la suite de l'article sur Malherbe.)

(1) Catherine Chabot, fille de Jacques, marquis de Mirebeau, veuve de César-Auguste de Saint-Lari, baron de Termes, se remaria à Claude Vignier, président au parlement de Metz; elle mourut en 1662.

(2) On n'a vu ce fait rapporté nulle part ainsi et avec autant de dé-

celui pour qui Piles (1) étoit, d'être de race de Juifs; c'est ce que veut dire Malherbe en un sonnet qu'il fit sur la mort de son fils. Ce sonnet n'est pas imprimé.

On lui parla d'accommodement, et un conseiller de Provence, son ami particulier, lui porta paroles de six mille écus; il en rejeta la proposition. Depuis, ses amis lui firent considérer que la vengeance qu'il désiroit étoit apparemment impossible, à cause du crédit de sa partie, et qu'il ne devoit pas refuser cette légère satisfaction qu'on lui présentoit. « Hé bien! dit-il, je suivrai
« votre conseil, je prendrai de l'argent, puisqu'on m'y
« force, mais je proteste que je n'en garderai pas un
« teston pour moi, j'emploierai le tout à faire bâtir

tails. Ceux des contemporains qui ont parlé de la mort tragique du fils de Malherbe se sont tous accordés à dire qu'il avoit été tué en duel.

(1) Piles est Fortia, et les Fortia passent pour être venus des Juifs. (T.) Une satire virulente de Philippe Desportes contre François de Fortia, trésorier des parties casuelles, et des épigrammes de Jean de Baïf, où Fortia n'étoit pas plus ménagé, auront sans doute donné lieu au bruit alors répandu que la famille de Fortia étoit juive d'origine. Ces pièces existent encore dans un manuscrit de la Bibliothèque du Roi, n° 7652, t. 3, p. 3, et 2220 du fonds Colbert. On ne peut les attribuer qu'à l'esprit de vengeance; François de Fortia ne s'étant sans doute pas montré fort empressé d'acquitter des assignations sur le trésor que Charles IX avoit accordées aux deux poètes trop libéralement et sans consulter l'état de ses finances. Des quatre frères de François, l'aîné, Jean de Fortia, avoit embrassé l'état ecclésiastique, et étoit aussi prêtre de la métropole de Tours; Pierre, le plus jeune, étoit abbé de Saint-Acheul, et mourut en 1580, comme on le voit dans le *Gallia Christiana*, t. 10, pag. 1328. D'ailleurs, dès la fin du seizième siècle, toutes les branches de cette maison firent sans difficulté leurs preuves pour être admises dans l'ordre de Malte, où l'on exigeoit quatre degrés de noblesse dans chacune des lignes paternelles et maternelles. M. le comte de Fortia de Piles, membre de l'Académie des Inscriptions et Belles-Lettres, auquel la littérature et l'histoire doivent d'importantes publications, est aujourd'hui le dernier rejeton de cette famille noble et ancienne.

« un mausolée à mon fils. ». Il usa du mot de *mausolée*, au lieu de celui de *tombeau*, et fit le poète partout.

Depuis, ce traité n'ayant pas réussi, il alla exprès au siége de La Rochelle en demander justice au Roi, dont n'ayant pas eu toute la satisfaction qu'il espéroit, il disoit tout haut à Nesle, dans la cour du logis où le Roi logeoit, qu'il vouloit demander le combat contre M. de Piles. Des capitaines aux gardes et autres gens qui étoient là sourioient de le voir à cet âge-là parler d'aller sur le pré, et Racan, qui y étoit, et qui commandoit la compagnie des gendarmes du maréchal d'Effiat, comme son ami, le voulut tirer à part pour lui dire qu'on se moquoit de lui, et qu'il étoit ridicule à l'âge de soixante-treize ans de se vouloir battre contre un homme de vingt-cinq; mais Malherbe, l'interrompant brusquement, lui dit : « C'est pour cela que je le fais. Je « hasarde un sol contre une pistole. »

Le bon homme gagna à ce voyage la maladie dont il mourut à son retour à Paris, un peu devant la prise de La Rochelle (1).

Il n'étoit pas autrement persuadé de l'autre vie, et disoit, quand on lui parloit de l'enfer et du paradis : » J'ai vécu comme les autres, je veux mourir comme » les autres, et aller où vont les autres. »

On eut bien de la peine à le résoudre à se confesser; il disoit pour ses raisons qu'il n'avoit accoutumé de se confesser qu'à Pâques. Il observoit pourtant assez régulièrement les commandements de l'Eglise, et ne mangea de la viande ce samedi d'après la Chandeleur (2) que

---

(1) Malherbe mourut en 1628, à l'âge de soixante-treize ans.
(2) Voir précédemment, pag. 171.

par mégarde; même il demandoit d'ordinaire permission d'en manger quand il en avoit besoin, et alloit à la messe toutes les fêtes et les dimanches. Il parloit toujours de Dieu et des choses saintes avec respect, et un de ses amis lui fit un jour avouer, en présence de Racan, qu'il avoit une fois fait vœu, durant la maladie de sa femme, d'aller, si elle en revenoit, d'Aix à la Sainte-Baume à pied et tête nue. Néanmoins il lui échappoit quelquefois de dire que la religion du prince étoit la religion des honnêtes gens.

Yvrande acheva de le résoudre à se confesser et à communier, en lui disant : « Vous avez toujours fait « profession de vivre comme les autres. — Que veut « dire cela ? lui dit Malherbe. — C'est, lui répondit « Yvrande, que quand les autres meurent ils se con- « fessent communément, et reçoivent les autres sacre- « ments de l'Eglise. » Malherbe avoua qu'il avoit raison, et envoya quérir le vicaire de Saint-Germain-l'Auxerrois qui l'assista jusqu'à la mort (1).

On dit qu'une heure avant que de mourir, il se réveilla comme en sursaut d'un grand assoupissement, pour reprendre son hôtesse, qui lui servoit de garde, d'un mot qui n'étoit pas bien françois à son gré; et

---

(1) On raconte différemment ce qui se passa à sa mort.

Il est mort au mois d'octobre 1628. Son confesseur, voyant que sa maladie étoit dangereuse, le pressa de se confesser; il s'en excusa en disant qu'il se confesseroit à la Toussaint, comme il avoit coutume de le faire : « Mais, monsieur, dit le confesseur, vous m'aviez toujours dit « que vous vouliez faire comme les autres, en ce qui regarde le chris- « tianisme. Tous les bons chrétiens se confessent avant que de mourir. « —Vous avez raison, reprit Malherbe, je veux donc aussi me confesser, « je veux aller où vont tous les autres, *on ne fera pas un paradis ex-* « *près pour moi*, et il se confessa. » (*Extrait d'un manuscrit du même temps.*)

comme son confesseur lui en voulut faire réprimande, il lui dit qu'il n'avoit pu s'en empêcher, et qu'il avoit voulu jusqu'à la mort maintenir la pureté de la langue françoise.

MADEMOISELLE PAULET.

Mademoiselle Paulet étoit fille d'un Languedocien qui inventa ce qu'on appelle aujourd'hui *la Paulette*, invention qui ruinera peut-être la France (1). Sa mère étoit de fort bas lieu et d'une race fort diffamée pour les amourettes. Elle disoit que son père étoit gentilhomme; sa mère menoit une vie assez gaillarde. Mademoiselle Paulet avoit beaucoup de vivacité, étoit jolie, avoit le teint admirable, la taille fine, dansoit bien, jouoit du luth, et chantoit mieux que personne de son temps (2); mais elle avoit les cheveux si dorés qu'ils pouvoient passer pour roux. Le père, qui vouloit se prévaloir de la beauté de sa fille, et la mère,

(1) Charles Paulet, secrétaire de la chambre du Roi, a été l'inventeur et le premier fermier de cet impôt, qui consistoit dans une somme que les officiers de judicature ou de finances payoient chaque année aux parties casuelles, afin de conserver, en cas de mort, leurs charges à leurs veuves et à leurs héritiers; autrement elles auroient été déclarées vacantes au profit du Roi. Ce droit, établi par un édit du 12 septembre 1604, fut d'abord de quatre deniers pour livre, et depuis 1618, il étoit du soixantième denier du tiers du prix de la charge.

(2) On raconte que l'on trouva deux rossignols morts sur le bord d'une fontaine où elle avoit chanté tout le jour. (T.)

qui étoit coquette, reçurent toute la cour chez eux.
M. de Guise fut celui dont on parla le premier avec
elle. On disoit qu'il avoit laissé une galoche en descendant par une fenêtre. Il disoit qu'il lui sembloit avoir
toujours le petit *chose* de la petite Paulet devant les
yeux. M. de Chevreuse suivit son aîné, et ce fut ce qui
la décria le plus, car il lui avoit donné pour vingt
mille écus de pierreries dans une cassette : elle la confia à un nommé Descoudrais, à qui il la fit escamoter.

Le ballet de la Reine-mère, dont nous avons parlé
dans l'*Historiette* de madame la Princesse [1], se dansa
en ce temps-là. Elle y chanta des vers de Lingendes
qui commençoient ainsi :

« Je suis cet Amphion, etc. »

Or, quoique cela convînt mieux à Arion, elle étoit
pourtant sur un dauphin, et ce fut sur cela qu'on fit
ce vaudeville :

« Qui fit le mieux du ballet?
« Ce fut la petite Paulet
« Montée sur le dauphin,
« Qui monta sur elle enfin. »

Mais cela a été un pauvre *monteur* que ce monsieur le
Dauphin. Son père y monta au lieu de lui. Henri IV,
à ce ballet, eut envie de coucher avec la belle chanteuse. Tout le monde tombe d'accord qu'il en passa son envie. Il alloit chez elle le jour qu'il fut tué;
c'étoit pour y mener M. de Vendôme : il vouloit
rendre ce prince galant; peut-être s'étoit-il déjà

[1] *Voyez* plus haut, page 101 de ce volume.

aperçu que ce jeune monsieur n'aimoit pas les femmes. M. de Vendôme a toujours depuis été accusé du ragoût d'Italie. On en a fait une chanson autrefois :

« Monsieur de Vendôme   (bis.)
« Va prendre Sodôme ;   (bis.)
« Les Chalais, les Courtauraux (1),
« Seront des premiers à l'assaut.
« Ne sont-ils pas vaillants hommes ?
« Chacun leur tourne le dos. »

J'ai ouï conter qu'en une partie de chasse, un bon gentilhomme, oyant chanter cette chanson, dit : « Ah ! que mon cousin un tel, qui est à M. le Prince, « verra de belles occasions à ce siége ! — Mais vous, « lui dit-on, n'y voulez-vous point aller ? » On le piqua d'honneur, et on lui fit acheter un cheval pour la guerre de Sodôme.

Le chevalier de Guise fut aussi amoureux de mademoiselle Paulet. M. Patru, dont le père étoit tuteur de mademoiselle Paulet, car alors le sien étoit mort, m'a dit qu'un frère qu'elle avoit, qui venoit chez le père de M. Patru pour apprendre la pratique, y apporta le cartel du baron de Luz au chevalier de Guise. Il falloit que le chevalier fût bien familier chez la demoiselle. On disoit alors en goguenardant : « *Un bon concert à trois.* » M. de Bellegarde, M. de Termes et M. de Montmorency en furent aussi épris. M. de Termes traitoit son amour en badinant, mais il étoit effectivement amoureux ; son frère ne l'étoit pas autrement, mais il auroit été fâché que son frère eût été mieux que lui avec elle. Ce M. de Termes fit un vilain

(1) Depuis M. de Souvray. (T.)

tour à mademoiselle Paulet. Un garçon de bon lieu, de Bordeaux, et à son aise, nommé Pontac, la vouloit, à ce qu'on dit, épouser. Termes, sans dire gare, lui donna des coups de bâton. Lui se retira à Bordeaux, et elle ne voulut jamais depuis voir un amant qui traitoit si cruellement ses rivaux.

Quelque temps après elle se sépara de sa mère, et se retira pour quelques jours à Châtillon (1) avec une honnête femme, nommée madame Du Jardin, chez qui elle demeuroit à Paris. Elle avoit déjà donné congé à M. de Montmorency, qui étoit alors fort jeune. Lui, qui s'imagina pouvoir entrer plus aisément chez elle à la campagne qu'à Paris, part seul à cheval pour y aller. Des charbonniers en assez bon nombre, car c'est le chemin de Chevreuse, où il se fait beaucoup de charbon, voyant ce jeune homme si bien fait, tout seul, se mirent en tête qu'il s'alloit battre, l'entourèrent et lui firent promettre qu'il ne passeroit pas outre. C'étoit si près de Châtillon que mademoiselle Paulet le reconnut, et pensa mourir de rire de cette aventure. Il y a apparence que, de peur d'être reconnu, il aima mieux s'en retourner. Cette madame Du Jardin, qui étoit dévote, se retira bientôt à la Ville-L'Évêque, où elle étoit comme en religion. Cela obligea mademoiselle Paulet à prendre une maison en particulier. Ce fut en ce temps-là que sa mère vint à mourir.

Madame de Rambouillet, qui avoit eu de l'inclination pour cette jeune fille dès le ballet de la Reine-mère, après avoir laissé passer bien du temps pour purger sa réputation, et voyant que dans sa retraite on

---

(1) Village par-delà Mont-Rouge, à une lieue de Paris. (T.)

n'en avoit point médit, commença à souffrir, à la prière de madame de Clermont-d'Entragues, femme de grande vertu et sa bonne amie, que mademoiselle Paulet la vît quelquefois. Pour madame de Clermont, elle avoit tellement pris cette fille en amitié qu'elle n'eut jamais de repos que mademoiselle Paulet ne vînt loger avec elle. Le mari, fort sot homme du reste, soit qu'il craignît la réputation qu'avoit eue cette fille; soit, comme il y a plus d'apparence, car madame de Clermont n'étoit point jolie, qu'il crût que sa femme donnoit à mademoiselle Paulet, qui alors pour ravoir son bien plaidoit contre diverses personnes, le mari, dis-je, avoit traversé longuement leur amitié; mais enfin on en vint à bout. Ce fut ce qui servit le plus à mademoiselle Paulet pour la remettre en bonne réputation, car après cela madame de Rambouillet la reçut pour son amie, et la grande vertu de cette dame purifia, pour ainsi dire, mademoiselle Paulet, qui depuis fut chérie et estimée de tout le monde.

Elle retira environ vingt mille écus de son bien, avec quoi elle a fait de grandes charités. Nous en verrons des preuves en l'*Historiette* suivante. Elle nourrissoit une vieille parente chez elle.

L'ardeur avec laquelle elle aimoit, son courage, sa fierté, ses yeux vifs et ses cheveux trop dorés lui firent donner le surnom de *Lionne*. Elle avoit une chose qui ne témoignoit pas un grand jugement, c'est qu'elle affectoit une pruderie insupportable. Elle fit mettre aux Madelonettes une fille qu'elle avoit, qui se trouva grosse. Depuis, je ne sais quel petit commis l'épousa et devint après un grand partisan. Après elle en prit une si laide que le diable en auroit eu peur. Je lui ai ouï dire qu'elle voudroit que toutes celles qui avoient fait galanterie fussent marquées au visage. Elle n'écrivoit nullement bien, et quelquefois elle avoit la langue un peu longue (1). Elle aimoit et haïssoit fortement, nous le verrons dans l'*Historiette* de Voiture. Ce furent madame de Clermont et elle qui introduisirent M. Godeau, depuis évêque de Grasse, à l'hôtel de Rambouillet. Il étoit de Dreux, et madame de Clermont avoit Mézières là tout auprès. Enfin il logea avec elles, et l'abbé de La Victoire (2) appeloit mademoiselle Paulet madame de Grasse. Un soir elle alla, déguisée en *oublieuse*, à l'hôtel de Rambouillet. Son corbillon étoit de ces corbillons de Flandre avec des rubans couleur de rose; son habit de toile tout couvert de rubans avec une calle (3) de même. Elle joua des oublies, et on ne la reconnut que quand elle chanta la chanson.

Elle ne laissa pas d'avoir des amants depuis sa conversion, mais on n'a médit de pas un. Voiture dit qu'elle avoit pour serviteurs un cardinal, car le cardinal de La Valette l'appeloit, en riant, ma maîtresse; un docteur en théologie (4); un marchand de la rue Aubry-Boucher (5); un commandeur de Malte (6); un conseiller de la cour (7); un poète (8), et un prévôt

---

(1) Portée à la médisance.
(2) Claude Duval, sieur de Coupeauville, abbé de La Victoire, auprès de Senlis. Tallemant en parle plus bas.
(3) Bonnet aplati qui couvre les oreilles et est échancré par-devant. (*Dict. de Trévoux.*)
(4) C'étoit un impertinent nommé Dubois. (T).
(5) Bodeau, marchand linger. (T.)
(6) Le commandeur de Sillery. (T.)
(7) C'est pour augmenter les diverses conditions. (T.)
(8) Bordier, poète royal pour les ballets, un impertinent qui la pensa faire devenir folle. (T.)

de la ville (1). Ce monsieur de la rue Aubry-Boucher étoit un original. Il prit à cet homme une grande amitié pour madame de Rambouillet, mais celle qu'il avoit pour mademoiselle Paulet se pouvoit appeler *amour*. A l'entrée qu'on fit au feu Roi, au retour de La Rochelle, il s'avisa, car il étoit capitaine de son quartier, d'habiller tous ses soldats de vert, parce que c'étoit la couleur de la belle. Tous ses verts-galants firent une salve devant la maison où elle étoit avec madame de Rambouillet, madame de Clermont et d'autres. La *Lionne*, qui ne prenoit pas plaisir à être aimée de cet animal-là, en rugit une bonne heure. Cependant il se fallut apaiser et aller avec ces dames au jardin du galant, dans le faubourg Saint-Victor, où il leur donna la collation. Sa femme vint à mourir; il se remaria avec une personne qu'il voulut à toute force, parce qu'elle avoit de l'air de mademoiselle Paulet. A soixante ans il alla par dévotion à Rome. Si la *Lionne* eût été encore au monde quand la fille de cet homme fit tant l'acariâtre contre madame de Saint-Etienne (2), comme elle l'auroit dévorée (3)!

J'oubliois une galanterie que madame de Ram-

(1) Saint-Brisson Séguier, un gros dada qui tous les matins demandoit *l'avoine* : son valet de chambre s'appeloit ainsi. Il y avoit un vaudeville :

Et le gros Saint-Brisson
Dépense plus en son
Que Guillaume en farine. (T.)

(2) L'abbesse de Saint-Étienne de Reims étoit une demoiselle d'Angennes. (*Voyez* plus loin son article à la suite de celui de madame de Rambouillet, sa mère.)

(3) *Voyez*, sur une pièce de vers intitulée le *Récit de la Lionne*, une note de l'article CHAPELAIN dans le volume suivant.

bouillet fit à mademoiselle Paulet, la première fois qu'elle vint à Rambouillet. Elle la fit recevoir à l'entrée du bourg par les plus jolies filles du lieu, et par celles de la maison, toutes couronnées de fleurs, et fort proprement vêtues. Une d'entre elles, qui étoit plus parée que ses compagnes, lui présenta les clefs du château, et quand elle vint à passer sur le pont, on tira deux petites pièces d'artillerie qui sont sur une des tours.

Mademoiselle Paulet mourut, en 1651, chez madame de Clermont, en Gascogne, où elle étoit allée pour lui tenir compagnie. M. de Grasse (Godeau) y alla exprès de Provence pour l'assister à la mort. Elle ne paroissoit guère que quarante ans et en avoit cinquante-neuf. Tout le monde vouloit qu'elle fût beaucoup plus vieille qu'elle n'étoit. Cela venoit de ce qu'elle avoit fait du bruit de bonne heure.

LA VICOMTESSE D'AUCHY (1).

La vicomtesse d'Auchy étoit de la maison des Ursins, mais non de la branche du marquis de Tresnel (2). Son mari étoit de la maison de Conflans. Cette femme se pouvoit vanter qu'en tous âges elle avoit fait bien des sottises. D'abord elle se mit en tête de passer pour belle, et de se fourrer bien avant dans la cour. L'un et l'autre lui réussit assez mal, car elle n'avoit rien de beau que la gorge et le tour du visage. Elle avoit un teint de malade, et ses yeux furent toujours les moins brillants et les moins clairvoyants du monde.

Il y a des vers de Malherbe pour elle où il dit :

« Amour est dans ses yeux, il y trempe ses dards (3). »

Madame de Rambouillet disoit qu'il avoit raison, car ses yeux pleuroient presque toujours, et l'Amour y pouvoit trouver de quoi tremper ses dards tout à son

---

(1) Maîtresse de Malherbe. Voir précédemment, page 188.

(2) Elle s'appeloit Charlotte des Ursins, vicomtesse d'Auchy, ou Ochy. Ce dernier nom paroît être altéré. (*Voir* la Dédicace à elle adressée du *Recueil des plus beaux vers de ce temps*; Paris, Toussaint Du Bray, 1609, in-8°.)

(3) Ce vers se trouve dans un sonnet pour la vicomtesse d'Auchy, sous le nom de Caliste, 1608. (*OEuvres de Malherbe*, Paris, Barbou, 1764, in-8°, pag. 120.)

aise. Je dirai en passant, à propos de cela, que sur ses vieux jours elle disoit, pour faire accroire aux gens qu'elle voyoit fort bien : « J'ai fait venir Thévenin [1], « il m'a dit qu'il n'y avoit rien à faire à mes yeux. » Thévenin disoit vrai, car elle n'étoit plus bonne qu'à envoyer aux Quinze-Vingts. En récompense, elle étoit toujours fort proprement et fort parée. Pour la cour, on s'y moqua toujours d'elle. Son mari ne laissa pas d'en prendre du soupçon, car une jeune femme trouve facilement des galants, et une vicomtesse n'en chôme pas à Paris. Il la mena donc à la campagne et l'y tint durant dix ans comme prisonnière, et s'il eût vécu davantage, elle y fût demeurée davantage aussi, car il avoit bonne intention de la tenir là toute sa vie. Voyez quelle délivrance ! la voilà en pleine liberté encore jeune.

Comme elle étoit fort vaine, tous les auteurs et principalement les poètes étoient reçus à lui en conter. Lingendes fit des vers sur sa voix [2], mais il ne faut prendre cela que poétiquement, car elle n'a jamais eu la réputation de bien chanter. Malherbe, nouvellement arrivé à la cour, comme le maître de tous, étoit le mieux avec elle. J'ai dit dans son *Historiette* comment il la traita un jour, et comme il se raccommoda avec elle [3]. Après ces dix ans de prison et tout ce que je viens de dire, ne trouvez-vous pas que c'étoit avec

---

[1] Oculiste du temps.

[2] Cette pièce, composée de cinq stances, se trouve dans le Recueil intitulée : *le Séjour des Muses, ou la Cresme des bons vers*, Rouen, 1626, in-12, pag. 57. Elle existe aussi dans le Recueil de Toussaint Du Bray, 1609, pag. 367.

[3] *Voyez* précédemment, pag. 188 de ce volume.

grande raison que quand elle parloit du temps d'Henri IV, elle disoit : *J'ai ouï dire?* Non contente d'être chantée par les autres, elle voulut se chanter elle-même, et passer dans les siècles à venir pour une personne savante. En ce beau dessein, elle achète d'un docteur en théologie, nommé Maucors, des homélies sur les épîtres de saint Paul, qu'elle fit imprimer soigneusement avec son portrait. Elle en eut tant de joie qu'elle donna presque tous les exemplaires pour rien au libraire, qui y trouva fort bien son compte, car la nouveauté de voir une dame de la cour commenter le plus obscur des apôtres, faisoit que tout le monde achetoit ce livre. Un jour Gombauld, par plaisir, lui demanda comment elle avoit entendu un passage de saint Paul qu'il lui disoit : « Hé, répondit-elle, cela « y est-il ? »

Quand le Père Campanelli vint à Paris, avant la guerre déclarée, elle fit tant que ce Père fut quelques jours chez elle à Saint-Cloud, et cela parce que c'étoit un homme de grande réputation. Cependant elle ne l'entendoit point; peut-être imaginoit-elle l'entendre, car, à cause que sa maison étoit originaire d'Italie, elle croyoit en devoir entendre la langue, et sur ce fondement elle alloit au sermon italien. Jamais personne n'a été si avide de lectures de comédies, de lettres, de harangues, de discours, de sermons même, quoique ce soit tout ce qu'on peut que de les entendre dans la chaire. Elle prêtoit son logis avec un extrême plaisir pour de telles assemblées. Enfin, pour s'en donner au cœur-joie, et se rassasier de ces viandes creuses, elle s'avisa de faire une certaine académie où tour à tour chacun liroit quelque ouvrage. L'abbé de Cerisy, pour contrecarrer

Boisrobert, fit cette académie, croyant qu'elle subsisteroit comme celle du cardinal. Au commencement c'étoit une vraie cohue. J'y fus une fois par curiosité. Pagan, parent de M. de Luynes, y lut une harangue, où, voulant s'excuser sur ce qu'il s'étoit plus adonné aux armes qu'aux lettres, il parla comme auroit fait feu César, et traita fort les autres du haut en bas. Habert l'aîné, l'avocat au conseil, dit assez plaisamment : « Cet « homme a déclaré qu'il ne savoit pas le latin, je trouve « pourtant qu'il n'a pas trop mal traduit le *miles glo-* « *riosus* de Plaute. » Or le bon, c'est qu'on disoit que Pagan n'avoit pas fait cette harangue, et que c'étoit un nommé Montholon, petit-fils du garde-des-sceaux. Cet homme étoit un des plus grands faiseurs de galimatias du monde. Le cardinal de Retz m'a pourtant dit, mais je ne m'en fie guère à lui, que l'ayant trouvé en Avignon, l'année de la naissance du Roi(1), il lui montra bon nombre de belles lettres à toute la cour sur la naissance de M. le Dauphin, qu'il avoit faites pour M. le vice-légat. Ce Montholon étoit ruiné et s'étoit retiré là pour y étudier l'art militaire. Il disoit qu'avant qu'il fût trois mois, il seroit le plus grand capitaine du monde en théorie. Il n'alla à l'armée pourtant qu'au siége d'Arras, où il fut tué; il avoit plus de quarante ans.

Pagan, quoiqu'on l'ait accusé de s'être fait faire sa harangue, a fait un livre. Il est vrai que c'est un livre de cavalier, car il s'appelle : *Les Fortifications du comte de Pagan* (2), qu'il a dédié à don Hugues de Pagan,

---

(1) En 1638.

(2) *Traité des fortifications*, 1645, in-folio, ouvrage estimé, réimprimé en 1689, in-12. Pagan, né en 1604, mourut le 18 novembre 1665.

duc de Terranove au royaume de Naples; il se dit de cette maison-là. Au bout de chaque livre il y a, à la manière de Thucydide, *fin du premier livre des Fortifications du comte de Pagan*, et bien des couronnes de comte aux vignettes et partout. L'abbé d'Aubignac (1), qui a toujours de la bile de reste, entreprit à la première assemblée le pauvre Pagan, car il harangua contre les orgueilleux; et pour le désigner, il disoit en un endroit qu'il falloit avoir deux bons yeux, car Pagan étoit borgne, et depuis il est devenu aveugle : il avoit perdu cet œil aux guerres de M. de Rohan. Il fallut y mettre le holà, car les gens s'échauffoient déjà dans leur harnois. L'abbé lui-même en avoit deux fort méchants, et enfin il est devenu quasi aveugle.

Il y avoit plus d'un comte pour rire à cette vénérable académie. Le comte de Bruslon, le bon homme, qui étoit un comte pour rire en la manière la plus désavantageuse, car ce n'étoit pas manque de qualité (2), se mit aussi à haranguer à son tour, et ayant trouvé Mardochée en son chemin, il décrivit si prolixement la broderie du hocqueton du héraut qui alloit devant lui, que jamais il n'y eut tant de choses dans le bouclier d'Achille. C'est de lui qu'à la guerre de Lorraine on fit un couplet qui disoit :

> Ce grand foudre de guerre,
> Le comte de Bruslon,
> Étoit comme un tonnerre,
> Avec son bataillon,

(1) François Hédelin, abbé d'Aubignac, auteur de la *Pratique du théâtre*, et de beaucoup d'autres ouvrages peu estimés, mourut en 1676.

(2) Il étoit introducteur des ambassadeurs. (T.)

Composé de cinq hommes
Et de quatre tambours,
Criant : Hélas ! nous sommes
A la fin de nos jours.

Maugars (1), célèbre joueur de viole, mais qui étoit un fou de bel esprit, avoit été au commencement de cette académie, et en fit des contes au cardinal de Richelieu, à qui il étoit. Pour se venger de lui, on lui fit refuser la porte. Il étoit enragé de cela, et un jour qu'il jouoit chez la comtesse de Tonnerre, la vicomtesse d'Auchy y vint. Il quitta aussitôt ce qu'il avoit commencé, et quoiqu'il ne chantât pas autrement, tant qu'elle fut là, il ne fit que chanter et jouer sur sa viole une chanson dont la reprise est :

Requinquez-vous, vieille,
Requinquez-vous donc (2).

Pour achever l'histoire de l'académie de la vicomtesse d'Auchy, je dirai que L'Esclache, qui montre la philosophie en françois, y parloit souvent. Cela fit envie à un nommé Saint-Ange, qui prouvoit, à ce qu'il disoit, la Trinité par raison naturelle, et qui siffloit de jeunes enfants sur la philosophie et la théologie, et les en faisoit répondre en françois, de s'introduire aussi chez la vicomtesse. Plusieurs personnes, hommes et femmes, alloient entendre ces perroquets.

---

(1) Tallemant lui consacre plus loin une *Historiette* dans ces *Mémoires*.

(2) C'est le refrain de la quatorzième chanson de Gaulthier Garguille (pag. 26 de l'édition de 1641, et 27 de la réimpression de 1758).

Mais M. de Paris(1), ayant par hasard quelque affaire avec la vicomtesse, s'y rencontra un jour que Saint-Ange et ses petits disciples babilloient. L'Esclache, un peu jaloux, se prit de paroles avec cet homme; cela ne plut guère à l'archevêque, à qui quelqu'un fit remarquer, car de lui-même je suis sûr qu'il n'en eût rien vu, qu'en disputant, on avoit avancé quelques erreurs touchant la religion, et que d'ailleurs cela n'étoit guère de la bienséance. Il dit donc, en s'en allant, à la vicomtesse, qu'il lui conseilloit de laisser la théologie à la Sorbonne, et de se contenter d'autres conférences, et la vicomtesse lui ayant témoigné que cela la surprenoit, M. de Paris, après l'avoir fort priée de faire cesser ces disputes, voyant qu'il ne la pouvoit mettre à la raison, fut contraint de défendre à l'avenir de telles assemblées. Il fallut donc se contenter de petites compagnies particulières.

Au reste, c'étoit la plus grande complimenteuse du monde après madame de Villesavin, qu'on appelle vulgairement *la servante très-humble du genre humain*. Pour attirer le monde, elle faisoit belle dépense, et traitoit fort bien les auteurs; car son frère, M. d'Armantières, étant mort, tandis qu'elle étoit en prison, elle devint héritière et ne donna à son fils durant sa vie que le bien du père.

Elle chassa une fois son maître d'hôtel. Cet homme alla servir je ne sais quel duc, où il ne trouva pas bien son compte. Étant allé voir la vicomtesse, il se mit à lui conter comme il servoit chez son maître, l'épée

---

(1) C'étoit le cardinal de Retz, oncle et prédécesseur du fameux coadjuteur.

au côté et le manteau sur les épaules : « Si vous vou-
« liez me reprendre, ajouta-t-il, madame, je vous ser-
« virois ainsi. » Cela lui sembla beau, et elle le reprit
pour être servie comme une duchesse. Je m'étonne
qu'elle ne prît aussi un dais et un cadenas (1), car son
maître-d'hôtel lui eût aussi bien donné cela que le reste.

Elle vouloit avoir bien des connoissances et les entretenoit soigneusement ; aussi vouloit-elle qu'on lui
rendît la pareille. Un jour qu'elle avoit pris l'extrême-
onction (car elle la prenoit assez brusquement) et n'é-
toit pas trop malade, tout-à-coup elle appelle une de
ses femmes, et lui demande si madame la marquise de
Rambouillet avoit envoyé savoir de ses nouvelles durant sa maladie ; regardez si cela s'accorde avec l'extrême-onction.

A propos de cela, on m'a dit qu'un cavalier, je pense
que c'est Grillon (2), comme on lui vouloit donner
l'extrême-onction, dit qu'il n'en vouloit point ; que
c'étoit un sacrement de bourgeois.

Le cardinal de Sourdis (frère du marquis), en courant la poste, prit l'extrême-onction à Tours, et repartit l'après-dîner. Cette fois-là, on eut raison de
dire qu'on lui avoit graissé ses bottes (3). Une bonne
femme, dans la rue Quincampoix, comme on la lui
donnoit, dit à sa servante : « Une telle, ayez soin de
« faire boire ces messieurs. »

---

(1) Le *cadenas* étoit une espèce de coffret d'or ou de vermeil, où l'on
mettoit le couteau, la cuillère, la fourchette, etc., dont on se servoit à
la table des rois et des princes. (*Dict. de Trévoux*.)

(2) Ou *Crillon*.

(3) Il avoit été fait cardinal par la faveur de madame de Beaufort, en
la place du maréchal d'Estrées. (T.)

Un jour que la vicomtesse d'Auchy étoit chez madame de Rambouillet, Voiture se mit en un coin de la chambre à rêver, et puis tout d'un coup, pour se moquer de cette femme qui faisoit la savante, il lui dit sérieusement : « Madame, lequel estimez-vous le « plus de saint Augustin ou de saint Thomas? » Elle répondit de sang-froid qu'elle estimoit plus saint Thomas. Madame de Rambouillet pensa éclater de rire.

M. DES YVETAUX (1).

M. Des Yvetaux se nommoit Vauquelin, et étoit d'une bonne famille de Caen. Il y a exercé la charge de lieutenant-général, dont il fut interdit par arrêt du parlement de Rouen (2). Il vint à la cour et fut porté par Desportes, et après par le cardinal du Perron. Ses

---

(1) Nicolas Vauquelin, seigneur Des Yvetaux, mort le 9 mars 1649, âgé de quatre-vingt-dix ans.

(2) Suivant la *Biographie universelle*, on a dit par erreur que Des Yvetaux avoit été lieutenant-général, et on l'auroit ainsi confondu avec son frère qui a rempli cette charge. La *Biographie* s'est trompée; Huet, dans ses *Origines de Caen* (Rouen, 1706, p. 355), dit positivement que Jean Vauquelin, père de Des Yvetaux, « l'adopta à son tribunal, et lui « résigna sa charge de lieutenant-général. » Il ajoute que le maréchal d'Estrées « l'exhorta de venir à la cour, et de ne pas passer sa vie à don-« ner des sentences; » que Des Yvetaux fut déterminé à suivre ce conseil « par une disgrâce qui lui arriva, ayant été cité au parlement de « Rouen pour rendre raison de l'irrégularité de quelque sentence; » qu'alors il vendit sa charge à Guillaume Vauquelin, son frère cadet. On voit par là que Tallemant a été bien instruit de ce qui concernoit le poète Des Yvetaux.

vers étoient médiocres, mais il avoit assez de feu ; sa prose, à tout prendre, valoit mieux. Il savoit, et avoit de l'esprit ; il a eu en un temps toute la vogue qu'on sauroit avoir.

Henri IV le fit précepteur de M. le Dauphin, après qu'il eut été précepteur de M. de Vendôme (1). Il s'est plaint qu'on ne vouloit pas qu'il fît du feu Roi (2) un grand personnage. Durant la régence on lui ôta cette place par intrigue ; peut-être la plainte que le clergé fit contre lui, et qui est imprimée dans les *Mémoires* ensuite de ceux de M. de Villeroi, y servit-elle (3).

On l'a accusé de ne croire que médiocrement en Dieu. Je ne lui ai pourtant jamais ouï dire d'impiétés. Il est vrai que je ne l'ai connu que deux ans avant qu'il mourût. On l'accusoit aussi d'aimer les garçons. Pour les femmes, il les a aimées jusqu'à la fin, et a toujours mené une vie peu exemplaire. Il passoit pour médisant, et pour aimer le vin. Quelquefois il étoit longtemps sans parler. On dit que Pluvinel et lui firent un voyage de Paris à Nantes et en revinrent, jouant toujours aux échecs sans se dire mot pour cela. Ils avoient une machine dans le carrosse.

Il disoit que les courtisans appeloient *bon temps* le temps où les pensions étoient bien payées.

(1) Il fit pour celui-ci l'*Institution du Prince* en vers (T.). Cette pièce a dû être imprimée séparément avant 1612 ; car, citée dans le discours adressé à la Reine, dont il va être question, elle a été ensuite insérée dans les *Délices de la Poésie françoise ;* Paris, Toussainct Du Bray, 1615, p. 417.

(2) Louis XIII.

(3) *Voyez* le Discours présenté à la Reine-mère du Roi, en l'année 1612, à la suite des *Mémoires d'État*, par M. de Villeroi, tom. 5, pag. 199, Amsterdam, 1725.

Etant disgracié, il acheta une maison rue des Marais, au faubourg Saint-Germain, vers les Petits-Augustins. En ce temps-là, il n'y avoit rien de bâti au-delà dans le faubourg; on l'appeloit, à cause de cela, *le dernier des hommes*. Cette maison a l'honneur d'être aussi extravagamment disposée que maison de France. Le grand jardin qu'il y joignit, et auquel on va par une voûte sous terre, est à peu près fait de même. Il se mit à faire là dedans une vie voluptueuse, mais cachée : c'étoit comme une espèce de Grand-Seigneur dans son sérail. En pensions, en bénéfices et en argent, il avoit beaucoup de bien et pouvoit vivre fort à son aise.

A son ordinaire, il s'habilloit fort bizarrement. Madame de Rambouillet dit que la première fois qu'elle le vit, il avoit des chausses à bandes, comme celles des Suisses du Roi, rattachées avec des brides; des manches de satin de la Chine, un pourpoint et un chapeau de peaux de senteurs, et une chaîne de paille à son cou; et il sortoit en cet habit-là. Il est vrai qu'il ne sortoit pas souvent; mais quelquefois, selon les visions qui lui prenoient, tantôt il étoit vêtu en satyre, tantôt en berger, tantôt en dieu, et obligeoit sa nymphe à s'habiller comme lui. Il représentoit quelquefois Apollon qui court après Daphné, et quelquefois Pan et Syrinx. A cause qu'il devint amoureux de madame Du Pin (1), mère de madame d'Estrades, au lieu de culs-de-lampes, il fit mettre des pommes de pin dorées à son plancher. Il y a des festons et des lacs d'a-

---

(1) Marguerite de Burtio de la Tour, femme de Jacques de Lallier, seigneur Du Pin. Marie de Lallier, sa fille, épousa en 1637 le comte d'Estrades, qui fut créé maréchal de France en 1675.

mour de paille, en je ne sais combien d'endroits, avec des chiffres de la même étoffe. Je ne sais quelle amitié il avoit pour la paille, mais il n'aimoit pas moins le vieux cuir doré (1), et n'avoit point d'autre tapisserie en été ni hiver.

Il fut un peu épris d'une de mes parentes, madame d'Harambure, qui étoit allée voir son jardin. Un jour il lui écrivit une lettre fort longue, où en un endroit il se fondoit furieusement en raison, car il lui disoit : « Encore que vous n'aimiez point les figues (elle n'en « mangeoit point), elles ne laissent pas d'être friandes; « de même mon amour, quoique vous n'en fassiez « point de cas, n'est pas pourtant méprisable; » et au bas il y avoit : « Renvoyez-moi cette lettre, s'il vous « plaît, car je n'en ai point de double. » N'étoit-ce pas là une bonne lettre à garder?

Madame de Saint-Germain-Prévost, dont le fils se vantoit d'être le fils de M. le maréchal de Biron, est celle de qui on a le plus parlé avec le bonhomme. Elle sut un jour qu'il devoit donner la collation chez lui à des dames. Elle trouve moyen d'y entrer justement comme on venoit de servir, et que les gens étoient allés avertir la compagnie, et prenant la nappe par un bout, elle jeta tout à terre. Quand il vit cela, il se mit à rire et dit : « Il faut que madame de Saint-Ger- « main soit venue ici. »

Mais l'amourette qui a fait le plus de bruit, est celle

---

(1) On appeloit ainsi des peaux de mouton passées en basanes, sur lesquelles étoient représentées en relief diverses sortes de grotesques relevées d'or ou d'argent, de vermillon ou autres couleurs (*Dictionnaire de Trévoux*). Voyez aussi les *Recherches sur le cuir doré*, par M. de La Querière; Rouen, Baudry, 1830, in-8°.

qu'il a eue jusqu'à la fin de sa vie. Voici comme cela arriva. Vers la prise de La Rochelle, un jour que la porte de son grand jardin, qui répond dans la rue du Colombier (1), étoit entr'ouverte, une jeune femme, grosse d'enfant, assez bien faite, mais fort triste, mit le nez dedans; il s'y rencontra par hasard, et comme il étoit civil, principalement aux dames, il la pria d'y entrer. Il apprit d'elle-même qu'elle étoit fille d'un homme qui jouoit, et a joué jusqu'à sa mort, de la harpe dans les hôtelleries d'Étampes (présentement son fils fait le même métier); elle lui dit qu'elle en jouoit aussi (effectivement elle en joue aussi bien que personne); qu'un jeune homme de Meaux, nommé Dupuis, qui est de la meilleure maison de la ville, l'avoit épousée par amour, et qu'il étoit malade dans la rue des Marais. Cette femme avoit l'air fort doux; il en fut touché; il lui offre tout ce qu'il avoit, les assiste, car Dupuis étoit fort pauvre, et quand elle accoucha il en eut tout le soin imaginable. Relevée, elle le va remercier; lui, la cajole; elle prend le soin de le blanchir, elle le visite souvent, et peu à peu se mêle de son ménage. Il se plaint à elle de ses valets, la prie d'avoir l'œil sur eux. Dès qu'elle étoit habillée, elle venoit passer la journée avec lui : enfin il lui proposa de prendre avec son mari un appartement dans sa maison. Elle accepta ce parti. Quand elle y fut une fois établie, il prit une entière confiance en elle. Elle recevoit tout son revenu, faisoit la dépense telle qu'il l'avoit ordonnée, et le reste étoit pour elle. J'oubliois de dire que ce

(1) Le Pré-aux-Clerc se terminoit à cette rue qui en a porté le nom jusqu'à la fin du seizième siècle. (*Recherches sur Paris*, par Sauval, quartier de Saint-Germain-des-Prés, pag. 37.)

qui avoit achevé de le charmer, c'est qu'étant tombé malade, avant qu'elle logeât avec lui, cette femme fut quarante jours sans se déshabiller. Croyez pourtant qu'elle achetoit bien son bonheur. Il falloit savoir du bon homme tous les matins comment elle se coifferoit, à la grecque, à l'espagnole, à la romaine, à la françoise, etc.; quel habit elle prendroit; si elle seroit reine, déesse, nymphe ou bergère. Elle accoucha dans sa maison de deux enfants, car celui dont elle étoit grosse quand ils firent connoissance n'a pas vécu. Le plus âgé de ces deux enfants est une fille, et l'autre un garçon; nous parlerons d'elle ensuite, car le pauvre homme eut de grands procès à cause d'elle (1).

M. Des Yvetaux avoit un frère qui étoit lieutenant-général à Caen. Ce frère fit son fils conseiller, et puis maître des requêtes (2). Ce M. le maître des requêtes prétendoit être seul héritier du bon homme; car il y avoit assez à espérer. Madame de Liancourt (3) lui avoit

(1) « Des Yvetaux, dit Ségrais, avoit épousé une mademoiselle Du-
« puis, joueuse de harpe, qui étoit d'Etampes, et qui avoit son
« frère qui en jouoit par les cabarets. Souvent ils prenoient la houlette
« avec le chapeau et l'habillement de bergers, et chantoient ensemble
« des vers que Des Yvetaux lui-même avoit composés. Il étoit encore
« vivant quand j'arrivai à Paris, mais je ne le vis pas; il demeuroit au
« faubourg Saint-Germain, où il recevoit grande compagnie sans aller
« voir personne. » (*Mémoires anecdotes de Ségrais*; Amsterdam, 1723, p. 115.) Tallemant entre dans des détails beaucoup plus étendus, et ayant connu personnellement Des Yvetaux, il mérite plus de confiance que Ségrais.

(2) Hercule Vauquelin, fils de Guillaume, devint intendant de Languedoc. (*Voyez les Origines de Caen*, par Huet, au lieu déjà cité.)

(3) Jeanne de Schomberg, mariée en secondes noces en 1620 à Roger Du Plessis de Liancourt, duc de La Roche-Guyon. Sa fille, Jeanne Charlotte Du Plessis Liancourt épousa en 1659 François VII, duc de La Rochefoucauld, prince de Marsillac, fils de l'auteur des *Maximes*. C'est

voulu donner deux cent mille livres de sa maison et de ses deux jardins, à condition de l'en laisser jouir sa vie durant (1). Autrefois M. le cardinal de Richelieu eut quelque pensée d'y bâtir, mais il trouva que cela étoit trop loin du Louvre.

Le neveu enrageoit donc de voir la Dupuis gouverner si absolument son oncle, et, par la faute que font presque toujours les héritiers d'un vieux garçon ou d'un homme veuf, au lieu d'être complaisant, il s'amusa à l'aller chicaner sur cette femme. Il en fit tant que le bon homme, pour le faire crever, maria la fille de la Dupuis avec un autre neveu, fils d'un autre frère, nommé Sacy, du nom d'une terre. C'étoit une plaisante chose à voir que cette petite mariée, à qui son propre frère, qui étoit page du bon homme, portoit la queue; car il a toujours eu un page jusqu'à son grand procès.

Le maître des requêtes, au désespoir, jette feu et flamme, dit que cette fille étoit fille de M. Des Yvetaux. Dupuis vivoit pourtant, et vit même, je pense, encore. Il suborne un nommé Lerinière, frère de la Dupuis. Cet homme, qui disoit qu'on traitoit sa sœur comme une g...., appelle Sacy en duel. Sacy se bat et le désarme. Lerinière, non content de cela, entre dans la maison avec un pistolet, tire sur Sacy et le manque. Un laquais de Sacy le tue. La veuve du mort fait informer. Le bailli du faubourg, un fripon nommé Lhermitière, gagné par le maître des requêtes, condamne fort brusquement Sacy à être roué et la Du-

---

par ce mariage que la terre de Liancourt ainsi que l'hôtel de ce nom passèrent dans la maison des La Rochefoucauld.

(1) L'hôtel de Liancourt y touche. (T.)—L'hôtel de La Rochefoucauld, sur l'emplacement duquel la rue des Beaux-Arts a été percée en 1828.

puis à être pendue. Depuis ils en ont été absous. On fit des factums ou lettres de part et d'autre qui sont bien faits. Le bon homme fit le sien lui-même; il s'y moque plaisamment de ce neveu, et il y montre bien de la vigueur; il avoit pourtant près de quatre-vingts ans. Ses amis le servirent puissamment, entre autres le maréchal de Gramont. Ce fut chez lui que le mariage se fit, à cause des oppositions d'un homme qui disoit avoir promesse de la fille (notez que ce n'étoit qu'une enfant qui n'avoit jamais vu personne), et d'un cousin germain de Sacy, qui disoit qu'elle étoit bâtarde. Pour finir tous ces différends, on fit une transaction par laquelle, moyennant quatre-vingt mille livres, Sacy et sa femme renonçoient à la maison. Ils s'en sont fait relever depuis, après avoir recélébré leur mariage, car cette opposition, qui n'avoit point été levée, étoit une espèce de nullité. Pour la bâtardise, c'étoit une sottise que d'y insister, aussi bien que de dire que c'étoit pour couvrir l'honneur de M. Des Yvetaux qu'ils vouloient montrer qu'il n'y avoit point de mariage parce qu'il seroit incestueux, et que cette madame de Sacy étoit sa fille (1). Le maître des requêtes fut hué à l'audience et passa pour un grand coquin. Il avoit quelques gentilshommes avec lui qui se retirèrent quand ils virent M. de Turenne de l'autre côté (2). La jeune femme

---

(1) Le curé de Saint-Sulpice étant allé voir Des Yvetaux et lui faisant des réprimandes sur sa conduite si peu chrétienne, il lui répondit sans s'émouvoir : « M. le curé, il ne faut pas croire tout ce que l'on dit, il y a « bien de la médisance; l'on me disoit l'autre jour que vous aimiez les gar-« çons, mais je n'en voulois rien croire. » Le curé, offensé d'un tel compliment, ne jugea pas à propos de lui parler davantage et s'en alla. (*Extrait d'un manuscrit du même temps.*)

(2) Ce fut Tambonneau, le président, en ce temps-là amoureux de la Sacy, qui l'y fit aller. (T.)

parla et parla fort hardiment, car, Dieu merci, elle n'a pas le caquet mal emmanché. Ils retournèrent dans leurs prétentions, et la maison leur est demeurée.

Durant ce grand procès le bon homme s'accoutuma à s'habiller comme les autres. A quatre-vingts ans il se portoit encore fort bien. Il m'a quelquefois lassé à force de me promener dans son jardin. C'étoit un petit homme sec, à yeux de cochon. Il a toujours eu l'esprit présent, et, à sa mode, il disoit de jolies choses. Un jour que madame d'Hautefort (1) vint dans son jardin, il lui dit, d'un ton assez sérieux : « Madame, voulez-vous bien faire « parler de vous? après avoir maltraité des rois, aimez « un petit *bonhommet* comme moi. »

Des Yvetaux avoit de la générosité et de la bonté. J'ai ouï dire au comte de Brionne, grand seigneur de Lorraine, que, s'étant retiré à Paris après la prise de Nancy, M. des Yvetaux le vouloit loger chez lui, et lui disoit pour raison : « Monsieur, vous avez si bien reçu « autrefois les François en Lorraine, qu'il faut bien « vous rendre la pareille aujourd'hui. » Ce M. de Brionne n'avoit qu'un cheval de carrosse, l'autre étoit mort; il en emprunta un au bon homme, qui ne vouloit pas le reprendre, et disoit : « Vous m'en rendrez un quand « vos affaires seront en meilleur état. »

Un an devant que de mourir, Ninon, qui alloit quelquefois jouer du luth chez lui, car il aimoit fort la musique et faisoit souvent des concerts, lui demanda un jour de fête s'il avoit été à la messe. « Il y auroit, ré- « pondit-il, plus de honte à mon âge de mentir, que

---

(1) Marie d'Hautefort fut aimée de Louis XIII, après la retraite de mademoiselle de La Fayette. Elle épousa en 1646 Charles, depuis maréchal de Schomberg.

« de n'avoir point été à la messe. Je n'y ai point été au-
« jourd'hui. » Elle lui donna un ruban jaune qu'il
porta je ne sais combien de jours à son chapeau.

Il fut se promener à Rambouillet au faubourg Saint-
Antoine (1), et de si loin qu'il put être ouï du maître
du logis, il lui cria : « Monsieur, je vous révère, je vous
« adore; mais il ne fait point chaud aujourd'hui, je vous
« prie, n'ôtons point notre chapeau. »

Sa plus grande, ou plutôt sa seule incommodité,
étoit une rétention d'urine. Ce fut ce qui le tua; car
voyant, en 1649, le Roi sorti de Paris et le blocus se
former, par une complaisance hors de propos pour la
cour, il en sortit aussi. Peut-être cette étourdie de madame de Sacy le lui fit-elle faire. Comme il n'avoit
point son chirurgien ordinaire, sa rétention l'incom-
modant, il fallut se faire sonder par le premier chirurgien de village, qui le blessa; et la gangrène s'y mit.
Ce fut auprès de Meaux, dans une petite maison de ce
M. Dupuis. Il se résolut fort constamment à la mort,
et fit tout ce qu'on a accoutumé de faire.

Une heure avant que de mourir, il se promena par la
chambre, et pria la Dupuis de lui fermer les yeux et la
bouche, et de lui mettre un mouchoir sur le visage, dès
qu'il commenceroit à agoniser, afin qu'on ne vît point
les grimaces qu'il feroit.

Il ne fut pas plus tôt mort, que madame de Sacy ne
vécut plus bien avec sa mère. Pour son mari, elle le
traita comme un je ne sais qui; aussi est-ce un fort sot
homme (2). On l'a vu autrefois sur un bidet, suivi pour

(1) A la maison du financier Rambouillet.
(2) Elle le connoissoit bien, à ce qu'elle dit, mais elle ne put éviter de
l'épouser : il a bien eu sa revanche depuis. (T.)

tout train de son beau-frère le page. Il alla une fois chez madame de Montausier qui logeoit alors en ce quartier-là, en habit de taffetas noir, avec une grande estocade et de grosses bottes. Je lui ai ouï dire que le bailli du faubourg, qui étoit fort mal quand le bon homme mourut, eut une si grande appréhension de ne lui survivre pas pour persécuter les siens, que sa fièvre en redoubla, et qu'il en fut expédié quelques jours plus tôt.

Madame de Sacy a été élevée comme vous pouvez penser : elle n'est point jolie; mais comme elle a l'esprit vif, et qu'elle est fort médisante, les vieux débauchés, comme le maréchal de Gramont, le marquis de Mortemart (1) et M. de Turenne même, la trouvoient fort à leur goût. Le seul Mortemart a persévéré; il lui a montré à chanter (2); elle réussit assez bien aux airs italiens. On dit pourtant qu'Ondedei étoit l'effectif, même sur la fin de la vie du bon homme; mais le marquis (car nonobstant son brevet, M. de Mortemart c'est *M. le marquis* sans queue (3)), est encore aujourd'hui celui dont on parle.

A la seconde guerre de Paris, il ne suivit point la cour, et sa femme fut contrainte de déclarer à la Reine

---

(1) Gabriel de Rochechouart, marquis de Mortemart, créé duc de Mortemart par lettres-patentes de décembre 1650, enregistrées au parlement le 15 décembre 1663. C'est le père de madame de Montespan.

(2) Il chante aussi bien que qui que ce soit, et s'en pique. Cela est pourtant ridicule à son âge, et avec son cordon bleu et son brevet de duc. Il compose même et fait des airs. (T.)

(3) C'est-à-dire que chez madame de Sacy on appeloit M. de Mortemart, *M. le Marquis*, nonobstant son brevet de duc. « Quand on « dit *monsieur*, sans queue, on entend le maître de la maison. » (*Dict. de Trévoux.*)

que c'étoit pour une madame de Sacy qu'il étoit demeuré. Elle vit le plus plaisamment du monde avec lui, lui parle comme à un je ne sais qui. Il y fut un jour; elle étoit seule : « Je viens, dit-il, dîner avec vous. — « Je n'ai rien à vous donner, répondit-elle ; voyez si « cette poule qui est dans ce pot est cuite. » Il y regarde avec un bâton; elle la lui fait tirer, et ils se mettent là à manger tous deux fort malproprement. Elle dit qu'il ne faut point avoir de cuisinier; que pour elle, si sa demoiselle plumoit mieux une volaille que ses autres gens, elle la lui feroit plumer, et qu'il faut que chacun fasse ce qu'il fait le mieux. Je ne crois pas que le marquis donne grand'chose, car il a la réputation d'être fort avare.

Depuis deux ans cette jeune femme a un ulcère ; elle souffre comme un roué. Mortemart lui a rendu et lui rend encore tous les soins dont il peut s'aviser. Un certain abbé de Villiers, voisin de la dame, lui a donné de la jalousie, et tous deux ont fait à l'envi. Ils y vont tous les jours. Ce qui a fait tant parler, c'est que Sacy, qui aime à *chopiner*, chassoit tout le monde, hors ces deux hommes. C'est un fripon fieffé, un félon, un ridicule. En présence de cette femme il dit ce qu'il fera quand elle sera morte; il querelle déjà la mère. On dit qu'il n'y a eu que de l'imprudence à la vie de cette femme ; Mortemart n'en a rien eu, à ce que disent ses gens, qui en savent bien des nouvelles. Ce qu'il y a à dire contre elle, c'est qu'encore moribonde comme elle est, elle se mêle de changer les officiers de Mortemart, et entretient toujours la discorde entre le mari et la femme, car elle lui a fait ôter toute la conduite de la maison. On dit que Mortemart lui a donné, mais moins que l'abbé de Villiers. Mortemart fut près de cinq ans amoureux de sa femme comme il l'étoit avant que de l'épouser. C'étoit une fille de la Reine qu'il prit par amour. (1). Après il s'enflamma d'une femme-de-chambre de la Reine, qui est aujourd'hui madame de Niert. Une autre, nommée Villeflin, lui succéda : elle chantoit; et ensuite est venue madame de Sacy. Il y a douze ans que cela dure. Il lui rend tous les soins imaginables.

M. DE GUISE, FILS DU BALAFRÉ (2).

Quand M. de Guise eut le gouvernement de Provence, après la mort du Grand Prieur, bâtard de Henri II, il trouva à Marseille une fille dont il devint amoureux. C'étoit la fille de cette belle Châteauneuf de Rieux, qui avoit été aimée par Charles ix (3), qu'Henri iii avoit eu quelque envie d'épouser, et qui, après n'avoir pas voulu épouser le prince de Transylvanie (car

(1) Diane de Grandseigne, duchesse de Mortemart. Elle mourut à Poitiers en 1666.

(2) Charles de Lorraine, duc de Guise, né le 20 août 1571, mort en 1640.

(3) Le comte de Tonnerre avoit fait peindre la belle de Châteauneuf sur un trône, et lui humilié devant elle qui lui mettoit le pied sur la gorge. (T.)

Cette belle Châteauneuf ne seroit-elle pas la maîtresse de Charles ix dont Dreux du Radier a vainement cherché le nom? (*Voyez* les *Anecdotes des Reines et Régentes*, Paris, 1808, tom. 5, pag. 30.)

l avoit envoyé demander une fille de la cour de France), épousa Altoviti-Castellane, capitaine de galères. Les Altoviti sont une famille de Florence, dont une branche a été transplantée dans le Comtat d'Avignon. Or, cette madame de Castellane étant accouchée à Marseille, elle fit tenir sa fille sur les fonts par la ville de Marseille même. On lui donna le nom de Marcelle, une de leurs saintes, et aussi peut-être parce que ce nom approchoit de celui de la ville. Insensiblement, quand cette fille, n'ayant plus ni père ni mère, vint demeurer à Marseille avec une de ses tantes, le peuple l'appela *mademoiselle de Marseille,* au lieu de mademoiselle Marcelle. C'étoit une personne de la meilleure grâce du monde, de belle taille, blanche, les cheveux châtains, qui dansoit bien, qui chantoit, qui savoit la musique jusqu'à composer, qui faisoit des vers, et dont l'esprit étoit extrêmement adroit, fière, mais civile; c'étoit l'amour de tout le pays. Le Grand Prieur en avoit été épris; plusieurs personnes de qualité l'eussent épousée; elle quitta tout cela pour M. de Guise.

Sa naissance, sa grandeur, son air agréable, car il étoit, quoique camus et petit, de fort bonne mine et fort aimable, la charmèrent. Cette galanterie dura quelques années; mais quoiqu'on crût qu'elle lui avoit accordé les dernières faveurs, elle vivoit pourtant d'un air si noble, qu'on pouvoit croire qu'elle prétendoit à l'épouser, car il étoit encore à marier. Elle eut enfin quelque soupçon, et lui du dégoût. Elle eut assez de fierté pour le prévenir et pour rompre la première. Il part et vient à la cour. Elle fit ces deux couplets de chanson, et y mit un air :

> Il s'en va ce cruel vainqueur,
> Il s'en va plein de gloire ;
> Il s'en va méprisant mon cœur,
> Sa plus noble victoire ;
> Et malgré toute sa rigueur,
> J'en garde la mémoire.
>
> Je m'imagine qu'il prendra,
> Quelque nouvelle amante ;
> Mais qu'il fasse ce qu'il voudra,
> Je suis la plus galante.
> Le cœur me dit qu'il reviendra,
> C'est ce qui me contente.

Pour le temps, je ne crois pas qu'on en pût trouver de meilleurs, et même aujourd'hui on ne voit guère rien de plus achevé. Voyant qu'il ne revenoit point, le chagrin la prit, elle tomba malade, et cette maladie dura un an. Elle vendit, car elle n'avoit point de bien, tout ce qu'elle avoit de bijoux ; M. de Guise en fut averti, et qu'elle cachoit sa nécessité à tout le monde ; il lui envoya offrir dix mille écus. Elle dit au gentilhomme qui disoit les avoir tout prêts, qu'elle remercioit M. de Guise, qu'elle ne vouloit rien prendre de personne, et encore moins de lui que d'un autre ; qu'elle n'avoit guère à vivre, et qu'en cet état-là elle se pouvoit passer de tout le monde. Il y a apparence que cela augmenta son mal ; elle mourut la nuit suivante, et on ne lui trouva qu'un sou de reste. La ville la fit enterrer à ses dépens dans l'abbaye de Saint-Victor. Vingt-cinq ou trente ans après, comme on regarda dans le tombeau où on l'avoit mise, on y trouva son corps tout entier ; le peuple vouloit que ce fût une sainte, quand un vieux religieux alla regarder le registre, et trouva que c'étoit la maîtresse de M. de Guise.

Au combat contre les Rochellois, le feu se prit au vaisseau de M. de Guise. Feu M. de La Rochefoucauld lui vint dire : « Ah ! monsieur, tout est perdu. «—Tourne, tourne, dit-il au pilote, autant vaut rôti que « bouilli. »

On conte des choses assez plaisantes de ses amourettes (1). Il étoit couché avec la femme d'un conseiller du parlement, quand le mari arriva de grand matin à l'improviste. Le galant se sauve dans un cabinet, mais il oublie ses habits. La femme ôte vite le collet du pourpoint et ce qu'il y avoit dans les pochettes. Le mari demande à qui étoient ces habits. « Une reven- « deuse, lui dit-elle, les a apportés, elle dit qu'on les « aura à bon marché ; regardez s'ils vous sont bons ; « ils vous serviront à la campagne. » Il met l'habit, et étant pressé d'aller au palais, il prend sa soutane par-dessus et s'en va. Le galant prend ceux du mari et s'en va au Louvre. Henri IV le regarde, et M. de Guise lui conte l'histoire. Le Roi envoie un exempt ordonner au conseiller de le venir trouver. Le conseiller, bien étonné, vient ; le Roi le tire à part, lui parle de cent choses, et en causant lui déboutonnoit sa soutane sans faire semblant de rien. L'autre n'osoit rien dire ; enfin tout d'un coup le Roi s'écrie : « Ventre saint-gris ! voilà l'habit « de mon cousin de Guise. »

Une autre fois il dit à feu M. de Gramont qu'il avoit eu les dernières faveurs d'une dame qu'il lui nomma (le fils lui ressemble bien). M. de Gramont, quoique grand causeur, n'en dit rien. Quelques jours

---

(1) Je sais cela d'un parent de la dame, mais il ne l'a jamais voulu nommer. (T.)

après M. de Guise l'ayant rencontré, lui dit : « Monsieur, « il me semble que vous ne m'aimez plus tant; je ne « vous avois dit que j'avois eu tout ce que je voulois « d'une telle, qu'afin que vous l'allassiez dire, et vous « n'en avez pas dit un mot. »

Une autre fois il fit bien pis, car ayant recherché une dame fort long-temps, et enfin étant couché avec elle, le matin de bonne heure il avoit de l'inquiétude et ne faisoit que se tourner de côté et d'autre; elle lui demanda ce qu'il avoit : « C'est, dit-il, que je vou- « drois déjà être levé pour l'aller dire. »

Il contoit qu'un soir M. de Créqui lui donna une ha- quenée pour se retirer, et que cette haquenée, qui avoit accoutumé de porter son maître chez une dame, ne man- qua pas d'y aller; que là on le prit pour M. de Créqui, et que, sans trop de lumière, on le mena, son manteau sur le nez, par un escalier dérobé, dans une chambre où on le laissa; puis que la dame y vint et qu'il profita de l'occasion. Il en donnoit un peu à garder.

Il avoit épousé la fille de M. Du Bouchage, frère de M. de Joyeuse, le favori. Elle étoit veuve de M. de Mont- pensier (1), dont elle n'avoit eu que feue Madame (2). Cette madame de Guise étoit une fort honnête femme et fort dévote. Or le feu comte de Fiesque étoit un grand dévot et l'ami de madame de Guise. On deman- doit un jour à M. de Guise : « Que feriez-vous si

(1) Un M. de Montpensier, aîné du père de celui-ci, mais qui n'eut point d'enfants, par je ne sais quelle bizarrerie, étant prince et marié, alloit toujours vêtu de long. (T.) C'est-à-dire en habit long, en robe et simarre.

(2) Première femme de Gaston, duc d'Orléans, et mère de mademoi- selle de Montpensier.

« vous les trouviez couchés ensemble? — Je ferois
« sonner, dit-il, toutes les cloches des environs de
« l'hôtel de Guise, comme si les *pardons* étoient chez
« nous. »

De Florence, où il s'étoit retiré du temps du cardinal de Richelieu, il écrivoit au maréchal de Bassompierre dans la Bastille : « Je suis *ici* pour n'être pas *là*. »

Le comte de Fiesque d'aujourd'hui passant à Florence, M. de Guise lui dit : « Comte, dis un peu à
« M. le Grand-Duc (c'étoit en sa présence) combien il
« y a de lapins dans la garenne de Saint-Germain, car
« il ne me veut pas croire. — Mais, monsieur, dit le
« comte, le moyen de dire cela? — Eh! reprit M. de
« Guise, à cinq ou six près, cela n'importe. »

Il étoit grand rêveur et grand menteur. Boisrobert soutient pourtant qu'il y avoit de l'affectation, et qu'il l'y avoit surpris : en voici un exemple qui pourroit bien être de ce nombre, mais qui ne laisse pas d'être fort joli et fort obligeant. Le Fouilloux (¹) avoit dit à M. de Guise une épigramme de Gombauld qui lui avoit plu extrêmement. Le duc se promène quelque temps, et puis tout-à-coup appelant le gentilhomme : « N'y auroit-il point moyen, lui dit-il, de faire en sorte
« que j'eusse fait cette épigramme? »

Il avoit pourtant de qui tenir pour être rêveur, car sa mère l'étoit honnêtement. Un jour elle entendit fort

---

(1) On conte de ce Fouilloux qu'étant nouveau venu de sa province de Saintonge, les filles de la Reine le prirent pour un bon campagnard; il n'étoit pourtant pas si niais. Elles lui demandèrent bien des choses à quoi il répondit en innocent. « Eh! ma compagne, qu'il est bon! se
« disoient-elles l'une à l'autre. — Mais à quoi vous divertissez-vous dans
« votre voisinage? — Eh! dit-il, je nous entre-f..... » Les voilà toutes à fuir : depuis elles ne se jouèrent plus à lui. (T.)

louer les ouvrages de Malherbe, qui étoit nouvellement arrivé à la cour. Quelque temps après, elle vit un homme en quelque lieu qu'elle prit pour Malherbe, et le pria extrêmement de la venir voir. C'étoit un orfèvre qui crut qu'elle vouloit quelques pierreries, et lui dit qu'il lui apporteroit donc de ses ouvrages. « Monsieur, je vous en prie, » ajouta-t-elle, et lui fit bien des civilités. Cet homme va le lendemain à l'hôtel de Guise, mais il ne fut pas plus tôt dans la chambre qu'elle reconnut sa bévue.

M. de Guise dit un jour à son cocher : « Mène-moi « partout où tu voudras, pourvu que j'aille chez M. le « Nonce et chez M. de Lomenie. » Il alla d'abord chez le dernier, qu'il prit toujours pour M. le Nonce, et il ne vouloit pas souffrir que M. de Lomenie le conduisît.

Il mentoit, et souvent à force de dire un mensonge, il croyoit ce qu'il disoit. Un jour lui, M. d'Angoulême et M. de Bassompierre jouoient à qui diroit la plus grande menterie. M. de Guise dit : « J'avois une le« vrette qui, courant après un lièvre, se jeta dans des « ronces ; une ronce coupa le corps de la levrette par « le milieu, et la partie de devant alla happer le lièvre. » M. d'Angoulême dit qu'il avoit un chien courant qui arrêtoit les hérons, puis qu'on les terrassoit, et que des masses il avoit fait bâtir Gros-Bois. « Pour moi, dit « M. de Bassompierre, je me donne au diable si ces « messieurs ne disent vrai. »

M. de Guise étoit libéral. Le président de Chevry lui envoya par Corbinelli (1), son commis, cinquante mille

(1) Raphaël Corbinelli, père de Jean Corbinelli, qui a été plus célèbre par l'amitié que lui portoit madame de Sévigné, que par les ouvrages qu'il a laissés. Raphaël, secrétaire du maréchal d'Ancre, fut enveloppé

livres qu'il lui avoit gagnées. Il y avoit dix mille livres en écus d'or. Quand tout fut compté, il voulut donner quelque chose à Corbinelli, et il lui donna le plus petit sac, sans songer que c'étoit l'or. Corbinelli, sur-le-champ, n'y fait pas non plus de réflexion; mais, arrivé chez lui, il fut surpris en voyant ces écus d'or. Il retourne auprès de M. de Guise, et lui dit qu'il s'est trompé. M. de Guise lui répondit: « Je voudrois qu'il
« y en eût davantage; il ne sera pas dit que le duc de
« Guise vous a ôté ce que la fortune vous avoit donné(1). »

LE CHEVALIER DE GUISE,

FRÈRE DU PRÉCÉDENT.

On dit que le chevalier de Guise allant un jour voir une dame à qui il demanda s'il ne l'incommodoit point: « Non dit-elle, monsieur, je m'entretenois avec mon « *individu*. » Voilà un étrange style! Peu de temps après, il se leva, et croyant que c'étoit quelque homme d'affaires avec qui elle s'entretenoit: « Madame, lui dit-
« il, je ne veux pas vous interrompre, vous pourrez,

---

dans sa disgrâce. (*Voyez* le *Mercure français*, tom. 4, deuxième partie, pag. 205.)

(1) *Variante du manuscrit*: « Les gens de notre maison ne se repen-
« tent jamais de leurs libéralités. »

« quand il vous plaira, reprendre où vous en étiez avec
« votre *individu*. »

On dit qu'une fois qu'il vouloit entrer dans une chambre, et qu'il eut dit que c'étoit le chevalier de Guise :
« Mais il y a encore quelqu'un avec vous. — Non, dit-
« il, je vous jure, nous ne sommes qu'un. »

Le chevalier se confessa une fois d'aimer une femme et d'en jouir. Le confesseur, qui étoit un jésuite, dit qu'il ne lui donneroit point l'absolution, s'il ne promettoit de la quitter. « Je n'en ferai rien, » dit-il. Il s'obstina tant, que le Jésuite dit qu'il falloit donc aller devant le Saint-Sacrement demander à Dieu qu'il lui ôtât cette obstination; et, comme ce bon Père conjuroit le bon Dieu, avec le plus grand zèle du monde, de déraciner cet amour du cœur du jeune prince, le chevalier s'enfuyant le tira par la robe : « Mon père, mon
« père, lui dit-il, n'y allez pas si chaudement; j'ai peur
« que Dieu ne vous accorde ce que vous lui deman-
« dez. »

Le chevalier répondit pourtant fort bien à feu M. de Rohan, qui, parlant de livres devant la Reine, dit que pour M. le chevalier de Guise, il n'avoit pour tout livre que les Quatrains de Pibrac. « Il a raison, dit-il,
« madame, c'est qu'il sait bien que je suis *juste et droit*
« *et en toute saison*(1). »

Il étoit brave, beau, bien fait, et d'une bonne mine; et quoiqu'il eût l'esprit fort court, sa maison, son air agréable, sa valeur et sa bonté (car il étoit bienfaisant) le faisoient aimer de tout le monde.

(1) Il y a dans les Quatrains :

Sois juste et droit et en toute saison ;
De l'innocence prends en main la raison.

Véritablement il tua un peu en prince, et à la manière de son frère aîné (1), le baron de Lux (2) le père ; car il ne lui donna pas le temps de descendre de son carrosse, et ce bon homme avoit encore un pied dans la portière. Il disoit que le baron s'étoit vanté d'avoir su le dessein qu'avoit le Roi de faire tuer M. de Guise à Blois (3). La Reine-mère en fut terriblement irritée, et ne vouloit voir pas un de sa race. Le baron étoit bien avec le maréchal d'Ancre, et de plus il sembloit que messieurs de Guise voulussent faire entendre aux gens qu'il n'étoit pas permis d'être participant d'aucun dessein contre la grandeur de leur maison. Enfin cela s'apaisa. Pour le fils du baron de Lux, il le tua de galant homme.

Il se mit étourdiment sur un canon qu'on éprouvoit ; le canon creva et le tua.

(1) M. de Guise ne donna pas loisir à Saint-Paul de mettre l'épée à la main. (T.) C'est ce qu'on appelle un assassinat.

(2) Edme de Malain, baron de Lux, lieutenant du Roi en Bourgogne.

(3) Ce n'étoit qu'un prétexte ; on vouloit se défaire à tout prix du baron de Lux. On lit de très-curieux détails sur cette affaire dans les *Mémoires de Fontenay-Mareuil*, tom. 5o, pag. 199 de la première série de la Collection des Mémoires relatifs à l'histoire de France.

LE BARON DU TOUR.

Le baron Du Tour n'étoit pas de si bonne maison qu'il le vouloit faire accroire. Son grand-père ou son bisaïeul avoit changé le nom de *Cochon* (1), qui étoit le nom d'un bourgeois de Reims dont il sortoit, en celui de Maupas. Il a été ambassadeur en Angleterre. Mais comme c'étoit un homme fort dévot, il en partit un jour *incognito* pour se trouver à une dévotion de sa famille, et s'en retourna de même. Il étoit grand aumônier. Tous les jours on lui mettoit cent sols dans sa pochette, et quand il avoit tout donné, s'il rencontroit un pauvre, il lui donnoit ou ses gants, ou son mouchoir, ou son cordon. Il mourut dans l'habit de Saint-François, après avoir été surnommé *le père des pauvres*, qui lui firent faire un tombeau à leurs dépens. Cependant un homme comme je viens de le représenter se battoit en duel à dépêche-compagnon. Il étoit brave au dernier point. Au siége d'Amiens, je ne sais quel rodomont d'Espagnol envoya demander

(1) Il s'appeloit Cauchon, et il prit un surnom, comme c'étoit alors l'usage. Charles Cauchon de Maupas, baron Du Tour, étoit né en 1566. Son père étoit grand-fauconnier de Henri IV, lorsque ce prince n'étoit que roi de Navarre. Il devint conseiller d'État, et fut chargé de plusieurs ambassades. On a publié à Reims, en 1638, quelque poésies du baron Du Tour.

à faire le coup de pistolet en présence du Roi. Le baron Du Tour se trouva là tout armé et la visière baissée, et comme chacun se regardoit pour attendre l'ordre du Roi, il monta à cheval, sans toucher les étriers, et avant qu'on l'eût reconnu, l'Espagnol étoit à bas. Avant cela, il fit belle peur à feu M. de Guise à Reims, car il mit l'épée à la main pour défendre Saint-Paul, et sans quelqu'un qui l'arrêta, il alloit venger son ami. L'évêque du Puy, ci-devant premier aumônier de la Reine (1), et madame de Joyeuse de Champagne, dont nous parlerons ailleurs, étoient ses enfants.

M. DE VAUBECOURT.

Voici un homme qui ne ressemble pas trop au baron Du Tour. M. de Vaubecourt de Champagne, grand-père de celui d'aujourd'hui, étoit brave, mais cruel. Quand il prenoit des prisonniers, il les faisoit tuer par son fils (2) qui n'avoit que dix ans, pour l'accoutumer de bonne heure au sang et au carnage. Cela me fait souvenir d'un gentilhomme d'auprès de Saumur, qui, quand il est bien en colère contre quelque paysan, lui dit : « Je ne te veux pas battre, je ne te bat-

---

(1) Henri de Cauchon de Maupas Du Tour, évêque du Puy en 1641, fut transféré en 1661 à l'évêché d'Évreux. On a de luiune *Vie* de saint François de Sales et d'autres ouvrages.

(2) Qui est gouverneur de Châlons et l'a été de Perpignan, et qui est lieutenant de roi des Trois-Évêchés. (T.)

« trois pas assez, mais je te veux faire battre par mon
« fils. » Ce fils de M. de Vaubecourt en fut payé, car
il eut une jambe emportée devant Javarin en Hongrie.

Celui dont nous parlons étoit gouverneur de Châlons. Il rançonnoit tous les villages et prenoit tant de chacun pour les exempter de gens de guerre. Il mettoit familièrement des étiquettes sur des sacs qui portoient le nom de chaque paroisse, avec un bordereau de ce qui lui étoit encore dû. La maison-de-ville lui emprunta de l'argent, il l'envoya, sans daigner ôter ces étiquettes. Le lieutenant de Châlons, parlant un jour avec lui des désordres des gens de guerre, lui disoit bonnement : « Monsieur, il y a long-temps qu'on
« en use ainsi. Vous souvient-il d'un régiment que
« vous aviez en votre jeunesse, qu'on appeloit *happe-*
« *tout?* » Il aimoit si fort l'argent, qu'un peu avant de mourir, il se fit apporter tout son or sur son lit, et disoit en passant les mains dedans : « Hélas ! faut-il que
« je vous quitte (1) ! » Sa femme étoit dévote, et, croyant faire quelque chose pour le salut de son mari, comme il étoit en pamoison, elle lui fit vêtir l'habit de Saint-François. Quand il revint et qu'il se trouva en cet habit, il se mit à renier comme un diable, et disoit :
« Voulez-vous que j'aille en paradis en masqué ? » et trépassa en ce bon état.

(1) Ceci rappelle les regrets que Brienne fait si bien exprimer au cardinal Mazarin dans sa dernière maladie. (*Mémoires de Brienne*, 1828, tom. 2, pag. 127.)

ROCHER PORTAIL.

Rocher Portail s'appeloit en son nom Gilles Ruelland ; il étoit natif d'Antrain, village distant de six lieues de Saint-Malo. Il servoit un nommé Ferrière, marchand de toiles à faire des voiles de navires (1), et ne faisoit autre chose que de conduire deux chevaux qui portoient ces voiles à une veuve de Saint-Malo ; associée à Ferrière.

Il disoit que la première fois qu'il mit des souliers à ses pieds (il avoit pourtant de l'âge), il en étoit si embarrassé qu'il ne savoit comment marcher. Comme il étoit naturellement ménager, il épargnoit toujours quelque chose, et son maître ayant pris une sous-ferme des impôts et billons de quelque partie de l'évêché de Saint-Malo, lui et quelques-uns de ses camarades sous-affermèrent quelques hameaux. Il n'avoit garde de se tromper, car il savoit, à une pinte près, ce qu'on buvoit en chaque village de cette sous-ferme, soit de cidre, soit de vin.

Son maître vint à mourir. Lui se maria en ce temps-là avec la fille d'une fruitière de Fougères, femme-de-chambre de madame d'Antrain. La veuve associée de

(1) On appelle ces toiles de la noyale. (T.) Elles prennent leur nom de Noyal-sur-Vilaine, bourg situé auprès de Vitré, où on les fabrique.

son maître, considérant que M. de Mercœur tenoit encore la Bretagne et que M. de Montgommery, qui étoit du parti du Roi, avoit Pontorson, conseille à Gilles Ruelland de faire trafic d'armes et de tâcher d'avoir passe-ports des deux partis. Elle prend trois cents écus qu'il avoit amassés et lui donne des armes pour cela. En peu de temps il y gagna quatre mille écus; mais la paix s'étant faite, il fallut changer de métier. Il disoit en contant sa fortune, car il n'étoit point glorieux, que quand il se vit ces quatre mille écus, il croyoit, tant il étoit aise, que le Roi n'étoit pas son cousin.

Il arriva en ce temps-là que des gens de Paris ayant pris la ferme des impôts et billons, on leur donna avis qu'il y falloit intéresser Rocher Portail, qu'il connoissoit jusques aux moindres hameaux des neuf évêchés. Pour lui, il a avoué depuis ingénument qu'on lui faisoit bien de l'honneur; qu'à la vérité, pour Rennes et Saint-Malo, il en savoit tout ce qu'on peut en savoir, et un peu de Nantes; mais que pour le reste il n'en avoit connoissance aucune. Il s'abouche avec ces gens-là : « Vous êtes quatre, leur dit-il, je veux un cinquième « au profit et non à la perte, mais je ferai toutes les « poursuites à mes dépens. » Ils en tombèrent d'accord. En moins de quatre ans, il les désintéressa tous et demeura seul. Il eut ces fermes-là vingt-quatre ans durant, au même prix, et, au bout de ces vingt-quatre ans, on y mit six cent mille livres d'enchère, qui fut couverte par lui. Regardez quel gain il pouvoit y avoir fait. Il fit encore plusieurs autres bonnes affaires, car il étoit aussi de tout. Il portoit toujours beaucoup d'or sur lui, et avoit toujours quatre pochettes. Il récompensoit libéralement tous ceux qui lui donnoient avis de quelque chose.

Avec cela il étoit heureux. En voici une marque. Il alla à Tours, où le Roi étoit. A peine y fut-il que des gens de Lyon le viennent trouver, lui disent qu'ils pensoient à une telle affaire, qu'ils n'ignoroient pas que, s'il vouloit y penser, il l'empêcheroit, mais qu'il leur feroit un grand préjudice, et, pour le dédommager, ils lui offroient dix mille écus. La vérité est qu'il n'y pensoit pas, mais il feignit d'être venu pour cela à la cour, et ne les en quitta pas à moins de trente mille écus.

On l'appela Rocher Portail, du nom de la petite terre qu'il acheta et où il fit bâtir. Il acquit encore la baronie de Tressan, et la terre de Montaurin. Il laissa deux garçons, et plusieurs filles toutes bien mariées. La dernière eut cinq cent mille livres en mariage, et épousa M. de Brissac, dont nous parlerons ailleurs (1). Il mourut un peu avant le siége de La Rochelle. C'étoit un homme de bonne chère et aimé de tout le monde. Le Pailleur (2), à qui Rocher Portail a conté tout ce que je viens d'écrire, dit que cet homme, malgré toute son opulence, avoit encore quelques bassesses qui lui étoient restées de sa première fortune; car, dans une lettre qu'il écrivoit sa femme, qu'elle donna à lire au Pailleur (Rocher Portail n'avoit appris à lire et à écrire que fort tard, et

---

(1) François de Cossé, duc de Brissac, mort le 3 décembre 1651, avoit épousé Guyonne Ruelan, fille de Gilles, sieur du Rocher Portail, et de Françoise de Miolaix. De ce mariage sont sortis les ducs de Brissac et les comtes de Cossé.

(2) *Voyez* dans l'article de la maréchale de Thémines, des détails curieux sur Le Pailleur.

il faisoit l'un et l'autre pitoyablement), il parloit d'un veau qu'il vouloit vendre et d'autres petites choses indignes de lui.

Il y avoit en ce temps un tanneur, Le Clerc, à Meulan, où il y a d'excellentes tanneries, qui devint aussi prodigieusement riche, sans prendre aucune ferme du Roi, car il ne se mêla jamais que de son métier et de vendre des bestiaux.

Il se nommoit Nicolas Le Clerc, et, quoiqu'il se fût fait enfin secrétaire du Roi, on ne l'appela jamais autrement. Il maria une de ses filles à M. de Sanceville, président à mortier au parlement de Paris; une autre à M. Des Hameaux, premier président de la chambre des comptes de Rouen; et les autres de même. Il laissa un fils fort riche, qu'on appela M. de Lesseville, d'une terre auprès de Meulan, que le père avoit achetée. Il étoit maître des comptes, à Paris, et est mort depuis peu; il avoit soixante mille livres de rente.

LE CONNÉTABLE DE LUYNES (1),

M. ET MADAME DE CHEVREUSE ET M. DE LUYNES.

M. le connétable de Luynes étoit d'une naissance fort médiocre. Voici ce qu'on en disoit de son temps (2). En une petite ville du Comtat d'Avignon, il y avoit un chanoine nommé Aubert (3). Ce chanoine eut un bâtard qui porta les armes durant les troubles. On l'appeloit

---

(1) Charles d'Albert, duc de Luynes, né le 5 août 1578, mort le 14 décembre 1621.

(2) On lit des détails analogues à ceux que donne Tallemant, dans les Mémoires du cardinal de Richelieu, sous l'année 1614. (V. ces *Mémoires*, t. 10, pag. 354 et tom. 21 *bis*, pag. 212, de la 2ᵉ série de la Collection des Mémoires relatifs à l'histoire de France.) Cette partie de Mémoires, sous le titre de l'*Histoire de la mère et du fils*, a été publiée à Amsterdam, comme l'ouvrage de Mézerai. M. Monmerqué possède un manuscrit de ce dernier ouvrage en 2 vol. in-4°, qui porte de nombreuses corrections de la main du cardinal. Il est intitulé : *l'Histoire de la mère et du fils, c'est-à-dire de Marie de Médicis, femme du grand Henri et mère de Louis* XIII. La maison de Luynes a la prétention de descendre d'une famille Alberti de Florence. On peut voir dans le Moreri tout l'échafaudage généalogique qui a été dressé pour établir les temps fabuleux de cette maison. L'opinion commune, conforme à celle des contemporains, est que le connétable de Luynes étoit un fort petit gentilhomme. On peut voir aussi, sur les commencements de sa fortune, les Mémoires de Fontenay-Mareuil, tom. 50, p. 131, de la 1ʳᵉ série des Mémoires relatifs à l'histoire de France.

(3) Suivant le cardinal Richelieu, ce chanoine s'appeloit Guillaume Ségur, et *Aubert* ou *Albert* étoit le nom de la concubine.

le capitaine Luynes, à cause peut-être de quelque chaumière qui se nommoit ainsi. Ce capitaine Luynes étoit homme de service. Il eut le gouvernement du Pont-Saint-Esprit, puis de Beaucaire, et mena deux mille hommes des Cévennes à M. d'Alençon en Flandre. Au lieu de *Aubert*, il signa *d'Albert*. Il fit amitié avec un gentilhomme de ces pays-là nommé Contade, qui connoissoit M. le comte Du Lude (1), grand-père de celui d'aujourd'hui, fit en sorte que le fils aîné de ce capitaine Luynes fut reçu page de la chambre, sous M. de Bellegarde. Après avoir quitté la livrée, ce jeune garçon fut ordinaire (2) chez le Roi. C'était quelque chose de plus alors que ce n'est à cette heure. Il aimoit les oiseaux et s'y entendoit. Il s'attachoit fort au Roi, et commença à lui plaire en dressant des pies-grièches.

La Reine-mère et le maréchal d'Ancre, qui avoient éloigné le grand prieur de Vendôme, et ensuite le commandeur de Souvré (3) d'aujourd'hui, puis Montpouillun, fils du maréchal de La Force, parce que le Roi leur avoit témoigné de la bonne volonté, ne se défièrent point de ce jeune homme qui n'étoit point de naissance.

Il avoit deux frères avec lui. L'un se nommoit Brante, et l'autre Cadenet. Ils étoient tous trois beaux

(1) C'est ce qui fut cause que le comte Du Lude, après M. de Brèves, fut gouverneur de M. d'Orléans; puis le maréchal d'Ornano le fut, et ensuite M. de Bellegarde eut soin de sa conduite, sans qualité de gouverneur. (T.)

(2) Ordinaire, c'est-à-dire gentilhomme ordinaire de la chambre du Roi.

(3) Jacques de Souvré, fils de Gilles de Souvré, maréchal de France. Il devint grand-prieur de France, en 1667. C'est lui qui a fait bâtir le palais du Temple. Le nom de cette maison s'écrivoit *Souvré*, nous avons sous les yeux une quittance signée par le maréchal; mais il est souvent écrit *Souvray* dans les Mémoires du temps.

garçons. Cadenet, depuis duc de Chaulnes et maréchal de France, avoit la tête belle et portoit une moustache que l'on a depuis appelée une *cadenette*. On disoit qu'à tous trois ils n'avoient qu'un bel habit qu'ils prenoient tour à tour pour aller au Louvre, et qu'ils n'avoient aussi qu'un bidet. Leur union cependant a fort servi à leur fortune.

M. de Luynes fit entreprendre au Roi de se défaire du maréchal d'Ancre, afin de l'engager à pousser la Reine sa mère; mais le Roi avoit si peur, et peut-être son favori aussi, car on ne l'accusoit pas d'être trop vaillant, ni ses frères non plus, qu'on fit tenir des chevaux prêts pour s'enfuir à Soissons, en cas qu'on manquât le coup.

On chantoit entre autres couplets celui-ci contre eux :

> D'enfer le chien à trois têtes
> Garde l'huis avec effroi,
> En France trois grosses bêtes
> Gardent d'approcher le Roi.

De Luynes, tout puissant, épouse mademoiselle de Montbazon, depuis madame de Chevreuse (1): Le vidame d'Amiens, qui pouvoit faire épouser à sa fille, héritière de Pequigny, M. le duc de Fronsac, fils du comte de Saint-Paul, aima mieux, par une ridicule ambition, la donner à Cadenet, et le prince de Tingry donna sa fille à Brante, qu'on appela depuis cela M. de Luxembourg. Il mourut jeune.

On dit que le connétable disoit, allant faire la guerre aux Huguenots, qu'au retour il apprendroit l'art militaire de la guerre. M. de Chaulnes, à Saint-Jean-

---

(1) Marie de Rohan, morte le 12 août 1679.

d'Angeli, s'arma d'armes si pesantes qu'on disoit qu'il lui avoit fallu donner des potences pour marcher.

Le connétable logeoit au Louvre, et sa femme aussi. Le Roi étoit fort familier avec elle, et ils badinoient assez ensemble; mais il n'eut jamais l'esprit de faire le connétable cocu. Il eût pourtant fait grand plaisir à toute la cour, et elle en valoit bien la peine. Elle étoit jolie, friponne, éveillée, et qui ne demandoit pas mieux. Une fois elle fit une grande malice à la Reine. Ce fut durant les guerres de la religion, à un lieu nommé Moissac, où la Reine ni elle n'avoient pu loger, à cause de la petitesse du château. Madame la connétable, qui prenoit plaisir à mettre martel en tête à madame la Reine, un jour qu'elle y étoit allée avec elle, dit qu'elle vouloit y demeurer à coucher. « Mais il n'y a « point de lits, dit la Reine. — Hé! le Roi n'en a-t-il « pas un, répondit-elle, et M. le connétable un autre? » En effet, elle y demeura, et la Reine non. Et quand la Reine passa sous les fenêtres du château, en s'en allant, car on faisoit un grand tour autour de la montagne où ce château est situé, elle lui cria : « Adieu, madame, « adieu, pour moi je me trouve fort bien ici (1). »

Le connétable avoit fait venir de son pays un jeune homme, fils d'un je ne sais qui, nommé d'Esplan, qui

---

(1) Marie de Rohan, duchesse de Luynes, étoit surintendante de la maison de la Reine; devenue veuve en 1621, elle se remaria avec le duc de Chevreuse, sous le nom duquel elle est célèbre par ses intrigues, et surtout par l'amitié dont Anne d'Autriche l'honora. Celle-ci pouvoit bien avoir ses motifs de ne concevoir aucune inquiétude des empressements du Roi pour la belle connétable. Nous lisons, t. 18, p. 633, du Recueil manuscrit de Conrart (Bibliothèque de l'Arsenal, 902, in-fol.), que Louis XIII disant à madame de Chevreuse qu'il aimoit ses maîtresses de la ceinture en haut, elle lui répondit : « Sire, elles se ceindront donc « comme Gros Guillaume : au milieu des cuisses. »

servoit à porter l'arbalète au Roi. Enfin il fit si bien qu'il devint marquis de Grimault. C'est une terre de considération du domaine du Roi en Provence. Il épousa mademoiselle de Mauran de La Baulme, dont il n'eut point d'enfants. Il étoit quasi aussi bien que les Luynes avec le Roi. Ils firent aussi venir Modène et Des Hagens. Le connétable eut deux enfants, M. de Luynes d'aujourd'hui, et une fille qui est fort avant dans la dévotion (1).

Au bout d'un an et demi, madame la connétable se maria avec M. de Chevreuse (2). C'étoit le second de messieurs de Guise et le mieux fait de tous les quatre. Le cardinal étoit plus beau, mais M. de Chevreuse étoit l'homme de la meilleure mine qu'on pouvoit voir; il avoit de l'esprit passablement, et on dit que pour la valeur on n'en a jamais vu une plus de sang-froid. Il ne cherchoit point le péril, mais, quand il y étoit, il y faisoit tout ce qu'on y pouvoit faire. Au siége d'Amiens, comme il n'étoit encore que prince de Joinville, son gouverneur ayant été tué dans la tranchée, il se mit sur le lieu à le fouiller, et prit ce qu'il avoit dans ses pochettes.

Il gagna bien plus avec la maréchale de Fervaques (3). Cette dame étoit veuve, sans enfants, et riche de deux cent mille écus. M. de Chevreuse fit semblant de la vouloir épouser; elle en devint amoureuse sur cette espérance, car c'étoit une honnête femme, et s'en laissa tellement empaulmer, qu'elle lui donnoit tantôt une

---

(1) Anne-Marie de Luynes, morte sans alliance.
(2) Claude de Lorraine, né le 5 juin 1578, mort le 24 janvier 1657.
(3) Le mari de cette dame, pour guérir une religieuse possédée, lui fit donner un lavement d'eau-bénite. Elle étoit d'Allègre. (T.)

chose, tantôt une autre, et enfin elle le fit son héritier. Il envoya son corps par le messager au lieu de sa sépulture.

Quand on fit le mariage de la reine d'Angleterre (1), on choisit M. de Chevreuse pour représenter le roi de la Grande-Bretagne, parce qu'il étoit son parent fort proche, qu'il avoit, comme j'ai dit, fort bonne mine, et que madame de Chevreuse avoit toutes les pierreries de la maréchale d'Ancre. Elle accompagna la Reine en Angleterre. Milord Rich, depuis comte Holland, l'avoit cajolée ici en traitant du mariage. C'étoit un fort bel homme, mais sa beauté avoit je ne sais quoi de fade. Elle disoit des douceurs de son galant et de celles de Buckingham pour la Reine, que ce n'étoit pas qu'ils parlassent d'amour, et qu'on parloit ainsi en leur pays à toutes sortes de personnes. Quand elle fut de retour d'Angleterre, le cardinal de Richelieu s'adressa à elle dans le dessein qu'il avoit d'en conter à la Reine; mais elle s'en divertissoit. J'ai ouï dire qu'une fois elle lui dit que la Reine seroit ravie de le voir vêtu de toile d'argent gris de lin (2). Il l'éloigna, voyant qu'elle se moquoit de lui. Après elle revint, et Monsieur disoit

---

(1) Henriette-Marie de France, fille de Henri IV, qui épousa Charles 1er.

(2) Suivant le comte de Brienne, les caprices de la Reine allèrent plus loin que de vouloir voir le cardinal *vêtu de toile d'argent gris de lin*. « La princesse, dit-il, et sa confidente (*madame de Chevreuse sans au-
« cun doute*) avoient en ce temps l'esprit tourné à la joie pour le moins
« autant qu'à l'intrigue. Un jour qu'elles causoient ensemble et qu'elles
« ne pensoient qu'à rire aux dépens de l'amoureux cardinal : « Il est pas-
« sionnément épris, madame, dit la confidente, je ne sache rien qu'il
« ne fît pour plaire à Votre Majesté. Voulez-vous que je vous l'envoie
« un soir, dans votre chambre, vêtu en baladin; que je l'oblige à danser
« ainsi une sarabande ; le voulez-vous ? il y viendra. — Quelle folie ! »

qu'on l'avoit fait venir pour donner plus de moyens à la Reine de faire un enfant.

Elle se mit aussi à cabaler avec M. de Châteauneuf, qui étoit amoureux d'elle. C'étoit un homme tout confit en galanterie. Il avoit bien fait des folies avec madame de Pisieux. Il devoit beaucoup. Il n'en fit pas moins pour madame de Chevreuse. En voyage, on le voyoit à la portière du carrosse de la Reine, où elle étoit, à cheval, en robe de satin, et faisant manége. Il n'y avoit rien de plus ridicule. Le cardinal en avoit des jalousies étranges, car il le soupçonnoit d'en vouloir aussi à la Reine, et ce fut cela plutôt qu'autre chose, qui le fit mener prisonnier à Angoulême, où il ne fut guère mieux traité que son prédécesseur, le garde-des-sceaux de Marillac. Madame de Chevreuse fut reléguée à Dampierre, d'où elle venoit déguisée, comme une demoiselle crottée, chez la Reine, entre chien et loup. La Reine se retiroit dans son oratoire ; je pense qu'elles en contoient bien du cardinal et de ses galanteries. Enfin elle

« dit la princesse. Elle étoit jeune, elle étoit femme, elle étoit vive et
« gaie ; l'idée d'un pareil spectacle lui parut divertissante. Elle prit au
« mot sa confidente, qui fut, du même pas, trouver le cardinal. Ce grand
« ministre, quoiqu'il eût dans la tête toutes les affaires de l'Europe, ne
« laissoit pas en même temps de livrer son cœur à l'amour. Il accepta ce
« singulier rendez-vous : il se croyoit déjà maître de sa conquête ; mais
« il en arriva autrement. Boccau, qui étoit le Baptiste d'alors, et jouoit
« admirablement du violon, fut appelé. On lui recommanda le secret :
« de tels secrets se gardent-ils ? c'est donc de lui qu'on a tout su. Riche-
« lieu étoit vêtu d'un pantalon de velours vert : il avoit à ses jarretières
« des sonnettes d'argent ; il tenoit en mains des castagnettes, et dansa la
« sarabande que joua Boccau. Les spectatrices et le violon étoient ca-
« chés, avec Vautier et Beringhen, derrière un paravent d'où l'on voyoit
« les gestes du danseur. On rioit à gorge déployée ; et qui pourroit s'en
« empêcher, puisqu'après cinquante ans, j'en ris encore moi-même ? »
(*Mémoires de Brienne*, 1828, t. 1, p. 274-6.)

en fit tant que M. le cardinal l'envoya à Tours, où le vieil archevêque, Bertrand de Chaux, devint amoureux d'elle. Il étoit d'une maison de Basque. Ce bon homme disoit toujours *ainsin* comme cela. Il n'étoit pas ignorant. Il aimoit fort le jeu. Son anagramme étoit chaud brelandier (1). Madame de Chevreuse dit qu'un jour, à la représentation de la *Marianne* de Tristan, elle lui « dit : Mais, monseigneur, il me semble que nous ne « sommes point touchés de la Passion comme de cette « comédie. — Je crois bien, madame, répondit-il ; c'est « histoire ceci, c'est histoire. Je l'ai lu dans Josèphe. »

Elle souffroit qu'il lui donnât sa chemise quand il se trouvoit à son lever. Un jour qu'elle avoit à lui demander quelque chose : « Vous verrez qu'il fera tout ce que « je voudrai, je n'ai, disoit-elle, qu'à lui laisser toucher « ma cuisse à table. » Il avoit près de quatre-vingts ans. Il dit quand elle fut partie, car il parloit fort mal : « Voilà où elle *s'assisa* en me disant adieu, et où elle « me dit quatre paroles qui *m'assommèrent*. » On trouva après sa mort dans ses papiers un billet déchiré de madame de Chevreuse, de vingt-cinq mille livres qu'il lui avoit prêtées.

Ce bon homme pensa être cardinal ; mais le cardinal de Richelieu l'empêcha. Il disoit : « Si le Roi eût « été en faveur, j'étois cardinal. »

Comme madame de Chevreuse étoit à Tours, quelqu'un, en la regardant, dit : « Oh ! la belle femme ! je « voudrois bien l'avoir...... ! » Elle se mit à rire, et dit : « Voilà de ces gens qui aiment besogne faite. » Un jour, environ vers ce temps-là, elle étoit sur son lit en go-

---

(1) C'est un sobriquet jouant sur le nom de l'archevêque ; mais comme anagramme, il seroit inexact.

guettes, et elle demanda à un honnête homme de la ville : «Orçà, en conscience, n'avez-vous jamais fait faux-
« bond à votre femme? — Madame, lui dit cet homme,
« quand vous m'aurez dit si vous ne l'avez point fait
« à monsieur votre mari, je verrai ce que j'aurai à vous
« répondre. » Elle se mit à jouer du tambour sur le dossier de son lit, et n'eut pas le mot à dire. J'ai ouï conter, mais je ne voudrois pas l'assurer, que par gaillardise elle se déguisa un jour de fête en paysanne, et s'alla promener toute seule dans les prairies. Je ne sais quel ouvrier en soie la rencontra. Pour rire elle s'arrête à lui parler, faisant semblant de le trouver fort à son goût; mais ce rustre, qui n'entendoit point de finesse, la culbuta fort bien, et on dit qu'elle passa le pas, sans qu'il en soit arrivé jamais autre chose.

Le cardinal de Richelieu demanda à M. de Chevreuse s'il répondoit de sa femme : « Non, dit-il, tandis
« qu'elle sera entre les mains du lieutenant criminel de
« Tours, Saint-Julien. » C'étoit celui qui l'avoit portée à se séparer de biens d'avec son mari; car M. de Chevreuse faisoit tant de dépenses qu'il a fait faire une fois jusqu'à quinze carrosses pour voir celui qui seroit le plus doux.

Le cardinal envoya donc un exempt pour la mener dans la tour de Loches. Elle le reçut fort bien, lui fit bonne chère, et lui dit qu'ils partiroient le lendemain. Cependant la nuit elle eut des habits d'homme pour elle et pour une demoiselle, et se sauva avant jour à cheval. Le prince de Marsillac, aujourd'hui M. de La Rochefoucauld, fut mis dans la Bastille pour l'avoir reçue une nuit chez lui. M. d'Epernon lui donna un vieux gentilhomme pour la conduire jusqu'à la frontière d'Espagne (1). Dans les informations qu'en fit faire le président Vigner, il y a, entre autres choses, que les femmes de Gascogne devenoient amoureuses de madame de Chevreuse (2). Une fois dans une hôtellerie, la servante la surprit sans perruque. Cela la fit partir avant jour. Ses *drogues* lui prirent un jour, on fit accroire que c'étoit un gentilhomme blessé en duel. Un Anglois nommé Craft, qu'elle avoit toujours eu avec elle depuis le voyage d'Angleterre, parut quelques jours après son évasion à Tours. On croyoit qu'il l'avoit accompagnée, car cet homme avoit de grandes privautés avec elle, et on ne comprenoit pas quels charmes elle y trouvoit. Elle passa ainsi en Espagne. On fit un couplet de chanson où on la faisoit parler à son écuyer (3) :

> La Boissière, dis-moi,
> Vas-je pas bien en homme ?

(1) Ceci se passoit en 1637, époque à laquelle La Porte, porte-manteau de la Reine, soupçonné d'avoir servi d'intermédiaire aux correspondances de cette princesse, fut mis à la Bastille. (*Voyez les Mémoires de La Porte*, tom. 59 de la deuxième série des Mémoires relatifs à l'histoire de France.)

(2) Nous lisons l'épisode suivant de la fuite de la duchesse dans le Recueil précité de Conrart : « Étant arrivée un soir proche des Pyrénées, « en un lieu où il n'y avoit de logement que chez le curé, qui encore « n'avoit que son lit, elle lui dit qu'elle étoit si lasse qu'il falloit qu'elle « se couchât pour se reposer : parlant néanmoins comme si elle eût été un « cavalier ; et le curé contestant et disant qu'il ne quitteroit point son « lit ; enfin ils convinrent qu'ils s'y coucheroient tous trois ensemble, « ce qui se fit en effet. Le matin les deux cavaliers remontèrent à cheval, « et la duchesse de Chevreuse, en partant, donna au curé un billet par « lequel elle l'avertissoit qu'il avoit couché la nuit avec la duchesse de « Chevreuse et sa fille, et qu'il se souvînt que s'il n'avoit pas usé de son « avantage, ce n'étoit pas à elles qu'il avoit tenu. »

(3) Sur l'air de la belle Piémontaise dont la reprise est :

> Elle est
> Au régiment des gardes
> Comme un cadet. (T.)

Vous chevauchez, ma foi,
Mieux que tant que nous sommes.
　　Elle est
Au régiment des gardes,
Comme un cadet.

Avant ce voyage d'Espagne, elle en avoit fait un en Lorraine. En moins de rien elle brouilla toute la cour, et ce fut elle qui donna commencement au mauvais ménage du duc Charles (1) et de la duchesse sa femme, car le duc étant devenu amoureux d'elle, et lui ayant donné un diamant qui venoit de sa femme, et que sa femme connoissoit fort bien, elle l'envoya le lendemain à la duchesse.

Revenons à M. de Chevreuse. Quoique endetté, sa table, son écurie, ses gens ont toujours été en bon état. Il a toujours été propre. Il étoit devenu fort sourd et pétoit à table, même sans s'en apercevoir. Quand il fit ce grand parc à Dampierre, il le fit à la manière du bonhomme d'Angoulême ; il enferma les terres du tiers et du quart : il est vrai que ce ne sont pas trop bonnes terres ; et, pour apaiser les propriétaires, il leur promit qu'il leur en donneroit à chacun une clef, qu'il est encore à leur donner.

Il avoit là un petit sérail ; à Pâques, quand il falloit se confesser, le même carrosse qui alloit quérir le confesseur, emmenoit les mignonnes et les reprenoit en ramenant le confesseur. Il avoit je ne sais quel brasselet où il y avoit, je pense, dedans quelque petite toison. Il le montroit à tout le monde, et disoit : « J'ai si « bien fait à ces pâques, que j'ai conservé mon bras-« selet. » Il avoit soixante-dix ans quand il faisoit cette

---

(1) Charles de Lorraine, duc de Guise.

jolie petite vie, qu'il a continuée jusqu'à la mort.

Je ne sais quel homme d'affaires d'auprès Saint-Thomas-du-Louvre ayant été rencontré par des voleurs, leur promit, parce qu'il n'avoit point d'argent sur lui, de leur donner vingt pistoles. Ils y envoyèrent, mais il leur donna plus d'or faux que de bon. Or, M. de Chevreuse, dont l'hôtel est dans la rue Saint-Thomas, un soir, après souper, allant seul à pied avec un page chez je ne sais quelle créature, là auprès, où il avoit accoutumé d'aller, prit, sans y songer, une porte pour l'autre, et heurta chez cet homme, qui, craignant que ce ne fussent ses filoux, se mit à crier : Aux voleurs ! Le bourgeois sort; on alloit charger M. de Chevreuse, s'il n'eût eu son ordre. Quelques-uns pourtant veulent qu'à la chaude il ait eu quelque horion. Pour moi, je doute fort de ce conte.

Comme il se portoit fort bien, quoiqu'il eût quatre-vingts ans, il disoit toujours qu'il vivroit cent ans pour le moins. Il eut pourtant une grande maladie bientôt après, dans laquelle il fut attaqué d'apoplexie. Au sortir de ce mal, il disoit qu'il en étoit revenu aussi gaillard qu'à vingt-cinq ans. Il traita en ce temps-là avec M. de Luynes, fils de sa femme, et lui céda tout son bien, à condition qu'il lui donneroit tant de pension par an, de lui fournir tant pour payer ses dettes, et il voulut avoir une somme de dix mille livres tous les ans pour ses mignonnes. Il aimoit plus la

---

(1) Henriette de Lorraine-Chevreuse, abbesse de Jouarre, née en 1631, morte en 1694. Elle avoit servi d'intermédiaire à Anne d'Autriche pour les correspondances que cette Reine entretenoit avec la maison de Lorraine. (*Voyez* les *Mémoires de La Porte*, tom. 59, pag. 335 de la deuxième série de la Collection des Mémoires relatifs à l'histoire de France.)

bonne chère que jamais. Sa fille de Jouarre ayant envoyé savoir de ses nouvelles, il lui manda que sur toutes choses il lui recommandoit de faire bonne chère et de la faire faire aussi à ses religieuses (1). Il n'attendoit, disoit-il, que le bout de l'an pour traiter ses médecins qui l'avoient menacé d'une rechute, en ce temps-là, comme c'est l'ordinaire. Mais il ne fut pas en peine de les convier, car il mourut comme on le lui avoit prédit.

M. LE DUC DE LUYNES (1).

M. le duc de Luynes ne ressemble à sa mère en aucune chose. Il a furieusement dégénéré. Il fut marié de bonne heure avec la fille d'un Seguier (2), qui portoit le nom de Soret, d'une terre auprès d'Anet, et madame de Rambouillet disoit, voyant la fille unique de cet homme épouser le duc de Luynes : « Faut-il « que le connétable de Luynes n'ait fait tout ce qu'il « a fait que pour la fille de Soret (3) ? »

(1) Louis-Charles d'Albert, duc de Luynes, né le 25 décembre 1620, mort le 10 octobre 1690. On a de lui beaucoup d'ouvrages ascétiques, dont on trouve l'indication dans le *Dictionnaire des ouvrages anonymes* de Barbier, tom. 4, *tables*, pag. 379; Paris, 1827.

(2) Louise-Marie Seguier, marquise d'O, fille unique de Pierre Seguier, maître des requêtes, marquis de Soret.

(3) Elle avoit raison de parler ainsi, car cet homme étoit le plus indigne de vivre qui fut jamais. Il avoit été conseiller au parlement. Son père étoit mort président à mortier; mais il quitta la robe et prit l'épée, lui qui n'étoit qu'un poltron. Il épousa la fille du procureur-général de La Guesle, de cet homme qui pensa mourir de regret d'avoir introduit,

J'ai vu un roman de la façon de cette femme. Madame de Luynes ne vécut guère : elle mourut en couches (en 1651). Elle et son mari étoient également dévots. Ils donnoient beaucoup aux pauvres. Les Jansénistes faisoient tout chez eux. Il y a eu un Père Magneux, à Luynes-Maillé, auprès de Tours, qui faisoit enrager tout le monde. Madame de Luynes envoya un jour ordre aux officiers de faire vider de la duché toutes les femmes de mauvaise vie. Les officiers lui mandèrent que pour eux, ils ne les discernoient point d'avec les autres, et que, si elle savoit quelque marque pour les connoître, qu'elle prît la peine de le leur mander. Il a couru le bruit qu'il se faisoit des miracles à son tombeau ; que son mari et elle se levoient la nuit pour prier Dieu. Depuis la mort de sa femme, M. de Luynes a mis ses enfants entre les mains d'une mademoiselle Richer, grande Janséniste, et a pris le

quoique innocemment, le moine qui tua Henri III(*). Or, M. de La Guesle étoit gentilhomme et avoit un frère qui parvint à commander le régiment de Champagne. C'étoit beaucoup en ce temps-là. Cet homme fit quelque fortune et acheta le marquisat d'O. Il n'avoit point d'enfants. Madame de Soret étoit une de ses héritières, car elle avoit une sœur. Soret, d'impatience d'avoir le bien de cet homme, le chicana en toutes choses, et enfin lui fit tirer un coup d'arquebuse, comme il revenoit de Saint-André, dont un gentilhomme qui étoit avec lui fut tué. On avéra que Soret avoit fait le coup. Mais l'oncle de sa femme ne le voulut pas perdre, et même, Soret étant mort, il fit madame de Soret son héritière, et la terre d'O lui vint. Depuis on l'appela la marquise d'O. (T.)

(*) Voyez la *Lettre d'un des premiers officiers de la cour du Parlement, écrite à un de ses amis sur le sujet de la mort du Roi*, dans le *Recueil de pièces servant à l'histoire de Henri III*; Cologne, P. du Marteau, 1663, page 141. On regrette de ne point trouver cette lettre à la suite du *Journal de Henri III* dans la Collection des Mémoires relatifs à l'Histoire de France.

mari, avocat au parlement, pour son intendant. Lui est comme hors du monde, et a acheté une maison proche de Port-Royal-des-Champs, où il est presque toujours (1).

LE MARÉCHAL D'ESTRÉES (2).

Le maréchal d'Estrées est le digne frère de ses six sœurs, car ça toujours été un homme dissolu et qui n'a jamais eu aucun scrupule. On dit même qu'il avoit couché avec toutes six. Étant encore marquis de Cœuvres, il pensa être assassiné à la croix du Trahoir (3) par le chevalier de Guise, qui étoit accompagné de quatre hommes. Le marquis sauta du carrosse et mit l'épée à la main. On y courut, et il ne fut point blessé. On lui donna à commander quelques troupes dans la Valteline ; je crois qu'il étoit en Italie en ce temps-là, et que, le trouvant tout porté, on se servit de lui. Il battit le comte Bagni, qui commandoit les troupes

(1) Le duc de Luynes, sans doute après que Tallemant eut écrit cet article, convola en secondes noces avec Anne de Rohan, dont il eut, comme de sa première femme, un très-grand nombre d'enfants ; et après la mort de celle-ci, il épousa en troisièmes noces Marguerite d'Aligre.

(2) François Annibal d'Estrées, duc, pair et maréchal de France, né en 1573, mort le 5 mai 1670. On a de lui : *Mémoires de la régence de Marie de Médicis*, 1666, in-12. Ils font partie du tom. 16 de la deuxième série de la Collection des *Mémoires relatifs à l'Histoire de France*.

(3) On appeloit ainsi le carrefour formé par les rues du Four et de l'Arbre-Sec, dans la rue Saint-Honoré.

du pape. C'est ce Bagni qui étoit encore nonce ici, il n'y a que deux ans. Pour cet exploit, la Reine-mère le fit maréchal de France. Un peu devant, on n'avoit pas voulu le faire chevalier de l'Ordre. Après il alla échouer contre une hôtellerie fortifiée. Ce n'est pas un grand guerrier. Son grand-père étoit huguenot, et comme Catherine de Médicis faisoit difficulté de lui donner emploi à cause de cela, il lui fit dire que son... et son honneur n'avoient point de religion.

Il avoit été ambassadeur à Rome du temps de Paul v. Il fit assez de bruit, et le pape étant mort, ce fut par sa cabale et par ses violences que Grégoire xv fut élu. Ce pape, quand il l'alla voir, lui dit : « Vous « voyez votre ouvrage, demandez ce que vous voulez : « voulez-vous un chapeau de cardinal ? je vous le don- « nerai en même temps qu'à mon neveu. » Le marquis, étant aîné de la maison, le refusa (1). Depuis, Bautru le voyant fort vieux, et jouer sans lunettes, lui disoit : « Monsieur le maréchal, vous avez eu grand tort, « vous deviez prendre le chapeau ; ce seroit une chose « de grande édification de voir le doyen du sacré col- « lége livrer chance sans lunettes. » Il a toujours joué désordonnément. Quelquefois son train étoit magnifique ; quelquefois ses gens n'avoient pas de souliers. Comme il a l'honneur d'avoir été toujours brutal, il vouloit tout tuer, quand il avoit perdu, et encore à cette heure, il lui arrive de rompre des vitres. On dit qu'un jour ayant perdu cent mille livres, il fit éteindre chez lui une chandelle et cria fort contre son sommelier,

---

(1) Son aîné fut tué au siége de Laon, et lui, qui étoit nommé à l'évêché de Noyon et au cardinalat, prit l'épée ; le chapeau fut pour son cousin de Sourdis. (T.)

de n'être pas meilleur ménager que cela; que cette chandelle étoit de trop, et qu'il ne s'étonnoit pas si on le ruinoit. C'est un grand tyran, et qui fait valoir son gouvernement de l'Ile de France autant que gouverneur puisse jamais faire. Quand il y envoie son train, il le fait vivre par étapes. Il a presque toutes les maltôtes et fait tous les prêts. Son fils, le marquis de Cœuvres, s'en acquittera aussi fort dignement.

Le maréchal a été marié en premières noces avec mademoiselle de Béthune, sœur du comte de Béthune et du comte de Charrost. Il en a eu trois garçons : le marquis de Cœuvres, le comte d'Estrées et l'évêque de Laon.

En secondes noces, il épousa la veuve de Lauzières, fils du maréchal de Thémines. Depuis, on l'appela le marquis de Thémines. Il en a eu un fils qui fut tué à Valenciennes en 1636. On l'appeloit le marquis d'Estrées. Bautru disoit qu'il n'y avoit pas au monde une seigneurie qui eût tant de seigneurs, car il y avoit un maréchal d'Estrées, un comte d'Estrées et un marquis d'Estrées.

Le maréchal, qui en toute autre chose est un homme avec lequel il n'y a point de quartier, est pourtant fort bon mari, a bien vécu avec sa première femme et vit bien avec sa seconde. Son fils aîné lui ressemble en cela, car il a supporté avec beaucoup d'affliction la mort de la sienne, quoiqu'elle ne fût point jolie; c'étoit la fille de sa belle-mère.

Le maréchal d'Estrées a une bonne qualité, c'est qu'il ne s'étonne pas aisément. Il est assez ferme et voit assez clair dans les affaires. Quand Le Coudray-Genier, peut-être pour se faire de fête, s'avisa de donner avis au feu Roi qu'à un baptême d'un des enfants de M. de Vendôme on le devoit empoisonner par le moyen d'une fourchette creuse dans laquelle il y auroit du poison qui couleroit dans le morceau qu'on lui serviroit, M. de Vendôme se voulut retirer. Le maréchal le retint, et lui dit que, puisqu'il étoit innocent, il falloit demeurer et demander justice. Effectivement, Le Coudray-Genier eut la tête coupée (1).

Le maréchal a fait quelques bonnes actions en sa vie. Quand le cardinal de Richelieu fit faire le procès à M. de La Vieuville, M. le maréchal d'Estrées demanda la confiscation de trois terres de M. de La Vieuville et les lui conserva, après lui en avoir envoyé le brevet. M. de Saint-Simon, qui eut les autres, n'en usa pas ainsi, et depuis il y a eu procès pour les dégradations qu'il y avoit faites.

Il ne voulut point commander en Provence je ne sais quelles troupes que le cardinal de Richelieu y envoyoit, que conjointement avec M. de Guise. Il refusa de prendre le gouvernement de Provence sur lui. M. le maréchal de Vitry le prit.

Ambassadeur à Rome avant la naissance du Roi (Louis XIV), il y demeura encore jusqu'à la grande querelle qu'il eut avec les Barberins.

Le maréchal avoit un écuyer nommé Le Rouvray.

(1) Cet événement eut lieu en 1617; on en trouve le détail dans les *Mémoires de Déageant*; Grenoble, 1668, in-12, pag. 74 et suiv. Le gentilhomme y est appelé Gignier. Levassor a suivi le récit de Déageant dans son *Histoire de Louis* XIII, liv. 2e; Amsterdam, 1757, in-4o, tom. 1er, pag. 681. Les Mémoires de Déageant n'ont pas été réimprimés dans la Collection des Mémoires relatifs à l'histoire de France, mais on les trouve dans le tom. 3 des *Mémoires particuliers*, publiés en 1756 en 4 vol. in-12.

C'étoit un vieux débauché, tout pourri de v.....; d'une piqûre d'épingle on lui faisoit venir un ulcère. Jamais je ne vis un si grand brutal. Une fois, pour ne pas perdre une médecine qu'il avoit préparée pour un cheval de carrosse qui n'en eut pas besoin, il la prit et en pensa crever. Cet homme avoit un valet qui tenoit académie de jeu. C'est le privilége des écuyers des ambassadeurs. Ce valet fit quelque chose. Le barisel (1) le prit, il fut condamné aux galères. Comme on l'y menoit avec beaucoup d'autres, Le Rouvray, avec un valet-de-chambre du maréchal, n'ayant chacun qu'un fusil et leurs épées, mettent en fuite vingt-cinq ou trente sbires, qui avoient chacun deux ou trois coups à tirer, car ils ont, outre leur carabine, des pistolets à leurs ceintures, et outre cela ils sont munis de bonnes jacques de maille. Le Rouvray, victorieux, met tous les forçats en liberté. Voilà un grand affront aux Barberins. Le maréchal fait sauver son homme, et lui donne, pour le garder à la campagne, huit ou dix soldats françois des troupes des Vénitiens, car il eut peur qu'on ne lui fît chez lui quelque violence. Les Barberins emploient un célèbre bandit, nommé Julio Pezzola, qui met des gens aux environs du lieu où étoit Le Rouvray : je pense que c'étoit sur les terres du duc de Parme, à Caprarole ou à Castro. Le Rouvray, comme il étoit fort brutal, s'évade et s'en va à la chasse sans ses soldats.

Les bandits ne le manquent point, et de derrière

---

(1) Le barisel, en italien *barigello*, est un officier chargé de veiller à la sûreté publique et d'arrêter les malfaiteurs. Il est le chef des sbires. Ses fonctions correspondent à celle que le chevalier-du-guet remplissait autrefois à Paris.

une baie le tuent et en apportent la tête au cardinal Barberin. Le maréchal jette feu et flammes. Pour l'apaiser, Julio Pezzola, qui ne faisoit pas semblant de s'être mêlé de rien, va trouver Guillet, garçon d'esprit, qui étoit au maréchal, et lui offre de lui apporter la tête des sept bandits qui avoient fait le coup, et lui dit : « *Patron miò, è un povero regalato un* « *piatto di sette teste ? Non se c'è mai servito un tale* « *a nessun' principe.* »

Enfin, la chose alla si avant que le maréchal sortit de Rome et s'en alla à Parme, où il excita le duc de Parme, déjà fort brouillé avec le Pape, à faire tout ce qu'il fit. Dans la belle expédition qu'ils poussèrent ensemble jusque dans la campagne de Rome, j'ai ouï dire à Guillet que leurs dragons firent honnêtement de violences, et que les paysans leur disoient : « *Illus-* « *trissime signor dragon, habbiate pietà di me.* » Dans les écrits que le Pape fit faire contre le maréchal, je trouve qu'il lui faisoit bien de l'honneur, car, à cause qu'il s'appeloit Annibal d'Estrées (1), on y disoit que c'étoit *Annibal ad portas,* et ce nom leur fit dire bien des sottises.

Le maréchal fût long-temps qu'il n'osoit revenir, car le cardinal de Richelieu n'avoit pas trop approuvé sa conduite. Enfin il fit sa paix. Le reste se trouvera dans les Mémoires de la Régence.

A l'âge de soixante-dix ans, ou peu s'en falloit, il alla voir madame Cornuel, qui, pour aller à quelqu'un, le laissa avec feu mademoiselle de Belesbat. Elle revint, et trouva le bon homme qui vouloit ca-

---

(1) Il s'appeloit François-Annibal. (T.)

resser cette fille : « Eh! lui dit-elle en riant, monsieur
« le maréchal, que voulez-vous faire? — Dame, ré-
« pondit-il, vous m'avez laissé seul avec mademoiselle :
« je ne la connois point; je ne savois que lui dire. »

LE PRÉSIDENT DE CHEVRY (1),

DURET, LE MÉDECIN, SON FRÈRE.

Le président de Chevry se nommoit Duret, et étoit frère de Duret le médecin. Il disoit : « Si un homme « me trompe une fois, Dieu le maudisse ; s'il me trompe « deux, Dieu le maudisse et moi aussi ; mais s'il me « trompe trois, Dieu me maudisse tout seul! »

Par ses bouffonneries et par sa danse, il se mit bien avec M. de Sully, comme nous avons dit ailleurs (2). Ce fut lui qui montra à la Reine et aux dames les pas du ballet dont nous avons parlé à l'*Historiette* d'Henri IV. Ce fut avec M. de Sully qu'il commença à faire fortune. Il ne fut pourtant intendant des finances que du temps du maréchal d'Ancre, et il se conserva dans l'intendance, quand le maréchal fut tué, en donnant dix mille écus à la Clinchamp, que M. de Brantes (3) entretenoit.

(1) Charles Duret, seigneur de Chevry, conseiller d'État, intendant et contrôleur-général des finances, président à la Chambre des comptes de Paris.

(2) Voir précédemment, page 72.

(3) Léon Albert, seigneur de Brantes, duc de Luxembourg et de Piney, frère du connétable de Luynes.

C'étoient ses deux principales folies que la faveur et la bravoure. Il disoit qu'il falloit tenir le bassin de la chaise percée à un favori, pour l'en coiffer après, s'il venoit à être disgracié. Le voilà donc du côté des plus forts. Madame Pilou (1), qui le connoissoit de longue main, l'alla voir à La Grange du Milieu, auprès de Grosbois ; c'est une belle maison qu'il a fait bâtir depuis. Elle lui parla de l'exécution de la maréchale d'Ancre, et disoit que c'étoit une grande vilainie que d'avoir fait couper le cou à cette pauvre femme. « *Ta, « ta, ta!* lui va-t-il dire brusquement ; vous parlez, vous « parlez, sans savoir ce que vous dites. C'est le com- « missaire Canto, votre voisin, qui vous dit toutes ces « belles choses-là ; c'est de lui que vous tenez toutes vos « nouvelles ; je l'eusse tué, moi, le maréchal d'Ancre : « M. d'Angoulême et moi le devions dépêcher à la rue « des Lombards. » En disant cela il lui porte trois ou quatre coups de pouce de toute sa force dans le côté, qui lui firent si grand mal qu'elle en cria. « Le voilà « mort, dit-il à haute voix, le voilà mort, le poltron ; « je n'aime point les poltrons : je le voulois faire sauter « une fois avec une saucisse, quand il seroit au conseil « chez Barbin le surintendant. J'avois bien, ajoute-t-il, « une plus belle invention : j'eusse porté une épée « couverte de crêpe le long de ma cuisse, et, dans la « presse, je lui en eusse donné dans le ventre en faisant « semblant de regarder ailleurs. » Le cardinal de Richelieu fit prier madame Pilou de lui venir faire tous les contes qu'elle savoit du président de Chevry, qui vivoit encore ; elle ne le voulut jamais.

(1) On trouvera ci-après l'*Historiette* de cette femme singulière.

Cette humeur martiale le prenoit quelquefois au milieu d'un compte de finance. Un trésorier de France, de mes amis (1), m'a dit qu'un jour, travaillant avec lui, il appela Corbinelli, son premier commis, et lui dit d'un ton sérieux : « Monsieur Corbinelli (2), faites ôter ces « corps de cette cour. » Ce trésorier fut bien étonné; mais Corbinelli, s'approchant, lui dit : « Ce sont de ses « visions ordinaires, ne laissez pas de continuer. »

Un jour les cochers firent insulte dans la Place-Royale à la marquise d'Uxelles, dont le cocher avait été tué, d'un coup de fourche par la tempe, par son écuyer, comme il le vouloit châtier. Ils furent aussi braver madame de Rohan, à cause qu'elle avoit chassé le sien. Mais M. de Candale y survint qui chargea son propre cocher et dissipa les autres. Madame Pilou, qui avoit vu cela, le conta au président. Il se mit à pester de ce qu'on ne l'avoit pas averti, lui qui étoit colonel du quartier, mais qu'elle n'avoit recours qu'à son commissaire Canto. « Voyez la belle occasion que vous m'avez fait perdre, « j'eusse.........» Le voilà à dire tous les exploits qu'il auroit faits.

Comme il étoit contrôleur-général des finances, président des comptes et officier de l'ordre du Saint-Esprit (3), je ne sais quel flatteur lui apporta une généalogie où il le faisoit descendre d'un certain Duretius, qu'il avoit trouvé du temps de Philippe-Auguste. « Mon ami, lui dit le président, j'ai de meilleurs pa-

---

(1) Perreau, trésorier à Soissons. (T.)

(2) Raphaël Corbinelli. (*Voy.* la note sur lui plus haut, sous l'article du duc de Guise, fils du Balafré.)

(3) Le président de Chevry fut pourvu de la charge de greffier des ordres du Roi, le 6 mars 1621.

« rens que lui; mon père et mon grand-père étoient
« médecins, et par-delà je n'y vois goutte. Si je te
« trouve jamais céans, je te ferai étriller de sorte que
« tu ne t'aviseras de ta vie de faire des flatteries comme
« celle-là, pour qu'il t'en souvienne. »

Un homme lui avoit gagné trente pistoles; il ne vouloit pas les lui payer. « Il m'a trompé, » disoit-il; et il donne ordre à ses gens de le frotter s'il revenoit. Cet homme revint; voilà ses gens après, et lui aussi; mais il ne partit que long-temps après eux; il trouve madame Pilou, qui avoit vu cet homme se sauver. « Eh « bien! lui dit-il, ma bonne amie, n'avez-vous pas vu « comme je l'ai frotté? » Il ne s'en étoit pas approché de cent pas. Une autre fois cet homme s'étant vanté de battre les gens du président, celui-ci l'attendoit, et, accompagné de son domestique, il se promenoit à grands pas avec des pistolets le long de sa porte de derrière. Madame Pilou, qui logeoit en son quartier, vient à paroître; c'étoit l'été après souper; il va à elle le pistolet à la main. « Jésus! s'écria-t-elle! — Ah! ma bonne « amie, lui dit-il, tu as bien fait de parler, je te prenois « pour ce coquin. » En cet équipage, il l'accompagna jusque chez elle; ils trouvèrent un charivari, il ne dit mot; mais, quand le charivari fut passé, il les appela *canailles*. Et eux et lui se dirent bien des injures de loin.

J'ai ouï dire qu'un homme de la cour n'étant pas satisfait de lui, et s'en plaignant assez haut, il le tira à part et lui dit : « Monsieur, si vous n'êtes pas content, « je vous satisferai seul à seul quand il vous plaira. » L'autre fut un peu surpris; mais, à quelques jours de là, l'autre n'en ayant pu avoir plus de contentement que par le passé, il voulut voir ce que ce fou avoit dans le ventre, et l'ayant rencontré seul, il lui demanda s'il se souvenoit qu'il lui avoit promis de le satisfaire par les voies d'honneur. Le président lui répondit en riant : « Mon brave, vous deviez me prendre au mot, « cette-humeur là m'est passée; mais si vous voulez « vous battre, allez vous-en arracher un poil de la « barbe à Bouteville, il vous en fera passer votre « envie. »

En parlant, il disoit sans cesse à tort et à travers : « *Mange mon loup, mange mon chien.* » Voiture en a fait une ballade (1). En parlant à une dame, il l'appeloit quelquefois *mon petit père.*

La plus grande folie qu'il ait faite, ce fut qu'étant un jour à causer avec feu M. le comte de Moret, avec lequel il se plaisoit fort, un ambassadeur d'Espagne vint visiter ce prince. «Ah! je voudrois, dit le président, « lui avoir fait un pet au nez. — Vous n'oseriez, dit « le comte. —Vous verrez, » répond Chevry ; et comme l'ambassadeur faisoit la révérence gravement, le président pète dans sa main et la porte au nez de Son Excellence, qui en fit de grandes plaintes; mais on fit passer l'autre pour un fou (2).

Il étoit de fort amoureuse manière, et faisoit si fort le coq dans son quartier, que le cardinal de La Valette y venant fort souvent voir une certaine dame, il disoit sérieusement qu'il ne trouvoit point bon que ce cardi-

---

(1) Nous n'avons pas trouvé cette ballade dans les *OEuvres* de Voiture.

(2) J'en doute. (T.) — Cette action, si elle étoit vraie, seroit digne d'Angoulevent, l'archipoète des pois pilés, ou d'un saltimbanque des boulevards.

nal vînt cajoler ses voisines, sans lui en demander permission, et qu'il l'en avertiroit afin qu'il ne trouvât pas mauvais, s'il le couchoit sur le carreau malgré son cardinalat.

Une fois pour se ragoûter, il pria une m......... de lui faire voir quelque bavolette (1) toute fraîche venue de la vallée de Montmorency. On fait habiller une petite garce en bavolette, et on la mène au président, qui coucha toute la nuit avec elle. Le lendemain il la fit lever pour aller voir quel temps il faisoit. Elle lui vint dire que le temps étoit nébuleux. « *Nébuleux!* s'écria-« t-il, ah! vertu-choux, j'ai la v....Eh! qu'on me donne « vite mes chausses. »

Il mourut contrôleur-général des finances et président des comptes. Sa femme avoit eu beaucoup de bien; lui n'étoit pas gueux et avoit quelque chose de patrimoine. Au prix de ce temps-ci, il ne fit pas une grande fortune. Son fils a vendu La Grange et sa charge de président des comptes. Il a de l'esprit, mais peu de cervelle; il se ruine. Le président a fait bâtir le palais Mazarin.

Les *Mémoires* de Sully nous apprennent que son frère Duret (2), le médecin, qui a fait bâtir la maison du président Le Bailleul près l'hôtel de Guise, étoit un maître visionnnaire, en un mot, un digne frère du président de Chevry. Il disoit que l'air de Paris étoit

---

(1) Jeune paysanne des environs de Paris. On les appeloit ainsi du nom de leur coiffure. Elle étoit formée d'un linge fin empesé qui avoit une longue queue pendante sur les épaules. (*Dictionnaire de Trévoux.*)

(2) Les *Mémoires* de Sully nous apprennent que le médecin Duret fut un des confidents de Marie de Médicis, et fit quelque temps partie de son conseil privé de régence.

malsain, et il fit nourrir son fils unique dans une loge de verre où il ne laissa pas de mourir, peut-être pour y faire trop de façons. Il ne prenoit à dîner que des pressis de viande et autres choses semblables, parce1 que, disoit-il, l'agitation du carrosse troubloit la digestion; mais il soupoit fort bien. Il se mit dans la fantaisie que le feu lui étoit contraire, et n'en vouloit point voir. Il savoit pourtant son métier, et s'y fit riche. Les apothicaires le faisoient passer pour fou, parce qu'il s'avisa que le jeûne étoit admirable aux malades, et que bien souvent il ne leur ordonnoit que de l'eau claire et une pomme cuite.

M. D'AUMONT (1).

M. d'Aumont, fils du maréchal d'Aumont, du temps d'Henri IV, gouverneur de Bologne-sur-Mer, et chevalier de l'Ordre, en son jeune temps, fut une vraie peste de cour. Il a eu les plus plaisantes visions du monde. Il disoit de madame de Baumarchais (2), belle-mère du maréchal de Vitry, et femme de ce trésorier de l'Epargne que la Reine-mère fit tant persécuter, à cause que son gendre avoit tué le maréchal d'Ancre; il disoit donc

(1) Antoine d'Aumont, marquis de Nolai, baron d'Estrabonne, chevalier des Ordres, gouverneur de Boulogne-sur-Mer, mourut à l'âge de soixante-treize ans, en 1635.

(2) Marie Hotman, femme de Vincent Bouhier, seigneur de Beaumarchais, trésorier de l'Epargne.

de cette madame de Beaumarchais, qu'elle ressembloit à un tabouret de point de Hongrie. En effet, elle avoit le visage carré, et tout plein de marques rouges. Cela n'empêchoit pas que, pour son argent, elle n'eût des galants et de bonne maison, car M. de Mayenne le dernier de ce nom en fut un. La vision qu'il eut pour la maréchale d'Estrées (1) est encore plus plaisante. C'étoit et c'est encore une petite femme sèche et qui a le nez fort grand, mais extrêmement propre. Elle étoit en sa jeunesse toute faite comme une poupée. « Ne croyez-« vous pas, disoit-il sérieusement, car il ne rioit ja-« mais, qu'on la pend tous les soirs, tout habillée, par « le nez à un clou à crochet dans une armoire? » Il disoit d'une dame qui avoit le teint fort luisant, qu'on lui avoit mis un vernis comme aux portraits.

Un jour qu'il étoit à l'hôtel de Rambouillet, madame de Bonneuil, dont nous parlerons ailleurs, y vint. Elle étoit grosse, et en entrant elle se laissa tomber et se fit grand mal à un genou, et pensa accoucher de sa chute. Le voilà qui se met à rêver : « Nous sommes bien mal « bâtis, dit-il, nous avons des os en tous les endroits « sur lesquels nous tombons d'ordinaire; il vaudroit « bien mieux que nous eussions des ballons de chair « aux genoux, aux coudes, au haut des joues et aux « quatre côtés de la tête. Quel plaisir ne seroit-ce « point? ajouta-t-il; un homme sauteroit par une fenê-« tre sans se blesser, il passeroit par-dessus les murs « d'une ville. » Et puis, s'engageant plus avant dans sa rêverie, il mena cet homme avec ces ballons de chair de ville en ville, jusqu'à La Haie en Hollande.

(1) Fille de Montmor, homme d'affaires. (T.)

Une autre fois Gombauld contoit en sa présence, à l'hôtel de Rambouillet, qu'ayant été pris pour un grand débauché, nommé Combaud, père du baron d'Auteuil, il fut maltraité par un commissaire et des agents qui le vouloient mener en prison, jusque là que, quoiqu'il soit assez patient, il fut pourtant contraint de lever la main pour frapper ce commissaire. M. D'Aumont, après avoir tout écouté, se lève de son siége, et commence à faire la posture d'un bourreau qui danse sur les épaules d'un pendu, et qui tire en même temps la corde pour l'étrangler, et disoit : « Monsieur le commissaire, je vous pendrai, je vous « pendrai, monsieur le commissaire. »

A propos de cela, comme il faisoit pendre quelques soldats à Bologne, un d'eux cria qu'il étoit gentilhomme : « Je le crois, lui dit-il, mais je vous prie « d'excuser, mon bourreau ne sait que pendre. »

En mangeant des andouilles mal lavées, il dit : « Ces « andouilles sont bonnes, mais elles sentent un peu le « terroir. »

Il disoit du marquis de Sourdis, qui faisoit fort l'empressé chez le cardinal de Richelieu, de la maison duquel il étoit depuis peu intendant, et qui regardoit aux meubles et à toutes choses, il disoit qu'il lui sembloit le voir tirer de dessous son manteau un petit sac de tapissier avec un petit marteau, et recogner quelque clou doré à une chaise.

Je crois que ce fut lui qui dit, voyant une personne fort maussade, qu'elle avoit la mine d'avoir été faite dans une garde-robe sur un paquet de linge sale.

Une de ses meilleures visions, ce fut celle qu'il eut pour M. l'archevêque de Rouen, qui, quoique jeune, portoit une grande barbe. Il dit qu'il ressembloit à Dieu le Père, quand il étoit jeune.

Il avoit été fort galant. Une fois sa belle-sœur, madame de Chappes, le trouva déguisé en Minime sur le chemin de Picardie; elle le reconnut, parce qu'il étoit admirablement bien à cheval et que son cheval étoit trop beau. Il alloit en Flandre voir une dame. Sur ses vieux jours, il étoit plus ajusté qu'un galant de vingt ans. Il se peignoit la barbe, et il étoit si curieux d'être bien botté qu'il se tenoit les pieds dans l'eau pour se pouvoir botter plus étroit. C'étoit de ce temps que tout le monde étoit botté; on dit qu'un Espagnol vint ici et s'en retourna aussitôt. Comme on lui demandoit des nouvelles de Paris, il dit : « J'y ai vu bien des gens, « mais je crois qu'il n'y a plus personne à cette heure, « car ils étoient tous bottés, et je pense qu'ils étoient « prêts à partir. » Maintenant tout le monde n'a plus que des souliers, non pas même des bottines. Il n'y a plus que La Mothe-Le-Vayer [1], précepteur de M. d'Anjou, qui ait tantôt des bottes, tantôt des bottines; mais ce n'a jamais été un homme comme les autres.

M. d'Aumont avoit épousé une fille de Maintenon, de la maison d'Angennes [2], cousine-germaine de M. le marquis de Rambouillet. Il n'en a point eu d'enfants. Cette madame d'Aumont est une honnête femme, mais fort aigre. Après la mort de son mari, elle se piqua

---

(1) François de La Mothe-le-Vayer, membre de l'Académie française, mourut à l'âge de quatre-vingt-cinq ans, en 1672. On a de lui un grand nombre d'ouvrages, dont plusieurs jouissent d'une estime méritée.

(2) Louise-Isabelle d'Angennes-Maintenon, veuve d'Aumont, mourut en 1666, à l'âge de soixante-dix-neuf ans.

d'honneur en une plaisante rencontre. Elle a une chapelle dans les Minimes de la Place-Royale, où M. d'Aumont est enterré. Or, un neveu de son mari, nommé Hurault de Chiverny (1), étant mort, sa veuve, qui est aussi une honnête femme, mais sage à peu près comme l'autre sur ce chapitre-là, la pria de trouver bon qu'on mît le corps embaumé dans cette chapelle. Depuis, cette femme, s'étant retirée en une religion, obtint des Minimes qu'ils lui laisseroient prendre le cœur de son mari. Madame d'Aumont alla prendre cela au point d'honneur. Il y en a eu de grands procès. Enfin des curés de Paris les raccommodèrent, et cette nièce eut le cœur de son mari.

(1) Antoine d'Aumont avoit épousé en premières noces Catherine Hurault de Chiverny, fille du chancelier.

Mme DE RENIEZ.

Madame de Reniez étoit de la maison de Castelpers en Languedoc, sœur du baron de Panat, dont nous parlerons en suite. Avant que d'être mariée au baron de Reniez, elle étoit engagée d'inclination avec le vicomte de Paulin. Cette amourette dura après qu'elle fut mariée, et le baron de Panat étoit le confident de leurs amours. Ils en vinrent si avant qu'ils se firent une promesse de mariage réciproque. Ils se promettoient de s'épouser en cas de viduité; « en foi de quoi, di-« soient-ils, nous avons consommé le mariage. » Un tailleur rendoit les lettres du galant et lui en apportoit réponse. Par l'entremise de cet homme, ces amants se virent plusieurs fois, tantôt dans le village de Reniez même, tantôt ailleurs, où le vicomte venoit toujours déguisés. Un jour ils se virent dans le château même de Reniez et presqu'aux yeux du mari. Madame de Reniez avoit feint d'être incommodée, et s'étoit fait ordonner le bain, et le vicomte se mit dans la cuve qu'on lui apporta. Enfin ils en firent tant que le mari sçut toute l'histoire, et, pour les attraper, il fit semblant de partir pour un assez long voyage, puis, revenant sur ses pas, il entra dans la chambre de sa femme et trouva le vicomte couché avec elle. Il le tua de sa propre main, non sans quelque résistance, car il prit son épée; mais le baron avoit deux valets avec lui. Le baron de Panat, qui couchoit au-dessus, accourut aux cris de sa sœur, et fut tué à la porte de la chambre. Pour la femme, elle se cacha sous le lit, tenant entre ses bras une fille de trois à quatre ans, qu'elle avoit eue du baron son mari. Il lui fit arracher cette enfant, et après la fit tuer par ses valets; elle se défendit du mieux qu'elle put, et eut les doigts coupés. Le baron de Reniez eut son abolition.

Cette enfant qu'on ôta d'entre les bras de madame de Reniez fut, après, cette madame de Gironde, dont nous allons conter l'histoire. Mais, avant cela, il est à propos de dire ce que nous avons appris du baron de Panat.

LE BARON DE PANAT.

Le baron de Panat étoit un gentilhomme huguenot d'auprès de Montpellier, de qui on disoit : *Lou baron de Panat puteau mort que nat*, c'est-à-dire plutôt mort que né; car on dit que sa mère, grosse depuis près de neuf mois, mangeant du hachis, avala un petit os qui, lui ayant bouché le conduit de la respiration, la fit passer pour morte; qu'elle fut enterrée avec des bagues aux doigts; qu'une servante et un valet la déterrèrent de nuit pour avoir ses bagues, et que la servante, se ressouvenant d'en avoir été maltraitée, lui donna quelques coups de poing, par hasard, sur la nuque du cou, et que les coups ayant débouché son gosier, elle commença à respirer, et que quelque temps après elle accoucha de lui, qui, pour avoir été si miraculeusement sauvé, n'en fut pas plus homme de bien. Au contraire, il fut des disciples de Lucilio Vanini, qui fut brûlé à Toulouse pour blasphêmes contre Jésus-Christ (1). Il retira Théophile (2), et pensa lui-même être pris par le prévôt. C'étoit un fort bel homme. Madame de Sully, qui vit encore, en devint amoureuse et lui demanda *la courtoisie*. On dit qu'il répondit qu'il étoit impuissant. Cependant il étoit marié; mais madame de Sully, qui n'étoit pas belle, ne le tenta pas, et il s'en défit de cette sorte.

A propos de femmes qui sont revenues, on conte qu'une femme étant tombée en léthargie, on la crut morte, et comme on la portoit en terre, au tournant d'une rue, les prêtres donnèrent de la bière contre une borne, et la femme se réveilla de ce coup. Quelques années après, elle mourut tout de bon, et le mari, qui en étoit bien aise, dit aux prêtres : « Je vous prie, pre-
« nez bien garde au tournant de la rue. »

___

(1) Vanini fut exécuté à Toulouse, le 19 février 1619.
(2) Théophile Viaud, poursuivi pour la part qu'on l'accusoit d'avoir prise au *Parnasse des vers satiriques*, fut condamné au feu, par contumace, suivant un arrêt du parlement de Paris, du 19 août 1623. Arrêté ultérieurement, il subit un long procès, par suite duquel il ne fut condamné qu'au bannissement. Il est très-douteux que Théophile ait contribué à la publication du recueil des poésies obscènes pour lequel il a été poursuivi.

MADAME DE GIRONDE.

Revenons à la petite de Reniez. Son père, pour ôter cet objet de devant ses yeux, la donna à madame de Castel-Sagrat, sa sœur. Cette fille, dès l'âge de dix ans, fut admirée pour sa beauté et pour la vivacité de son esprit. Madame de Castel-Sagrat résolut de ne laisser point échapper un si bon parti, et de la marier à son second fils, qu'on appeloit le baron de Gironde, et elle les fit épouser que la fille n'avoit encore que onze ans, après avoir obtenu des dispenses du Roi, car ils étoient cousins-germains et huguenots. On dit que madame de Gironde eut de tous temps de l'aversion pour son mari, qui étoit un gros homme assez mal bâti; mais cette aversion s'augmenta très-fort lorsqu'elle se vit cajolée des principaux et des mieux faits de la province; car son mari l'ayant menée à Montauban, après les guerres de la religion, feu M. d'Epernon et M. de La Vallette, son fils, s'y rencontrèrent. Il y avoit aussi alors une autre dame, nommée madame d'Islemade, qui seule pouvoit disputer de beauté avec madame de Gironde. Le père se donna à celle-ci et le fils à l'autre, et toute la ville avec la noblesse des environs se partageant à leur exemple, ce fut comme une petite guerre civile, bien différente de celle dont on venoit de sortir. On dit pourtant que M. d'Épernon n'en eut aucune faveur que de bienséance.

La peste vint là-dessus qui interrompit toutes les

galanteries, et madame de Gironde fut contrainte de se retirer à Reniez. Par malheur pour elle, un avocat du présidial de Montauban, nommé Crimel, se retira dans le village de Reniez. Cet homme étoit méchant, mais il avoit de l'esprit. Il fut bientôt familier avec madame de Gironde, qui en temps de peste ne pouvoit pas avoir beaucoup de compagnie; et comme elle se plaignit à lui de son mariage, on dit qu'il lui mit dans la tête qu'elle se pouvoit démarier, et que l'espérance qu'il lui en donna la charma, de sorte que, pour le récompenser d'un si bon avis, elle lui donna tout ce que peut donner une dame.

La peste ayant cessé, elle revint à Montauban, où elle fut plus admirée et plus cajolée que jamais. Le marquis de Flamarens, le baron d'Aubais, le vicomte de Montpeiroux, et plusieurs autres gentilshommes de qualité, y accoururent et y demeurèrent long-temps pour l'amour d'elle. Ce fut alors qu'un de ces messieurs lui ayant donné les violons, comme il n'y avoit point de lieu commode chez elle, elle alla d'autorité, avec toute cette noblesse, se mettre en possession de la salle d'un des principaux de Montauban, quoiqu'il la lui eût refusée, en disant pour toutes raisons que cet homme lui avoit bien de l'obligation, et qu'elle faisoit tout ce qu'elle pouvoit pour le rendre honnête homme.

Cependant l'envie de se démarier s'accroissoit de jour en jour. Pour cela elle s'avise, pour n'être plus sous la puissance de son mari, de proposer à Gironde de la laisser aller voir ses oncles maternels pour leur demander qu'ils lui fissent raison des droits que sa mère avoit sur la maison de Panat. Elle y fut, et Cadaret, un des frères de sa mère, devint passionnément amoureux d'elle. Cet oncle la porta, plus que personne, à demander la dissolution de son mariage, et lui fit raison de ce qu'elle prétendoit. Après, le procès étant commencé, il l'accompagna à Castres, où on reconnut bientôt qu'il en étoit fort jaloux. Il falloit pourtant bien qu'il souffrît qu'elle fût cajolée, car elle ne s'en pouvoit passer, et ne marchoit point sans une foule d'amants, entre lesquels il y en avoit trois plus assidus que les autres : le baron de Marcellus, jeune gentilhomme de qualité, de la basse Guyenne, qui étoit à Castres pour un procès ; Rapin, jeune avocat plein d'esprit, et Ranchin, aujourd'hui conseiller à la chambre. Ce Ranchin a fait beaucoup de vers (1).

Elle parloit avec une liberté extraordinaire de sa beauté et de ses *mourants* (2) ; on la voyoit aller par la ville bizarrement habillée ; car quelquefois on lui a vu un habit de gaze, dans laquelle elle faisoit passer toutes sortes de fleurs, depuis le haut jusqu'au bas, et je vous laisse à penser si son *mourant* Ranchin manquoit à l'appeler Flore. Elle dit assez plaisamment à un garçon nommé Cayrol (3), qui lui promettoit de faire des vers sur elle, qu'elle ne prétendoit pas lui servir de porte-feuille. Elle disoit les choses fort agréablement ; mais ses lettres ne répondoient pas

---

(1) Ranchin étoit conseiller à la chambre de l'édit. Ses poésies, négligées, mais faciles, n'ont pas été réunies. On lui attribue le joli triolet qui commence par ces vers :

Le premier jour du mois de mai
Fut le plus heureux de ma vie.

(2) Ses *amants*; se *mourant* d'amour.

(3) Ce Cayrol est ici, et fait des vers pour attraper quelque chose du cardinal. (T.)

à sa conversation : sa mère écrivoit bien mieux.

Comme son procès tiroit en longueur, elle alla pour quelque temps à une terre de Belaire, que Cadaret lui avoit donnée pour ses prétentions. Là, Marcellus et Rapin l'allèrent voir. Ils arrivèrent assez tard; mais à peine l'eurent-ils saluée, qu'on entendit heurter avec violence. C'étoit un gentilhomme du voisinage, qui venoit l'avertir que son mari s'avançoit avec vingt ou trente de ses amis pour l'enlever. Ils se mettent à tenir conseil. Le gentilhomme étoit d'avis qu'on se sauvât, parce que la maison ne valoit rien. Mais Rapin, qui ne connoissoit point ce gentilhomme, et qui espéroit qu'on ne les forceroit pas si aisément, fut d'avis de demeurer. Le baron, ayant su qu'il y avoit compagnie et qu'on étoit résolu de se défendre, ne voulut point exposer la vie de ses amis, et s'en retourna.

Cependant Marcellus, qui n'avoit eu qu'un amour de galanterie, commença à s'engager tout de bon. Elle le repaissoit de belles paroles ; car, en fine coquette, elle faisoit que chacun de ses amants croyoit être le plus heureux. Pour Rapin (il est gentilhomme), qu'elle voyoit cadet et d'assez bon sens pour conduire une entreprise, elle lui promit plusieurs fois de l'épouser s'il pouvoit la défaire de Gironde. Mais il lui répondit que quand avec sa beauté elle auroit une couronne à lui donner, elle ne l'obligeroit pas à faire une mauvaise action.

Afin de contenter en quelque sorte Marcellus, qui étoit fort alarmé de ce qu'elle sembloit favoriser plus que lui un certain chevalier de Verdelin, elle lui fit une promesse en ces termes : « Je promets au baron Marcel-
« lus de ne me remarier jamais, si je suis une fois libre;

« et, si je change de résolution, que ce ne sera qu'en « sa faveur. » En même temps cependant elle écrivoit au chevalier qu'il eût bonne espérance, et que pour ce misérable (parlant de Marcellus), il n'auroit qu'un morceau de papier pour son quartier d'hiver. Mais toutes ces coquetteries ne plaisoient point à son oncle de Cadaret, qui, par jalousie ou pour être las de la dame, comme quelques-uns ont dit, se joignit à Gironde et lui aida à l'enlever.

La voilà donc en la puissance de son mari, et prisonnière dans une tour de Castel-Sagrat. Là, ne trouvant point d'autre moyen d'en sortir, elle cajole madame de Castel-Sagrat, femme du frère aîné de Gironde, lui représente le tort qu'on lui a fait de la contraindre, à onze ans, à se marier avec un homme pour qui on savoit bien qu'elle avoit de l'aversion; que sans doute le mariage seroit déclaré nul, et que si elle vouloit la mettre en liberté, elle épouseroit après M. de Gasques, son frère, qui peut-être ne trouveroit pas ailleurs un meilleur parti. Madame de Castel-Sagrat, gagnée, la fait évader; mais les maris la suivirent et l'assiégèrent dans un château, nommé de Bèze, où, après avoir résisté quelques jours, elle fut contrainte de se rendre, et fut ramenée à Castel-Sagrat, où Gironde, peut-être las de se donner tant de peines pour une coureuse, ou peut-être déjà amoureux d'une autre personne, comme vous le verrez par la suite, consentit à la dissolution du mariage, moyennant deux mille écus pour les frais qu'il avoit faits.

Pour trouver cette somme, la dame a recours à son fidèle Marcellus, et lui promet de l'épouser, dès que l'affaire sera achevée. Marcellus en tombe d'accord, mais pour assurance il demande d'être saisi cependant de la dispense de mariage, dont la suppression devoit faire dissoudre le mariage. On la lui met entre les mains, et il part aussitôt pour aller faire cette somme. A peine fut-il en son pays que sa maîtresse lui écrit de la venir retrouver en diligence, et de n'oublier pas d'apporter la dispense dont dépendoit toute l'affaire. Marcellus la va retrouver à Belaire; aussitôt elle tâche par toutes les caresses imaginables de retirer sa dispense. Il n'y veut point entendre, et va loger dans une maison du village. Elle le fait suivre par une femme-de-chambre et par un garçon de dix à douze ans, qui le prient de souffrir au moins pour toute grâce que ce garçon puisse faire une copie de la dispense. Il y consentit enfin de peur de rompre. Mais comme ce garçon commençoit à copier, cinq ou six hommes armés entrent dans la chambre en criant : *Tue, tue!* ils tirent leurs pistolets, qui apparemment n'étoient chargés que de poudre. Dans ce désordre, le garçon avec la femme-de-chambre se sauvent avec la dispense. Ces hommes se retirèrent aussi bientôt après, et laissèrent notre baron bien camus. A la chaude, il va rendre sa plainte, et, d'amant de madame de Gironde, devient son plus irréconciliable ennemi. Il la fait condamner à trois mille livres d'amende. Elle, cependant, croyoit avoir fait d'une pierre deux coups : s'être défaite de Marcellus, et avoir trouvé le moyen de rompre le mariage, sous le consentement de Gironde et sans lui donner de l'argent. Pour cet effet, elle change de religion, et sur l'exposition qu'elle fait au pape qu'elle a été mariée avec un cousin-germain sans dispense, et même avant l'âge porté par les lois, elle obtient un rescrit pour la dissolution du mariage, adressé à l'official de Montauban; mais il se trouva que cette dispense, dont elle avoit l'original, étoit enregistrée au présidial d'Agen, de sorte qu'il fallut encore revenir capituler avec Gironde qui avoit aussi changé de religion; lui s'en tint toujours à ses deux mille écus. Alors il fallut avoir recours à Gasques, frère, comme nous avons dit, de madame de Castel-Sagrat, qui voulut coucher avec elle avant que de donner son argent. Gironde se maria quelque temps après à la fille d'un chandelier de Castel-Sagrat, dont il étoit amoureux. Pour elle, bien qu'elle eût couché avec Gasques, elle étoit encore en doute si elle l'épouseroit, car Rapin lui ayant demandé un jour si tout de bon elle étoit mariée avec Gasques, elle répondit : « *Selon*; » c'est-à-dire que si elle étoit grosse, elle l'épouseroit, mais qu'autrement elle tâcheroit à s'en défendre. Elle se trouva grosse, épousa Gasques, et peu après mourut en travail d'enfant.

M. DE TURIN.

M. de Turin étoit un conseiller au parlement de Paris, grand justicier, mais de qui on contoit de plaisantes choses. Il appeloit son clerc *cheval*, son laquais *mulet*, et sa femme *p*......

Un gentilhomme, dont il étoit rapporteur, alla une fois pour parler à lui; il le rencontra en habit court, fait comme un cuistre, qui revenoit de la cave, avec son martinet à la main. Il ne l'avoit peut-être jamais vu, ou il ne le reconnut pas, et il lui dit : « Mon ami, « où est M. de Turin ? — *Mon ami!* dit M. de Turin, « quel impertinent est-ce là ? » Le cavalier, peu accoutumé à souffrir des injures, lui donne un soufflet et se retire. Il sut après que c'étoit M. de Turin, et le voilà en belle peine. Le bon homme rapporta le procès comme si de rien n'étoit, et dit à son clerc : « *Cheval*, « apporte-moi le procès de ce *batteur*. » Il le voit, et trouvant que le cavalier avoit bon droit, il le lui fait gagner, et l'ayant rencontré sur les degrés du Palais, il lui donne un petit coup sur la joue en riant, et lui dit : « Apprenez à ne battre plus les gens : vous avez « gagné votre procès. » L'autre, qui croyoit tout perdu, se pensa mettre à genoux.

Il se trouva chargé du procès d'entre feu M. de Bouillon et M. de Bouillon La Marck, pour Sédan. Henri IV l'envoya quérir, et lui dit : « Monsieur de Turin, je veux « que M. de Bouillon gagne son procès. — Hé bien, Sire, « lui répondit le bon homme, il n'y a rien plus aisé; « je vous l'enverrai, vous le jugerez vous-même. » Quand il fut parti, quelqu'un dit au Roi : « Sire, vous « ne connoissez pas le personnage, il est homme à faire « ce qu'il vous vient de dire. » Le Roi sur cela y envoya, et on trouva le bon homme qui chargeoit les sacs sur un crocheteur. Le Roi accommoda cette affaire.

Madame de Guise et mademoiselle de Guise, sa fille, depuis princesse de Conti, le furent solliciter une fois. Il les fit attendre assez long-temps, et après il se mit à

crier tout haut : « *Cheval*, ces p...... sont-elles encore
« là-bas? »

Un seigneur qui avoit gagné une grande affaire à
son rapport, lui envoya un mulet qui alloit fort bien
le pas. M. de Turin trouva ce mulet à son retour du
Palais; il ne fit autre chose que de prendre un bâton,
et d'en frapper le mulet jusqu'à ce qu'il le vit hors de
chez lui.

On dit qu'un gentilhomme lui fit une fois un grand
présent de gibier. Il laissa descendre cet homme, mais
comme il sortoit dans la rue, il lui jeta ce gros paquet
de gibier fort rudement sur la tête, en lui disant qu'il
apprît à ne pas corrompre ses juges.

M. DE PORTAIL, M. HILERIN.

M. de Portail étoit aussi un conseiller au parlement
de Paris, fort homme de bien, mais fort visionnaire. Il
avoit retranché son grenier, y avoit fait son cabinet, et
ne parloit aux gens que par la fenêtre de ce grenier (1).
Un jour qu'il avoit rapporté une affaire pour la communauté des pâtissiers, et qu'il la leur avoit fait gagner,
parce qu'ils avoient bonne cause, les pâtissiers lui voulurent donner un plat de leur métier, et firent un pâté

---

(1) Racine avoit sans doute entendu conter cette anecdote quand il a
fait donner audience à son Dandin, des *Plaideurs*, par une lucarne
du toit.

où ils mirent toute leur science. Ils heurtent, les voilà dans la cour, et lui, la tête à la lucarne, leur demande ce qu'ils veulent, et que leur affaire est jugée. Ils disent qu'ils l'en viennent remercier. « Montez, » leur dit-il. Les voilà en haut. Ils lui présentent leur pâté ; il regarde ce pâté, et puis il dit entre ses dents : « M. Por-
« tail a rapporté un procès pour la communauté des
« pâtissiers, ils l'ont gagné, et ils font présent d'un
« grand pâté à M. Portail. » Cela dit, il met ce pâté sur sa fenêtre, et le laisse tomber dans la rue.

Une autre fois, un procureur qu'il haïssoit, parce que c'étoit un chicaneur, fut pour lui parler. Il lui demanda par sa lucarne ce qu'il vouloit. « C'est, mon-
« sieur, dit le procureur, une requête que je vous
« apporte pour la répondre, s'il vous plaît. — Li-
« sez, lisez-la, » dit M. Portail. Ce procureur se met à lire nu-tête, comme vous pouvez penser. La requête étoit longue, et il faisoit très-grand froid, et le bon homme, par malice, lui faisoit à toute heure des difficultés.

A propos de conseiller au parlement, je mettrai ici un conte de M. Hilerin, conseiller d'Eglise. Ce bon homme a fait imprimer un livre de théologie qu'il dédie à la Trinité, et commence l'épître par : « *Madame.* » En un endroit, il prouve la Trinité par un arrêt rendu à son rapport.

LE COMTE DE VILLA-MEDINA.

Le comte de Villa-Medina, de la maison de Taxis, étoit général des postes d'Espagne (1). Cette charge y est tenue par des gens de qualité, et vaut cent mille écus de rente. C'étoit un homme bien fait, galant, libéral, vaillant et spirituel. Il écrivoit même en vers et en prose, mais c'étoit l'un des hommes du monde les plus emportés en amour. Durant la faveur du duc de Lerme, du vivant de Philippe III, père du Roi qui règne aujourd'hui (2), il devint amoureux d'une dame de la cour, et il avoit pour rival le duc d'Uceda, fils du favori. Un jour il prit une telle jalousie de ce que cette dame avoit parlé à son rival durant la comédie chez le Roi, qu'au sortir il se mit dans son carrosse et la battit jusqu'à lui en laisser des marques. Non content de cela, il lui ôta des pendants de grand prix et des perles qu'il disoit lui avoir donnés. Il fit bien pis, car, en plein théâtre public, il donna ces pendants et ces perles à une comédienne nommée *Gentilezza*, grande courtisane, en lui disant : « Tiens, Gentilezza, je les viens « d'ôter à une telle, la plus grande p..... de Madrid, pour

---

(1) Les Taxis sont généraux des postes aussi dans les Etats de l'Empereur. (T.)

(2) Philippe IV.

« les donner à la plus honnête femme qui y soit. » Le Roi et le favori furent outrés de cette insolence, et le comte eut ordre de se retirer. Il s'en alla à Naples. Pour la dame, elle eut un tel crève-cœur de l'affront qu'on lui avoit fait, que son mari, par la faveur du duc d'Uceda, ayant été fait vice-roi des Indes, elle y alla avec lui pour ne plus paraître à la cour.

Le comte revint après la mort de Philippe III, et, toujours fou en amour, se mit à galantiser une dame que le jeune Roi aimoit, et étoit bien mieux avec elle que le Roi même. Un jour qu'elle avoit été saignée, le Roi lui envoya une écharpe violette avec des aiguillettes de diamans qui pouvoient bien valoir quatre mille écus. C'est la galanterie d'Espagne : on y fait des présents aux dames quand elles se font saigner. Le comte connut aussitôt, à la richesse de l'écharpe, qu'elle ne pouvoit venir que du Roi, et en ayant témoigné de la jalousie, la dame lui dit qu'elle la lui donnoit de tout son cœur. « Je la prends, répondit le comte, et je « la porterai pour l'amour de vous. » En effet, il se la met, et va en cet équipage chez le Roi. Le Roi conclut par là que le comte avoit les dernières faveurs de cette belle, et afin de s'en éclaircir, il alla travesti pour l'y surprendre. Le comte y étoit effectivement, qui le reconnut et qui le frotta, quoiqu'il fut vêtu en personne de condition. Pour se pouvoir vanter d'avoir eu du sang d'Autriche, il lui donna un coup de poignard, mais ce ne fut qu'en effleurant la peau vers les reins. Le Roi, le lendemain, sans se vanter d'avoir été blessé, lui envoya ordre de se retirer. Au lieu de suivre l'ordre du Roi, le comte va au palais avec une enseigne à son chapeau, où il y avoit un diable dans les flammes avec ce mot, qui se rapportoit à lui :

Mas pinada
Minos arreperiado (1).

Le Roi, irrité de cela, le fit tuer dans le Prado, d'un coup de mousquet, qu'on lui tira dans son carrosse, et puis on cria : *E por mandamiento del Rey.*

On conte sa mort diversement; d'autres disent que le Roi, en passant devant la maison d'un grand seigneur de la cour, qui avoit fait assassiner le galant de sa femme, dit au comte de Villa-Medina, qui étoit dans le carrosse de S. M. : « *Escarmentar condé* (2), » et que le comte lui ayant répondu : « *Sagradissima majestad, en amor no aye scarmiento,* » le Roi, le voyant si obstiné, avoit résolu de s'en défaire.

On a une pièce imprimée qui s'appelle *la Gloria di niquea* (3). Elle est de la façon du comte de Villa-Medina, mais d'un style qu'ils appellent *parlar culto*, c'est-à-dire Phébus. On dit que le comte la fit jouer à ses dépens à Aranjuez. La Reine et les seules dames de la cour la représentèrent. Le comte en étoit amoureux, ou du moins par vanité il vouloit qu'on le crût, et, par une galanterie bien espagnole, il fit mettre le feu à la machine où étoit la Reine, afin de pouvoir l'embrasser impunément. En la sauvant comme il la tenoit entre ses bras, il lui déclara sa passion et l'invention qu'il avoit trouvée pour cela (4).

On m'a conté (et cela vient d'une demoiselle Ber-

---

(1) « Plus elle s'élève, moins on peut la retrouver. »
(2) « Profitez de l'exemple d'autrui. » (T.)
(3) Le sujet de cette pièce est emprunté de l'Amadis de Gaule.
(4) C'est Elisabeth de France, fille de Henri IV, épouse de Philippe IV,

taut, mère de madame de Mauteville (¹), qui fût fort jeune en Espagne, quand on y mena madame Elisabeth de France), on m'a conté qu'un grand seigneur d'Espagne traita le Roi et la Reine sous des tentes magnifiques, et tapissées par dedans des plus belles tapisseries du monde, en un vallon fort agréable où la cour devoit passer, et qu'après que le Roi et la Reine furent partis, on entendit un grand bruit. C'étoit qu'on crioit au feu, car ce seigneur avoit mis le feu à tout ce qui avoit servi à cette magnificence, comme s'il eût cru profaner les mêmes choses en les faisant servir à d'autres. Philippe II, qui avoit une jeune femme et qui étoit fort soupçonneux, crut aussitôt qu'il y avoit de l'amour sur le jeu. Pour s'en éclaircir, à un jeu de canes, il demanda à la Reine, quel de tous les seigneurs de sa cour qui s'exerçoient à ce jeu, lui sembloit faire le mieux. « C'est, lui dit-elle, celui qui a de si grandes plumes. » C'étoit le même. Le Roi répondit : « *Pue de ben tener* « *alas, per que buela muy alto* (²). » Cela servit apparemment, avec autre chose, à la faire empoisonner;

qui fit naître chez le comte cette passion si espagnole. C'est dans son propre palais que ce seigneur, que Tallemant nous fait, le premier, bien connoître, avoit reçu la reine et la cour. C'est sa propre habitation et les riches ornements qui la décoroient que Villa-Medina livra aux flammes pour tenir la Reine embrassée. La Fontaine a dit à son sujet (liv. IX, fable 15) :

> J'aime assez cet emportement ;
> Le conte m'en a plus toujours infiniment :
>   Il est bien d'une âme espagnole,
>   Et plus grande encore que folle.

(¹) Véritable orthographe du nom de l'auteur des *Mémoires pour servir à l'histoire d'Anne d'Autriche*, qu'on écrit plus souvent MOTTEVILLE. (Voir la *Biographie universelle*, tom. XXX, p. 293.)

(²) « Il peut bien avoir des ailes puisqu'il vole si haut. »

M. VIÈTE (1).

M. Viète étoit un maître des requêtes, natif de Fontenay-le-Comte en Bas-Poitou. Jamais homme ne fut plus né aux mathématiques ; il les apprit tout seul ; car, avant lui, il n'y avoit personne en France qui s'en mêlât. Il en fit même plusieurs traités d'un si haut savoir qu'on a eu bien de la peine à les entendre, entre autres, son *Isagogé*, ou *Introduction aux mathématiques* (2). Un Allemand, nommé Landsbergius, si je ne me trompe, en déchiffra une partie, et depuis on a entendu le reste. Voici ce que j'ai appris touchant ce grand homme. Du temps d'Henri IV, un Hollandois, nommé Adrianus Romanus, savant aux mathématiques, mais non pas tant qu'il croyoit, fit un livre où il mit une proposition qu'il donnoit à résoudre à tous les mathématiciens de l'Europe ; or en un endroit de son livre il nommoit tous les mathématiciens de l'Europe, et n'en donnoit pas un à la France. Il arriva, peu de temps après, qu'un ambassadeur des Etats vint trouver le Roi à Fontainebleau. Le Roi prit plaisir à lui en montrer toutes ses curiosités, et lui disoit les

---

(1) François Viète, né en 1540, mort en 1603. Un de nos plus célèbres mathématiciens.

(2) *Isagoge in artem analyticam.*

gens excellents qu'il y avoit en chaque profession dans son royaume. « Mais, Sire, lui dit l'ambassadeur, « vous n'avez point de mathématiciens, car Adrianus « Romanus n'en nomme pas un françois dans le ca- « talogue qu'il en fait. — Si fait, si fait, dit le Roi, « j'ai un excellent homme : qu'on m'aille quérir « M. Viète. » M. Viète avoit suivi le Conseil, il étoit à Fontainebleau; il vient. L'ambassadeur avoit envoyé chercher le livre d'Adrianus Romanus. On montre la proposition à M. Viète, qui se met à une des fenêtres de la galerie où ils étoient alors, et avant que le Roi en sortît, il écrivit deux solutions avec du crayon. Le soir il en envoya plusieurs à cet ambassadeur, et ajouta qu'il lui en donneroit tant qu'il lui plairoit, car c'étoit une de ces propositions dont les solutions sont infinies. L'ambassadeur envoie ces solutions à Adrianus Romanus, qui, sur l'heure, se prépare pour venir voir M. Viète. Arrivé à Paris, il trouva que M. Viète étoit allé à Fontenay. A Fontenay, on lui dit que M. Viète est à sa maison des champs. Il attend quelques jours et retourne le redemander; on lui dit qu'il étoit en ville. Il fait comme Apelles qui tira une ligne. Il laisse une proposition; Viète résout cette proposition. Le Hollandois revient; on la lui donne, le voilà bien étonné; il prend son parti d'attendre jusqu'à l'heure du dîner. Le maître des requêtes revient; le Hollandois lui embrasse les genoux; M. Viète, tout honteux, le relève, lui fait un million d'amitiés; ils dînent ensemble, et après il le mène dans son cabinet. Adrianus fut six semaines sans le pouvoir quitter. Un autre étranger, nommé

Galtade (1), gentilhomme de Raguse, se fit faire résident de sa république en France pour conférer avec M. Viète. Viète mourut jeune, car il se tua à force d'étudier (2).

LE CHANCELIER DE BELLIÈVRE (3),

LE CHANCELIER DE SILLERY (4),

M. ET Mme DE PISIEUX, M. ET Mme DE MAULNY.

Pomponne de Bellièvre fut envoyé ambassadeur en Suisse. Il faut boire en dépit qu'on en ait. On l'enivra. C'étoit dans un lieu public ; en sortant, il saluoit les piliers. « Monsieur, ce sont des piliers, » lui dit-on. Il ne laissoit pas toujours de saluer, et disoit : « A tous « seigneurs tous honneurs. »

Un peu après qu'il eut été fait garde-des-sceaux, quelqu'un, qui ne savoit pas son logis, le demanda à un savetier. Ce savetier dit : « Je ne sais où c'est. » Cet homme va plus bas, on lui dit : C'est vis-à-vis ce savetier. « Oh hé ! compère, dit-il au savetier, vous ne

---

(1) C'est plutôt Marin Getkalde, de Raguse, qui a publié *l'Apolonius ressuscité*.

(2) On lit dans la *Biographie universelle* de Michaud un article très bien fait sur François Viète.

(3) Pomponne de Bellièvre, né en 1529, mort le 5 septembre 1607.

(4) Nicolas Brulart de Sillery, mort en 1624, âgé de quatre-vingts ans.

« connoissez donc pas vos voisins? — Je ne connois
« point, répondit le savetier, les gens avec qui je n'ai
« point bu. » Cet homme conta cela au garde-des-
sceaux, qui envoya convier le savetier à souper. Le
galant dit qu'il ne manqueroit pas. En effet, il prend
ses habits des dimanches, et avec une bouteille de vin
et un chapon tout cuit, dont il avoit rompu un pied,
il va chez le garde-des-sceaux, il met son vin à l'office
et y laisse son chapon aussi entre deux plats. Comme
on eut servi le second : « Oh hé! dit-il, monsieur, je
« ne vois point mon chapon. » M. de Bellièvre demande
ce qu'il vouloit dire; il le lui conte et ajoute : « En voilà
« le pied que j'ai rompu de peur qu'on ne me le chan-
« geât. Il vaudra bien tout ce que vous avez là, et mon
« vin est bien aussi bon que le vôtre; nous en usons
« ainsi entre nous. » On apporta la bouteille et le chapon. Le garde-des-sceaux ne but plus et ne mangea plus
que de ce qu'avoit apporté le savetier, et ils firent la
plus grande amitié du monde.

Un jour, étant chancelier, qu'il tenoit un enfant
sur les fonts, le curé lui demanda le nom. Il répondit
avec une gravité de chef de la justice : « *Pomponne.* »
Le curé, qui n'avoit jamais été régalé de ce nom-là, le lui
fit répéter. Il dit une seconde fois et aussi sérieusement :
« *Pomponne.* — Ha monsieur, reprit le curé, ce n'est
« pas une cloche que nous baptisons; c'est un enfant. »

C'étoit un homme d'une grande douceur. On dit qu'il
ne s'est jamais mis en colère. Pour éprouver sa patience,
ou plutôt son flegme, on alluma derrière lui un grand
feu durant les grandes chaleurs pendant qu'il dînoit.
Il ne dit autre chose sinon : « On est céans de l'avis de
« ceux qui disent que le feu est bon en tout temps. »

Pour les accommoder lui et M. de Sillery, à qui on donnoit les sceaux, on fit un mariage. Le fils du chancelier épousa la fille du garde-des-sceaux, qui étoit une demoiselle fort galante, et dans les *visions de la cour*, on mit que pour les mettre d'accord on avoit pris une fourche.

M. de Sillery Brulart fut chancelier après lui. On conte de lui une chose qui marque une grande douceur et une grande patience. Un jour, je ne sais quelle femme l'attendit à sa porte et lui chanta pouille. Il appela un homme qui étoit avec elle, et lui demanda s'il la connoissoit. « Oui, « monsieur, lui répondit cet homme, c'est ma femme. — Et combien y a-t-il que vous êtes avec elle ? — Il y « a dix ans, monsieur. — Vous devez, reprit-il, vous « être bien ennuyé, car il n'y a qu'une demi-heure que « j'y suis, et j'en suis déjà bien las. »

C'est lui qui a bâti Berny ; M. de Gèvres, secrétaire d'Etat, père de M. de Fresne, bâtissoit en même temps Sceaux, et chacun vouloit accroître sa terre. Henri IV leur défendit à tous deux d'acheter des héritages par-delà le chemin d'Orléans qui les sépare (1).

Le chancelier de Sillery maria son fils, M. de Pisieux, en secondes noces à mademoiselle de Valençay d'Etampes, sœur de feu M. l'archevêque de Reims dont nous parlerons ailleurs. Ce fils étoit un pauvre homme, mais il a gouverné quelque temps, étant secrétaire d'Etat.

M. de Pisieux n'ayant point eu d'enfants de son premier mariage, le chancelier ne souhaitoit rien tant que de

(1) Le château de Berny étoit en effet placé à l'autre côté du chemin d'Orléans, sur la paroisse d'Antony. Il ne reste plus de cette terre que quelques murs du parc.

voir sa belle-fille grosse. Elle fut quelque temps sans le devenir, et enfin elle s'avisa de feindre qu'elle l'étoit, peut-être pour tirer quelque chose du bon homme. Car, comme vous verrez, c'étoit et c'est encore une assez plaisante créature. On fit toutes les façons imaginables de peur qu'elle ne se blessât, et comme elle fut au neuvième mois, on dit tout d'un coup : « Madame « de Pisieux n'est plus grosse, mais madame de Cler- « mont d'Entragues, qu'on ne disoit point être grosse, « est accouchée. » Voilà une assez plaisante rencontre. Effectivement, cette dernière ne s'en douta point, jusqu'à ce que, sentant les tranchées (c'étoit d'un premier enfant), elle crut avoir la colique, et envoya quérir un apothicaire pour se faire donner un lavement. Mais cet homme ayant voulu savoir où étoit son mal, reconnut ce que c'étoit. Elle se moquoit de lui, le mari arrive; l'apothicaire lui dit que sa femme étoit prête à accoucher. Le voilà bien étonné; il envoie quérir une sage-femme, et madame de Clermont accouche d'un enfant bien formé et bien venu.

Madame de Pisieux a été belle, mais toujours extravagante. Son beau-père et son mari ont été tous deux ministres d'Etat, et quoiqu'en ce temps-là on ne fît pas de si prodigieuses fortunes qu'on a fait depuis, leur maison ne laissa pas de devenir puissante. Cette femme cependant ne put s'abstenir de faire l'amour par intérêt. Elle se donna à Morand, trésorier de l'Epargne. Cet homme étoit fils d'un sergent de Caen. Elle le porta à acheter la charge de trésorier de l'ordre qu'avoit M. de Pisieux (1), et ce bon homme disoit : «M. Mo-

---

(1) Le cordon demeura à Pisieux. (T.)

« rand n'en vouloit donner que tant; mais ma femme l'a
« tant fait monter, l'a tant fait monter, qu'il est venu jus-
« qu'à ce que j'en voulois. » Elle a fait cent folies à Berny
avec cet homme. On dit qu'elle l'enchaînoit et qu'elle lui
faisoit tirer un petit char de triomphe le long des allées.
Elle avoit des ragoûts en mangeaille que personne n'a
jamais eus qu'elle. On m'a assuré qu'elle mangeoit du
point coupé. Alors les points de Gênes, ni de Raguse,
ni d'Aurillac, ni de Venise, n'étoient point connus; et
on dit qu'au sermon elle mangea tout le derrière du
collet d'un homme qui étoit assis devant elle.

M. de Châteauneuf recherchoit madame d'Achères,
alors mademoiselle de Valençay. Mais, durant cette recherche, madame d'Achères découvrit qu'il y avoit
grande galanterie entre M. de Châteauneuf et madame
de Pisieux. Elle vit par-dessus l'épaule de sa sœur
quelques mots assez doux dans une lettre; cela lui
donna du soupçon. Elle ôte au laquais de M. de Châteauneuf la réponse de madame de Pisieux. C'étoit
un billet qui parloit fort clairement. Depuis, elle ne
voulut plus entendre au mariage, et quand madame de
Pisieux l'en pressa, elle lui dit : « Ma sœur, connoissez-
« vous votre écriture? » et en même temps lui donna
sa lettre. Après cela, on ne parla plus de cette affaire.

Elle fit une amitié étroite avec madame du Vigean,
qui alors logeoit à l'hôtel de Sully, que son mari avoit
acheté de Gallet qui le fit bâtir. Madame de Pisieux
demeuroit bien loin de là; après avoir été tout le jour
ensemble, elles s'écrivoient le soir; et madame de Pisieux obligeoit l'autre à ne voir personne l'après-sou-
per en son quartier, et cela par jalousie. Enfin madame d'Aiguillon l'emporta sur elle.

Quand M. de Pisieux mourut, elle joua plaisamment la comédie. Il n'y avoit pas long-temps qu'il lui avoit donné un soufflet. Cependant elle fit l'Artemise, et d'une telle force, que tout le monde y alloit comme à la farce. Le marquis de Sablé mourut peu de temps après. On crut que sa femme, qui l'aimoit encore moins que celle-ci n'avoit aimé le sien, en feroit de même; mais on fut bien attrapé, car elle ne dit pas un mot de son mari.

Madame de Pisieux n'est pas bête. Jamais il n'y a eu une si grande friande. Depuis Pâques jusqu'à la Pentecôte elle mangea, il n'y a que cinq ou six ans, pour dix-sept cents livres de ce veau de Normandie que l'on nourrit d'œufs (1); car, outre le lait de la mère, on leur donne dix-huit œufs par jour. Elle avoit été contrainte de vendre Berny à feu M. le premier président de Bellièvre; mais il lui reste encore une belle maison en Touraine, qu'on appelle le Grand Pressigny. Il y a des meubles pour toutes les quatre saisons (2). M. de Chavigny y passa. Le marquis de Sillery pria sa mère de le recevoir de son mieux. Elle lui fit une chère admirable; elle lui changea même de meubles à son appartement. « Je voulois, lui dit-elle, vous montrer qu'il « m'en est encore demeuré un peu. »

Son fils, le marquis de Sillery, dit qu'elle a un mari de conscience. C'est un certain grand nez. « Elle « a voulu, dit le marquis, tâter d'un grand nez après « un camus. » M. de Pisieux avoit le nez court, mais je pense que la bonne dame en avoit tâté de toutes les

---

(1) On appelle le lieu où l'on le nourrit *Rivière*. (T.)

(2) Depuis Cazindre a acheté cette terre, et elle a vécu de six mille livres que le Roi (1647) lui donna. (T.)

façons. C'est une grande hâbleuse. Elle a eu pourtant le sens de s'habiller modestement, quoiqu'elle fût encore fraîche.

Elle a une fille mariée avec le marquis de Maulny, fils du maréchal d'Étampes, son proche parent. C'est une fort jolie personne, mais il falloit être bien hardi pour l'épouser : c'étoit une terrible éveillée.

On en fait un conte assez gaillard. Sa mère lui faisoit apprendre en même temps à écrire, à dessiner, à danser, à chanter, à jouer du luth, et même à jouer des gobelets. On lui montroit l'italien, l'espagnol et l'allemand. Or ils menèrent un jeune Allemand au Grand-Pressigny, qui étoit beau garçon, mais fort innocent. Un jour que la demoiselle étoit sur son lit, elle lui dit en allemand : « Un tel, mettez-vous là, « auprès de moi. » Il s'y met..... « Ah! mademoi- « selle, lui dit cet adolescent, vous me perdez. — « Voire, voire, répondit-elle, vous vous moquez... « Je dirai que vous m'en avez priée. » On dit que l'Allemand ne fit pas comme Joseph. On dit qu'un jour le cardinal de Richelieu pria madame de Pisieux de la faire chanter. Elle étoit encore fille ; elle, peut-être par bizarrerie, ou bien ne prenant point de plaisir à faire la chanteuse, après s'être bien fait prier, se mit à chanter une chanson de laquais, où il y a à la fin :

> J'ai grand mal au *vistannoire*,
> J'ai grand mal au doigt.

Le cardinal trouva cela assez ridicule, et dit à la mère : « Madame, je vous conseille de bien prendre « garde au *vistannoire* de mademoiselle votre fille. »

M. le marquis de Maulny a pourtant si bien fait

qu'on n'a point parlé de sa femme. On dit qu'il l'a souffletée quelquefois. Il ne l'a guère perdue de vue au commencement. L'abbé de Gramont, depuis le chevalier, en fit un vaudeville où il y avoit :

>Je laisserai madame de Maulny
>Avecque son mari.

On dit que d'abord elle s'en est donné au cœur joie, quand elle l'a pu, mais sans galanterie, en partie pour faire enrager son mari; mais qu'enfin, lasse d'être épiée et peu estimée, elle a pris le frein aux dents, est devenue une bonne ménagère, fait fort bien aller toute sa maison, et ne laisse pas de se mettre toujours proprement.

Je ne sais quel sot galant de Champagne s'avisa de lui écrire un assez ridicule *poulet*. Elle l'attacha à la tapisserie, et tous ceux qui vinrent le lurent. Jamais pauvre galant ne fut tant moqué.

Il a pris quelquefois des visions à son mari de quitter l'armée et de s'en aller au galop pour coucher une nuit avec elle. Ce n'étoit point pour la surprendre, car quand il l'a pu il l'en a avertie. Ce n'est point aussi qu'il l'aime fort, car on dit qu'il ne l'aime pas; il faut donc dire qu'il aime la chair, et qu'il y a de la sensualité en son fait, car c'est un grand abatteur de bois. Il y a cinq ou six ans qu'elle devint grosse : « J'en tiens, ce dit-elle, mais je l'ai bien « gagné. »

Maulny a l'honneur d'être un des plus grands brutaux qui soient au monde. Depuis peu (mai 1658) il l'a bien fait voir. Il a une terre en Bourgogne auprès de

Brinon-l'Archevêque, château dépendant de l'archevêque de Sens. Un jour il envoya ses gens pour acheter au marché de Brinon des œufs et du beurre. Le marché n'étoit point encore ouvert; on leur dit qu'ils attendissent. Ces gens vont rapporter à Maulny qu'on a refusé de leur vendre, etc. Je crois qu'il y avoit déjà eu quelque petite chose entre l'archevêque et lui, peut-être un peu de jalousie, car l'archevêque est galant. Quoi qu'il en soit, Maulny, lui huitième, va à Brinon, n'y trouve point l'archevêque, qui étoit allé à une paroisse là auprès, appelée Saint-Florentin, tenir son synode. Il rencontre un fermier à la petite porte du château qu'il maltraite. Un Suisse vient, et un autre homme; il donne un coup d'épée à l'un au travers du corps, et un coup de pistolet à l'autre : je pense qu'ils en sont morts. L'abbé de Nesmond, à ce qu'on m'a dit, y survint; il étoit là pour ce synode; il lui voulut faire quelque remontrance. Maulny le maltraite de paroles. L'abbé ne s'effarouche point de cela, et lui persuade de s'en retourner et d'écrire à M. de Sens. Maulny écrit; mais à peine la lettre est-elle partie, qu'il monte à cheval et va faire mille insolences à l'archevêque tenant son synode. On dit qu'il lui proposa de se battre en lui disant : « Vous êtes « gentilhomme et d'une race assez vaillante. » On se mit entre eux. Voilà tous les Montespan, tous les Bellegarde, tous les Terme, tous les Gondrin, tous les d'Antin à cheval, et le maréchal d'Albret, leur parent, aussi. L'autre assemble ses amis de son côté, mais en petit nombre. Enfin on l'obligea, prenant la chose du côté de la conscience, à venir dans la cathédrale de Sens sur un échafaud, sans manteau, chapeau, épée, ni gants, entendre la messe, et après, demander pardon à son archevêque. Ce qu'il fit *di muy malæ ganæ*.

LE CAMUS (1),

MAITRE DES REQUÊTES.

Le Camus, le riche, étant petit garçon, alla voir un lion que l'on montroit dans un jeu de paume sur un théâtre. Il n'étoit pas bien à sa fantaisie. Il voulut passer par un bout du théâtre, et montoit avec une échelle, quand le lion, qui étoit à l'autre bout (et le théâtre avoit toute la largeur du jeu de paume), en un saut fut à cet enfant, et avec sa queue l'amène de l'échelle sur le théâtre, le manteau entortillé autour de la tête. Il le tenoit déjà sous lui, quand d'en bas un page, peut-être plutôt pour faire niche au lion que pour secourir l'enfant, lui donna un coup de gaule. Le lion saute vers le page, et on tira le petit garçon en bas en danger de lui rompre le col; il en fut quitte pour une saignée.

M. d'Aubigny, de la maison des Stuarts, cadet du duc de Lenox (2), logeant au faubourg Saint-Germain dans une maison des Jacobins réformés, qui avoit une entrée dans leur jardin, l'été, un soir, sans savoir que

---

(1) C'est celui qu'on appelle *Patte-Blanche*. Il se pique d'avoir de belles mains.

(2) Il a le bien de France, et s'est fait d'église. Il est à cette heure chanoine de Notre-Dame, et bon ami des jansénistes. (T).

deux dogues d'Angleterre, qui gardent leur enclos, eussent été lâchés une demi-heure plus tôt que de coutume, il entre sous un berceau qui n'étoit pas loin de son logement. Les chiens le sentent et lui coupent chemin. Il ne perdit point pourtant le jugement, et, sachant que cette sorte de chiens principalement ne se jettent point sur ceux qui ne témoignent point de peur, il ne fuit point, et avertit un homme qui étoit avec lui, puis il se met à les caresser en anglais. Il y en eut un qui s'apprivoisa aussitôt; l'autre gronda toujours, cependant il eut le loisir de gagner la porte. Ces mêmes chiens attrapèrent la jambe d'un voleur de fruits qui se sauvoit par-dessus le mur, le tirèrent à bas et l'étranglèrent. Les moines jetèrent le corps par-dessus le mur dans la rue : il n'en fut autre chose (1650).

Un homme de Marseille reçut en bonne compagnie une cassette. Il crut que c'étoit des essences, et ne la voulut point ouvrir devant je ne sais combien de femmes qui étoient chez lui, de peur d'être obligé d'en trop donner. Il se retire sur un balcon qui donnoit sur un jardin. En ouvrant, le feu prend à une fusée qui eut assez de force pour faire tomber la cassette dans le jardin, où tout l'artifice et tous les pistolets qui étoient dedans jouèrent sans faire mal à personne. Voyez quel fracas cela auroit fait, s'il eût ouvert devant ces dames.

On dit qu'un chanoine de Notre-Dame de Paris étant à l'extrémité, ses gens s'emparoient de tout ce qu'ils pouvoient attraper. Un singe qu'il avoit se saisit à l'instant du bonnet carré du chanoine et se le mit sur la tête. Le malade, qui voyoit cela, se mit tellement à rire, qu'il se creva un abcès qu'il avoit dans la gorge, et il en guérit.

L'abbé de Beauveau, évêque de Nantes, poursuivit un jour, en caleçon, ses tenailles à la main, un cordelier contre lequel il s'étoit mis en colère, jusque dans le marché de Nantes, qui est proche de l'évêché.

Une fois qu'il partoit, tous les ouvriers à qui il devoit vouloient avoir de l'argent. Son cordonnier lui alla présenter ses comptes. « Je n'ai point d'argent, lui « dit-il. — Mais, monseigneur, de quoi nourrirai-je « mes enfans? — Je n'ai point d'argent, » répéta-t-il. Le cordonnier rognonnoit. L'évêque prend la pelle du feu et lui en donne sur le dos plus de quatre coups. Au sortir de là, le cordonnier trouve le menuisier, à qui il dit qu'il venoit d'être payé. « Je m'y en vais « donc, dit l'autre. — Oui, oui, reprit-il, il y fait bon. » Le menuisier va. « Je n'ai point d'argent. — Mais « monseigneur, vous avez bien payé le cordonnier. « —Veux-tu que je te paie en même monnoie? — Je ne « demande pas mieux? » Il le battit tout comme l'autre. Il ne craint que le maréchal de La Meilleraie.

MADAME D'ALINCOURT (1).

Un garçon de Paris, nommé M. de Marcognet, fils d'un maître des requêtes appelé Langlois, fit amitié

(1) Jacqueline de Harlay, fille du baron de Sancy, mariée à Charles de Neufville, marquis d'Alincourt, gouverneur de Lyon, etc., le 11 février 1596.

avec feu M. d'Alincourt, père de M. le maréchal de
Villeroi, et devint en même temps amoureux de madame d'Alincourt, qui étoit belle, et dont jusque là on
n'avoit encore rien dit. Il la servit fort long-temps sans
en avoir la moindre faveur, et il ne se pouvoit vanter
que d'être un peu plus obstiné que ses rivaux. Las de
cette vaine recherche, il résolut de tout hasarder, et
ayant remarqué plusieurs fois que la dame, qui étoit
alors à Lyon, dont son mari étoit gouverneur, se retiroit fort souvent toute seule dans un cabinet qui étoit
tout au bout d'un assez grand appartement, et que ses
femmes se tenoient dans un lieu assez éloigné, ayant
remarqué tout cela, il résolut de l'y surprendre pour
voir s'il ne trouveroit point l'heure du berger. Dans ce
dessein, étant à la chasse avec M. d'Alincourt, il se
laisse tout exprès tomber dans un bourbier afin
d'avoir prétexte de se retirer. M. d'Alincourt continue
sa chasse; Marcognet, de retour, change d'habit, va
chez madame d'Alincourt, et la trouve où il vouloit.
Après lui avoir conté son accident, il lui dit à quel
dessein il s'étoit laissé tomber dans le bourbier, et qu'il
étoit résolu de jouer de son reste. Après cela, il va
fermer toutes les portes. Je vous laisse à penser si cette
femme fut étonnée. Il la jeta sur un lit de repos; elle
se défendit autant qu'on se peut défendre; mais comme
il étoit beaucoup plus fort qu'elle, à la fin il en vint à
bout, moitié figue, moitié raisin; elle n'avoit osé crier
de peur de scandale; peut-être aussi que le dessein de
cet homme lui avoit semblé une grande marque d'amour. Il lui fit après toutes les satisfactions imaginables.
Elle le menaçoit de le faire poignarder. « Il ne faut
« point d'autre main que la vôtre pour cela, lui dit-il,

« madame; » et lui présentant un poignard : « Vengez-
« vous vous-même, et je vous jure que je mourrai
« très-content. »

Depuis, elle ne fut pas si cruelle, et ses autres galants n'eurent pas tant de peine que celui-ci.

~~~~~~

M. D'ALINCOURT.

Pour M. d'Alincourt, ce n'étoit pas un grand personnage. Il s'amusoit, à la mode de certains gouverneurs de frontières, à vouloir que tous les courriers fussent lui parler. Une fois, le comte de Clermont-Lodève, grand seigneur du Rouergue, autrefois assez connu à la cour sous le nom de marquis de Cessac, couroit la poste sur la route de Languedoc. Il fallut aller chez M. d'Alincourt à Lyon, car les maîtres de la poste ne donnent point de chevaux autrement, et on les châtiroit s'ils y avoient manqué. Le comte n'étoit point connu du gouverneur, qui, faisant le grand seigneur, demanda ce qu'on disoit à Paris : « On y di-
« soit vêpres, monsieur, quand je suis parti. » Voyant qu'on ne parloit pas autrement de s'asseoir, il prend un fauteuil qu'il gâta un peu avec ses bottes crottées ; il en donne un autre à un gentilhomme qui étoit avec lui, se couvre, et se met à se chauffer : c'étoit l'hiver. Il cause avec son compagnon, comme s'il n'y eût qu'eux dans la chambre, et quand il eut bien chaud, il fait la révérence à M. le gouverneur, qui étoit si

surpris qu'il n'eut pas le mot à dire. Il le fut encore bien plus quand, en Languedoc, il vit que M. de Montmorency faisoit mettre à table ce gentilhomme-là, même beaucoup au-dessus de lui : alors il apprit qui il étoit..

Une fois ce M. d'Alincourt s'avisa de vouloir tâter mademoiselle de La Moussaye, une grande, vieille et vilaine fille. Elle lui donna un beau soufflet. C'étoit une originale que cette mademoiselle de La Moussaye, tante de La Moussaye, petit-maître. Jamais il n'y eut une créature plus mal bâtie, si malpropre : vous eussiez dit une Bohémienne; de grands vilains cheveux noirs gras. Elle avoit pour toute femme-de-chambre un grand laquais. Avec tout cela elle ne manquoit pas d'esprit et disoit les choses assez plaisamment. Une jolie femme, feu madame d'Harambure, disoit que de toutes les vilaines bêtes, elle ne pouvoit souffrir que La Moussaye. Elle demeuroit avec mademoiselle Anne de Rohan.

FAURE, PÈRE ET FILS.

M. Faure étoit un bourgeois de Paris, riche de deux cent mille écus. C'étoit un des plus grands avares qu'on ait jamais vus. Il y avoit trois bûches dans la cheminée de sa belle chambre. Ces bûches avoient trempé dans l'eau, de sorte que le fagot qu'on mettoit dessous brûloit tout seul et ne faisoit que les faire suer seulement. La compagnie étant retirée, si le feu du fagot les avoit un peu trop séchées, on les remettoit dans l'eau.

Je l'ai vu venir, un jour d'été, par le plus beau temps du monde, chez M. Conrart, son parent, avec son chapeau de pluie : « Eh quoi ! mon cousin, lui « dit M. Conrart, avez-vous eu peur de la pluie au- « jourd'hui ? — Je vous assure, dit le bon homme, « que j'ai regardé à l'almanach, et il nous menaçoit « d'orage. » Pour moi jamais en ma vie je n'ai vu un tel chapeau de cocu qu'étoit le sien. Le plus beau qu'il eût étoit à peu près comme ceux de ces crieuses de vieux chapeaux. Cet homme, mal satisfait du siècle, comme toutes les vieilles gens, se mit à déclamer contre la vénalité des charges, lui qui a un fils qui, avec son argent, avoit eu bien de la peine à entrer au Parlement, tant il avoit mal répondu.

Notre bourgeois, devenu veuf, prit la peine de se jouer à sa servante. Elle devint grosse, et accoucha d'un enfant qui vécut, au grand regret du bon homme; car, quand il fut question de fournir pour la nourriture, il dit que son valet y avoit travaillé aussi bien que lui; le valet fut assez sincère pour l'avouer, et le maître lui retranchoit tant de ses gages pour donner à la mère de l'enfant. On a même dit qu'ils le faisoient élever par moitié.

Le fils devint amoureux de la veuve d'un lieutenant de l'artillerie, nommé La Barre : cette femme n'avoit que quarante ou cinquante mille livres de bien, mais elle étoit belle et jeune et n'avoit point eu d'enfants. En récompense elle est si capricieuse, qu'elle pourroit quasi passer pour folle. Son premier mari en avoit été si jaloux qu'il la faisoit garder quand il étoit à l'armée. Elle ne sortoit point, et ne faisoit tout le jour que donner des chaises, comme s'il fût venu compagnie, et puis elle les remettoit comme si la compagnie étoit sortie ; et en rangeant et dérangeant des siéges, elle passoit toute la journée. Cela a peut-être contribué à la rendre si peu raisonnable.

Faure l'épousa clandestinement. Son père en fit du bruit, mais enfin on l'apaisa et on confirma le mariage. Ce ne fut pas sans donner auparavant de bien mauvaises heures à la pauvre femme ; car cet homme alla à la Pissotte (1), où ils avoient été mariés, et trouva moyen de déchirer du registre du curé le feuillet où étoit l'acte de la célébration de leur mariage, et l'ayant en son pouvoir, il lui faisoit tous les jours des frayeurs épouvantables. Pour se récompenser du peu de bien qu'il avoit eu de sa femme, il lui fit porter quatre ans durant la robe du deuil de son premier mari, car il n'attendit pas le bout de l'an pour l'épouser. Depuis, elle a toujours été fagotée à peu près de même. Il la tient comme prisonnière, et elle n'est guère mieux en secondes qu'en premières noces.

(1) On appeloit alors de ce nom le village de Vincennes, qui n'a été pendant long-temps qu'un hameau dépendant de la paroisse de Montreuil. Il y avoit une chapelle qui fut érigée en succursale, en 1547, et ne devint paroisse que vers l'année 1669. On n'y comptoit encore en 1709, que cinquante feux et deux cent vingt-huit habitants. (Voyez l'*Histoire du diocèse de Paris*, par l'abbé Lebeuf; Paris, 1755, tom. 5, pag. 94 et suivantes.)

VANITÉ DES NATIONS.

Un Espagnol, voyant le feu roi Louis XIII ôter son chapeau à plusieurs personnes qui étoient dans la cour du Louvre, dit à l'archevêque de Rouen, avec qui il étoit : « Hé quoi! votre roi ôte son chapeau à ses sujets? — Oui, dit l'archevêque, il est fort civil. — Oh! le Roi mon maître tient bien mieux son rang; il n'ôte son chapeau qu'au Saint-Sacrement; *y de muy mala gana.* (1) »

Dans la suite des ambassadeurs que le feu roi de Portugal envoya au feu roi d'Angleterre, il y avoit un homme qui trouvoit le prince de Galles, aujourd'hui le roi d'Angleterre en titre, fort à son goût. « Eh bien ! que vous en semble? lui dit quelqu'un. — *Por Dios*, répondit-il, *que parece un Portughez.* »

Les Italiens croient qu'il n'y a qu'eux de sages, et pour dire les gens de deçà les monts, ils disent : *delle bestie oltramontane*. Un Italien regardoit une fois dîner le roi Jacques d'Angleterre, et voyant que ce Roi avoit Buckingham, beau garçon, auprès de sa chaise et lui faisoit force caresses, il va dire d'un ton sérieux à un autre Italien : « *Signor mio, sta gente non e mica barbara.* »

Les Béarnois, pour venir à quelque chose de moins

(1) Et même mal volontiers. (T.)

général, se ressentent un peu du voisinage des Espagnols, et ils ont plusieurs proverbes qui font assez voir la bonne opinion qu'ils ont d'eux-mêmes. En voici quelques-uns :

> Lous Biarnez sount su l'autre gent
> Comme l'or el su l'argent.

> Qui a bist Pau
> N'a maj bist un tau.
> Qui a bist Oleron
> A bist tout lou mond (¹).
> Ortez
> Grand cose es.
> Qui a bist Morlas
> Po ben dire hélas!

Feu Galant le père, avocat fameux, soutenoit à feu M. de Châteauneuf que tous les Béarnois étoient fous. En ce temps-là, un M. de Lescun fut député à la cour par les églises de Béarn; cet homme avoit beaucoup de vivacité et parloit facilement; le conseil en fut charmé. « Ah! dit M. de Châteauneuf à Galant, vous ne sauriez « que dire cette fois-là. — Attendez, monsieur, atten- « dez, » répondit Galant. Or, s'en allant en poste, ce Lescun se battit avec son postillon; Galant le sut, et alla trouver M. de Châteauneuf. « Eh bien! monsieur, n'a- « vois-je pas raison de dire : *attendez?* »

(¹) Notez que ce sont toutes bicoques. (T.)

AVOCATS.

Filleau, aujourd'hui avocat du Roi à Poitiers, plaidant ici pour je ne sais quelle confrérie du Rosaire, dit que les grains de chapelet étoient autant de boulets de canon qu'on tiroit pour prendre le ciel.

Lambin et Massac, en leur jeunesse, allant se promener, rencontrèrent une vieille qui chassoit des ânes ; et se voulant railler d'elle : « Adieu, lui disent-« ils, la mère aux ânes. — Adieu, dit-elle, mes en-« fants. »

Un avocat huguenot, nommé Perreaux, qui a fait cette ridicule préface au-devant du livre de M. de Rohan, *Des Intérêts des Princes* (1), plaida une fois pour des marchands portugais ; c'étoit avant la révolte du Portugal, et commença ainsi son plaidoyer : « Mes-« sieurs, je parle pour haut et puissant prince roi des « Espagnes... » et dit tous les titres de Sa Majesté Catholique. Depuis, on l'appela l'avocat du roi d'Espagne.

La Martellière ne plaidoit guère bien non plus, mais il avoit bonne tête pour les affaires. Il commença le plaidoyer pour l'Université contre les Jésuites par la bataille de Cannes. Cela fit un plaisant effet, car Dempster, professeur en éloquence, avoit publié, un jour

---

(1) Il y a plusieurs éditions de ce livre. La plus recherchée est celle que les Elzévirs ont donnée en 1641.

devant, une épigramme latine où il disoit que La Martellière, leur avocat, n'étoit point de ces orateurs qui parlent de la bataille de Cannes. Il en coûta vingt écus à La Martellière pour supprimer cette épigramme.

Un jour il avoit cité toutes les coutumes du royaume; et quoiqu'il eût harangué fort longuement, il continuoit encore. Le président de Harlay lui dit : « La Martellière, n'êtes-vous pas las? Vous « vous êtes promené par toutes les provinces de « France. »

Un jeune avocat nommé Crétau plaidait pour son père, aussi avocat : « Messieurs, dit-il, je parle pour « monsieur mon père, maître Pierre Crétau, avocat en « la cour. — Couvrez-vous, dit M. de Harlay, le fils « de M. Crétau. » Ce jeune homme dit bien des sottises. « Taisez-vous, lui dit-il, le fils de M. Crétau; « laissez parler votre père, il en sait bien autant que « vous. »

A Toulouse, un jeune avocat commença son plaidoyer par le roi Pyrrhus. Il y avoit alors un président fort rébarbatif qui lui dit : « Au fait, au fait. » Quelqu'un eut pitié du pauvre garçon, et représenta que c'étoit une première cause. « Eh bien! dit le président, « parlez donc, l'avocat du roi Pyrrhus. »

Une fois Langlois plaida fort bien je ne sais quelle requête civile. Patru, qui l'avoit ouï, lui dit : « On ne « pouvoit mieux plaider cette requête. — Oh! lui ré- « pondit-il, nous sommes malheureux, nous autres, « nous n'avons point de loisir. Si j'en eusse eu le temps, « j'eusse fait voir que les requêtes civiles étoient fon- « dées dans saint Augustin. — Vous avez raison, lui

« répliqua Patru en se moquant, c'est grand dommage
« que vous n'ayez pu instruire le barreau d'une si
« belle chose et si utile. » Cet homme ne plaide bien
qu'à cause qu'il n'a pas le loisir de mal plaider. Quand
il a fait un exorde bien ennuyeux, il dit qu'il a fait un
exorde *à la cicéronienne*. Il se croit le plus éloquent,
ou plutôt le seul éloquent homme du monde.

Le président de Verdun tourmentoit une fois Desnoyers, afin qu'il abrégeât, et il n'avoit encore rien dit, sinon : « Messieurs, je suis appelant d'une sen-
« tence du juge de Chauleraut... — Qu'est-ce que
« Chauleraut ? dit le président. — Messieurs, c'est pour
« abréger, répondit-il, c'est-à-dire Châtellerault. » On abrége ainsi en écrivant.

Comme on plaidoit une cause de mariage, dans la déduction du fait on trouva des choses capables d'envoyer en bas celui qui étoit poursuivi. Sur l'heure, selon la coutume, on lui donna un avocat pour conseil ; ce fut Desnoyers. Ensuite on trouva à propos d'envoyer cet homme en prison ; mais quand on s'en voulut saisir, on ne le trouva plus. Le premier président demande à Desnoyers où il étoit : « Il s'en est
« en allé, messieurs, répondit Desnoyers. — Et pour-
« quoi ? — Parce que je le lui ai conseillé. Vous m'a-
« viez donné pour conseil à cet homme ; je lui ai
« donné le meilleur conseil que je lui pouvois don-
« ner. »

Une fois il étoit chargé d'une cause à la grand'-chambre contre l'avocat du Roi des eaux-et-forêts, qui n'étoit qu'un jeune fou ; mais, pour faire l'entendu, il avoit pris une requête civile contre des arrêts rendus, il y avoit soixante ou quatre-vingts ans. Quand ce fut donc

à Desnoyers à parler, il dit : « Messieurs, depuis soixante
« ou quatre-vingts ans que ces arrêts sont rendus, per-
« sonne ne s'est avisé de prendre requête civile à l'en-
« contre ; et pourtant voyons quels gens ont été avo-
« cats du Roi depuis ce temps-là. Il y a eu M. Marion,
« M. etc., etc. *Ago tibi gratias, Domine*, continua-
« t-il, *qui ista abscondisti sapientibus, et revelasti
« parvulis.* » Tout le monde se mit si fort à rire, qu'il
lui fut impossible de poursuivre, et il fallut remettre
la cause au lendemain.

Un autre avocat plaidoit pour la veuve d'un homme
qui avoit été tué d'un coup d'arquebuse, et dans sa
narration il fit la posture d'un homme qui en couche
un autre en joue. Le premier président de Harlay lui
dit : « Avocat, haut le bois, vous blesserez la cour. »

Un avocat en plaidant se mit à parler d'Annibal, et
étoit fort long-temps à lui faire passer les Alpes : « Hé,
« avocat, lui dit-il, faites avancer vos troupes. »

A un autre, qui parloit de la multitude de chevaux
qu'avoit Xercès : « Dépêchez-vous, lui dit-il, avocat,
« cette cavalerie fourragera tout le pays. »

J'ajouterai quelque chose du président de Harlay.

M. Fortia ne vouloit pas qu'il fût de ses juges en
une certaine affaire, et, par l'avis de M. Forget, lui
alla chanter des injures, afin qu'il lui en dît aussi, et
qu'on eût lieu de le récuser. Le président le laissa dire,
et ne dit jamais autre chose, sinon : « Jésus-Christ ! »
Fortia de retour, Forget lui demande le succès. « Il n'a
« rien fait, dit-il, que dire Jésus-Christ ! Jésus-Christ ! —
« T'es le diable, dit Forget ; il te connoît bien. » On
disoit que Fortia étoit de race de Juifs.

Une fois Fortia avoit vendu du bien d'Eglise. Le pre-

mier président lui dit : « Puisque vous avez vendu le
« corps, vous pouvez bien vendre les biens (1). »

Le Clerc, surnommé *Torticoli*, conseiller aux requêtes, étoit fort son ami, et pria qu'on le voulût ouïr en un procès qu'il avoit. « Tu diras quelque sottise,
« lui dit le président. » Il vient. « Messieurs, dit-il,
« mon grand-père, mon père et moi sommes décidés
« à la poursuite de cette affaire.—Monsieur Le Clerc,
« dit le président, Dieu vous fasse paix; je le disois bien
« que vous diriez quelque sottise. »

M. de Kerveno, gentilhomme breton, dit au feu Roi : « Sire, mes ancêtres et moi sommes tous morts
« au service de Votre Majesté. »

M. de Harlay ouvroit toujours l'audience à sept heures en été, et l'hiver avant huit. Il renvoyoit à l'expédient (2) toutes les causes qu'il pouvoit y renvoyer, et pour le reste il en paraphoit deux pages, et faisoit dire aux procureurs des communautés : « Char-
« gez vos avocats, car je prendrai ces feuilles, tantôt
« par le bout, tantôt par le milieu. » C'étoit un grand justicier.

Martinet, plaidant pour une mère, la comparoit à la brebis d'Esope que le loup, qui étoit au-dessus d'elle, accusoit de troubler l'eau. Gaultier, en lui répliquant, commença ainsi : « Messieurs, on nous vient faire ici
« des contes au vieux loup. » Ce Gaultier dit que, pour se rendre immortel, il veut faire imprimer deux cents

---

(1) Cette erreur a déjà été réfutée. (*Voyez* la note page 193 de ce volume.)

(2) *L'expédient* étoit un arbitrage sommaire auquel on renvoyoit les causes d'une légère discussion. On obligeoit ainsi les avocats à en passer par l'avis d'un confrère plus ancien.

de ses plaidoyers. Il a quelque chose de bon quand il ne plaide qu'en procureur (1).

On plaida, il y a dix ans, une cause à la Tournelle, dont voici le fait. Un tailleur de Coulommiers épousa une fille qui prit la peine d'accoucher le soir de ses noces. Cet homme la presse de dire qui étoit le père de cet enfant ; elle confesse que c'est son propre cousin-germain. Le mari rend sa plainte, et le procureur du Roi se rend partie. Depuis, cet enfant meurt. On conseille au mari, puisque aussi bien il ne pouvoit pas faire rompre le mariage (et cela me fait croire qu'il avoit couché avec elle, et qu'elle ne se délivra qu'après que le mariage eut été consommé), on lui conseille donc d'exposer par une requête qu'il confesse qu'il s'est joué avec sa femme six mois avant que de l'épouser, mais que comme il pensoit que les enfants ne pouvoient venir à bien à ce terme-là, il n'avoit pas cru que ce fût de lui ; que depuis, l'enfant étant mort, il avoit bien vu que c'étoit qu'il ne pouvoit vivre, étant venu avant le temps, et qu'il reconnoissoit qu'il étoit produit de ses œuvres, qu'il se contentoit de sa femme, et qu'il demandoit que silence fût imposé aux autres parties, car, outre le procureur du Roi, le père de la fille s'étoit joint à son gendre. Martin, surnommé *Cochon*, il y en a un autre, surnommé *Dindon*, plaida cette cause pour le tailleur, car le procureur du Roi ne voulut pas donner les mains ; et sur appel, le Parle-

---

(1) Cet avocat étoit si mordant qu'on l'appeloit *Gaultier la Gueule*. C'est de lui que Despréaux a dit :

> Je ris quand je vous vois, si foible et si stérile,
> Prendre sur vous le soin de réformer la ville,
> Dans vos discours chagrins plus aigre et plus mordant
> Qu'une femme en furie, ou Gaultier en plaidant. (*Satire* IX.)

ment en fut saisi. En déduisant le fait, il dit qu'on ne devoit pas trouver étrange qu'un homme qui voit accoucher sa femme le premier soir de ses noces, se laisse emporter à ses premiers mouvements; et principalement étant persuadé qu'un autre étoit le père de cet enfant; « car, ajouta-t-il, messieurs, on lui mit cela « si avant dans la tête; » et en disant cela il faisoit les cornes avec les deux doigts du milieu et les porta vers sa tête, comme on fait pour marquer l'endroit du corps dont on parle. L'audience se mit à rire, mais le président de Nesmond s'en mit en colère. L'avocat dit encore quelque gaillardise, dont le président s'irritoit de plus en plus. « Enfin, dit-il, messieurs, que voulez- « vous? c'est un pauvre tailleur qui a mal pris ses me- « sures. » Alors le président fut contraint de rire lui-même. Cependant, admirez le jugement de l'avocat : il faisoit rire à la vérité, mais c'étoit de sa partie. M. Talon, avocat-général, se leva et dit qu'il n'y avoit aucune difficulté; que, puisque le mari se contentoit, les autres n'avoient rien à dire; et que, pour la femme, on ne devoit point avoir égard à l'aveu qu'elle avoit fait, car les femmes ne sont comptées pour rien (1); « et cela est si vrai, ajouta-t-il, que les rabbins disent, « pour montrer qu'elles ne doivent point être consi- « dérées, qu'au jour du jugement les femmes ressusci- « teront dans le corps de leurs maris, et les filles dans « le corps de leurs pères, et partant je conclus que les « parties soient mises hors de cour et de procès. » Ces conclusions furent suivies.

---

(1) La sienne pouvoit compter pour quelque chose, car elle le faisoit souvent enrager. (T.)

Un autre avocat, nommé Rosée, dit au président, qui lui disoit : « Rosée, il faudra répondre à tout cela. « — Monsieur, la mèche est sur le serpentin. »

Cet homme a une maison à Vaugirard; des dames y allèrent pour lui parler d'une affaire qui pressoit; il en trouva une à sa fantaisie, et lui dit qu'elle avoit des yeux de velours et des joues de satin. Elles lui demandèrent pourquoi il ne faisoit pas faire des allées plus larges. Il leur répondit que c'étoit bien assez qu'on s'y pût promener trois. « Mais nous n'y pouvons passer « deux de front. — Cela m'arrive tous les jours, re- « prit-il, car j'ai à ma main droite l'appelant, et à « ma main gauche l'intimé (1). »

M. Louët, depuis conseiller au parlement de Paris, étant lieutenant particulier à Angers, allant en habit décent recevoir le président Barillon, père du dernier mort, le trouva à sa fenêtre jouant du flageolet. Le président ne le voyant point, M. Louët quitte sa robe et se met à danser; le président se retourne et lui demande ce que cela vouloit dire : « C'est, lui dit-il, « monsieur, que je danse à la note qu'il vous plaît de « me sonner. »

LE MARQUIS D'ASSIGNY (2).

Le marquis d'Assigny étoit frère de feu M. le duc de Brissac. C'étoit un Don Quichotte d'une nouvelle ma-

(1) Les sacs du procès. (T.)
(2) Charles de Cossé, marquis d'Acigné.

nière. Il lui est arrivé plusieurs fois d'envoyer dans les forêts de Bretagne pour l'avertir, quand il viendroit en certains endroits, où il passoit exprès, qu'une dame étoit retenue par force dans un château, ou quelqu'autre aventure de chevalerie; et content d'avoir fait semblant d'y aller, il retournoit par un autre chemin à sa maison.

Il dépêchoit quelquefois des gentilshommes à M. le cardinal de Richelieu, ou du moins on les voyoit partir, afin de faire accroire qu'il avoit part aux affaires. Une fois Le Pailleur en rencontra un sur le chemin de Paris, qui avoit été nourri page de notre marquis. Cet homme, qui n'étoit pas moins fou que son maître, lui disoit : « Ah! monsieur, l'admirable homme que M. le
« marquis! au retour de la chasse, il ne m'a pas per-
« mis de rentrer dans le château; il m'a donné ce pa-
« quet que vous voyez »; et, en disant cela, il lui montra un paquet de lettres gros comme la tête. « Faites
« diligence, m'a-t-il dit, car il y va du service du Roi.
« Il faut avouer, ajouta ce pauvre fou, qu'on apprend
« bien à vivre chez Monsieur. Que penseriez qu'il fait
« pour nous aguerrir? Il fait que quelqu'un, comme
« nous venons de nous mettre à table, vient crier :
« *Aux armes, les ennemis approchent.* Aussitôt chacun
« court à ses armes, et nous courons quelquefois une
« demi-lieue jusqu'à ce qu'on nous vient dire qu'ils
« se sont retirés. Deux autres gentilshommes et moi
« sommes toujours auprès de Monsieur, de peur qu'il
« ne s'engage trop avant parmi les ennemis; aussi nous
« tient-il pour les plus vaillants. Après, nous retour-
« nons dîner. » Le Pailleur disoit que ce bon gentilhomme parloit si sérieusement, qu'on ne savoit s'il

croyoit qu'effectivement les ennemis parussent, quand on venoit donner l'alarme.

Ce monsieur le marquis traitoit un jour bon nombre de gentilshommes. Ses propos de table étoient toujours de quelque bel exploit de guerre. Ce jour-là on parla fort des neuf preux, et entre autres d'Alexandre, d'Annibal et de César (1). Un de la troupe, plus éveillé que les autres, et peut-être, aussi, las d'entendre tant de fariboles, se mit à dire qu'on faisoit trop d'honneur à ces gens de ne parler point de leurs vices; qu'Alexandre étoit un ivrogne, qu'il avoit tué Clytus, etc. etc.; César un débauché, un tyran, et Annibal un f.... borgne. A peine eut-il prononcé ces blasphêmes, que le marquis se lève et lui fit signe de le suivre dans un coin de la salle; là, il lui dit : « Je ne sais pas de quoi vous vous « avisez de m'offenser de gaîté de cœur comme cela. » L'autre, le voyant parler si sérieusement, eut quelque frayeur, et crut que c'étoit tout de bon. Il lui répond qu'il n'a jamais eu intention de le fâcher, et qu'il ne sait pas en quoi il lui peut avoir déplu. « Pourquoi « est-ce donc, continua le marquis, que vous dites du « mal d'Alexandre, d'Annibal et de César?—Ah, mon-« sieur, dit le gentilhomme qui entendoit raillerie, je « ne savois pas, ou Dieu me damne! qu'ils fusssent ni « de vos parents ni de vos amis; mais je réparerai bien « le tort que je leur ai fait; » et tout d'un temps, avant que de se remettre à table, il se fait apporter à boire, et boit à Alexandre et à tous les autres, et se fit faire raison.

Ce M. d'Assigny et sa femme (2) ont fait le plus chien

(1) Les autres sont : Josué, David, Charlemagne, Artus, Godefroi de Bouillon. (T.)

(2) Hélène de Beaumanoir, marquise d'Acigné.

de ménage qu'on ait jamais fait. Il l'a accusée de supposition, et elle, lui, d'impuissance. Messieurs de Brissac ont hérité de ce fou-là.

LE DUC DE BRISSAC (1).

Son aîné, le feu duc de Brissac, étoit une grosse bête. On appeloit sa femme le duc *Guyon* : elle se nommoit Guyonne (2); c'étoit elle qui faisoit tout. Il aimoit tant les pommes de reinette, que, pour bien louer quelque chose, il ajoutoit toujours *de reinette* au bout; tellement qu'on lui a ouï dire quelquefois : « C'est un honnête « homme *de reinette*. »

BIZARRERIES ET VISIONS

DE QUELQUES FEMMES.

Une fille de Paris fut long-temps recherchée par un homme qui la vouloit épouser; mais quoique ce fût son avantage, elle ne s'y put jamais résoudre, et le lui déclara à lui-même plusieurs fois. Cet homme ne se rebutoit point pour cela, et continuoit de la voir. Un

(1) François de Cossé, duc de Brissac, mourut à l'âge d'environ soixante-dix ans, le 3 décembre 1651.
(2) Guyonne Ruelan.(*Voyez* ci-dessus l'article de Rocher-Portail, son père, pag. 237 de ce volume.)

jour il la trouve seule, il la presse, et ayant rencontré l'heure du berger, il en obtint plus d'une fois ce qu'elle avoit résolu de ne lui jamais accorder. Elle devient grosse; il la va voir, et lui dit qu'il est tout prêt à l'épouser. Cette fille lui répond qu'il est vrai qu'elle est en danger de se perdre, mais qu'elle le hait plus que jamais; qu'elle ne comprend point comme quoi elle l'avait laissé faire, et qu'elle n'en sauroit dire de raison; enfin il n'en put venir à bout, et cessa de l'importuner. Je n'ai jamais pu savoir le nom de la fille ni de l'homme, car on ne me les a pas voulu dire, mais la chose est véritable.

Au commencement de la régence de la feue reine Marie de Médicis, une mademoiselle Violan devint si folle d'un cavalier, que, sans se soucier de toute la parenté qui s'en remua, elle prit ce qu'elle put à son mari, et alla chez cet homme, qui fut si sot que de la garder trois jours dans son logis. On informe contre lui, on obtient prise de corps. M. d'Humières, avec quatre cents chevaux, le sauve et le tire hors de Paris. On décrète contre M. d'Humières. Enfin cette femme revint, et depuis elle fut aussi folle de son mari qu'elle l'avoit été du cavalier, et cela a duré tant qu'elle a vécu.

Un garçon de fort médiocre condition de Paris, qui traînoit toujours une épée, badinoit fort avec les filles de son quartier, et en mettoit quelques-unes à mal. Un jour, amoureux de la fille d'un mercier, il trouve moyen, sous de faux donner-à-entendre, de la mener promener au bois de Vincennes, et lui fait faire bonne collation. On ne fait pas tant de façons parmi ce petit monde; après il lui dit son besoin et la presse fort; elle résiste et lui arrache quelques cheveux. Lui, enragé, met l'épée à la main et la menace de la tuer: « Ah! lâ-

« che, lui dit-elle, mettre l'épée à la main contre une
« fille! » Ce garçon, surpris et confus, laisse tomber son
épée. Elle fut si touchée de son étonnement et le prit
si fort pour une marque d'amour, qu'après elle lui
laissa tout faire.

Une Italienne, qui est mariée à un gentilhomme en
Champagne, eut une fantaisie de se faire jeter du
plâtre sur le visage, comme on fait à une personne morte
pour avoir sa figure en plâtre. Elle crut qu'en se mettant une canule à la bouche pour respirer, cela ne lui
pourroit faire du mal; elle en pensa pourtant étouffer.
Cela fut fait secrètement. On tire sa figure en cire; elle
se fait faire des bras et des mains, et habille cette figure
d'une de ses robes. Après, il lui vient une autre vision.
Elle prend son temps que tout le monde étoit hors du
logis, pour feindre qu'elle se trouvoit fort mal. On met la
figure sur le lit, les rideaux tirés. On va quérir ses beaux-frères, car elle étoit veuve. Il y en avoit un qui l'aimoit
tendrement. Le médecin qu'ils avoient amené la trouve
froide : ce beau-frère est au désespoir, il croit qu'elle
se meurt, quand tout d'un coup il la voit sortir de sa
garde-robe. Cet homme en fut si fort en colère qu'il
mit la figure en mille pièces.

GENS GUÉRIS OU SAUVÉS

PAR MOYENS EXTRAORDINAIRES.

Feu M. le prince de Condé, passant à Saint-Pierre-le-Moutier, près Nevers, comme le prévôt alloit faire pendre un homme, le pendart eut assez de jugement pour dire qu'il avoit quelque chose d'importance à découvrir à M. le duc pour le service du Roi. M. le Prince voulut bien l'entendre. On fait retirer tout le monde : « Monseigneur, dit-il à M. le Prince, dites, s'il
« vous plaît, à Sa Majesté que vous avez trouvé ici un
« pauvre homme bien empêché. » M. le Prince se mit à sourire, et dit au prévôt : « Monsieur le prévôt, gar-
« dez-vous bien de faire exécuter cet homme-là que
« vous n'ayez de mes nouvelles. » Il en fit le conte au Roi et obtint sa grâce.

Un soldat françois qui étoit au service des Etats des Provinces-Unies, s'étant trouvé engagé avec quelques autres en je ne sais quel crime, il fut condamné à tirer au billet avec eux à qui seroit pendu; mais il ne voulut jamais tirer, et l'officier, selon la coutume, fut obligé de tirer pour lui, et tira le billet où il y avoit écrit *Potence*. Le soldat en appelle, dit qu'il n'avoit point donné ordre à l'officier de tirer pour lui, que ce n'avoit point été de son consentement, et fit tant de bruit que cela vint aux oreilles de feu M. de Coligny, fils aîné du maréchal de Châtillon, qui commandoit alors le régiment de son père, et ce soldat étoit de ce régiment. Cela lui sembla plaisant; il l'alla conter au prince d'Orange (1), qui, après en avoir bien ri, fit grâce à ce soldat, qui avoit si bonne envie de vivre.

On conte qu'un autre soldat qui servoit aussi les Etats, ayant été condamné à être pendu, fit demander au même prince d'Orange qu'il lui fût permis de faire publier par toutes les troupes que s'il y avoit quelqu'un qui voulût être pendu pour lui, il lui donneroit quatre cents écus qu'il avoit. La proposition sembla si extravagante, que, pour en rire, on ne voulut pas refuser ce qu'il demandoit; mais on fut bien surpris quand un vieux soldat anglois se présenta pour être pendu au lieu de l'autre. Le prince d'Orange lui demanda de quoi il s'avisoit. Le soldat lui dit que depuis trente ou quarante ans qu'il servoit messieurs les Etats, il n'en étoit pas plus à son aise; qu'il avoit une femme et des enfants, et que, s'il venoit à être tué, il ne leur laisseroit rien; au lieu que, s'il étoit pendu pour cet autre, il leur laisseroit quatre cents écus pour leur aider à vivre. Le prince fut touché de cet excès d'amour paternel. Il donna la vie au criminel, à condition qu'il laisseroit les quatre cents écus à ce vieux soldat, qui gagna par cette générosité de l'argent et de l'estime.

Les Anglois sont fort sujets à se pendre. Un homme à Londres se laissa gagner par un créancier d'un de ses amis qui avoit une prise de corps contre son débiteur, mais ce débiteur ne sortoit point de chez lui. Que fait cet homme? Pour le faire sortir, il s'avise de

---

(1) Henri, père du dernier mort. (T.)

faire semblant de se pendre à un arbre qui étoit devant la porte de ce débiteur. L'autre, qui étoit à la fenêtre, court pour l'en empêcher. Les sergents cachés sortent et le prennent. Celui qui faisoit semblant de se pendre s'amusa un peu trop à regarder ce qui se faisoit; il avoit déjà la corde au col; en se tournant, il fait tomber le tabouret, et demeure pendu. C'étoit de bon matin, et en un quartier fort reculé; de sorte que ce coquin fut pendu comme il le méritoit. M. de Fontenay-Mareuil me l'a conté : il étoit alors ambassadeur en Angleterre.

Henri IV allant à Sédan, M. de Bassompierre, M. de Bellegarde et autres rencontrèrent un homme de la ville, et lui demandèrent s'il n'y avoit point de filles de joie à Sédan. « Il n'y en avoit qu'une, dit cet homme, « mais on la doit pendre demain, car on les punit de « mort quand elles sont convaincues. » Nos cavaliers, touchés de compassion, donnent l'un une bague, l'autre de l'argent à ce bourgeois, à condition qu'il iroit de leur part prier M. de Bouillon de différer l'exécution d'un jour seulement. Il le fit. Le lendemain, le Roi y entra; voilà tous les galants à ses genoux pour demander la grâce de cette pauvre pécheresse. Le Roi les renvoya à M. de Bouillon, et l'appelant, lui dit : « Mon cousin, cela dépend de vous; nous ne sommes « plus en France. » M. de Bouillon l'accorda, non sans quelque difficulté, et mit au bas de la grâce : « Grâce « signée en présence du roi de France. »

Henri III passa à la Croix-du-Trahoir comme on pendoit un homme. Ce pauvre diable cria : « Grâce, « Sire, grâce. » Le Roi, ayant su du greffier que le crime étoit grand, dit en riant : « Eh bien, qu'on ne le

« pende point qu'il n'ait dit son *In manus.* » Le galant homme, quand on en vint là, jura qu'il ne le diroit de sa vie; qu'il s'en garderoit bien, puisque le Roi avoit ordonné qu'on ne le pendît point qu'il n'eût dit son *In manus.* Il s'y obstina si bien, qu'il fallut aller au Roi, qui, voyant que c'étoit un bon compagnon, lui donna sa grâce.

Feu M. le Prince, ayant pris une petite ville en Languedoc durant les guerres de la religion, choisit soixante-quatre personnes pour être pendues. Un jeune homme qui avoit déjà la corde au col, entendant dire qu'un seigneur avoit été fort blessé, et de quelle manière on le traitoit, dit : « On le tuera; je le guéri-« rois en trois semaines. » M. Annibal, frère naturel de M. de Montmorency, oyant cela, demanda s'il étoit chirurgien. Il dit que oui, et obtint qu'on lui donnât la vie, à condition qu'il guériroit le blessé. Le jeune homme n'avoit garde de ne point accepter la condition; mais en effet il le guérit. Annibal, quoique ce garçon fût huguenot, le fait chirurgien de son régiment. Ce régiment est envoyé en garnison dans les Cévennes, en une place que M. de Rohan prit à discrétion. Il choisit même nombre de soixante-quatre pour être pendus. Ce garçon s'y trouve encore; comme on le menoit, il reconnoît un ministre qu'il avoit vu à Annonay en Vivarais, lieu de sa naissance, avec un autre ministre assez célèbre, nommé M. Le Faucheur, qui demeuroit chez le père de ce jeune homme [1], en cette petite ville-là, lorsqu'il y étoit ministre. Ce minis-

---

[1] Il a fait le *Traité de l'action et de la prononciation de l'Orateur.* (T.)

tre se souvint de l'avoir vu, et dit à M. de Rohan qui il étoit, et en obtint la grâce. Ce garçon va en conter l'histoire à M. Le Faucheur, qui lui conseilla de se retirer chez son père, de peur du *tertia solvet;* ce qu'il fit.

LA PRINCESSE D'ORANGE, LA MÈRE (1).

Elle est de la maison de Solms, une fort bonne maison d'Allemagne. Elle vint en Hollande avec la reine de Bohême, non pas en qualité de fille d'honneur, mais toutefois nourrie à ses dépens. M. d'Hauterive de l'Aubespine (2), frère de feu M. de Châteauneuf, depuis gouverneur de Bréda, se mit à lui en conter (3), et en dit beaucoup de bien au prince Maurice, qui, craignant que son frère ne s'alliât à quelque maison

(1) Émilie de Solms, fille de Jean-Albert, comte de Solms-Brunsfelds, femme de Henri-Frédéric de Nassau, prince d'Orange, mourut en 1675.

(2) François de l'Aubespine, marquis d'Hauterive, gouverneur de Bréda, mourut en 1670.

(3) On fait deux ou trois plaisants contes de ce M. d'Hauterive. Il avoit un cuisinier qui épiçoit toujours trop. Il le menaça long-temps de l'envoyer aux Moluques chercher des épiceries, puisqu'il aimoit tant à épicer. Enfin cet homme ne se corrigeant point pour tout cela, il lui commanda de faire des pâtés et de les porter dans un vaisseau qui alloit aux Indes orientales. Il feignoit que c'étoit un présent qu'il faisoit à quelqu'un de ce navire. Cependant il avoit donné le mot au capitaine de faire boire le cuisinier et de lever pendant ce temps-là les ancres. Ainsi le pauvre cuisinier fit le voyage, et après il faisoit tout trop doux, tant il avoit peur d'y retourner.

Une fois il avoit un valet à tête frisée qui ne faisoit que coqueter

qui lui fût à charge, et qui l'engageât dans quelque parti, lui dit qu'il falloit qu'il l'épousât ou qu'il l'épouseroit lui-même. Le prince Maurice avoit raison, car il étoit bien las de ses cousins, les Châtillon, qu'il avoit sur les bras. Ainsi la voilà femme de celui qui devoit succéder au prince Maurice, elle qui n'avoit pas sept mille écus pour tout bien, qui étoit petite et médiocrement jolie. Elle ne fut pas long-temps à apprendre à faire la princesse, car Maurice mourut bientôt après (1). On conte une chose assez notable de la fin de ce grand homme. Étant à l'extrémité, il fit venir un ministre et un prêtre, et les fit disputer de la religion; et après les avoir ouïs assez long-temps: « Je vois bien, dit-il, qu'il « n'y a rien de certain que les mathématiques (2). » Et

tout le jour. Il le menaça de le faire tondre, s'il ne se tenoit davantage au logis. Enfin ce garçon ne se pouvant captiver, un beau matin il fit venir un barbier, et fit tondre le galant si ras que de six mois il ne sortit de sa garde-robe.

La maison de l'Aubespine, dont est ce M. d'Hauterive, est, je pense, la meilleure de Paris. L'oncle de M. d'Hauterive et de M. de Châteaurive neuf étoit secrétaire d'État, et portoit l'épée. Il mourut sans enfants. Son frère, qui étoit un vieux conseiller d'État, fut son héritier. D'Hauterive prit l'épée et l'autre la robe. Étant venu à Paris pour la succession de M. de Châteauneuf, il donna un jour à dîner à M. de Turenne, et comme on étoit à table, au lieu de se moucher avec son mouchoir, il se presse une narine et fait autant de bruit qu'un pistolet. Rumigny, qui étoit auprès de M. de Turenne, s'écria à ce bruit: « Monsieur, n'êtes-vous point « blessé? » Ce fut un éclat de rire le plus grand du monde. (T.)

(1) Le prince Maurice mourut le 23 avril 1625.

(2) On conte d'un prince d'Allemagne fort adonné aux mathématiques, qui, interrogé à l'article de la mort par un confesseur s'il ne croyoit pas, etc.: « Nous autres mathématiciens, lui dit-il, croyons « que 2 et 2 sont 4, et 4 et 4 sont 8. » (T). C'est mot pour mot ce que dit Sganarelle de Don Juan, acte 3, scène 2 du *Festin de Pierre*, dans les exemplaires non cartonnés de l'édition des *OEuvres de Molière* de 1682.

ayant dit cela, se tourna de l'autre côté et expira.

Notre princesse gouverna enfin son mari, et se méconnut tellement qu'elle traita avec une ingratitude étrange la reine de Bohème, sans qui elle seroit morte de faim, et qui avoit travaillé à son mariage comme si c'eût été sa fille. Mais la feue Reine-mère (1), qui étoit la plus glorieuse personne du monde, vengea un peu cette pauvre reine, car elle ne se démasqua ni pour le prince d'Orange ni pour la princesse. Il est vrai qu'elle ne traita pas trop bien cette reine même, car elle ne baisa point ses filles. La reine de Bohème en eut un dépit étrange, et ne la reconduisit que jusqu'à la porte de son antichambre. La Reine-mère fut si sottement fière, qu'à Anvers, où on la reçut admirablement bien, elle ne daigna se démasquer que dans la grande église. Ce fut pourtant elle qui fit le mariage de la princesse d'Angleterre avec le feu prince d'Orange (2). Il est vrai qu'elle ne leur fit pas là un grand service.

Pour revenir à la princesse d'Orange, elle traita fort mal son fils, après la mort de son mari, et elle fut cause que sa belle-fille et sa fille, qu'elle avoit mariée avec l'Electeur de Brandebourg, ne se voyoient point quand elles étoient toutes deux en Hollande, car elle vouloit que l'Électrice passât la première, parce qu'un électeur est plus qu'un prince d'Orange, et n'avoit point égard à une royauté abattue, ou du moins qu'on alloit

---

(1) Marie de Médicis.

(2) Henriette-Marie Stuart, fille de Charles 1er, épousa Guillaume, fils de la princesse d'Orange et de Frédéric-Henri dont l'*Historiette* suit celle-ci. Ce prince mourut en 1650, laissant sa femme enceinte d'un fils qui régna en Angleterre sous le nom de Guillaume III.

abattre. On n'a jamais vu une femme si avare; ni elle ni son mari autrefois n'ont jamais assisté ni le feu roi d'Angleterre (1), ni celui-ci (2), ou du moins ç'a été si peu de chose que cela ne vaut pas la peine qu'on en fasse mention. Durant la vie de son fils, elle a pris à toutes mains. Elle tire du roi d'Espagne, elle tire du roi de France, et est à qui plus lui donne. Elle, Kunt et Pauw gouvernoient tout.

Depuis la mort de son fils, elle et sa belle-fille sont plus mal que jamais. Il semble qu'elle s'attache entièrement à l'Electeur de Brandebourg, car elle laisse ruiner le petit prince d'Orange. Quatre ou cinq Anglois affamés pillent la mère, qui est tutrice. Les États, et surtout la province de Hollande, ne sont pas fâchés que la maison de Nassau ne soit plus si puissante (3). Si cela continue, il sera gueux, lui qui avoit douze cent mille livres de rente.

LE PRINCE D'ORANGE, LE PÈRE (4).

Pour se rendre plus puissant envers les gens de guerre, il laissa, contre l'ordre, traiter des charges. La première

(1) Charles 1er.
(2) Charles II.
(3) A cause de l'entreprise du dernier mort sur Amsterdam; apparemment il se vouloit faire souverain. On a cru même qu'il avoit été empoisonné dans sa petite-vérole; d'autres disent que la limonade l'a tué. (T.)
(4) Frédéric-Henri de Nassau, prince d'Orange, stathouder de Hollande, frère du célèbre Maurice de Nassau, né à Delft le 28 février 1584, mort à Munster le 14 mars 1547. Il a laissé des *Mémoires* (de 1621 à 1646); Amsterdam, 1733, in-4°.

qui fut vendue fut une enseigne qu'un nommé Chenevy, fils d'un Huguenot, marchand drapier à Paris, acheta cinq cents écus. Le capitaine qui la lui avoit vendue se fit habiller d'écarlate lui et ses enfants, et on disoit que Chenevy l'avoit payé en écarlate.

Le feu cardinal de Richelieu et lui se haïssoient à cause d'Orange; car le cardinal, pour mettre cette part dans sa maison et se faire prince, fit surprendre la citadelle, ou pour mieux dire, gagna Walkembourg qui y commandoit. Le prince d'Orange, moyennant quarante mille écus que cela lui coûta, fit tuer Walkembourg dans la ville, chez sa maîtresse, et remit la citadelle en sa puissance. Le cardinal eût pu la lui ôter par justice, à cause de M. de Longueville, qui tous les ans fait un acte pour éviter prescription. Il y a de grandes prétentions; cela vient de la maison de Châlons; mais il eût fallu un siége, et durant un siége on a le loisir de remuer bien des machines. Depuis, ils se firent le pis qu'ils purent l'un à l'autre.

Le cardinal lui donna de l'altesse pour le rendre suspect aux États (1). L'Angleterre lui en donna sans penser plus loin; lui, mordit à la grappe, et fit prier Dieu pour lui dans les prières publiques.

Les États voulurent qu'on déclarât la guerre à l'Espagne, parce qu'encore que nous les assistassions, leur pays ne laissoit pas d'être le théâtre de la guerre. Puis la bataille de Nertlingue avoit fort affoibli les Suédois. On gagna la bataille d'Avein, et au lieu d'aller à Namur qu'on eût pris (car l'épouvante étoit si grande qu'on a dit que le cardinal-infant faisoit tenir un vaisseau prêt pour s'en aller), on s'en alla pour joindre

(1) Il ne recevoit auparavant que la qualification d'*Excellence*.

le prince d'Orange, à qui on avoit écrit qu'on lui envoyoit les maréchaux de Châtillon et de Brezé pour faire ce qu'il jugeroit à propos. Lui les fit languir long-temps dans le siége, et ne se hâta point de sortir. Quand il fut joint, on prend Diest, qu'il fait traiter de rebelle, disant qu'il étoit baron de Diest. Après on va à Tillemont. Il y avoit là-dedans des vivres pour nourrir notre armée toute la campagne. M. de Châtillon, à cause de cela, fit tout ce qu'il put pour empêcher de la faire emporter d'assaut, et durant qu'ils disputoient, les Anglois d'un côté, et les François, à leur exemple, de l'autre, ces derniers la prirent de force. On saccagea tout, on vola dans les églises mêmes, et depuis, dans les libelles imprimés durant la négociation de Munster, on a reproché aux François qu'une abbesse ayant dit qu'elle étoit l'épouse de Jésus-Christ, un François avoit répondu en riant : « Eh bien, nous ferons Dieu cocu. » Il y eut en récompense un Français qui fit une action de vertu. C'est le fils d'un ministre de Sédan, nommé de Vesne. Il étoit alors secrétaire de feu M. de Bouillon. Une fille de qualité, jugeant à sa mine qu'il étoit homme d'honneur, se mit en sa protection. Il la fit marcher devant lui et la suivit le pistolet à la main. Le prince d'Orange, M. de Bouillon et autres le rencontrèrent et lui dirent en riant qu'il lui en falloit des plus belles. Il les laisse dire et la mène en lieu de sûreté. Depuis, de temps en temps, il reçoit des civilités des parens de cette fille.

Pour affamer notre armée, le prince d'Orange la fit aller à Louvain. Il avoit vingt mille hommes et nous trente mille. On ne l'attaqua point de force, exprès pour nous faire consumer nos vivres, comme il fit.

LE PRINCE D'ORANGE, LE PÈRE.

Tant que le cardinal de Richelieu a vécu, le prince d'Orange n'a rien voulu faire. Il y en a qui croient qu'il ne vouloit point s'exposer que son fils ne fût en âge de lui succéder. Même depuis la régence, il n'a contribué qu'en dépit de lui à nos conquêtes. Il est vrai qu'en cela il pouvoit alors être d'accord avec les Etats, qui craignoient de nous avoir pour voisins.

Quand ils envoyèrent leurs vaisseaux à Gravelines, ils ne croyoient pas que nous les prendrions. Pour Dunkerque, il affoiblit notre armée en nous obligeant à lui envoyer six mille hommes avec le maréchal de Gramont; et quant à Hulst, il ne vouloit point passer si le maréchal de Gassion ne lui eût fait le chemin avec deux mille hommes. Le Sas de Gand ne fut pris qu'à cause que dix-huit ou vingt François, qui à la vérité étoient de leurs troupes, passèrent le canal à la nage, tirant un pont de jonc après eux.

Lorsqu'il fut maître du fort de la Perle, auprès d'Anvers, ceux d'Anvers se croyoient perdus. Mais les Etats, ou du moins la province de Hollande, ne voulut pas qu'on prît cette ville à cause d'Amsterdam, dont la rade est mal assurée, et qu'on quitteroit volontiers pour transporter tout le commerce à Anvers, comme autrefois, car l'Escaut, le long du quai d'Anvers, a soixante brasses de profondeur, au lieu que les grands vaisseaux n'approchent point plus près d'Amsterdam que de la distance qu'il y a de là au Texel, où il s'en est perdu grand nombre.

A sa dernière campagne, on lui proposa de donner le commandement à son fils. Il le fit, mais il s'en repentit aussitôt. C'étoit un grand fourbe; mais il fit un grand pas de clerc de s'allier avec le roi d'Angleterre.

M. DE MAYENNE (1).

Le dernier duc de Mayenne, fils du duc de Mayenne de la Ligue, étoit un homme fort bien fait, plein de cœur, plein d'honneur, et sur la parole duquel on auroit tout hasardé. Il étoit en grande réputation. Ce n'étoit pas un homme d'une grande vivacité d'esprit, mais il avoit un grand sens. Il a été galant. Le tour que fait Hilas dans l'*Astrée*, par le moyen d'un miroir où il avoit mis son portrait, est une malice que M. de Mayenne fit à son frère, le comte de Sommerive, et que le comte de Sommerive ne lui voulut jamais pardonner. Cela arriva à Soissons, et Dorinde en cet endroit-là est une madame Payot, femme d'un trésorier de France, au bureau de cette ville-là.

J'ai vu à Bordeaux une dame qu'on appeloit madame de Tastes, qui avoit un fils fort bien fait. On disoit qu'il étoit fils de M. de Mayenne. Ce garçon mourut fort jeune. Je me souviens que comme nous étions enfants, on joua à Bordeaux une tragédie d'*Ixion*, où l'on représentoit les enfers. Les autres enfants qui allèrent sur le théâtre ne vouloient point approcher de ces enfers; celui-là seul alla hardiment partout. On disoit tout haut : « Voyez, il ne se dément point. » Cette

(1) Henri de Lorraine, duc de Mayenne, grand-chambellan de France, gouverneur de Guienne, fils du ligueur, mort sans postérité en 1621, à l'âge de quarante-trois ans, au siége de Montauban.

femme, à ce qu'on m'a dit, quelquefois en l'embrassant, ne pouvoit s'empêcher de l'appeler *mon petit prince*.

M. de Mayenne a été regardé du peuple comme descendu de ces défenseurs de la foi catholique; de sorte que quand il fut tué à Montauban d'un coup de mousquet dans l'œil, comme il regardoit entre des gabions, le peuple de Paris s'émut, et alla brûler le temple de Charenton. Celui qui l'avoit tué fut pendu par sa faute. Cet homme fut pris comme il se sauvoit de la ville avec une fille qui étoit amoureuse de lui. Elle offrit mille livres de rançon pour eux deux; et comme elle les alloit quérir, cet impertinent s'alla vanter étourdiment qu'il avoit tué M. de Mayenne. Quand sa maîtresse revint, elle le trouva pendu. On lui dit pour raison que le traité de la rançon n'étant point conclu, et elle ayant dit seulement qu'elle alloit quérir de quoi se racheter, on avoit pu le traiter comme on avoit fait. La vérité est que le plus fort fit la loi au plus foible.

M. de Mayenne n'étoit point marié. On parloit de le marier, mais on ne sait, fier comme il l'étoit, s'il y eût consenti: c'étoit à une sœur de Combalet. Combalet étoit cadet, mais gentilhomme. Cette fille, voyant M. de Mayenne mort et M. de Luynes ensuite, eut assez de cœur pour se faire carmélite; elle vit encore.

MARIS COCUS PAR LEUR FAUTE.

Un marchand de Bordeaux, dont je n'ai pu savoir le nom, étoit amoureux de la servante de sa femme, et afin de pouvoir coucher avec cette fille, sans que sa femme s'en aperçût, il obligea l'un des garçons de la boutique à tenir sa place pour une nuit, après lui avoir bien fait promettre qu'il ne toucheroit point à madame. Ce garçon, qui étoit jeune, ne se put contenir et fit quelque chose de plus que le mari n'avoit accoutumé de faire. Le lendemain, la femme croyant que ç'avoit été son mari, car il s'étoit revenu coucher auprès d'elle un peu devant le jour, lui alla porter un bouillon et un couple d'œufs frais. Le marchand s'étonne de cet extraordinaire : « Eh ! lui dit-elle en rougissant, vous « l'avez bien gagné. » Par là il découvrit le pot aux roses. Depuis, il accusa ce garçon de l'avoir volé, et le mit en procès. Ce garçon dit le sujet de la haine de son maître, et, par arrêt du parlement de Bordeaux, la femme fut déclarée femme de bien, et le mari cocu à très-juste titre.

Voici une autre histoire un peu plus tragique. Un gentilhomme de Beauce, entre Dourdan et Etampes, nommé Baye-Saint-Léger, avoit une fort belle femme, et cette femme avoit une femme-de-chambre aussi belle qu'elle. Le mari, comme on se lasse de tout, devint amoureux de cette fille, la presse ; elle résiste, et enfin

le dit à sa maîtresse. La femme dit : « Il faut l'attra-
» per. Dans quelque temps faites semblant de con-
» sentir et lui donnez un rendez-vous. » Or, il arriva
que le propre soir que Saint-Léger avoit rendez-vous
de cette fille, un de ses meilleurs amis vient chez lui.
Pour s'en défaire, il le mène coucher bien plus tôt que
de coutume. L'ami en a du soupçon, veut savoir ce
que c'est ; il le lui avoue. Ce gentilhomme lui en fait
honte, et lui persuade de lui donner sa place ; il va au
rendez-vous au lieu de Saint-Léger. Il y trouve la
femme de son ami, qui, pour se moquer de son mari,
avoit joué tout ce jeu-là. Il fait ce pourquoi il étoit
venu. Elle a conté depuis que, de peur de rire, elle se
mordoit les lèvres. C'étoit dans un jardin, et il ne faisoit point clair de lune. L'ami revient bien satisfait,
et le mari se couche auprès de sa femme. Le récit que
lui avoit fait son ami lui avoit fait venir l'eau à la
bouche ; il veut en passer son envie. Sa femme lui dit
en riant : « Seigneur Dieu ! vous êtes de belle hu-
« meur ce soir. — Que voulez-vous dire ? lui dit-il.—
« Eh ! répondit-elle, ne vous souvenez-vous plus du
« jardin ? » Le pauvre homme devina incontinent ce
que c'étoit. Il ne fit semblant de rien ; mais il en fut
si saisi, qu'il en mourut. Elle, depuis, a été fort abandonnée et est morte de la v......

COCUS PRUDENTS OU INSENSIBLES.

Un président de Paris, dont on n'a jamais voulu me dire le nom, ni la cour dont il étoit président, ni même s'il vivoit ou s'il étoit mort, tant on avoit peur que je ne découvrisse qui c'est, un président donc fut averti par son clerc que sa femme couchoit avec un cavalier. « Prenez bien garde, dit-il à ce clerc, à ce que vous di- « tes.—Monsieur, répondit l'autre, si vous voulez venir « du Palais quand je vous irai quérir, je vous les ferai « surprendre ensemble. » En effet, le clerc n'y manqua pas, et le mari, entré seul dans la chambre, les surprend. Il enferme le galant dans un cabinet dont il prend la clef, et retourne à son clerc. « Un tel, lui dit-il, je n'ai « trouvé personne : voyez vous-même. » Le clerc regarde et ne trouve point son cavalier. « Vous êtes un « méchant homme, lui dit le président; tenez, voilà ce « que je vous dois, allez-vous-en, que je ne vous voie « jamais. » Il le met dehors; après il revient auprès du cavalier : « Monsieur, c'est ma femme qui a tort; pour « vous, vous cherchez votre fortune, allez-vous-en; mais « si je vous rattrape, je vous ferai sauter les fenêtres. » Pour sa femme, quand elle fut seule, il lui dit qu'il ne savoit pas de quoi elle pouvoit se plaindre; qu'à son avis, elle avoit toutes les choses nécessaires. Elle pleura, elle se jeta à ses pieds, lui demanda pardon, et lui promit, à l'avenir, d'être la meilleure enfant du monde.

Il le lui pardonna, et depuis elle lui a rendu tous les devoirs imaginables.

Un conseiller d'État de l'infante Claire-Eugénie avoit une belle femme, et quoiqu'ils n'eussent guère de bien, leur maison alloit pourtant comme il falloit, et ils faisoient fort bonne chère, car la galante en gagnoit. Cela dura assez long-temps sans que le mari s'informât d'où venoit cette abondance. La femme, étonnée d'une si grande stupidité, peu à peu, pour voir s'il s'apercevoit de quelque chose, diminua l'ordinaire. Il ne disoit rien, il faisoit semblant de ne le pas voir. Enfin, elle retrancha tant, qu'elle le réduisit à un couple d'œufs. Alors la patience lui échappa; il prit les deux œufs et les jeta contre la muraille, en disant : « Est-ce là le dîner d'un cocu? » Elle, voyant qu'il entendoit raillerie, remit dès le lendemain les choses en leur premier état. J'ai ouï faire ce conte d'un François, et je pense qu'il est de tout pays; mais il n'en est pas moins bon pour cela.

M. Guy, célèbre traiteur à Paris, ne trouvant ni sa femme, ni un des principaux garçons, une fois qu'il avoit bien des gens chez lui, alla fureter partout, et les rencontra aux prises : « Hé! Vertu-Dieu! ce dit-il, « c'est bien se moquer des gens que de prendre si mal « son temps, et ne pouviez-vous pas attendre que « nous eussions un peu moins d'affaires? »

LE COMTE DE CRAMAIL (1).

On a dit *Cramail* au lieu de *Carmain*. Il étoit petit-fils du maréchal de Montluc, fils de son fils. Il n'a laissé qu'une fille mariée au marquis de Sourdis. Il avoit épousé l'héritière de Carmain, grande maison de Gascogne. Sa femme étoit de Foix par les femmes. C'a été une créature bien bizarre. Elle avoit pensé être mariée à un comte de Clermont de Lodève, qui étoit un fort pauvre homme. Cependant elle eut un tel chagrin d'avoir épousé Cramail au lieu de lui, qu'en douze ans de mariage elle ne lui dit jamais que oui et non; et de chagrin elle se mit au lit, et on ne lui changeait de draps que quand ils étoient usés. Elle est morte de mélancolie.

Le comte de Cramail vint en un temps où il ne falloit pas grand'chose pour passer pour un bel esprit. Il faisoit des vers et de la prose assez médiocres. Un livre intitulé *les Jeux de l'Inconnu* (2) est de lui, mais ma foi ce n'est pas grand'chose. Il fut un des disciples de Lucilio Vanini. Il disoit une assez plaisante chose :

---

(1) Adrien de Montluc, comte de Cramail, prince de Chabannais, né en 1568. Mis à la Bastille après la *Journée des Dupes*, il y demeura enfermé pendant douze ans. Il n'en sortit qu'en 1642, et mourut le 22 janvier 1646. Il est auteur, entre autres ouvrages, de la *Comédie des Proverbes*, farce très-gaie, souvent réimprimée.

(2) Publié sous le pseudonyme de *Devaux*; Paris, 1630.

« Pour accorder les deux religions, il ne faut, disoit-
« il, que mettre vis-à-vis les uns des autres les articles
« dont nous convenons, et s'en tenir là, et je donnerai
« caution bourgeoise à Paris, que quiconque les ob-
« servera bien sera sauvé. »

A l'arrière-ban, comme on lui eut ordonné de parler aux Gascons pour les faire demeurer, il commençoit à les émouvoir, quand un d'entre eux dit
brusquement : « Diavle, vous vous amusez à escou-
« ter un homme qui fait de libres. » Et il les emmena
tous.

Il a toujours été galant : il étoit propre, dansoit
bien, et étoit bien à cheval. C'étoit un des dix-sept
seigneurs (1). Il fut quinze ans tout entiers à Paris, en
disant toujours qu'il s'en alloit. Pour un camus, ç'a été
un homme de fort bonne mine. J'oubliois qu'une de
ses plus fortes inclinations a été madame Guelin. Il
l'aima devant et après la mort de Henri IV. Cela a
duré plus de dix ans. Il passoit pour un honnête
homme. On l'avoit souhaité pour gouverneur du Roi,
mais il n'a pas assez vécu pour cela. Je crois qu'il
ne l'eût pas été, quand il eût vécu jusqu'à cette
heure (2). Il fut quinze ans à dire qu'il s'en alloit.
Un de ses amis, nommé Forsais, gentilhomme huguenot, fut onze ans entiers à faire ses adieux tous les
jours.

(1) Voir ci-après l'explication que Tallemant donne de cette déno-
mination au commencement de l'*Historiette* du cardinal de Richelieu.

(2) Le valet de chambre La Porte dit dans ses *Mémoires*, en parlant du comte de Cramail : « C'étoit un fort honnête homme, très-sage,
« qui avoit si bien acquis l'estime de la Reine, que j'ai ouï dire à Sa
« Majesté long-temps auparavant, que si elle avoit des enfants dont
« elle fût la maîtresse, il en seroit le gouverneur. »

Le comte de Cramail avoit un ami qu'on appeloit Lioterais, homme d'esprit. Quand il fut vieux, et que la vie commença à lui être à charge, il fut six mois à délibérer tout ouvertement de quelle mort il se feroit mourir; et un beau matin, en lisant Sénèque, il se donne un coup de rasoir et se coupe la gorge. Il tombe; sa garce monte au bruit : « Ah! dit-elle, on « dira que je vous ai tué. » Il y avoit du papier et de l'encre sur la table, il prend une plume et écrit : « C'est moi qui me suis tué, » et signe *Lioterais*.

NAINS, NAINES.

L'infante Claire-Eugénie envoya une naine à la Reine dans une cage. Le gentilhomme qui la lui présenta dit que c'étoit un perroquet, et offrit à la Reine, pourvu qu'on n'ôtât point la couverture, de peur de l'effaroucher, de lui faire faire par ce perroquet un compliment en cinq ou six langues différentes. En effet, elle en fit un en espagnol, en italien, en françois, en anglois et en hollandois. On dit aussitôt : « Ça ne « sauroit être un perroquet. » Il ôta la couverture et on trouva la naine. Elle crut assez pour être une fort petite femme, et on la maria à un assez grand homme, nommé Lavau, Irlandois, qui étoit à la Reine. Elle fut femme-de-chambre et mourut au bout de quelques années en mal d'enfant.

Mademoiselle a eu une naine qui étoit la plus petite

qu'on eût jamais vue. Elle n'avoit pas deux pieds de haut, bien proportionnée, hors qu'elle avoit le nez trop grand. Elle faisoit peur. Les médiocres poupées étoient aussi grandes. Je crois qu'elle est morte.

Le feu Roi [1] avoit un fort petit nain [2], nommé Geoffroy, mais fort bien proportionné. Il avoit un portier qui avoit huit pieds de haut, et on trouva en ce temps-là un paysan qui avoit cent trente-sept ans, de sorte que ce prince se vantoit d'avoir parmi ses sujets, le plus grand, le plus petit et le plus vieil homme de l'Europe.

[1] Louis XIII.

[2] La charge et le titre de Nain du Roi ne furent supprimés qu'en 1662, par Louis XIV. Le 28 août 1660, un musicien nommé Pierre Pièche reçut du Roi le brevet d'intendant des instruments musicaux servant au divertissement du Roi. Deux ans après, le 3 mars 1662, le même Pierre Pièche fut nommé musicien et garde des instruments de la musique de la chambre du Roi : « Et, » dit son brevet pour cette nouvelle charge, lequel se trouve aux archives générales du royaume, « affin de
« n'estre point obligé d'ordonner un nouveau fonds pour l'appointement
« que Sa Majesté desire estre affecté à ladicte charge, elle entend que
« les gages qu'a ledict Pièche par la mort de Baltazard Pinson, nain,
« ne soient plus receus soubs le tiltre de nain, mais qu'ils luy soient delli-
« vrez soubs le tiltre de musicien et garde des instruments de la musi-
« que de sa chambre, qui, pour cet effect, sera désormais employé
« dans les estats de sa maison au lieu dudict tiltre de nain. »

LE CARDINAL DE RICHELIEU (1).

Le père du cardinal de Richelieu étoit fort bon gentilhomme. Il fut grand prévôt de l'hôtel et chevalier de l'Ordre; mais il embrouilla furieusement sa maison. Il eut trois fils et deux filles; l'aînée fut mariée à un gentilhomme de Poitou, nommé René de Vignerot, seigneur de Pont-Courlay, qui étoit un homme *dubiæ nobilitatis*. Il se poussoit pourtant à la cour, et étoit toujours avec les grands seigneurs. Il jouoit avec M. de Créqui et M. de Bassompierre. L'autre épousa Urbain de Maillé, marquis de Brézé, depuis maréchal de France. L'aîné des garçons étoit un homme bien fait et qui ne manquoit pas d'esprit. Il avoit de l'ambition et vouloit plus dépenser qu'il ne pouvoit. Il affectoit de passer pour un des dix-sept seigneurs. En ce temps-là on appela ainsi les dix-sept de la cour qui paroissoient le plus. On dit que sa femme, comme un tailleur lui demandoit de quelle façon il lui feroit une robe : « Faites-la, dit-elle, comme pour la « femme d'un des dix-sept seigneurs. » Mais, quoiqu'il fît fort le seigneur, et qu'effectivement il fût de bonne naissance, il ne passoit pas pourtant pour un homme de qualité. C'est ce qui est cause que le cardinal de Richelieu a eu tant de foiblesses sur sa noblesse et sur

(1) Armand-Jean Du Plessis, cardinal, duc de Richelieu, né à Paris le 5 septembre 1585, mort dans cette ville le 4 décembre 1642.

sa naissance. Ce M. de Richelieu se mit bien auprès d'Henri IV, qui vouloit tout savoir, en lui contant ce qui se passoit à la cour et à la ville, car il prenoit un soin particulier de s'en informer. Il fut tué en duel par le marquis de Thémines, fils du maréchal, à Angoulême, quand la Reine-mère y étoit (1), et ne laissa point d'enfants. Le deuxième a été le cardinal de Lyon, et le dernier le cardinal de Richelieu.

Le père avoit fait donner l'évêché de Luçon à son second fils, qui le quitta pour se faire chartreux. Le troisième fut destiné à l'Eglise, et eut cet évêché au lieu de son frère. Étant sur les bancs de Sorbonne, il eut l'ambition de faire un acte sans président; il dédia ses thèses au roi Henri IV; et, quoiqu'il fût fort jeune, il lui promettoit dans cette lettre de rendre de grands services, s'il étoit jamais employé. On a remarqué que de tout temps il a tâché à se pousser, et qu'il a prétendu au maniement des affaires.

Il alla à Rome et y fut sacré évêque (en 1607). Le Pape (2) lui demanda s'il avoit l'âge; il dit que oui, et après il lui demanda l'absolution de lui avoir dit qu'il avoit l'âge, quoiqu'il ne l'eût pas. Le Pape dit: « *Questo giovane sara un gran furbo.* »

Les États-généraux (de 1614), où il fut député du clergé du Poitou, lui donnèrent lieu d'acquérir de la réputation. Il fit quelques harangues qu'on trouva admirables; on ne s'y connoissoit guère alors.

Après la mort d'Henri IV, Barbin, surintendant des

(1) Après son évasion du château de Blois, où Louis XIII l'avoit reléguée, dans la nuit du 21 au 22 février 1619.

(2) Paul V (Camille Borghèse), élu pape le 16 mai 1605, mort le 19 janvier 1621.

finances, qui étoit son ami, le fit faire (en 1616) secrétaire d'État de la guerre et des affaires étrangères par le maréchal d'Ancre. Il y a un assez méchant historien, nommé Toussaint Legrain, qui a mis dans l'histoire de la régence de Marie de Médicis (1) que le Roi dit à M. de Luçon, qu'il rencontra le premier dans la galerie après que le maréchal d'Ancre eut été tué: « Me voilà délivré de votre tyrannie, monsieur de « Luçon. » Le cardinal de Richelieu, quand il fut tout-puissant, ayant eu avis de cela, crut qu'il lui importoit de faire supprimer cette histoire. Il en fit rechercher avec soin les exemplaires, et cette recherche fut cause que tout le monde acheta ce livre, et qu'on a su ce qu'on n'auroit peut-être jamais appris sans cela (2).

(1) Jean-Baptiste (et non Toussaint) Legrain, auteur de la *Décade contenant l'Histoire de Louis* XIII, depuis l'an 1610 jusqu'en 1617; Paris, 1619, in-folio.

(2) Voici ce que dit du livre de Legrain, et de manière à le confirmer en ceci, l'auteur de la *Bibliothèque françoise*, Sorel, qui, bien qu'écrivant après la mort du cardinal, semble ne pouvoir user de trop de ménagements: « Le maréchal d'Ancre et ceux de son parti y sont très-maltraités. Les « bons serviteurs de la Reine-mère n'y sont pas même épargnés, telle- « ment qu'autrefois cela faisoit fort rechercher ce livre, que les uns vou- « loient garder par curiosité, et les autres avoient dessein de faire sup- « primer. On remarque principalement qu'en ce qui touche l'évêque de « Luçon, qui depuis a été le cardinal de Richelieu, cet auteur rapporte « de lui une lettre adressée au maréchal d'Ancre, laquelle on prétend « être en termes fort soumis, et que cela montroit bien les déférences « qu'on rendoit à un homme duquel plusieurs attendoient un grand « avancement; mais les termes n'en sont point si bas, que cela pût « faire tort à celui qui les écrivoit, puisqu'on sait bien le langage ordi- « naire des cours, et ce que les lois de la bienséance obligent de dire « aux personnes élevées en crédit. On s'est encore arrêté à ce que l'his- « torien raconte que quand le feu Roi aperçut l'évêque de Luçon dans « sa chambre, quelque temps après la mort du maréchal, il lui dit

La Reine-mère ayant été reléguée à Blois, M. de Luçon fut relégué à Avignon, afin qu'ils n'eussent aucune communication ensemble. Mais quand feu

« quelques paroles fâcheuses qui l'obligèrent à se retirer. Mais pour
« ce qu'il n'y a que cet auteur qui en fasse le rapport, on n'est pas
« obligé d'y ajouter foi. *De plus on sait que s'il est vrai que le feu Roi*
« *ait dit quelque chose de semblable, ce n'étoit que selon les impressions*
« *qu'on lui avoit suggérées.* Il a bien reconnu depuis combien les con-
« seils de ce fidèle ministre lui étoient utiles. Je crois aussi que comme
« le cardinal de Richelieu a triomphé de son vivant de la haine et de
« l'envie, il étoit fort au-dessus de ces choses, et se soucioit peu de ce
« qui étoit dans ce livre, en voyant tant d'autres qui étoient à sa
« gloire. » (Edition de 1664, p. 320.)

Du reste, bien que Richelieu dût au maréchal d'Ancre la position où il se trouvoit déjà, Louis XIII soupçonnoit bien à tort qu'il en eût quelque reconnoissance à celui-ci. C'est ce que prouve plus que suffisamment le passage suivant des *Mémoires du comte de Brienne*: « Le
« Roi poussé secrètement, par de Luynes son favori, et depuis long-
« temps las du joug du maréchal, résolut de s'en défaire. L'entreprise,
« quoique toujours très-mystérieusement conduite, avoit échoué déjà
« plusieurs fois. Richelieu..., évêque de Luçon..., étoit logé chez le
« doyen de Luçon, lorsque Février remit au doyen un paquet de lettres,
« en lui recommandant de le porter à l'instant à son évêque. Il étoit
« plus de onze heures du soir. Richelieu venoit de se mettre au lit quand
« le paquet lui fut rendu; il l'ouvrit, et parmi ces lettres s'en trouvoit
« une dans laquelle on lui donnoit avis que le maréchal d'Ancre seroit
« assassiné le lendemain. Le lieu, l'heure, le nom des complices, et
« toute l'entreprise, s'y trouvoient si bien circonstanciés, que l'avis ve-
« noit assurément de gens bien instruits : un des conjurés pouvoit seul
« avoir écrit ce billet. L'évêque de Luçon ne parut pas y ajouter foi. Il
« tomba dans une méditation profonde qui dura quelques minutes,
« puis, mettant le paquet sous son chevet : *Rien ne presse*, dit-il au
« doyen de son église, *la nuit portera conseil*. Cela dit, il se re-
« coucha et s'endormit. Le lendemain, à son réveil, il apprit l'assas-
« sinat de son bienfaiteur, et se repentit, mais trop tard, de l'avoir
« laissé égorger. Le doyen de Luçon ne put s'empêcher de lui en
« faire le reproche. Richelieu s'excusa mal : comment l'eût-il pu
« faire ? n'étoit-il pas coupable, en quelque sorte, de la mort du maré-
« chal ? » (1828, I, 250-1.)

M. d'Epernon mena la Reine à Angoulême; M. de Luçon l'y fut trouver. Ce fut là que l'abbé de Rusceillaï, Florentin, et lui, disputèrent dix ou douze jours de la faveur auprès de la Reine-mère, et l'abbé l'alloit emporter sur l'évêque, si M. d'Epernon, tout-puissant en cette petite cour, n'eût combattu de toute sa force l'inclination de la Reine. La drôlerie du Pont-de-Cé vint ensuite (1); le baron de Fœneste (2) s'en moque assez plaisamment, et le nom qu'on a donné à cette belle expédition témoigne assez que ce ne fut qu'un feu de paille. Bautru, dont nous parlerons plus d'une fois, y avoit un régiment d'infanterie au service de la Reine-mère, et il lui disoit un jour : « Pour des « gens de pré, madame, en voilà assez; pour des gens « de cœur, c'est une autre affaire. » Il dit encore, quand, pour assurance d'amitié entre messieurs de Luynes et M. de Luçon, on fit le mariage de mademoiselle de Pont-Courlay avec Combalet (3), que les canons du côté du Roi disoient Combalet, et ceux du côté de la Reine-mère, Pont-Courlay (4).

M. de Luynes, à qui le Père Arnould, Jésuite, confesseur du Roi (5), commençoit à rendre de mauvais

---

(1) Le Pont-de-Cé fut attaqué et pris par les troupes du Roi sur les troupes de la Reine-mère, le 8 août 1620, selon quelques historiens, le 7 selon d'autres.

(2) *Les Aventures du baron de Fœneste divisées en quatre parties*, par d'Aubigné, 1630, in-8°. L'édition la plus estimée est celle de Cologne, chez les héritiers de Pierre Marteau. 1729, 2 vol. in-8°.

(3) C'est aujourd'hui madame d'Aiguillon. (T.)

(4) M. de Luynes voulut obliger le Père Arnould à lui révéler la confession du Roi; le Père n'y voulut jamais consentir, quoique sa Société l'y voulût obliger; enfin on fit prendre un autre confesseur au Roi. (T.)

(5) Allusion au mariage de mademoiselle de Vignerot Pont-Courlay,

offices auprès du Roi, étant mort, le Père Suffren, autre Jésuite, confesseur de la Reine-mère, fit une telle peur au Roi du traitement qu'on avoit fait à la Reine-mère, qu'il croyoit déjà que le diable le tenoit au collet, car jamais homme n'a moins aimé Dieu et plus craint le diable que le feu Roi. Ces deux confesseurs remirent donc bien ensemble la mère et le fils, et par ce moyen, M. de Luçon se rendit insensiblement le maître des affaires et eut le chapeau de cardinal (en 1622).

Quand il fit arrêter à Fontainebleau le maréchal d'Ornano, qui empêchoit Monsieur de se marier, parce qu'il voyoit bien que la maison de Guise l'emporteroit sur lui et qu'il n'auroit plus de crédit, Monsieur, dont ce maréchal étoit gouverneur, alla à dix heures du soir pester dans la chambre du Roi à qui il fit peur, et lui dit qu'il vouloit savoir qui le lui avoit conseillé. Le Roi dit que c'avoit été son conseil. Monsieur fut trouver le chancelier d'Aligre (1), qui lui répondit en tremblant que ce n'étoit pas lui. Monsieur revint et pesta tout de nouveau. Le Roi, ne sachant que lui dire, envoya quérir le cardinal, qui dit assurément et sans hésiter, que c'étoit lui qui avoit conseillé au Roi

---

nièce du cardinal de Richelieu, avec Antoine de Beauvoir Du Roure, seigneur de Combalet, neveu du duc de Luynes. Cette union fut en effet le principal résultat de l'affaire du Pont-de-Cé.

(1) Je mettrai en passant ce que c'étoit que le chancelier d'Aligre. Il étoit de Chartres et d'assez médiocre naissance. Il fut du conseil de M. le comte de Soissons le père. C'étoit un homme fort laborieux, un vrai cul de plomb, et un esprit assez doux et assez timide. Après la mort de son maître, insensiblement on le mit du nombre de ceux à qui on pourroit donner les sceaux, et en effet on les lui donna. Le cardinal de Richelieu ne le goûta pas, et l'envoya à sa maison de La Rivière, auprès de Chartres. Comme ce n'étoit pas un grand génie, on disoit qu'on l'avoit envoyé à la rivière. M. de Marillac eut les sceaux. (T.)

de faire arrêter M. le maréchal d'Ornano, et qu'un jour Monsieur l'en remercieroit. Monsieur lui dit : « Vous êtes un j... f.... », et s'en alla après ces belles paroles.

Le cardinal haïssoit Monsieur ; et craignant, vu le peu de santé que le Roi avoit, qu'il ne parvînt à la couronne, il fit dessein de gagner la Reine, et de lui aider à faire un dauphin. Pour parvenir à son but, il la mit, sans qu'elle sût d'où cela venoit, fort mal avec le Roi et la Reine-mère, jusque-là qu'elle étoit très-maltraitée de l'un et de l'autre. Après il lui fit dire par madame Du Fargis, dame d'atour, que si elle vouloit, il la tireroit bientôt de la misère dans laquelle elle vivoit. La Reine, qui ne croyoit point que ce fût lui qui la fît maltraiter, pensa d'abord que c'étoit par compassion qu'il lui offroit son assistance, souffrit qu'il lui écrivît, et lui fit même réponse, car elle ne s'imaginoit pas que ce commerce produisît autre chose qu'une simple galanterie.

Le cardinal, qui voyoit quelque acheminement à son affaire, lui fit proposer par la même madame Du Fargis (1) de consentir qu'il tînt auprès d'elle la place

---

(1) Le cardinal donnoit des rendez-vous à madame Du Fargis chez le cardinal de Bérulle à Fontainebleau et ailleurs, de peur de faire trop d'éclat, si c'étoit chez lui-même, et aussi à cause que ce cardinal passoit pour un béat. Bérulle croyoit que c'étoit pour quelque autre chose ; il parla aussi d'amour à madame Du Fargis, et lui mit le marché au poing.

Ce fut la cabale des Marillac qui fit Bérulle, leur ami, cardinal et ministre. Le feu Roi disoit que c'étoit le plus vilain homme botté de tout le royaume. Malleville disoit qu'en trois semaines, qu'il fut au cardinal de Bérulle à l'Oratoire, il apprit plus de fourberies qu'en tout le reste de sa vie. Il avoit bien de l'hypocrisie ; on l'a vu passer dans le

du Roi ; que si elle n'avoit point d'enfants, elle seroit toujours méprisée, et que le Roi, malsain comme il étoit, ne pouvant pas vivre long-temps, on la renverroit en Espagne ; au lieu que si elle avoit un fils du cardinal, et le roi venant à mourir bientôt, comme cela étoit infaillible, elle gouverneroit avec lui, car il ne pourroit avoir que les mêmes intérêts, étant père de son enfant ; que pour la Reine-mère, il l'éloigneroit dès qu'il auroit reçu la faveur qu'il demandoit.

La Reine rejeta bien loin cette proposition ; mais on ne voulut pas le rebuter. Le cardinal fit tout ce qu'il put pour la voir une fois dans le lit, mais il n'en put venir à bout. Il ne laissa pas d'avoir toujours quelque petite galanterie avec elle. Mais enfin tout fut rompu quand il découvrit que La Porte, un des officiers de la Reine, alloit recevoir les lettres qui venoient d'Espagne, et que le duc de Lorraine avoit parlé à elle, déguisé, au Val-de-Grâce. Il y avoit un peu de galanterie parmi. On accusoit aussi la Reine d'intelligence avec le marquis de Mirabel, ambassadeur d'Espagne. Le cardinal fit arrêter La Porte, et le garde-des-sceaux Seguier interrogea non-seulement la Reine au Val-de-Grâce, mais même il la fouilla en quelque sorte, car il lui mit la main dans son corps, pour voir s'il n'y avoit point de lettres, ou du moins y regarda-t-il, et approcha sa main de ses tétons (1). M. de La Ro-

fond d'un carrosse, par le milieu du Cours, son Bréviaire à la main, lui qui ne pouvoit quasi lire au grand soleil, tant il avoit la vue courte. (T.)

(1) Les Mémoires de madame de Motteville, ceux du duc de La Rochefoucauld (première partie), et ceux de La Porte, offrent beaucoup de détails sur cette affaire. Les pièces de ce singulier procès, acquises

chefoucauld dit que le cardinal étoit fort amoureux de la Reine, et que, de rage, il vouloit la faire répudier.

De désespoir, elle avoit une fois résolu de s'enfuir à Bruxelles. Le prince de Marsillac, jeune homme de vingt ans, depuis M. de La Rochefoucauld de la Fronde, la devoit mener en croupe. Madame de Hautefort étoit de la partie ; madame de Chevreuse, déjà exilée à Tours, devoit se sauver en Espagne, si on lui envoyoit des Heures reliées de rouge ; et si on lui en envoyoit de vertes, elle ne devoit bouger. La Reine résolut de ne point partir. Madame de Hautefort, par mégarde, ou ayant oublié ce dont elles étoient convenues, envoya les Heures rouges. Cela fut cause que madame de Chevreuse se déguisa en homme, et alla chez le prince de Marsillac, qui lui donna des gens pour la conduire. Cela fut cause aussi qu'on le tint quelque temps en prison. Depuis, le cardinal le prit en amitié, et lui offrit de le recevoir au nombre de ses amis. Le prince de Marsillac n'osa l'accepter sans le consentement de la Reine, qui ne le lui voulut pas permettre.

Depuis, le cardinal a toujours persécuté la Reine, et, pour la faire enrager, il fit jouer une pièce appelée *Mirame*, où l'on voit Buckingham plus aimé que lui, et le héros, qui est Buckingham, battu par le cardinal. Desmarets fit tout cela par son ordre, et, contre les règles, il la força de venir voir cette pièce (1).

tout récemment par la Société des Bibliophiles françois, vont bientôt être rendues publiques.

(1) *Mirame* fut représentée en 1641, à l'ouverture de la grande salle du Palais-Cardinal. Mirame, héroïne de la pièce, méprise l'hommage

La Reine-mère, durant cette intrigue, eut une telle jalousie de la Reine, qu'elle rompit hautement avec le cardinal, et chassa madame d'Aiguillon et M. de La Meilleraye, qui étoit son capitaine des gardes (1). La Reine-mère, qui vouloit dominer, et qui avoit fait élever le Roi, à dessein de le rendre incapable de faire son métier lui-même (2), avoit eu peur que la Reine n'eût du pouvoir sur son esprit; et pour empêcher cette princesse de s'appliquer à gagner l'affection de son mari, elle mit auprès d'elle madame de Chevreuse et madame de La Valette (3), deux aussi folles têtes qu'il y en eut à la cour. La princesse de Conti avoit

---

du roi de Phrygie, et lui préfère Arimant, favori du roi de Colchos. Cette allusion à la reine Anne d'Autriche et aux sentiments que le comte de Buckingham avoit osé témoigner ne nous semble pas avoir été indiquée jusqu'à présent.

(1) Il arriva une chose assez bizarre en ce temps-là. Le jour que le cardinal alla à Luxembourg, où la Reine et lui rompirent, le procureur-général Molé, qu'il avoit dessein de faire premier président, n'ayant pas trouvé M. le cardinal chez lui, alla le chercher à Luxembourg. Par malheur le cardinal, descendant par le grand escalier, le vit qui montoit par le petit. Il crut que cet homme venoit offrir son service à la Reine-mère, et il ne s'en désabusa que long-temps après, qu'il le fit premier président. Il fut trompé au jugement qu'il fit de lui et du président Mélian. Ce Mélian, président des enquêtes, avoit plus de réputation qu'il n'en méritoit. Le cardinal le fit procureur-général, et il se trouva que ce n'étoit nullement un habile homme, et au contraire, le procureur-général qui fut premier président, parce qu'il ne passoit pas pour un grand clerc, se trouva plus habile qu'on ne croyoit. (T.)

(2) Elle ne baisa pas une fois le Roi en toute la régence. (T.)

(3) Mademoiselle de Verneuil, sœur de M. de Metz. Cette madame de La Valette étoit fort bien avec la Reine-mère. La Verneuil, sa mère, dit un jour à la Reine : « Madame, mais qu'est-ce que ma fille a donc
« pour vous plaire ? Cela me surprend, car le feu Roi étoit un fort bon
« homme, mais il a bien fait les plus sots enfants du monde. » Madame de Verneuil devint si grosse, que Bautru, en l'allant voir, vouloit payer

eu aussi ordre de la Reine-mère de prendre garde à tout ce qu'on feroit chez la Reine; et celle-ci, qui, quoique vieille, avoit encore l'amour en tête, étoit bien aise qu'on fît galanterie. Ce fut elle qui apprit à la Reine à être coquette.

En ce temps-là on parla du mariage de la reine d'Angleterre. Le comte de Carlisle et le comte d'Holland, qui furent envoyés ici pour en traiter, donnèrent avis à Buckingham, favori du Roi, qui avait le roman en tête, qu'il y avoit en France une jeune reine galante, et que ce seroit une belle conquête à faire; dèslors il y eut quelque commerce entre eux par le moyen de madame de Chevreuse, à qui le comte d'Holland en contoit; de sorte que quand Buckingham arriva pour épouser la reine d'Angleterre, la Reine régnante étoit toute disposée à le bien recevoir. Il y eut bien des galanteries; mais ce qui fit le plus de bruit, ce fut que quand la cour alla à Amiens, pour s'approcher d'autant plus de la mer, Buckingham tint la Reine toute seule dans un jardin; au moins il n'y avoit qu'une madame Du Vernet (1), sœur de feu M. de Luynes, dame d'atour de la Reine, mais elle étoit d'intelligence, et s'étoit assez éloignée. Le galant culbuta la Reine, et lui écorcha les cuisses avec ses chausses en broderies; mais ce fut en vain, car elle appela tant de fois, que

à la porte comme pour voir la baleine. Elle ne s'amusa plus qu'à faire des ragoûts quand elle vit Henri IV mort. Elle ne lui a pas été infidèle: c'est la seule. (T.)

(1) Cette madame Du Vernet fut chassée pour cela; mais comme elle avoit gagné du bien, feu M. de Bouillon La Marck l'épousa. On disoit que ce Du Vernet avoit été violon, et avoit montré à danser aux pages du connétable de Montmorency en Languedoc. Cependant ils le firent gouverneur de Calais. (T.)

la dame d'atour, qui faisoit la sourde oreille, fut contrainte de venir au secours. Quelques jours après, la Reine régnante étant demeurée à Amiens, soit qu'elle se trouvât mal, soit qu'elle ne fût pas nécessaire pour accompagner la reine d'Angleterre à la mer, car cela n'eût fait que de l'embarras, Buckingham, qui avoit pris congé de la Reine comme les autres, retourna quand il eut fait trois lieues; et comme la Reine ne songeoit à rien, elle le voit à genoux au chevet de son lit. Il y fut quelque temps, baise le bout des draps, et s'en va.

Le cardinal prit soupçon de toutes les galanteries de Buckingham, et empêcha qu'il ne revînt en France ambassadeur extraordinaire, comme c'étoit son dessein; ne pouvant faire mieux, il y vint avec une armée navale attaquer l'île de Ré (1). A son arrivée, il prit un gentilhomme de Saintonge, nommé Saint-Surin, homme adroit et intelligent, et qui savoit fort bien la cour. Il lui fit mille civilités; et lui ayant découvert son amour, il le mena dans la plus belle chambre de son vaisseau. Cette chambre étoit fort dorée; le plancher étoit couvert de tapis de Perse, et il y avoit comme une espèce d'autel où étoit le portrait de la Reine avec plusieurs flambeaux allumés. Après, il

---

(1) On a su du cardinal Spada, alors nonce en France (il l'a dit à M. de Fontenay-Mareuil, quand celui-ci étoit ambassadeur à Rome), que la France et l'Espagne étoient sur le point de se liguer pour attaquer l'Angleterre. C'étoit le cardinal de Bérulle, alors général de l'Oratoire et non encore cardinal, qui pressoit cette alliance. Le comte d'Olivarès avertit le duc de Buckingham du dessein, et cela le fit venir dans l'île une campagne plus tôt qu'il n'avoit résolu. L'Espagne vouloit que les Huguenots brouillassent toujours la France. (T.)

lui donna la liberté, à condition d'aller dire à M. le cardinal qu'il se retireroit, et livreroit La Rochelle, en un mot, qu'il offroit la carte blanche, pourvu qu'on lui permît de le recevoir comme ambassadeur en France. Il lui donna aussi ordre de parler à la Reine de sa part. Saint-Surin vint à Paris, et fit ce qu'il avoit promis. Il parla au cardinal, qui le menaça de lui couper le cou s'il en parloit davantage. Depuis, quand la Reine apprit la mort de Buckingham, elle en fut sensiblement touchée. Au commencement elle n'en vouloit rien croire, et disoit : « Je viens de recevoir de « ses lettres. »

Durant le siége de La Rochelle, feu M. le Prince, comme on étoit en peine de déchiffrer des lettres en chiffres, se ressouvint qu'il avoit vu à Alby un jeune homme appelé Rossignol, qui avoit du talent pour cela. Il en donna avis au cardinal, qui le fit venir. Il rencontra d'abord, et dit à Son Eminence : « L'espé- « rance des Rochellois n'est que du vent : ils s'atten- « dent à un secours par mer. » Les Anglais leur en promettoient. Le cardinal fit fort valoir cette science, et il tâcha le plus qu'il put de faire croire qu'il n'y avoit point de chiffres que Rossignol ne déchiffrât. Cela ne lui fut pas inutile contre les cabales.

A ce même siége, M. de La Rochefoucauld, alors gouverneur du Poitou, eut ordre d'assembler la noblesse de son gouvernement. En quatre jours il assembla quinze cents gentilshommes, et dit au Roi : « Sire, il n'y en a pas un qui ne soit mon parent. » M. d'Estissac, son cadet, lui dit : « Vous avez fait là « un pas de clerc ; les neveux du cardinal ne sont « encore que des gredins, et vous allez faire claquer

« votre fouet; gare votre gouvernement. » Dès l'été suivant, le cardinal le lui fit ôter pour le donner à un homme qui n'eût pas tant de crédit, ce fut à Parabelle.

Le cardinal apparemment avoit déjà en tête ce que je vais rapporter. Au voyage de Lyon, où le Roi fut si mal, la Reine-mère demanda en grâce au Roi qu'il chassât le cardinal. Il lui promit de le chasser dès que la paix d'Allemagne seroit faite, mais qu'il avoit affaire de lui jusque là. Le Roi, étant guéri, part et va à Rouane. La Reine-mère étoit demeurée à Lyon, à cause qu'elle avoit mal à un pied. De Rouane, le Roi lui écrivit qu'elle se guérît, qu'il lui donneroit bientôt contentement, que la paix d'Allemagne étoit faite, et qu'il en envoyoit la ratification.

La Reine-mère fut si aise de cette nouvelle, qu'à la chaude elle fit brûler quelques fagots comme pour faire une espèce de feu de joie. Le cardinal sut qu'elle avoit fait ce feu, et il se douta de quelque chose. Il presse le Roi. Le Roi lui confesse tout ; la Reine-mère vient à Rouane. Le cardinal, comme elle communioit à l'église, s'approcha d'elle, et fit signe à Saint-Germain qui, comme aumônier, étoit auprès d'elle, de se retirer. Il la conjura de lui pardonner : elle le rebuta : « Madame, lui dit-il, j'en ferai bien périr avec « moi. » C'est de là qu'est venue la rupture sans rime ni raison de la paix de Ratisbonne. A Lyon, tout le monde, c'est-à-dire toutes les cabales, étoient contre le cardinal. Au retour, il fit arrêter le maréchal de Marillac, et le garde-des-sceaux fut mené à Angoulême, et M. de Châteauneuf eut les sceaux. Cela irrita furieusement la Reine-mère. Le cardinal lui fit parler plusieurs fois, et comme le premier président de Verdun lui eut dit que Son Eminence en avoit pleuré cinq fois différentes : « Je ne m'en étonne pas, dit-elle, « il pleure quand il veut. » Bonneuil, introducteur des ambassadeurs, homme dévot, mais qui étoit toujours dans l'adoration du ministère, et qu'on appeloit vulgairement *le dévot de la cour*, dit aussi à la Reine-mère qu'il avoit vu le cardinal si abattu et si changé, qu'on ne le connoissoit plus. Elle dit qu'il se changeoit comme il vouloit, et qu'après avoir paru gai, en un instant il paroissoit demi-mort. Il y eut pourtant je ne sais quelle réconciliation. Peu de temps après se fit la grande cabale des deux reines, de Monsieur et de toute la maison de Guise. Le cardinal, désespéré, se vouloit retirer, mais le cardinal de La Valette lui remit le cœur au ventre. M. de Rambouillet gagna Monsieur, et comme on croyoit le cardinal perdu, le Roi se déclara pour lui. C'est ce qu'on a appelé la *Journée des dupes*. Ce fut à la Saint-Martin, au retour de La Rochelle.

Madame Du Fargis fut chassée à cause de ses cabales, et non à cause de ses galanteries. Elle s'étoit jointe à Vaultier et à Beringhen, aujourd'hui premier écuyer de la petite écurie. Elle fut quelque temps cachée aux environs de Paris, mais on la découvrit bientôt, et il fallut aller plus loin (1).

(1) La Reine régnante avoua qu'on lui pouvoit faire un méchant tour en cette occasion; car elle avoit été au Val-de-Grâce, où l'ambassadeur d'Espagne, Mirabel (contre la défense qu'on lui avoit faite d'aller plus au Louvre comme il faisoit, car il y alloit sans cesse, et auparavant la Reine-mère l'admettoit au conseil), avoit été parler à elle, et elle en avoit quelque reconnoissance. Sur cette affaire de l'ambassadeur d'Espagne, au

Je mettrai ici ce que j'ai appris de Vaultier. Un Cordelier, nommé le Père Trochard, qui suivoit partout M. de La Rocheguyon, l'avoit pour domestique, comme un pauvre garçon; madame de Guercheville le fit médecin du commun chez la Reine-mère, à trois cents livres de gages. Or, quand elle fut à Angoulême, et que Delorme l'eut quittée à Aigre (1), aux enseignes qu'il disoit en son style qu'elle lui avoit dit des paroles plus *aigres* que le lieu où elles avoient été dites, elle eut besoin d'un médecin. Il ne se trouva que Vaultier, que quelqu'un, qui en avoit été bien traité, lui loua fort. Il la guérit d'un érysipèle; et ensuite il réussit si bien et se mit si bien dans son esprit, qu'il étoit mieux avec elle que personne. D'où vint la grande haine du cardinal contre lui.

On a fort médit du cardinal de Richelieu, qui étoit bel homme, avec la Reine-mère. Durant cette galanterie, elle s'avisa, quoiqu'elle eût déjà de l'âge, de se remettre à jouer du luth. Elle en avoit joué un peu autrefois. Elle prend Gaultier chez elle: voilà tout le monde à jouer du luth. Le cardinal en apprit aussi, et c'étoit la plus ridicule chose qu'on pût imaginer, que de le voir prendre des leçons de Gaultier. Ce Gaultier étoit un grand homme, bien fait, mais qui avoit de grosses épaules; il faisoit fort l'entendu. le étoit d'Arles; sa mère gagnoit sa vie à filer, et on disoit qu'il ne l'assistoit point.

---

commencement elle dit bien des sottises : que son frère la vengeroit, etc., et à toujours eu intelligence avec lui. Elle ne pouvoit cacher le chagrin qu'elle avoit des prospérités de la France, quand c'étoit au préjudice de sa maison. (T.)

(1) Aigre est un bourg de la province de Saintonge, qui fait aujourd'hui partie du département de la Charente.

Le cardinal de Richelieu, dans le dessein qu'il feignoit d'avoir de se réconcilier avec la Reine-mère encore une fois, envoya quérir Vitray (1), aujourd'hui imprimeur du clergé, homme de bon sens et qui faisoit profession d'amitié avec Vaultier, et lui dit qu'il le prioit de porter les paroles de part et d'autre. Vitray lui dit qu'il le prioit de l'en dispenser ; que souvent on sacrifioit de petits compagnons pour apaiser les puissances. « Non, reprit le cardinal, ne craignez rien.
« — Puisque vous voulez donc, dit Vitray, que j'aie
« cet honneur, ne me donnez point à deviner ; dites-
« moi les choses sincèrement. — Allez dire à Vaul-
« tier cela et cela, » ajouta le cardinal. Il y eut bien des allées et des venues ; enfin la chose en vint à ce point que le cardinal fit dire à Vaultier, par Vitray, qu'il falloit faire une entrevue chez Vitray même, et que, de peur de trop d'éclat, le Père Joseph iroit au lieu de lui. Vaultier répondit : « C'est un piége ;
« après, le cardinal ne manquera pas d'avertir la
« Reine-mère de cette conférence, et de lui dire que
« j'ai commerce avec lui ou avec ses gens. Je ne sau-
« rois, ajouta-t-il, empêcher la Reine d'aller à Com-
« piègne. » Or, le cardinal ne demandoit pas mieux que la Reine fît la sottise d'aller à Compiègne ; quoiqu'il fît semblant du contraire, qu'il eût offert toutes choses à Vaultier, et qu'il eût résolu d'aller jusqu'au chapeau de cardinal. Car la Reine-mère vouloit régner, et ne se contentoit pas de donner des charges et bénéfices, et d'avoir autant d'argent qu'elle en vouloit. La princesse de Conti, et par elle toute la maison de

---

(1) Son nom s'écrit ordinairement *Vitré*.

Guise et M. de Bellegarde, la portoient sans cesse à perdre le cardinal. Elle va donc à Compiègne ; on l'y arrête, et on ordonne à Vaultier de retourner à Paris. En chemin on le prend et on le mène à la Bastille. Le cardinal fait dire à Vitray qu'il étoit fort content de son entremise ; qu'il n'avoit qu'à voir son ami tant qu'il voudroit. Vitray répondit : « Je m'en garderai « bien, c'est un homme qui a eu le malheur de tom- « ber dans la disgrâce du Prince : je le servirai assez « sans le visiter. » Le cardinal lui manda qu'il y allât librement, qu'il n'y avoit rien à craindre pour lui. Il y fut donc. Vaultier lui dit : « Me voilà bien bas, mais « je serai quelque jour le premier médecin du Roi. » Cela est arrivé, mais non pas comme il l'entendoit, car il croyoit que ce seroit du feu Roi, et ç'a été d'un roi qui n'étoit pas encore au monde. Nous l'avons vu, riche de vingt mille écus de rente, vivre comme un gredin et prendre de l'argent des malades qu'il voyoit. A la fin, il en eut honte et n'en prit plus.

Pour achever ce que je sais de la Reine-mère, j'ajouterai qu'elle ne se put garantir à Bruxelles même des finesses du cardinal pour l'éloigner de là, car elle étoit assez près pour faire toujours des cabales contre lui. Il lui fit accroire que si elle rompoit avec les Espagnols, il la feroit revenir. Elle feignit donc d'aller à Spa, et deux mille chevaux hollandois la vinrent prendre. Après, il ne se soucia plus d'elle. On dit qu'en ce temps-là elle n'avoit autre but que de jouir de Luxembourg et du Cours qu'elle avoit fait planter (1), sans se mêler de rien. Ainsi elle sortit sottement

---

(1) Le Cours-la-Reine, aux Champs-Élysées.

de Bruxelles, où elle étoit bien traitée par les Espagnols qui lui donnoient douze mille écus par mois, dont elle étoit fort bien payée, et depuis cela ne fit qu'errer et vivoter misérablement. Saint-Germain (1) ne savoit rien du dessein de la Reine-mère. Le cardinal-infant en étoit persuadé, et lui donna pour vivre une prévôté de douze mille livres de rente; peut-être vouloit-il l'avoir pour le faire écrire contre le cardinal. Cet homme revint à Paris à la mort du cardinal de Richelieu, car il avoit autant de revenu que cela en une autre prévôté en Provence, et n'a point voulu jouir de celle de Flandre, afin qu'on ne le pût pas accuser de commerce avec l'ennemi. Il vit ici chez sa sœur, à qui il donne douze mille livres de pension. Il a encore trois mille livres de rente d'ailleurs, et quand il tire quelque chose de ses appointements, car il a je ne sais quel emploi ou quelque pension, il le distribue aux deux filles de cette sœur. Il ne veut point disposer de ses deux prévôtés, parce qu'il dit que c'est usurper le droit des collateurs.

Le cardinal, pour avoir l'amirauté et être absolu aussi bien sur mer que sur terre, fit courir le bruit que quelques galions d'Espagne de la flotte des Indes s'étoient perdus vers Bayonne, et fit savoir cette nouvelle au Roi. Au même temps plusieurs personnes apostées disoient à Sa Majesté que, faute d'avoir quelqu'un qui prît soin des naufrages, on perdroit toute la charge de ces galions, et qu'il seroit nécessaire de faire un maître et surintendant de la navigation, et tout d'un trait

---

(1) Celui qui a tant écrit contre le cardinal. Il s'appelle de Mourgus, et est de Paris. (T.)

ils se mirent à examiner qui pourroit bien s'acquitter comme il faut de cet emploi; et après avoir nommé bien des gens, ils ne trouvoient que M. le cardinal capable de cette charge; de sorte qu'ils persuadèrent au Roi de lui en parler. Sa Majesté le proposa au cardinal, qui d'abord dit qu'il n'étoit déjà que trop occupé, qu'il succomberoit sous le faix, et se fit bien prier pour la prendre. Cette charge rendoit celle d'amiral inutile ou superflue : aussi M. de Montmorency fut bien aise de traiter de celle d'amiral de Ponent. M. de Guise, pour celle de Levant, fit plus de cérémonies, et enfin on lui ôta et l'amirauté et le gouvernement de Provence.

Pour montrer la grande puissance du cardinal, on faisoit un conte dont Boisrobert divertit Son Eminence [1]. Le colonel Hailbrun, Ecossois, homme qui étoit considéré, passant à cheval dans la rue Tiquetonne, se sentit pressé. Il entre dans la maison d'un bourgeois, et décharge son paquet dans l'allée. Le bourgeois se trouve là, et fait du bruit; ce bon homme étoit bien empêché. Son valet dit au bourgeois : « Mon maître est à M. le cardinal. — Ah! monsieur, « dit le bourgeois, vous pouvez ch... partout, puisque « vous êtes à Son Eminence. » C'est ce colonel qui disoit en son baragouin que quand la balle avoit sa commission, il n'y avoit pas moyen de l'échapper.

Le bon homme d'Epernon avoit été un des plus

---

[1] Il lui prenoit assez souvent des mélancolies si fortes qu'il envoyoit chercher Bois-Robert, et les autres qui le pouvoient divertir, et il leur disoit : « Réjouissez-moi, si vous en savez le secret. » Alors chacun bouffonnoit, et, quand il étoit soulagé, il se remettoit aux affaires. (T.)

fermes, mais il fut enfin contraint de boucquer, et vint à cheval à Montauban voir le cardinal. « Vous « voyez, lui dit-il, ce pauvre vieillard. » Le cardinal lui en vouloit, parce que, durant le siége de La Rochelle, quelqu'un l'ayant trouvé avec un Bréviaire, il dit : « Il faut bien que nous fassions le métier des au- « tres, puisque les autres font le nôtre. » Il appeloit son fils le cardinal valet. En revanche, il fit grand' peur au cardinal à Bordeaux, car il l'alla voir suivi de deux cents gentilshommes, et le cardinal étoit seul au lit. Le cardinal ne lui a jamais pardonné depuis. Ce bon homme dit plaisamment, quand le cardinal fut fait généralissime en Italie, que le Roi ne s'étoit conservé que la vertu de guérir les écrouelles ; et quand M. d'Effiat fut fait maréchal de France, il lui dit : « Eh bien, « monsieur d'Effiat, vous voilà maréchal de France. « De mon temps on en faisoit peu, mais on les faisoit « bons. »

Monsieur, par les cabales de la maison de Guise, du duc de Lorraine et de la Reine-mère, et principalement parce qu'on n'avoit pas tenu parole à Le Coigneux, son chancelier, et à Puy-Laurens, prit le parti de sortir de France. M. de Rambouillet avoit promis à Le Coigneux une charge de président à mortier, qu'il eut, et un chapeau de cardinal; et à Puy-Laurens un brevet de duc. On n'écrivoit point à Rome pour le chapeau ; le brevet ne s'expédioit point. Ces deux hommes aigrissent leur maître, et le font partir. Puy-Laurens croyoit épouser madame de Phalsbourg ou sa fille, qui étoit veuve. Saint-Chaumont, qui faisoit le siége de Nancy, que M. de Phalsbourg défendoit, laissé échapper la princesse Marguerite à cheval, et fut disgracié pour cela. Depuis, elle épousa Monsieur en Flandre.

Le cardinal négocia si bien, qu'il fit revenir Monsieur. Il maria peu de temps après trois de ses parentes à M. de La Valette (1), à Puy-Laurens et au comte de Guiche.

Le cardinal fit en sorte que le Roi jeta les yeux sur La Folone, gentilhomme de Touraine, pour lui donner ordre, sans qu'il parût que le cardinal en sût rien, de se tenir auprès de Son Eminence, afin d'empêcher qu'on ne l'accablât, et qu'on ne lui parlât que lorsque l'on auroit quelque chose d'important à lui dire. C'étoit avant qu'il eût un maître de chambre et des gardes.

Ce La Folone étoit le plus beau mangeur de la cour. Quand les autres disoient : « Ah! qu'il feroit « beau chasser aujourd'hui! — Ah! qu'il feroit beau « se promener! — Ah! qu'il feroit beau jouer à la « paume, danser! etc., » lui disoit : « Ah! qu'il feroit « beau manger aujourd'hui! » En sortant de table, ses grâces étoient : « Seigneur, fais-moi la grâce de « bien digérer ce que j'ai mangé. »

---

(1) Ce fut pour l'attraper qu'il lui fit épouser sa parente.

M. d'Épernon, pour avoir mal vécu avec sa femme, s'est attiré toutes les calamités qu'il a eues.

On a dit que Puy-Laurens avoit été empoisonné avec des champignons, et on disoit que les champignons du bois de Vincennes étoient bien dangereux. Mais il mourut comme le grand prieur de Vendôme et le maréchal d'Ornano, à cause de l'humidité d'une chambre voûtée, et qui a si peu d'air que le salpêtre s'y forme. Madame de Rambouillet disoit plaisamment que cette chambre valoit son pesant d'arsenic, comme on dit son pesant d'or. Le cardinal de La Valette lui redisoit toujours cela. (T.)

Le cardinal ne pouvoit digérer qu'on lui reprochât qu'il n'étoit pas de bonne maison, et rien ne lui a tant tenu à l'esprit que cela. Les pièces qu'on imprimoit (1) à Bruxelles contre lui le chagrinoient terriblement. Il en eut un tel dépit, que cela ne contribua pas peu à déclarer la guerre à l'Espagne. Mais ce fut principalement pour se rendre nécessaire. L'année que les ennemis prirent Corbie, quoiqu'il y eût toujours une petite épargne de cinq cent mille écus chez Mauroy l'intendant, le cardinal étoit pourtant bien empêché. Le bon homme Bullion, surintendant des finances, l'alla voir : « Qu'avez-vous, monseigneur (2)? je vous trouve « triste. » Il avoit un ton de vieillard un peu grondeur, mais ferme. « Hé, n'en ai-je pas assez de sujet? « dit le cardinal, les Espagnols sont entrés, ils ont pris « des villes; M. le comte de Soissons a été poussé en- « deçà l'Oise, et nous n'avons plus d'armée. — Il en

---

(1) L'écrit qui l'a le plus fait enrager depuis cela, a été cette satire de mille vers, où il y a du feu, mais c'est tout. Il fit emprisonner bien des gens pour cela : mais il n'en pu rien découvrir. Je me souviens qu'on fermoit la porte sur soi pour le lire. Ce tyran-là étoit furieusement redouté. Je crois qu'elle vient de chez le cardinal de Retz; on n'en sait pourtant rien de certain. (T.) — Cette pièce est connue sous le nom de la *Milliade*, parce qu'elle se compose de mille vers. Son véritable titre est : *le Gouvernement présent, ou Éloge de Son Éminence*. Barbier, qui, dans son *Dictionnaire des Anonymes*, en indique une édition de Paris, 1643, in-8°, dit à l'occasion de cet ouvrage : « Cette satire, pu- « bliée vers 1633, existe aussi sans indication de ville, sans nom d'im- « primeur et sans date. On n'est pas bien certain du nom de son au- « teur : les uns l'attribuent à Favereau, conseiller à la cour des aides; « les autres à d'Estelan, fils du maréchal de Saint-Luc; d'autres au « sieur Brys, bon poète du temps. Cette dernière opinion paroît la « plus fondée. » (Voyez *la Bibliothèque historique de la France*, t. 2, n° 32485.)

(2) Le cardinal a affecté de se faire appeler *Monseigneur*. (T.)

« faut lever une autre, monseigneur. — Et avec quoi?
« — Avec quoi? je vous donnerai de quoi lever cinquante
« mille hommes et un million d'or en croupe » (ce sont
ses termes). Le cardinal l'embrassa. Bullion avoit toujours six millions chez le trésorier de l'Epargne Fieubet, car c'étoit celui-là à qui il se fioit le plus. De là vient
la prodigieuse fortune de Lambert (1), le commis du
comptant de Fieubet, car il faisoit profiter cet argent;
et tel à qui il prêtoit cinquante mille livres, quand il le
pressoit de payer, comme il faisoit exprès, lui jetoit un
sac de mille livres pour avoir répit. Le cardinal pourtant n'étoit guère bien informé des choses, puisqu'il ne
savoit pas ce qu'on faisoit de l'argent, ni s'il y en avoit
de réservé; mais c'est qu'il vouloit voler, et laissoit
voler les autres.

En ce temps-là, il alla par Paris sans gardes; mais
il avoit du fer à l'épreuve dans les mantelets et dans
les cuirs du devant et du derrière de son carrosse, et
toujours quelqu'un en la place des laquais. Il menoit
toujours le maréchal de La Force avec lui, parceque le
peuple l'aimoit. Le Roi alla à Chantilly, et envoya le
maréchal de Châtillon pour faire rompre les ponts de
l'Oise. Montatère, gentilhomme d'auprès de Liancourt, rencontre le maréchal, et lui dit : « Que ferons-
« nous donc, nous autres de delà la rivière? Il semble
« que vous nous abandonniez au pillage. — Envoyez,
« dit le maréchal, demander des gardes à M. Picolo-
« mini ; je vous donnerai des lettres, il est de mes

---

(1) Lambert le riche. Ce Lambert est mort, et se tua tellement à amasser du bien qu'il n'en a point joui. Il laissa cent mille livres de rente à son frère. Ce sont les fils d'un procureur des comptes. (T.)

« amis; nous en usâmes ainsi en Flandre après la bataille d'Anzin. » M. de Liancourt et M. d'Humières, ayant appris cela, se joignent à Montatère. Le maréchal écrit. Picolomini envoie trois gardes, et mande au maréchal que si c'eût été le maréchal de Brézé, il ne les auroit pas eus. Picolomini étoit homme d'ordre; car ayant logé chez un gentilhomme, il conserva jusqu'aux espaliers, et fit donner le fouet à un page qui y étoit entré par-dessus les murs. M. de Saint-Simon, chevalier de l'ordre, et capitaine de Chantilly, pour faire le bon valet, alla dire au Roi qu'il y avoit un garde à Montatère, que c'étoit un lieu fort haut, que de là on pouvoit découvrir quand le Roi ne seroit pas bien accompagné, et le venir enlever avec cinq cents chevaux, car il y avoit, disoit-il, des gués à la rivière. Voilà la frayeur qui saisit le Roi; il se met à pester contre Montatère, et dit qu'il vouloit que dans trois jours il eût la tête coupée, et que c'étoit lui qui avoit donné ce bel exemple aux autres. Montatère ne se montre point, quoique ce fût au maréchal de Châtillon qu'il s'en fallût prendre. Le Roi lui-même avoit donné lieu à la terreur qu'on avoit dans le pays, car il avoit fait démeubler Chantilly, qui a de bons fossés, et qui est en-deçà de la rivière. Cette colère dura deux jours, au bout desquels Sanguin, maître-d'hôtel ordinaire, servit au Roi des poires qu'il avoit eues de Montatère. Le Roi les trouva bonnes, et demanda d'où elles venoient. « Sire, lui dit-il en riant, si vous saviez d'où
« elles viennent, vous n'en voudriez peut-être plus
« manger; mangez, mangez, puis je vous le dirai. »
Après il lui dit: « C'est cet homme contre qui vous
« pestiez tant hier qui me les a données pour vous les

« servir. » Il se mit à rire, et dit qu'il en vouloit avoir des greffes. Enfin M. d'Angoulême fit la paix de Montatère, à condition qu'il ne parleroit point. En effet, le Roi lui dit : « Montatère, je te pardonne, mais point « d'éclaircissement, » et lui tourna le dos. Il eût bien mieux fait, ou le cardinal pour lui, de châtier ceux qui s'enfuirent si vilainement de Paris ; car en ce temps-là le chemin d'Orléans étoit tout couvert des carrosses des gens qui croyoient n'être pas en sûreté à Paris. Barentin de Charonne en fut un. Il falloit en faire un exemple, et le condamner à une grosse amende, riche comme il étoit et sans enfants.

On a su du maréchal de La Meilleraye qu'un homme vêtu à l'espagnole vint demander à parler au cardinal de Richelieu tête à tête, et, après bien des allées et bien des venues, voyant qu'il s'obstinoit à parler sans témoins, on fut obligé de le fouiller. Il lui proposa, moyennant douze mille écus par mois, de lui faire savoir tout ce qui se passeroit dans le conseil d'Espagne. Le cardinal accepta le parti, résolu de hasarder le premier mois ; depuis il continua. On portoit l'argent dans un certain égout vers Fontarabie où l'on trouvoit des relations de tout ce qui s'étoit passé. Je ne sais pas précisément quand cela a commencé et combien cela a duré.

Quand le duc Weimar vint (1) à Paris, le comte de Parabelle, assez sot homme, l'alla voir comme un autre, et fut si impertinent que de lui aller demander pourquoi il avoit donné la bataille de Nordlingen (2),

---

(1) Bernard de Saxe, duc de Weimar.
(2) Où il fut battu le 7 septembre 1654 par les Impériaux ; il commandoit l'armée suédoise.

Le duc dit à l'oreille au maréchal de La Meilleraye :
« Qui est ce fat de cordon bleu ? » Le maréchal lui dit :
« C'est une espèce de fou, ne vous arrêtez pas à ce qu'il
« dit. — Pourquoi l'a-t-on donc fait cordon bleu ? —
« Il n'étoit pas si extravagant en ce temps-là. »

Le cardinal, qui avoit alors besoin de la cour de
Rome, envoya l'évêque de Chartres, Valançay, trouver un vieux docteur de Sorbonne nommé Filesac (1),
et lui dit, de la part de Son Eminence, qu'on le prioit
d'examiner telle et telle affaire, et de voir en quoi on
pouvoit gratifier le pape. Ce bon homme lui répondit :
« Monsieur, j'ai passé quatre-vingts ans pour exami-
« ner ce que vous me proposez : il me faut six mois,
« car je serai obligé de revoir six gros volumes de
« recueils que voilà ! — Bien, dit le prélat, je revien-
« drai dans le temps que vous me marquez. » Ce
terme échu, M. de Chartres retourne : le vieillard lui
dit : « On a bien des incommodités à mon âge ; je n'ai
« pu lire encore que la moitié de mes recueils. » Le
prélat voulut gronder et l'intimider. « Voyez-vous, lui
« répondit-il, monsieur, je ne crains rien. Il n'y a pas
« plus loin de la Bastille au paradis que de la Sor-
« bonne : vous faites un métier bien indigne de votre
« rang et de votre naissance ; vous en devriez mourir
« de honte. Allez, et ne remettez jamais le pied dans
« ma chambre. » Un autre, nommé Richer (2), pro-

---

(1) Jean Filesac, docteur de Sorbonne, et curé de Saint-Jean en
Grève, mourut en 1638. Il a laissé un assez grand nombre d'ouvrages,
écrit sans méthode, mais pleins de recherches.

(2) Edmond Richer, docteur de Sorbonne, principal et supérieur du
collège du cardinal Le Moine, a été un des plus zélés défenseurs de nos
libertés gallicanes ; il résista courageusement au nonce Ubaldini et au

fesseur du collége du cardinal Le Moine, fut plus tourmenté. On lui défendit de sortir de son collége ; on le lui donna pour prison. Après, on l'obligea, dans la chambre du Père Joseph, chez le cardinal de Richelieu, de signer des choses qu'il ne vouloit point signer. On le vouloit ensuite renvoyer en carrosse, comme on l'avoit amené : il dit qu'il vouloit faire exercice, mais c'étoit qu'il vouloit entrer, comme il fit, chez le premier notaire, et il y signa des protestations contre la violence qu'on lui avoit faite.

Dans le dessein de faire un duché à Richelieu, il voulut avoir l'Isle-Bouchard, qui étoit à M. de La Trémouille ; et, pour le faire donner dans le panneau, il envoya des mouchards, qui dirent que le cardinal en donneroit tant ; c'étoit plus que cette terre ne valoit : le duc le crut. Le cardinal lui demande s'il la lui vouloit vendre. L'autre dit que oui, et qu'il lui en donnoit sa parole. « Et moi, dit le cardinal, je vous donne « aussi la mienne de l'acheter : il faut donc voir, « ajoute-t-il, combien elle sera estimée, car vous ne « voudriez pas me survendre. — Ah ! on m'avoit dit, « répondit le duc, que vous en donneriez tout ce qu'on « voudroit. » Cependant il fallut en passer par là. La forêt seule valoit les cent mille écus qu'il en donna. M. de La Trémouille a bien fait de plus fous marchés que celui-là. La Moussaye, son beau-frère, a tiré de la forêt de Quintin, qu'il lui vendit avec la terre de Quin-

---

cardinal Du Perron, qui voulurent, en 1611, faire soutenir chez les Dominicains des thèses sur l'infaillibilité du pape, et sa supériorité sur le concile. Son livre, *de Ecclesiasticâ apostolicâ potestate*, composé pour le premier président de Verdun, a donné lieu à bien des disputes

tin, les cinq cent mille francs qu'a coûté le tout. Il a donné une forêt avec le fonds pour moins que le bois ne vaut. Le cardinal échangea le domaine de Chinon avec le Roi; et, pour n'avoir pas une belle maison dans son voisinage, et qui ne pouvoit pas manquer d'être à un prince, puisqu'elle appartenoit à Mademoiselle, il obligea M. d'Orléans, comme tuteur, à faire l'échange de Champigny contre le Bois-le-Vicomte, et de raser le château. Il voulut aussi faire raser la sainte chapelle qui y est, et où sont les tombeaux de MM. de Montpensier. Pour cela, il avoit exposé au pape (car une sainte chapelle dépend directement du pape) qu'elle menaçoit ruine. Innocent x, alors dataire du cardinal Barberin, légat en France, fut délégué pour faire une descente sur les lieux. Il trouva que la chapelle étoit magnifique et en fort bon état, et son rapport fut contraire au cardinal, qui n'osa faire une mine sous la chapelle, et dire que c'étoit le feu du ciel. Depuis, c'est ce qui est cause que Mademoiselle a voulu rentrer dans Champigny, comme nous dirons dans les Mémoires de la régence, et qu'elle y est rentrée. Regardez quelle foiblesse a cet homme, qui eût pu rendre illustre le lieu le plus obscur de France, de croire qu'un grand bâtiment ajouté à la maison de son père feroit beaucoup pour sa gloire, sans considérer, outre tous les embarras de ce domaine du Roi et de Champigny, que le lieu n'étoit ni beau ni sain; car avec tous les priviléges qu'il y a mis, on ne s'y habitue point. Il y a fait des fautes considérables (le principal corps-de-logis est trop petit et trop étroit), par la vision qu'il a eue de conserver une partie de la maison de son père, où l'on montre la chambre dans laquelle le cardinal est né, et cela pour faire voir que son père avoit une maison de pierres de taille, couverte d'ardoise, en un pays où les maisons des paysans sont de même. Il a encore affecté de laisser, au coin de son parterre, une église assez grande, à cause que ses ancêtres y sont enterrés. La cour est fort agréable et fort ornée de statues. Il n'y a rien de plus orné ni de plus embelli de tableaux que les dedans; mais du côté du jardin, la face du logis est ridicule. On y a fait venir des eaux jaillissantes en assez grande quantité. Les canaux sont de belle eau. C'est une petite rivière qui les fournit, et les fossés sont aussi pleins qu'ils sauroient l'être. Le parc et les jardins sont beaux. Dans le château ni dans la ville on ne sauroit faire une cave. On en a fait au bout du jardin (1). La basse-cour est belle, la ville riante, car c'est une ville de cartes; l'église est fort agréable; les maisons de la ville sont toutes d'une même structure, et toutes de pierres de taille. Elles ont été bâties par ceux qui étoient dans les finances, dans les partis et dans la maison du cardinal. Il n'a pas eu la satisfaction de voir Richelieu; il avoit trop d'affaires à Paris; il s'est amusé à garder une chambre de l'hôtel de Rambouillet (2); et par cette

(1) Voyez la description que fait La Fontaine du château de Richelieu, dans une lettre adressée à sa femme le 27 septembre 1663. Cette lettre a été publiée en 1820, pour la première fois, par l'un des trois éditeurs, à la suite des Mémoires de Coulanges.

(2) L'hôtel de Rambouillet d'aujourd'hui étoit à M. de Pisani. Madame de Rambouillet disoit à madame d'Aiguillon : « Madame, s'il « plaisoit à M. le cardinal de traiter M. Rambouillet comme son « hôtel, il l'agrandiroit honnêtement. » Le service qu'il lui a rendu en gagnant Monsieur à la Journée des dupes le méritoit bien. (T.)

Le vieux hôtel de Rambouillet, acheté par le cardinal de Richelieu, est devenu le Palais-Cardinal. (*Voyez* l'article de M. et de madame de Rambouillet.)

fantaisie il a gâté son principal corps-de-logis (1). Il a bâti à la ville et aux champs en avaricieux. Il faut dire aussi, comme il est vrai, que d'abord il n'a pas eu un si grand dessein, et que tout n'a été fait qu'à bâtons rompus. Pour avoir la place nécessaire, il voulut acheter la maison où pendoit l'enseigne des *Trois-Pucelles*. Au commencement, il y alla par la douceur, et se mit à la raison ; mais le bourgeois à qui elle appartenoit disoit sottement que c'étoit l'héritage de ses pères. Le cardinal s'irrita enfin, et le fit mettre, par une vengeance honteuse, à la taxe des *aisés*. Après, il eut sa maison comme il voulut. Il laissa mettre à cette taxe Barentin de Charonne (2), qui avoit été son hôte tant de fois dans sa maison de Charonne. Ce n'est pas qu'il le méritât bien, car il étoit fort riche, et lui avoit fait une sottise en criaillant pour un bout de chandelle qu'on avoit mis contre une muraille, qui noircit quelques meubles. Pensez que ce n'étoit point du consentement du cardinal, qui étoit fort propre, et qui ne gâtoit jamais rien. On n'a point vu de maison mieux tenue ni mieux réglée que la sienne. Barentin fut si sot

---

(1) Il laissa le Palais-Cardinal, comme on le voit par son testament, au dauphin, pour loger le dauphin, ou du moins l'héritier présomptif de la couronne. Quand la cour y alla loger, peu de temps après la mort du feu Roi, on fit mettre : *Palais-Royal*. Cela fut fort ridicule de changer cette inscription. En 1647, madame d'Aiguillon prit son temps, et ayant représenté le tort que cela faisoit à son oncle, on lui permit de remettre : *Palais-Cardinal*. Le peuple disoit que c'étoit que la Reine l'avoit donné au cardinal Mazarin. (T.)

(2) Honoré Barentin, maître de la chambre aux deniers. Voyez *la Chasse aux larrons*, par Jean Bourgoin, sans date, in-8°, p. 88. C'est un livre curieux, écrit sous le règne de Louis XIII, où l'on voit les commencements de bien des gens devenus depuis de grands personnages.

qu'il en mourut d'affliction, tant il étoit vilain et intéressé. Pour excuser le cardinal, on disoit que deux ou trois petits désordres comme cela qui étoient arrivés à Charonne, et le peu de civilité de ces gens-là, qui ne lui cédoient pas toute leur maison, quoiqu'elle ne fût pas trop grande, le dispensoient de les exempter de la taxe, et qu'il avoit peur qu'on ne criât contre lui d'épargner Barentin, quand des gens médiocrement aisés étoient taxés. Cependant cela ne sonna point bien dans le monde.

A Ruel, pour parler tout de suite de ses bâtiments, on ne trouvera pas non plus grand'chose, mais il tenoit à être près de Saint-Germain. Pour la Sorbonne, c'est sans doute une belle pièce, mais sa nièce ne fait point relever l'autel, quoiqu'elle y soit obligée, aussi bien qu'à faire faire son tombeau (1).

Le Père Caussin, jésuite, qui avoit eu la place du Père Arnoux, s'avisa de faire une cabale contre le cardinal avec La Fayette, fille de la Reine, dont le Roi étoit amoureux à sa mode. M. de Limoges, oncle de la demoiselle, y entroit aussi ; et madame de Senecey, qui étoit sa bonne amie, en fut chassée, et La Fayette se fit religieuse. Voici comme cela se découvrit :

M. d'Angoulême, alors veuf (c'est le bâtard de Charles IX), étoit allé prier le cardinal de souffrir

---

(1) L'église de la Sorbonne a depuis été ornée du mausolée du cardinal de Richelieu, par Girardin. Ce bel ouvrage, conservé pendant la révolution au Musée des Petits-Augustins, par les soins de M. Alexandre Le Noir, a été replacé dans la Sorbonne, quand cette église restaurée a été rendue au culte pour quelques années.

qu'une Ventadour, abbesse de... (1) en basse Normandie, à qui le cardinal avoit fait ôter son abbaye pour des libelles qu'elle avoit faits contre lui (2), pût être reçue dans quelque religion à Paris, afin qu'elle ne fût pas sur le pavé. Le cardinal le lui accorda. En s'en retournant, il fut aux Jésuites de la rue Saint-Antoine, où le Père Caussin lui dit que le Roi, touché de compassion pour son peuple, avoit résolu de chasser le cardinal de Richelieu; que c'étoit le plus scélérat des humains, et qu'il avoit jeté les yeux sur lui pour le faire cardinal, et le mettre en la place de l'autre. Voyez l'homme de bien qu'il prenoit. Le bon homme, qui connoissoit bien le Roi, remercia le Père Caussin. Il part, et se met à rêver à ce qu'il avoit à faire. Il conclut de parler sur l'heure à M. de Chavigny. Chavigny l'embrasse, et lui dit : « Vous nous donnez la vie! il y « a six mois qu'on ne peut deviner ce qu'a le Roi. »

Chavigny, sans attendre davantage, court vite à Ruel. Le lendemain M. d'Angoulême s'y rend, et ils vont tous ensemble trouver le Roi. Le cardinal, en riant, dit :

---

(1) Le nom est resté en blanc au manuscrit; ce doit être Marie de Levis, abbesse d'Avenai, puis de Saint-Pierre de Lyon, fille de Anne de Levis, duc de Ventadour.

(2) J'ai appris que ce qui donna le plus occasion à la réforme de quelques monastères de dames, fut la folie d'une madame Frontenac, fille de M. de Frontenac, premier maître d'hôtel, religieuse à Poissy, qui, non contente de faire l'amour, s'avisa, avec cinq autres religieuses et leurs six galants, de venir danser une entrée de ballet à Saint-Germain devant le Roi. On crut d'abord que ce ballet venoit de Paris; mais dès le lendemain on sut l'affaire, et le jour même les six religieuses furent envoyées en exil. Avant cela elles avoient chacune leur logement à part et leur jardin, et mangeoient en leur particulier si elles vouloient. Elles ne purent jamais obtenir de la prieure qu'elle leur pardonnât et les reçût à faire pénitence, disant qu'elles gâteroient les autres. (T.)

« Sire, voyez ce méchant, ce perfide, ce scélérat; il faut
« mettre M. d'Angoulême en sa place. » Le Roi se mit
à rire avec eux, mais du bout des dents, et dit : « Il y a
« quelque temps que je m'aperçois que le pauvre Père
« Caussin s'affoiblit. » M. le comte d'Alais (1) eut pour
cela le gouvernement de Provence.

Un peu après cela, comme M. d'Angoulême couroit
un daim avec le Roi dans le bois de Vincennes, le Roi
lui dit : « Bon homme, voyez-vous ce donjon? il n'a pas
« tenu à M. le cardinal qu'on ne vous y ait mis. — Par
« le corps-dieu, Sire, dit le bon homme, je l'avois donc
« mérité, car il ne vous l'auroit pas conseillé autre-
« ment. »

Le Père Caussin est mort d'une bizarre manière (2).
Il se mêloit d'astrologie et trouva qu'il devoit mourir
un certain jour; et ce jour-là, sans autre mal, il se met en
son lit et meurt. La Reine-mère croyoit aussi très-fort
aux prédictions, et elle pensa enrager quand on l'assura
que le cardinal prospéreroit et vivroit long-temps. La
Reine-mère croyoit aussi que ces grosses mouches qui
bourdonnent entendent ce qu'on dit et le vont redire,
et quand elle en voyoit quelques-unes, elle ne disoit
plus rien de secret.

Hocquincourt le père, grand-prévôt, ayant demandé

---

(1) Louis de Valois, comte de Lauraguais, d'Alais, etc., duc d'Angoulême après son père, obtint en 1637 la charge de colonel général de
la cavalerie légère, et le gouvernement de Provence.

(2) Le Père Caussin fut exilé à Quimper-Corentin. (Voyez l'*Histoire
du ministère du cardinal Richelieu*, par M. Jay, tom. 2, pag. 71 et
suiv.) On trouve dans le même volume, pag. 307, une lettre très-cu-
rieuse du Père Caussin à madame Louise-Angélique de La Fayette, qui
contient le récit des circonstances qui avoient déterminé celle-ci à se
faire religieuse.

à être chevalier de l'Ordre, le cardinal lui dit : « Vrai-
« ment, voilà une belle dignité! — C'est cependant
« cette dignité qui fait votre père chevalier. — Il n'en
« fut pas mieux à la cour pour cela. »

Le cabinet assurément donnoit de l'exercice au cardinal, aussi dépensoit-il fort en espions. Le Roi étoit
foible et n'osoit rien faire de lui-même. Une fois on
trouva qu'il avoit été bien hardi de donner un évêché.
Ce fut celui du Mans, vacant par la mort d'un Lavardin.
Le Roi le sut avant que le cardinal en eût eu avis, et
dit à un de ses aumôniers nommé La Ferté qu'il le lui
donnoit. La Ferté alla trouver le cardinal, et lui dit en
tremblant que le Roi lui avoit donné l'évêché du Mans
sans qu'il le lui eût demandé. « Oh! voire! dit le cardinal,
« le Roi vous a donné l'évêché du Mans, il y a grande
« apparence à cela. » Ce garçon croyoit qu'on le lui
ôteroit, et qu'on lui donneroit quelque petite chose en
place. Mais le Roi dit au cardinal, la première fois qu'il
le vit : « J'ai donné l'évêché du Mans à La Ferté. » Le
cardinal, voyant cela, porta ce respect au Roi que de ne
pas défaire ce qu'il avoit fait. La Ferté étoit fils d'un
conseiller de Rouen, qui ne le put pas faire conseiller
d'église dans son parlement, car il étoit cadet. A Paris,
il trouva une charge d'aumônier pour vingt mille livres. Le père, quoiqu'assez mal intentionné pour lui,
y consentit. Une sœur qu'il avoit à Paris le nourrissoit.
Il se rendit fort assidu, et le Roi l'aimoit sans le témoigner.

La première conquête qu'on fit en Flandre, ce fut
celle de Hesdin (1). Le grand-maître de La Meilleraye

(1) En 1639.

commandoit une attaque, et Lambert l'autre ; Lambert avoit un ingénieur qui avoit servi les États : cet homme fit les choses dans l'ordre et comme il falloit faire. Le grand-maître ne voulut pas avoir la patience. Il fit tuer bien des gens et avançoit moins que l'autre. Il envoie quérir cet ingénieur. « Combien me deman- « dez-vous de jours? — Monsieur, ni plus ni moins qu'à « l'autre attaque. Il faut tant de temps pour passer le « fossé. » Il fallut, afin que le grand-maître eût l'honneur de la prise, et qu'on le fît maréchal de France sur la brèche, retarder l'attaque de Lambert (1). Ce fut là que le grand-maître, dans une disette d'argent, proposa au cardinal de faire quatre autres intendants des finances à deux cent mille livres pièce. Le cardinal lui

---

(1) Au sujet de ce siége d'Hesdin, je me rappelle qu'un baron de Languedoc dont j'ai oublié le nom, parent de madame de Cavoye, avoit trouvé une sorte de boulets creux qu'on emplissoit de poudre à canon, et qui, avec une certaine mèche qui s'allumoit quand on tiroit, crevoit en terre et faisoit quasi autant d'effet qu'une mine. Le feu Roi Louis XIII en fit l'épreuve à Versailles, où on fit construire exprès une demi-lune de terre. Saint-Aoust, lieutenant-général de l'artillerie, envoya par malice de méchante poudre; le baron s'en plaignit, le Roi se fâcha. Saint-Aoust vint et en apporta de la bonne. L'effet fut grand; le Roi présenta le baron au cardinal à Ruel; le cardinal feignit d'en être ravi; mais à cause que cela étoit un grand profit à l'artillerie, en réduisant l'équipage au quart des charrettes, il fit si bien qu'on ordonna à cet homme de se retirer. Rien n'étoit plus utile pour les ouvrages de terre. (T.) — On attribue l'invention de la bombe à un ingénieur italien qui s'en servit contre la ville de Berg-op-Zoom ; cependant, selon quelques historiens, des bombes furent employées en 1495 à l'attaque d'une forteresse du royaume de Naples ; selon d'autres le comte de Mansfeld lança les premières bombes en 1588 dans Walhtendonck, ville de Gueldre. Les bombes furent employées pour la première fois en France au siége de Mézières en 1521; le maréchal de La Force s'en servit en 1634, au siége de la Motte, sous Louis XIII. (*Mémorial portatif de chronologie* ; Paris, 1829, t. 1, p. 476.)

dit : « Monsieur le grand-maître, si on vous disoit : Vous
« avez un maître-d'hôtel qui vous vole, mais vous êtes
« trop grand seigneur pour n'être volé que par un
« homme, prenez-en encore quatre; le feriez-vous? »
Une autre fois il lui dit, du temps que Laffemas faisoit
la charge de lieutenant civil par commission, qu'il
connoissoit un homme qui donneroit huit cent mille
livres de cette charge. « Ne me le nommez pas, dit le
« cardinal, il faut que ce soit un voleur. »

Hesdin se rendit huit jours plus tôt qu'il n'auroit fait,
à cause d'une lettre en chiffres qu'on intercepta, par
laquelle ceux de dedans demandoient secours. Rossignol la déchiffra et fit réponse en même chiffre, au
nom du cardinal infant, qu'on ne les pouvoit secourir,
et qu'ils traitassent.

Ce Rossignol étoit un pauvre garçon d'Alby, qui
n'étoit pas mal habile à déchiffrer. Le cardinal le gardoit bien autant pour faire peur aux gens que pour
autre chose. Il a fait fortune, et est aujourd'hui maître
des comptes à Poitiers. Il étoit devenu dévot jusqu'à
se donner la discipline. En 1653, il reçut quatorze
mille écus pour trois ans de pension. Le cardinal Mazarin a cru qu'il lui étoit utile pour les chiffres mentaux. Ni lui ni tête d'homme ne les savoit déchiffrer
que par hasard. On dit qu'il n'en a jamais déchiffré
qu'un. Au reste, c'étoit une pauvre espèce d'homme.
Il comptoit familièrement au cardinal de Richelieu
les honneurs qu'on lui avoit faits à Alby : « Monsei-
« gneur, disoit-il, ils n'osoient m'approcher. Ils me
« regardoient comme un favori, moi je vivois avec
« eux comme auparavant. Ils étoient tout étonnés de
« ma civilité. » Le cardinal levoit les épaules, et dit à

Desmarest, après que l'autre fut sorti : « Je vous prie,
« tirez-lui les vers du nez. » Desmarest l'accoste et lui
dit : « Vous en avez tantôt bien donné à garder à Mon-
« seigneur. — Pardieu, dit Rossignol, point du tout,
« je ne lui en ai pas dit la moitié, mais je vous veux
« tout conter à vous. » Là-dessus, il hable tout son
soûl. « Mais il faut, ajouta-t-il, que je vous dise quel-
« ques-uns de mes bons mots. Il y avoit un juge qui
« n'osoit quasi m'approcher; je l'embrasse, et lui dis en
« riant : Souvenez-vous de l'Albergat. » C'étoit un
cabaret où ils avoient bu ensemble.

Quand le duc de Lorraine manqua au traité qu'il avoit
fait à Saint-Germain avec le Roi, le cardinal, pour
consoler Sa Majesté par quelque épargne, car rien ne
le consoloit tant, se doutant que dix mille pistoles que
le duc avoit reçues étoient encore à Paris, mit le commissaire Coiffier en quête et lui en promit six cents.
Coiffier, par hasard, connoissoit un Lorrain qui étoit
assez bien avec le duc; il va chez cet homme, et lui
dit : « On veut vous arrêter pour telle chose. » Le Lorrain lui avoue qu'il avoit cet argent : « Eh bien ! don-
« nez-le-moi, et on ne vous arrêtera pas, je vous en
« donne ma parole. » Le Lorrain le lui donne ; Coiffier le porte au cardinal, et le cardinal au Roi. Les six
cents pistoles promises furent payées. Le cardinal tenoit parole ; on le verra en ce que je vais conter. Il
y avoit un ingénieur nommé de Meuves, qui, un jour,
avoit dit étourdiment : « Il ne faut qu'acheter deux
« maisons vis-à-vis dans la rue Saint-Honoré, et par-
« dessous la rue faire une mine et y mettre le feu
« quand le cardinal passera. » Jugez si cela est fort

faisable. Le cardinal a avis de cela et que cet homme avoit un secret pour rompre le fer avec une certaine liqueur. Cela lui fait peur, il résout de se défaire de cet homme. Ce de Meuves avoit entrée à l'Arsenal, et le grand-maître prétendoit tirer de grands avantages de ce secret en surprenant des villes où il y a des grilles de fer pour donner passage à quelque ruisseau. Un soir, cet homme avoit promis à quelqu'un d'aller coucher à Saint-Cloud; il étoit tard; il s'avise d'aller rompre la chaîne de quelque bateau avec sa drogue, prend son laquais avec un flambeau allumé pour passer sous les ponts. Cette même nuit-là le feu se prit au Pont-au-Change. Voilà un beau prétexte. On accuse de Meuves d'y avoir mis le feu et par malice. Le cardinal nomme pour chef de ses commissaires (tous conseillers au Châtelet qui jugent prévôtalement les incendiaires), M. de Cordes, un homme qui a mérité qu'on écrivît sa vie [1], afin que ce juge incorruptible ne l'emportant pas sur les autres, on pût dire cependant: « Il a été condamné par M. de Cordes. » Le cardinal songea à avoir le secret. Il envoie quérir le clerc de M. de Cordes, nommé de Nieslé, de qui nous tenons cette histoire. De Nieslé lui apporta de la drogue, car on en avoit trouvé chez de Meuves, quand on le prit. Le cardinal en voulut voir l'expérience. On en frotta les fiches d'une armoire. Au bout d'un demi-

---

[1] Elle a été publiée sous ce titre : *L'Idée d'un bon magistrat en la vie et en la mort de M. de Cordes, conseiller au Châtelet de Paris*, par A. G. E. D. V. (Antoine Godeau, évêque de Vence; Paris, 1645, in-12.) Il s'appeloit Denis de Cordes; il mourut en novembre 1642, et fut enterré à Saint-Méry.

quart d'heure, les ais tombent à terre. Le cardinal voyant cela, ne s'obstina plus à vouloir avoir ce secret comme il avoit fait, « parce, dit-il, qu'il n'y auroit « plus rien de sûr. » Avant cela, il l'avoit fait demander à de Meuves, qui répondit qu'il ne le donneroit point, si on ne lui promettoit la vie. « Je ne la lui pro- « mettrai point, dit le cardinal ; car il lui faudroit « tenir parole, et je veux qu'il meure. » En effet, il fut pendu. Voyez le plaisant scrupule ! il ne veut pas manquer de parole, et fait mourir un innocent. Un politique, ou plutôt un tyran comme lui, regarde que manquer de parole décrie, au lieu que peu de gens sauront qu'on a fait mourir cet homme injustement par ambition.

Le cardinal vouloit accommoder les religions, et méditoit cela de longue main. Il avoit déjà corrompu quelques ministres en Languedoc : ceux qui étoient mariés, avec de l'argent, et ceux qui ne l'étoient pas, en leur promettant des bénéfices. Il avoit dessein de faire faire une conférence, et d'y faire députer ceux qu'il avoit gagnés, qui, donnant les mains, engageroient le reste à faire de même. En cette intention, il jette les yeux sur l'abbé de Saint-Cyran, homme de grande réputation et de grande probité, pour le faire le chef des docteurs qui disputeroient contre les ministres. Saint-Cyran lui dit qu'il lui avoit fait beaucoup d'honneur de le croire digne d'être à la tête de tant d'habiles gens, mais qu'il étoit obligé en conscience de lui dire que ce n'étoit point la voie du Saint-Esprit, que c'étoit plutôt la voie de la chair et du sang, et qu'il ne falloit convertir les hérétiques que par les bons exemples qu'on leur donneroit. Le cardinal ne goûta nullement cette remontrance, et ce fut la véritable cause de la prison de Saint-Cyran (1).

En Languedoc, le cardinal envoya quérir un des ministres de Montpellier, nommé Le Fauscheur, natif de Genève. Il vouloit le gagner à cause de sa réputation. Il lui envoya dix mille francs. Ce bon homme fut fort surpris. « Hé! pourquoi m'envoyer cela? dit-il « à celui qui le lui apportoit. — M. le cardinal, dit « cet homme, vous prie de prendre cette somme « comme un bienfait du Roi. » Le Fauscheur n'y voulut point entendre. Le cardinal le trouva mauvais, et le pauvre ministre fut interdit fort long-temps, jusqu'à ce qu'il eût permission de prêcher à Paris. Un de ses confrères, nommé Mestrezat, rapporta dix mille écus aux héritiers d'un homme qui les lui avoit donnés en dépôt, sans qu'eux ni qui que ce soit au monde en sût rien.

Le cardinal a eu quelquefois bien autant de bonheur que de science, car, après avoir poussé M. le comte de Soissons à bout (1), il lui oppose à la vérité un bon chef, mais une très-foible armée. Lamboy n'eut pas de peine à défaire le maréchal de Châtillon. En conscience, n'importoit-il pas au moins autant au cardinal que le grand-maître eût la gloire de prendre Aire, que de battre M. le comte? On a cru sur cela qu'il étoit assuré de le faire tuer dans le combat. C'est

(1) Jean Duvergier de Haurane, abbé de Saint-Cyran, fut mis à la Bastille le 14 mai 1638, et il mourut en 1643, peu de temps après être sorti de prison. Sa captivité fut généralement attribuée à ce qu'il n'avoit pas voulu opiner pour la nullité du mariage de Gaston avec Marguerite de Lorraine.

(1) Saint-Ibal a été cause du malheur de M. le comte, car il lui mit dans la tête de faire le fier et de terrasser le cardinal. (T.)

une chanson, cela se seroit découvert avec le temps. Tout le monde croit que M. le comte, en voulant lever sa visière avec le bout de son pistolet, se tua lui-même (1); et s'il ne se fût point tué, où en étoit l'éminentissime? Toute la Champagne, dont M. le comte étoit gouverneur, eût ouvert les portes aux victorieux. Tous les malcontents se fussent joints à lui; le Roi même eût peut-être été bien aise de se défaire d'un ministre qui lui étoit à charge, et qu'il craignoit. Quand on apprit la nouvelle de la défaite de M. de Châtillon, le cardinal fut cinq heures de temps au désespoir. Il envoya ordre au maréchal de La Meilleraye de laisser l'armée au maréchal de Guiche, et de l'aller trouver avec son régiment de cavalerie, celui de La Meilleraye, et ne se remit que quand on lui vint dire la mort de M. le comte. M. le comte avoit mis dans ses enseignes: *Pour le Roi, contre le cardinal;* M. de Bouillon: *Ami du Roi, ennemi du cardinal;* M. de Guise, une chaise renversée et un chapeau rouge dessous, avec ces mots: *Deposuit potestatem de sede.* Depuis, le maréchal fut contremandé. Dans ce combat, le marquis de Praslin, fils du maréchal, eut cent coups après sa mort. On croit qu'il avoit donné parole à M. le comte, et puis lui avoit manqué; c'étoit un homme de service, mais un méchant homme. Il avoit fait long-temps l'impie; et pour se remettre en bonne réputation de ce côté-là,

---

(1) Le prince de Simmeren, de la maison palatine, étoit à Sédan, lorsque M. le comte s'y retira. Étant retourné en son pays, quand la bataille de Sédan fut donnée, il écrivit naïvement cette lettre à M. le comte de Soissons: « Le bruit court ici que vous avez gagné la bataille, « mais que vous y avez été tué. Mandez-moi ce qui en est, car je serois « très-fâché de votre mort. » M. le comte de Roussi m'a dit avoir vu la lettre. (T.)

il feignit une apparition. Mais le cardinal de Richelieu s'en moqua (1). M. de Bouillon, après cela, fit une paix de pair à pair avec le Roi. Le cardinal, en achevant le traité, dit : « Il y a encore une condition à « ajouter, c'est que M. de Bouillon croira que je suis « son très-humble serviteur. » Après cela, M. de Bouillon se va sottement engager avec M. d'Orléans et M. Le Grand. Son père lui avoit tant recommandé de se tenir dans son petit corps-de-garde, et il va cabaler quand il commande en Piémont. On le prit à la tête de son armée, et sa femme fut contrainte de rendre Sédan pour lui sauver la vie. Il ne témoigna pas grande constance dans la prison.

Le cardinal, mal informé de la disposition où étoient les Catalans, leur donna la carte blanche au lieu qu'eux la lui eussent donnée; car ils étoient résolus d'appeler le Turc, s'il faut ainsi dire, plutôt que se soumettre à l'Espagne. Cette faute a horriblement coûté à la France, car la Catalogne a tiré bien de l'argent. On a payé tout comme dans une hôtellerie, et cette principauté, par conséquent l'Espagne, s'enrichissoit à nos dépens.

Le cardinal étoit rude à ses gens, et toujours en mauvaise humeur; il a, dit-on, frappé quelquefois Cavoye, son capitaine des gardes, et autres, transporté de colère. On raconte que le Mazarin en a fait autant à Noailles quand celui-ci étoit son capitaine des gardes.

---

(1) Cela me fait souvenir d'un savant médecin de la Faculté, nommé Patin, qui tout de même a feint qu'un de ses malades à qui il fit promettre à l'article de la mort de lui venir dire s'il y avoit un purgatoire, lui étoit apparu un matin, mais sans lui rien dire, car ces gens qui reviennent de l'autre monde ne parlent jamais. (T.)

La Rivière, qui est mort évêque de Langres, disoit que le cardinal de Richelieu étoit sujet à battre les gens, qu'il a plus d'une fois battu le chancelier Séguier et Bullion. Un jour que ce surintendant des finances se refusoit de signer une chose qui suffisoit pour lui faire son procès, il prit les tenailles du feu, et lui serroit le cou en lui disant : « Petit ladre, je t'étranglerai. » Et l'autre répondit : « Etranglez, je n'en ferai rien. » Enfin il le lâcha, et le lendemain Bullion, à la persuasion de ses amis, qui lui remontrèrent qu'il étoit perdu, signa tout ce que le cardinal voulut.

Le cardinal étoit avare ; ce n'est pas qu'il ne fît bien de la dépense, mais il aimoit le bien. M. de Créqui ayant été tué d'un coup de canon en Italie, il alla voir ses tableaux, prit tout le meilleur au prix de l'inventaire, et n'en a jamais payé un sol. Il fit pis, car Gilliers, intendant de M. de Créqui, lui en ayant apporté trois des siens par son ordre, et lui en ayant présenté un qu'il le prioit d'accepter, le cardinal dit : « Je les « veux tous trois, » et les doit encore.

Il ne payoit guère mieux les demoiselles que les tableaux. Marion de l'Orme alla deux fois chez lui. A la première visite, il la reçut en habit de satin gris de lin, en broderie d'or et d'argent, botté et avec des plumes. Elle a dit que cette barbe en pointe et ces cheveux au-dessus de l'oreille faisoient le plus plaisant effet du monde. J'ai ouï dire qu'une autre fois elle y entra en homme : on dit que c'étoit en courrier ; elle-même l'a conté. Après ces deux visites, il lui fit présenter cent pistoles par Des Bournais, son valet-de-chambre, qui avoit fait le m......... Elle les jeta, et se moqua du cardinal. On l'a vu plusieurs fois avec des

mouches, mais il n'en mettoit pas pour une. Une fois il voulut débaucher la princesse Marie, aujourd'hui la reine de Pologne. Elle lui avoit envoyé demander audience. Il se tint au lit; on la fit entrer toute seule, et le capitaine des gardes fit sortir tout le monde. « Monsieur, lui dit-elle, j'étois venue pour... » Il l'interrompit : « Madame, lui dit-il, je vous promets
« toute chose, je ne veux point savoir ce que c'est.
« Mais, madame, que vous voilà propre! jamais vous
« ne fûtes si bien! Pour moi, j'ai toujours eu une in-
« clination particulière à vous servir. » En disant cela, il lui prend la main... Elle la retire, et lui veut conter son affaire. Il recommence, et lui veut prendre encore la main. Elle se lève, et s'en va. Pour madame d'Aiguillon et madame de Chaulnes, nous dirons cela ensuite quand nous viendrons à l'*Historiette* de madame d'Aiguillon. Le cardinal aimoit les femmes; mais il craignoit le Roi, qui étoit médisant.

M. de Chavigny délibéra de faire appeler l'hôtel de Saint-Paul l'hôtel de Bouteiller, et de le mettre sur la porte. Le cardinal de Richelieu s'en moqua, et lui dit: « Tous les Suisses y voudront aller boire : ils liront « l'*hôtel de la bouteille*. » L'archevêque de Tours signoit toujours Le Bouteiller; il prétendoit venir des comtes de Senlis. Dans la vérité, ils sont venus d'un paysan de Touraine qui se transplanta à Angoulême; son fils eut quelque charge. Du côté des femmes, ils viennent de Ravaillac, c'est-à-dire d'une sœur de Ravaillac : au moins en sont-ils bien proches. Le père de l'archevêque et du surintendant étoit avocat à Paris, et avoit écrit l'histoire de Marthe Brossier [1], cette fille

---

[1] Marthe Brossier étoit fille d'un tisserand de Romorantin; elle fut

qui faisoit la possédée ; ils l'ont supprimée autant qu'ils ont pu.

Le cardinal railloit quelquefois assez fortement et sans grand fondement. Durant le siége d'Arras, il m'arriva d'écrire une épître en vers au petit Quillet (1), médecin du maréchal d'Estrées. Il étoit alors à la cour d'Amiens pour cette belle guerre de Parme. Le paquet étoit adressé chez Bautru, ami de Quillet. Par hasard on le porta à Nogent, son frère, qui voulut avoir le plaisir de l'ouvrir, puisqu'il lui avoit coûté un quart d'écu, car c'est le plus avare des humains. Nogent porta cette bagatelle chez le cardinal pour l'en faire rire. Son Eminence prit occasion de railler, à cause qu'il y avoit quelques endroits qui pouvoient convenir à M. de Bullion (2), qui étoit, aussi bien que Quillet, petit, gros, rouge, et aimant la bonne chère. Il prit occasion de railler Senectère, qui étoit le courtisan de Bullion ; et Senectère lui ayant remontré que le nom de Quillet y étoit : « Qu'importe, dit-il, que « ce soit pour M. de Bullion ou pour le médecin de « votre ami? c'est à vous à faire faire réponse, » et lui mit la lettre entre les mains. Il la rendit depuis à Quillet, et lui dit d'un air fort chagrin, car il avoit peur que Bullion ne le sût, qu'il recommandât bien à ses amis

---

renvoyée dans son pays par arrêt du 23 juin 1599, avec défense d'en sortir. Le *Discours véritable sur le fait de Marthe Brossier*, Paris, 1599, in-8º, a été attribué au médecin Marescot. (Voyez la *Biographie universelle*.) Il paroîtroit, d'après Tallemant, que cet ouvrage pourroit être de Le Bouthilier.

(1) Claude Quillet, l'un de nos meilleurs poètes latins modernes, auteur du poème de *la Callipédie*. Il mourut en septembre 1661.

(2) On appeloit Bullion *le Gros Guillaume raccourci*. Les gens de lettres le haïssoient, car il faisoit profession de les mépriser. (T.)

de n'écrire jamais au lieu où seroit la cour des choses qui pussent s'appliquer à plusieurs personnes. Si mon père eût su cela, et qu'après il lui fût arrivé quelque désordre dans ses affaires, il m'eût voulu faire accroire que ma poésie en eût été cause.

En ce temps-là le cardinal dit en riant à Quillet, qui est de Chinon : « Voyez-vous ce petit homme-là ? il « est parent de Rabelais, et médecin comme lui. — Je « n'ai pas l'honneur, dit Quillet, d'être parent de Ra- « belais. — Mais, ajouta le cardinal, vous ne nierez « pas que vous ne soyez du même pays que Rabelais. — « J'avoue, monseigneur, que je suis du pays de Rabe- « lais, reprit Quillet, mais le pays de Rabelais a l'hon- « neur d'appartenir à Votre Eminence. » Cela étoit assez hardi ; mais un M. Mulot de Paris, qu'il avoit fait chanoine de la Sainte-Chapelle, lui parloit bien encore plus hardiment. Il est vrai que le cardinal avoit bien de l'obligation à ce homme; car lorsqu'il fut relégué à Avignon, Mulot vendit tout ce qu'il avoit, et lui porta trois ou quatre mille écus, dont il avoit fort grand besoin. Ce M. Mulot n'avoit rien tant à contrecœur que d'être appelé aumônier de Son Eminence. Une fois le cardinal, pour se divertir, car il se chatouilloit souvent pour se faire rire, fit semblant d'avoir reçu une lettre où il y avoit : *A monsieur, monsieur Mulot, aumônier de Son Eminence*, et la lui donna. Cela le mit en colère, et il dit tout haut que c'étoient des sots qui avoient fait cela. « Ouais ! dit le cardinal, et « si c'étoit moi ? — Quand ce seroit vous, répondit « Mulot, ce ne seroit pas la première sottise que vous « auriez faite. » Une autre fois il lui reprocha qu'il ne croyoit point en Dieu, et qu'il s'en étoit confessé à lui.

Le cardinal fit mettre un jour des épines sous la selle de son cheval. Le pauvre M. Mulot ne fut pas plus tôt dessus, que la selle pressant les épines, le cheval se sentit piqué, et se mit à regimber d'une telle force, que le bon chanoine se pensa rompre le col. Le cardinal rioit comme un fou. Mulot trouve moyen de descendre, et s'en va à lui tout bouillant de colère : « Vous « êtes un méchant homme. — Taisez-vous, taisez-vous, « lui dit l'Eminence ; je vous ferai pendre, vous révé- « lez ma confession. » Ce M. Mulot avoit un nez qui faisoit voir qu'il ne haïssoit pas le vin. En effet, il l'aimoit tant, qu'il ne pouvoit s'empêcher de faire une aigre réprimande à tous ceux qui n'en avoient pas de bon ; et quelquefois, quand il avoit dîné chez quelqu'un qui ne lui avoit pas fait boire de bon vin, il faisoit venir les valets, et leur disoit : « Or çà, n'êtes-vous « pas bien malheureux de n'avertir pas votre maître, « qui peut-être ne s'y connoît pas, qu'il se fait tort de « n'avoir pas de bon vin à donner à ses amis? » Il avoit beaucoup d'amitié pour madame de Rambouillet ; et ayant découvert que M. de Lizieux, quoiqu'il eût du bien de reste, jouissoit toujours d'une petite terre qui lui avoit été donnée autrefois par le beau-père de cette dame pour en jouir sa vie durant, il ne le pouvoit souffrir, et à tout bout de champ il le lui vouloit aller dire; et toutes les fois qu'il voyoit madame de Rambouillet, la première chose qu'il lui disoit, c'étoit : « Ma- « dame, M. de Lizieux a-t-il rendu cette terre? » Enfin il falloit que madame de Rambouillet se mît à genoux devant lui pour obtenir qu'il n'en parleroit jamais. M. de Lizieux avoit oublié d'où lui venoit cette terre, ou, pour mieux dire, il avoit oublié qu'il l'avoit. Jamais homme n'a moins su ses affaires que celui-là.

Le cardinal avoit deux petits pages, dont l'un s'appeloit Meniquet, et l'autre Saint.... J'ai oublié le nom de ce saint-là. Ils rencontroient admirablement à faire des équivoques sur-le-champ. Le cardinal s'en divertissoit. Un jour M. de Lansac entre; Son Eminence dit: « Meniquet, une équivoque sur M. de Lansac.—Monseigneur, il me faut une pistole, sans cela je ne saurois équivoquer.—Comment, une pistole? dit le cardinal. — Oui, monseigneur, il m'en faut une, et si je n'équivoque bien, je me soumets à avoir le fouet...» Le cardinal lui en donne donc une. Le petit page la met dans sa poche et dit : « *Pistole Lansac* » (pistole en sac). Le cardinal la trouva si plaisante qu'il lui en fit donner dix.

On a remarqué que le cardinal de Richelieu avoit puni fort sévèrement la sédition des *pieds-nus* en Normandie, parce que cette province a eu des souverains autrefois, qu'elle le porte plus haut qu'une autre province, qu'elle est voisine des Anglois, et qu'elle a peut-être encore quelque inclination à avoir un duc.

On a remarqué aussi que ce fut une grande bévue que de défendre de peser les pistoles, car on rogna si bien qu'elles ne pesoient plus que six livres, et que le Roi se ruinoit quand il fallut porter de l'or hors de France ; enfin cela fit ouvrir les yeux au cardinal. Il est vrai qu'il prit le chemin qu'il falloit pour arrêter ce désordre, car il les décria tout d'un coup. Il fallut après tirer parti des rogneurs. Montauron en donnoit tant au Roi et les faisoit condamner à la plus grosse somme qu'il pouvoit. Il y en avoit tant que toute la corde du royaume n'eût pas suffi pour les pendre. Quelques particuliers du conseil, qui avoient de l'or léger, furent cause qu'on donna ce ridicule arrêt qui défendoit de peser les pistoles. Cela obligea à faire les louis d'or (1).

Le cardinal de Richelieu ayant harangué au parlement en présence du Roi, sa harangue, qui fut assez longue, fit bien du bruit, à cause de l'orateur probablement, car au fond ce n'étoit pas grand'chose (2). On parla de la faire imprimer. Il pria le cardinal de La Valette d'assembler quelques personnes intelligentes. Ce fut chez Bautru. M. Godeau, M. Chapelain, M. Gombauld, M. Guyet, M. Desmarest que Bautru y mit de son chef, en étoient. On la lut fort exactement, car le cardinal le souhaitoit. Ils furent depuis dix heures du matin jusqu'au soir à ne marquer que le plus gros; dès qu'il sut qu'on avoit été si long-temps à l'examiner, il rengaîna et ne pensa plus à la faire imprimer. Bautru ne fut pas d'avis qu'on lui montrât les marques qu'on avoit faites, car il y en avoit trop, et cela l'auroit fâché. Elle étoit pleine de fautes contre la langue, aussi bien que son Catéchisme ou Instruction chrétienne (3). Il voyoit bien les choses, mais il ne les entendoit pas bien. A parler succinctement, il

(1) Voyez *le Traité historique des monnoies de France* de Le Blanc; Amsterdam, 1692, p. 298 et suiv.

(2) Talon l'aîné, avocat-général, homme de petite cervelle, alla sottement en présence du Roi au parlement louer le cardinal de Richelieu par-dessus les maisons. En sortant le cardinal lui dit : « Monsieur Ta-« lon, vous n'avez rien fait aujourd'hui, ni pour vous ni pour « moi. » (T.)

(3) *Instruction du Chrétien*. La première édition de ce livre, qui en compte au moins vingt-quatre, est de Poitiers, 1621, in-8°.

étoit admirable et délicat. Il n'y a que l'*Instruction des curés* qui soit de lui; encore a-t-il pris des uns et des autres; pour le reste, la matière est de Lescot, et le françois de Desmarest (1). Il avoit fait une comédie qui étoit fort ridicule, et il la vouloit faire jouer. Madame d'Aiguillon et le maréchal de La Meilleraye firent agir Boisrobert pour l'en détourner. Le pauvre homme en fut disgracié quinze jours. Desmarest avoit des peines enragées avec lui. Il falloit se servir de ses pensées ou du moins les déguiser. Depuis, il ne fut pas si docile; il croyoit écrire mieux en prose que tout le reste du monde, mais il ne faisoit état que des vers. Il a écrit en un endroit de son Catéchisme ces mots : « C'est comme qui entreprendroit d'entendre « *le More de Térence* sans commentaire. » C'est signe qu'il avoit bien lu Térence (2). Il y a encore deux autres livres de lui; le premier s'appelle *la Perfection du chrétien* (3). Dans la préface il dit qu'il a fait le livre pendant les désordres de Corbie. C'est une vanité ridicule. Quand cela seroit, à quoi il n'y a nulle apparence, car il n'en avoit pas le loisir et avoit assez d'autres choses dans la tête, il ne faudroit pas le dire.

---

(1) Le Catéchisme a été corrigé depuis par Desmarest, qui l'a mis en l'état où on le voit aujourd'hui. (T.)

(2) Ce n'est pas dans son Catéchisme intitulé : *Instruction du chrétien*, que le cardinal commit la singulière erreur que Tallemant signale ici. C'est dans *les Principaux points de la Foi catholique, défendus contre l'écrit adressé au Roi par les ministres de Charenton*; Poitiers, 1617, in-8º. Il y traduit *Terentianus Maurus*, qui est le nom d'un grammairien, par *le Maure de Térence*, croyant que cet auteur avoit laissé une pièce de ce titre dont il étoit question dans le passage qu'il avoit à traduire.

(3) Paris, 1646, in-4º.

M. Desmarest, par l'ordre de madame d'Aiguillon, et M. de Chartres (Lescot), qui avoit été son confesseur, ont un peu revu cet ouvrage. L'autre est intitulé : *Traité enseignant la méthode la plus aisée et la plus assurée de convertir ceux qui se sont séparés de l'Eglise* (1). M. de Chartres et M. l'abbé de Bourséis l'ont revu. Après eux, madame d'Aiguillon pria M. Chapelain de refondre une Invocation à la Vierge : il le fit; mais elle n'y changea rien par scrupule ou par vénération pour son oncle. Beaucoup de gens croient que ce dernier ouvrage est de M. de Chartres, car le style est assez conforme; autant qu'on en peut juger par un échantillon, à l'approbation que ce prélat a mise au-devant du livre. Le cardinal faisoit travailler plusieurs personnes aux matières, et puis il les choisissoit, et choisissoit passablement bien.

Une chose m'a encore surpris de cet homme, c'est qu'il n'avoit jamais lu les Mémoires de Charles IX (2). En voici une preuve convaincante. Quelqu'un lui ayant parlé de *la Servitude volontaire* d'Etienne de La Boëtie, c'est un des Traités de ces Mémoires, et un Traité, pour dire ce que j'en pense, qui n'est qu'une amplification de collége, et qui a eu bien plus de réputation qu'il n'en mérite; il eut envie de voir cette pièce : il envoie un de ses gentilshommes par toute la rue Saint-Jacques demander *la Servitude volontaire*. Les libraires disoient tous : « Nous ne savons ce que « c'est. » Ils ne se ressouvenoient point que cela étoit

---

(1) Paris, 1651, in-folio.

(2) *Mémoires de l'état de la France sous Charles* IX. Le *Traité de la servitude volontaire* a été imprimé pour la première fois, en 1578, dans le tome 3 de ce Recueil, folio 116.

dans les Mémoires de Charles IX. Enfin le fils de Blaise, un libraire assez célèbre, s'en ressouvint et le dit à son père; et quand le gentilhomme repassa : « Monsieur, « lui dit-il, il y a un curieux qui a ce que vous cher-« chez, mais sans être relié, et il en veut avoir cinq « pistoles. — N'importe, » dit le gentilhomme. Le galant sort par la porte de derrière et revient avec les cahiers qu'il avoit décousus, et eut les cinq pistoles.

Le cardinal a aussi laissé des Mémoires pour écrire l'histoire de son temps (1). Madame d'Aiguillon s'informa depuis de madame de Rambouillet, de qui elle se pouvoit servir pour écrire cette histoire. Madame de Rambouillet en voulut avoir l'avis de M. de Vaugelas, qui lui nomma M. d'Ablancourt et M. Patru. Elle ne voulut pas du premier à cause de sa religion. Pour Patru, à qui elle en fit parler par M. Desmarest, il lui fit dire que, pour bien écrire cette histoire, il falloit renoncer à toute autre chose; qu'ainsi, il seroit obligé de quitter le palais; qu'elle lui fît donc donner un bénéfice de mille écus de rente ou une somme une fois payée. Elle lui envoya offrir la charge de lieutenant-général de Richelieu. Il lui répondit que pour cent mille écus il ne quitteroit pas la conversation de ses amis de Paris. Depuis, il m'a juré qu'il étoit ravi de n'avoir pas été pris au mot, et qu'il auroit enragé d'être obligé de louer un tyran qui avoit aboli toutes les lois et qui avoit mis la France sous un joug insupportable. Il n'y

---

(1) On publia d'abord du cardinal l'*Histoire de la mère et du fils*, qui fut mal à propos attribuée à Mézerai. Ce n'est qu'en 1823 que M. Petitot donna, d'après le manuscrit du dépôt des Affaires étrangères, les *Mémoires du cardinal de Richelieu*, compris dans la deuxième série des *Mémoires relatifs à l'histoire de France*.

a pas plus de quatre ans que M. de Montausier croyoit avoir fait quelque chose pour faire avoir cet emploi à M. d'Ablancourt, car madame Du Vignan, à qui lui et Chapelain en avoient parlé par rencontre, s'en alla persuadée que la religion n'étoit d'aucun obstacle à cela, et que madame d'Aiguillon ne pouvoit mieux faire. Mais cela n'a rien produit, quoiqu'on l'en quittât pour deux mille livres de pension. On a dit que l'évêque de Saint-Malo, Sancy, travailloit à l'histoire sur les Mémoires du cardinal de Richelieu; mais cela n'a point paru. Ce M. de Saint-Malo étoit ambassadeur à la Porte. Son secrétaire, nommé Martin, trouva le moyen de faire échapper des Sept-Tours de grands seigneurs polonais et une dame qui lui avoit promis de l'épouser. Il se sauva avec eux. Sancy en eut cent coups de latte sous la plante des pieds. Il n'étoit pas évêque alors. On trouva, après la mort du cardinal, ce qu'on a appelé son *Journal*. Il est imprimé. Là on voit que beaucoup de ceux qu'on croyoit ses ennemis lui donnèrent des avis contre leurs propres amis.

Pour l'Académie, que Saint-Germain appeloit assez plaisamment *la volière de Psaphon* (1), je n'ai rien à ajouter à ce qu'en a dit M. Pellisson dans l'*Histoire* qu'il en a faite (2). Je dirai seulement que le cardinal

---

(1) Psaphon, habitant de la Lybie, voulant être reconnu pour un dieu, réunit un grand nombre d'oiseaux, et leur apprit à répéter : *Psaphon est un grand dieu*. Leur éducation terminée, il les rendit à la liberté, et les Lybiens, frappés de ce prodige, décernèrent à Psaphon les honneurs divins.

(2) La première édition de l'ouvrage de Pellisson parut en 1653 (Paris, in-8º), sous le titre de *Relation contenant l'Histoire de l'Académie françoise*.

étoit ravi quand on lui remettoit la décision de quelque difficulté. Il en faisoit faire compliment aux académiciens, et les prioit de lui en envoyer souvent de même. Mais son avarice en ceci n'a-t-elle pas été ridicule? S'il eût donné à Vaugelas de quoi subsister honorablement (1), sans s'occuper à autre chose qu'au Dictionnaire, le Dictionnaire eût été fini de son vivant, car après on en eût été quitte pour nommer des commissaires qui eussent revu chaque lettre avec lui. Il eût fallu aussi payer ces commissaires. Mais cela lui coûtoit-il rien? étoit-ce de son fonds qu'il payoit les gens? Cela eût été utile et honorable à la France (2). Il a négligé aussi de faire un bâtiment pour cette pauvre Académie.

Il étoit avide de louanges. On m'a assuré que dans une épître liminaire d'un livre qu'on lui dédioit, il avoit rayé *héros* pour mettre *demi-dieu*. Une espèce

---

(1) Il rétablit la pension de Vaugelas, qui étoit de douze cents écus; mais Vaugelas n'en fut point payé. (T.)

(2) Il y avoit à Vitré, en Bretagne, un avocat peu employé, nommé Des Vallées. Cet homme étoit si né aux langues, qu'en moins de rien il les devinoit, en faisoit la syntaxe et le dictionnaire. En cinq ou six leçons il montroit l'hébreu. Il prétendoit avoir trouvé une langue-matrice qui lui faisoit entendre toutes les autres. Le cardinal de Richelieu le fit venir ici; mais Des Vallées se brouilla avec Demuys, le professeur en langue hébraïque, et avec un autre; cet autre étoit peut-être Sionita, cet homme du Liban, qui travailloit à sa Bible de Legeay. Le Pailleur, qui étoit de ses amis, lui avoit demandé sur toutes choses de ne les point choquer. Un jour que Le Pailleur, en voyant quelques épreuves, demanda si cela étoit corrigé, Des Vallées dit : « Voire, ce ne sont que « des ignorants. » Demuys sut cela, et le décria. Le cardinal vouloit cependant qu'il fît imprimer ce qu'il savoit de cette langue-matrice : « Mais vous me faites divulguer mon secret, donnez-moi donc de quoi « vivre. » Le cardinal le négligea, et le secret a été enterré avec Des Vallées. (T.)

de fou, nommé La Peyre, s'avisa de mettre au-devant d'un livre un grand soleil, dans le milieu duquel le cardinal étoit représenté. Il en sortoit quarante rayons, au bout desquels étoient les noms des quarante académiciens. M. le chancelier, comme le plus qualifié, avoit un rayon vert. Je pense que M. Servien, alors secrétaire d'Etat, avoit l'autre; Bautru ensuite, et les autres *au prorata* de leurs qualités, pour user des termes du président de La Vieuville. Il y mit Cherelles-Bautru, qui n'en étoit point, au lieu du commissaire Hubert. C'étoit un Auvergnat qui a fait de ridicules traités de chronologie.

J'ai déjà dit que le cardinal n'aimoit que les vers. Un jour qu'il étoit enfermé avec Desmarets, que Bautru avoit introduit chez lui, il lui demanda : « A quoi « pensez-vous que je prenne le plus du plaisir ? — A « faire le bonheur de la France, lui répondit Desma- « rets. — Point du tout, répliqua-t-il, c'est à faire des « vers. » Il eut une jalousie enragée contre *le Cid*, à cause que ses pièces des Cinq-Auteurs [1] n'avoient pas trop bien réussi. Il ne faisoit que des tirades pour des pièces de théâtre. Mais quand il travailloit, il ne donnoit audience à personne. D'ailleurs, il ne vouloit pas qu'on le reprît. Une fois L'Etoile, moins complaisant que les autres, lui dit le plus doucement qu'il put qu'il y avoit quelque chose à refaire à un vers. Ce vers n'avoit seulement que trois syllabes de plus qu'il ne lui falloit. « Là là, monsieur de L'Etoile, lui dit-il,

---

[1] Les pièces dont il fournissoit le sujet à Bois-Robert, Colletet, L'Estoile, Corneille et Rotrou, à chacun desquels il distribuoit un acte à faire, et que pour cette raison on appeloit *les pièces des Cinq-Auteurs*.

« comme s'il eût été question d'un édit, nous le ferons
« bien passer (1). »

Il fit une fois un dessein de pièce de théâtre avec toutes les pensées; il le donna à Boisrobert en présence de madame d'Aiguillon, qui suivit Boisrobert quand il sortit, pour lui dire qu'il trouvât le moyen d'empêcher que cela ne parût, car il n'y avoit rien de plus ridicule. Boisrobert, quelques jours après, voulut prendre ses biais pour cela. Le cardinal, qui s'en aperçut, dit : « Apportez une chaise à Du Bois (je dirai
« pourquoi il l'appeloit ainsi), il veut prêcher. »
M. Chapelain après fit des remarques sur ce dessein par l'ordre du cardinal. Elles étoient les plus douces qu'il se pouvoit. L'Eminentissime déchire la pièce, puis il fit recoller les déchirures, le tout dans son lit, la nuit, et enfin conclut de n'en plus parler.

Pour l'ordinaire il traitoit les gens de lettres fort civilement. Il ne voulut jamais se couvrir parce que Gombauld voulut demeurer nu-tête; et mettant son chapeau sur la table, il dit : « Nous nous incommo-
« derons l'un et l'autre. » Cependant, regardez si cela s'accorde, il s'assit, et le laissa lire une comédie tout de bout, sans considérer que la bougie qui étoit sur la table, car c'étoit la nuit, étoit plus basse que lui. Cela

---

(1) Il avoit assez méchant goût. On lui a vu se faire rejouer plus de trois fois une ridicule pièce en prose que La Serre avoit faite. C'est *Thomas Morus*. En un endroit Anne de Boulen disoit au roi Henri VIII, qui lui offroit une promesse de mariage : « Sire, des promesses de ma-
« riage, les petites filles s'en moquent. » En un autre, elle moralisoit sur la fragilité des choses humaines, et disoit au Roi que le trône des rois étoit un trône de paille : « C'est donc, disoit le Roi, de paille de
« diamant. » On appelle une paille certaine marque dans les diamants qui est un défaut. (T.)

s'appelle obliger et désobliger en même temps. Cela ne lui arrivoit guère. Vingt fois il a fait couvrir et asseoir Desmarets dans un fauteuil comme lui, et vouloit qu'il ne l'appelât que *monsieur*.

On l'a pourtant loué de savoir obliger de bonne grâce quand il le vouloit. Il avoit, à ce que dit La Ménardière, dessein de faire à Paris un grand collége avec cent mille livres de rente, où il prétendoit attirer les plus grands hommes du siècle. Là il y eût eu un logement pour l'Académie, qui eût été la directrice de ce collége. C'étoit à Narbonne, un peu devant sa mort, que La Ménardière dit qu'il le fit venir sept ou huit fois pour lui en parler; et il avoit cela si fort dans la tête, que, malgré son mal et toutes les affaires qu'il avoit alors sur les épaules, il y pensoit fort souvent. Il avoit, ajoute La Ménardière, déjà acheté quelque collége. Il laissa une assez belle bibliothèque; mais l'avarice de madame d'Aiguillon, et le peu de soin qu'elle en a eu, la laisse fort dépérir. Feu Tourville, grand-maréchal-des-logis, quand le Roi alla loger au palais, voulut à toute force en avoir la clef. Après on y trouva pour sept à huit mille livres de livres à dire. Ce fat de La Serre y loge présentement, et y a fait je ne sais quel taudis.

Le cardinal faisoit écrire la nuit quand il se réveilloit. Pour cela on lui donna un pauvre petit garçon de Nogent-le-Rotrou, nommé Chéret. Ce garçon plut au cardinal, parce qu'il étoit secret et assidu. Il arriva quelques années après qu'un certain homme ayant été mis à la Bastille, Laffemas, qui fut commis pour l'interroger, trouva dans ses papiers quatre lettres de Chéret, dans l'une desquelles il disoit à cet homme :

« Je ne puis vous aller trouver, car nous vivons ici
« dans la plus étrange servitude du monde, et nous
« avons affaire au plus grand tyran qui fût jamais. »
Laffemas porte ces lettres au cardinal, qui aussitôt fait
appeler Chéret. « Chéret, lui dit-il, qu'aviez-vous
« quand vous êtes venu à mon service? — Rien, mon-
« seigneur. — Ecrivez cela. Qu'avez-vous maintenant?
« — Monseigneur, répondit le pauvre garçon bien
« étonné, il faut que j'y pense un peu. — Y avez-
« vous pensé? dit le cardinal après quelque temps. —
« Oui, monseigneur, j'ai tant en cela, tant en telle
« chose, etc., etc. — Ecrivez. » Quand cela fut écrit :
« Est-ce tout? — Oui, monseigneur. — Vous oubliez,
« ajouta le cardinal, une partie de cinquante mille
« livres. — Monseigneur, je n'ai pas touché l'argent.
« — Je vous le ferai toucher; c'est moi qui vous ai fait
« faire cette affaire. » Somme toute, il se trouva six
vingt mille écus de bien. Alors il lui montra ses lettres. « Tenez, n'est-ce pas là votre écriture? lisez. Allez,
« vous êtes un coquin; que je ne vous voie jamais. »
Madame d'Aiguillon et le grand-maître le firent reprendre au cardinal. Peut-être savoit-il des choses
qu'ils craignoient qu'il divulguât. Ce n'est pas que le
cardinal ne fût pas terriblement redouté. Pour moi, je
trouve que l'Eminentissime, cette fois-là, fut assez
clément. Ce Chéret est maître des comptes. Il avoit
placé un de ses frères chez le grand-maître, qui, je
crois, a fait aussi quelque chose.

Il est temps de parler de M. le Grand (1). le car-

---

(1) Henri Coiffier, dit Ruzé, marquis de Cinq-Mars, grand-écuyer de
France.

dinal, qui ne s'étoit pas bien trouvé de La Fayette, et qui voyoit bien qu'il falloit quelque amusement au Roi, jeta les yeux sur Cinq-Mars, second fils du feu maréchal d'Effiat. Il avoit remarqué que le Roi avoit déjà un peu d'inclination pour ce jeune seigneur, qui étoit beau et bien fait, et il crut qu'étant le fils d'un homme qui étoit sa créature, il seroit plus soumis à ses volontés qu'un autre. Cinq-Mars fut un an et demi à s'en défendre; il aimoit ses plaisirs, et connoissoit assez bien le Roi; enfin son destin l'y entraîna. Le Roi n'a jamais aimé personne si chaudement; il l'appeloit *cher ami*. Au siége d'Arras, quand Cinq-Mars y fut avec le maréchal de L'Hôpital mener le convoi, il falloit que M. le Grand écrivît deux fois le jour au Roi; et le bon sire se mit à pleurer une fois qu'il tarda trop à lui faire savoir de ses nouvelles. Le cardinal vouloit qu'il lui dît jusqu'aux bagatelles. Lui ne vouloit dire que ce qui importoit au cardinal; leur mésintelligence commença à éclater quand M. le Grand prétendit entrer au conseil.

Le cardinal ne trouva pas bon non plus que Cinq-Mars eût voulu être grand-écuyer au lieu de premier écuyer de la petite écurie. Le Roi disoit tout en sa présence; il savoit toutes les affaires. Le cardinal en représenta tous les inconvénients au Roi, et que c'étoit un trop jeune homme. Cela outra le grand-écuyer, qui fit maltraiter son espion, La Chenaye, premier valet-de-chambre, par le Roi, qui le chassa honteusement. Le Roi, en maltraitant La Chenaye, disoit aux assistans : « Il n'est pas gentilhomme, au moins. » Il l'appeloit coquin, et le menaçoit de coups de bâton. Cinq-Mars s'en lava comme il put auprès du cardinal, en lui disant que cet homme, le mettant mal avec le Roi, l'eût empêché de rendre à Son Eminence ce qu'il lui devoit. La Meilleraye, son beau-frère, lui proposa à Ruel, où il fit son apologie, de donner un écrit signé de sa main, par lequel il s'obligeroit de dire au cardinal tout ce que le Roi lui diroit. Il répondit que ce seroit signer sa condamnation.

C'est apparemment Fontrailles (1) qui irrita le plus Cinq-Mars contre l'Éminentissime, car il étoit enragé contre le cardinal, et voici pourquoi. Fontrailles et autres étoient à Ruel dans l'antichambre du cardinal; on vint dire que je ne sais quel ambassadeur venoit; le cardinal sort au-devant de lui dans l'antichambre, et ayant trouvé Fontrailles, il lui dit, le raillant un peu fortement : « Rangez-vous, rangez-vous, monsieur de « Fontrailles, ne vous montrez point, cet ambassa- « deur n'aime point les monstres. » Fontrailles grinça les dents, et dit en lui-même : « Ah! scélérat, tu me « viens de mettre le poignard dans le sein, mais je te « l'y mettrai à mon tour, où je ne pourrai. » Après, le cardinal le fit entrer, et goguenarda avec lui pour raccommoder ce qu'il avoit dit. Mais l'autre ne lui a jamais pardonné. Cette parole-là a peut-être fait faire la grande conjuration qui pensa ruiner le cardinal.

Avant que de dire le reste, il faut parler de la Cata-

---

(1) Fontrailles, homme de qualité de Languedoc, bossu devant et derrière, et fort laid de visage, mais qui n'a pas la mine d'un sot. Il est fort petit et gros. (T.) — Il s'appeloit Louis d'Astarac, vicomte de Fontrailles. On a de lui une relation des choses qui se sont passées à la cour pendant la faveur de Cinq-Mars. Elle a été publiée avec les Mémoires de Montresor. (*Voyez* cette relation dans la deuxième série de la *Collection des Mémoires relatifs à l'histoire de France*, tom. 54, pag. 409.)

logne et du Roussillon, puisqu'aussi bien fut-ce à Perpignan que la catastrophe arriva. Au commencement le cardinal fit peu d'état de la Catalogne, car je crois qu'il n'avoit pas lu les Mémoires de la Ligue, non plus que ceux de Charles ix, et qu'il ne savoit pas que c'étoit par les Pyrénées, et non par les Alpes, qu'il falloit chasser les Espagnols d'Italie et des Pays-Bas. Peut-être le savoit-il, mais il vouloit faire durer la guerre. Quoi que c'en soit, La Motte-Houdancourt lui ayant envoyé par La Vallée, qui étoit l'homme du Roi en l'armée de Catalogne, des mémoires par lesquels il lui montroit clairement qu'il avoit de grandes intelligences dans l'Aragon et dans la Valence, le cardinal, touchant dans la main de cet envoyé, lui dit : « Assurez « M. de La Motte que dans peu de temps je mènerai « le Roi en personne en Espagne. » Je pense que, le Roi étant las de la guerre, le cardinal y eût été tout de bon cette fois-là ; pour cet effet il fit faire au Roi le voyage de Perpignan. Durant ce siége, les plus riches de Sarragosse se retirèrent dans la Castille et ailleurs. Le dessein du cardinal étoit de mener le Roi à Barcelone avec une armée de quarante mille hommes, d'envoyer un des meilleurs généraux avec quelques troupes en Portugal, et de faire attaquer en même temps Fontarabie, qui étant prise (car apparemment le roi d'Espagne n'eût pu couvrir ce momon (1), l'armée eût passé le long des Pyrénées pour se venir joindre après à celle du Roi. Il n'y avoit que Pampelune dans toute la Navarre à assiéger. Le Roi goûtoit assez cette

---

(1) *Momon*, expression empruntée d'un jeu de dés, dont les acteurs étoient masqués. *Couvrir ce momon*, paroît signifier ici accepter le défi. (*Voyez* le *Dict. de Trévoux*.)

entreprise, et avoit ordonné à La Vallée de faire accommoder le chemin de Notre-Dame de Mont-Serrat. En effet, on y dépensa huit mille livres, mais on y fit de l'ouvrage pour plus de cent mille francs, car les paysans, sachant que c'étoit pour le roi de France, ne vouloient point prendre d'argent. On prit Colioure avant Perpignan, mais ce fut par le plus grand hasard du monde. Le château, qui est sur le roc, et qui a des murs d'une épaisseur effroyable, ne craint ni le canon ni la mine. Le maréchal de La Meilleraye fit pourtant jouer un fourneau sans rime ni raison, et ce fourneau combla le seul puits qu'ils eussent. Ainsi il se fallut rendre pour ne pas mourir de soif.

Salses vaut beaucoup mieux. Feu M. le Prince la prit. Bautru disoit qu'on en feroit un extraordinaire, car il avoit manqué Dole et Fontarabie. Un homme qui saura son métier, avec cinq cents hommes y fera périr une armée de quarante mille. Espenan y alla mettre trois mille hommes qui s'affamèrent l'un l'autre. Depuis elle fut surprise comme on alloit à Perpignan. Cet Espenan étoit un grand ignorant. Il alla mettre de la cavalerie en grand nombre dans Tarragone, et après se rendit on ne sait comment. Il est mort gouverneur de Philipsbourg. Au commencement de la guerre il étoit aisé de faire fortune ; pour peu qu'on eût ouï parler du métier, on étoit recherché, car personne ne le savoit.

En allant au Roussillon, le cardinal apprit à Tarascon que Machault, maître des requêtes, avoit fait pendre fort légèrement des marchands de blé à Narbonne. Il voulut savoir le détail de cette affaire. On lui dit qu'il y avoit dans la ville un avocat de Paris qui s'appeloit Langlois (au Palais on l'appeloit *Langlois ti-reur d'armes*, parce que son père étoit de ce métier-là, afin de le distinguer des autres qui s'appeloient comme lui). Cet avocat avoit été procureur du roi de l'intendance de Machault. Langlois vint, et en contant l'affaire, il ne disoit jamais que *monsieur*. Tous ceux qui étoient là lui disoient tout bas : « Dites mon-« seigneur. » L'autre continuoit toujours à dire *monsieur*. Le cardinal se crevoit de rire de l'empressement de tous ses flatteurs, et écouta Langlois fort attentivement. L'avocat, quand il fut hors de là, dit : « Nous ne parlons au Palais que par *monsieur*; je suis » du Palais et ne sais point d'autre langage. »

Pour en revenir à M. le Grand, l'amiral de Brezé ne faisoit que d'arriver ; c'étoit vers l'Avent 1641, quand le cardinal, qui vouloit partir à la fin de janvier pour Perpignan, lui dit qu'il falloit se préparer pour armer les vaisseaux à Brest, et puis passer le détroit pour s'aller planter devant Barcelonne, afin d'empêcher le secours de Perpignan. Quelques jours après, Brezé entra dans la chambre du Roi. Pensez que l'huissier ne le laissoit pas gratter deux fois. Le Roi et M. le Grand parloient dans la ruelle. Brezé entend, sans être vu, que M. le Grand disoit le diable du cardinal[1]. Il se retire; il consulte en lui-même. Il n'avoit pas en-

---

[1] Le bruit ayant couru qu'il avoit fait venir des gens pour assassiner le cardinal, M. le duc d'Enghien offrit à Son Éminence de le tuer. Le marquis de Pienne le sut et le dit à Rumigny, qui conseilla à M. le Grand de le dire au Roi. Il dit le lendemain à Rumigny : « Le Roi m'a « dit : Prends de mes gardes, cher ami. — Et pourquoi n'en avez-vous « pas pris? lui dit Rumigny en le regardant entre les deux yeux. Vous « ne me dites pas vrai. » Le jeune homme rougit. « Au moins, ajouta « Rumigny, allez chez M. le duc accompagné de trois ou quatre de

core vingt-deux ans. Il avoit peur de n'être pas cru; il se résout de suivre le Roi à la chasse le plus souvent qu'il pourroit, et s'il trouvoit M. le Grand à l'écart, de lui faire mettre l'épée à la main. Une fois il le trouva assez à propos; mais, voyant venir un chien, il crut qu'il y avoit des gens après. Le lendemain le cardinal lui ordonna de partir le jour suivant. Il fut deux jours caché, faisant travailler à son équipage. L'Éminentissime le sut, l'envoya quérir et le malmena. Enfin, le jeune homme, ne sachant plus que faire, va trouver M. de Noyers, et lui dit ce qu'il avoit entendu, et ce qu'il avoit eu dessein de faire. M. de Noyers lui dit : « Monsieur, ne partez point « encore demain. » Le cardinal, averti de tout, le mande, le remercie de son zèle, et le fait partir après avoir dit qu'il y mettroit ordre.

Dans le voyage les choses s'aigrirent. Le cardinal vouloit qu'on chassât M. le Grand. Le Roi ne le vouloit pas, à cause que le cardinal le vouloit; non, comme vous allez voir, qu'il aimât encore M. le Grand. L'Éminentissime se retire à Narbonne (1) sous

---

« vos amis, pour lui faire voir que vous n'avez point de peur. » Il y fut. M. le duc jouoit; on le reçut fort bien, et on causa fort gaîment. Rumigny l'y accompagna. (T.)

(1) Le maréchal de La Motte, sous prétexte d'empêcher le secours de Perpignan, car exprès il faisoit courir le bruit que les ennemis avoient ce dessein-là, s'avança à trente lieues de la ville. Le maréchal manda au cardinal qu'il s'étoit avancé pour le servir, et qu'il lui donnoit sa parole de le dégager quand il voudroit, et de le venir enlever à la porte du logis du Roi; qu'il avoit mille hommes dont il lui répondoit comme de lui-même. Le cardinal dit qu'il admiroit l'adresse qu'avoit eue le maréchal, et lui manda qu'il n'avançât pas davantage. M. le Grand, qui avoit plus d'esprit que de cervelle, se douta du dessein du maréchal, et en avertit le Roi.

prétexte de son mal, et laisse Fabert (1), capitaine aux gardes, mais qui étoit bien dans l'esprit du Roi, et à qui le Roi avoit même dit un jour qu'il se vouloit servir de lui pour se défaire du cardinal. On l'avoit choisi comme un homme de cœur et un homme de sens. M. de Thou sonda un jour Fabert pour lui faire prendre le parti de M. le Grand. Fabert lui fit sentir qu'il en savoit bien des choses, et le pria de ne lui rien dire qu'il fût obligé de découvrir. « Mais vous n'avez, lui « dit l'autre, aucune récompense ; vous avez acheté « votre compagnie aux gardes. — Et vous, répondit « Fabert, n'avez-vous point de honte d'être comme le « suivant d'un jeune homme qui ne fait que sortir de « page ? Vous êtes dans un plus mauvais pas que vous « ne pensez. »

Or, voici comment on découvrit que le Roi n'aimoit plus M. le Grand. Un jour, en présence du Roi, on vint à parler de fortifications et de siéges. M. le Grand disputa long-temps contre Fabert, qui en savoit un peu plus que lui. Le feu Roi lui dit : « Monsieur « le Grand, vous avez tort, vous qui n'avez jamais rien « vu, de vouloir l'emporter sur un homme d'expé- « rience qui fait la guerre depuis si long-temps ; » et ensuite dit assez de choses à M. le Grand sur sa présomption (2), puis s'assit. M. le Grand lui alla dire sottement : « Votre Majesté se seroit bien passée de me

---

(1) Abraham Fabert, qui fut depuis créé maréchal de France.
(2) Un jour il contesta sur la guerre contre le maréchal de La Meilleraye. Le Roi lui dit que c'étoit bien à lui, qui n'avoit rien vu, à disputer contre un homme qui faisoit la guerre depuis si long-temps. — « Sire, « répondit-il, quand on a du sens et de la lumière, on sait les choses « sans les avoir vues. » (T.)

« dire tout ce qu'elle m'a dit. » Alors le Roi s'emporta tout-à-fait. M. le Grand sort, et en s'en allant il dit tout bas à Fabert : « Je vous remercie, monsieur Fabert, » comme l'accusant de tout cela. Le Roi vouloit savoir ce que c'étoit; Fabert ne le lui voulut jamais dire. « Il « vous menace peut-être? dit le Roi. — Sire? on ne fait « point de menaces en votre présence, et ailleurs on « ne le souffriroit pas. — Il faut vous dire tout, mon- « sieur Fabert, il y a six mois que je le vomis (ce sont « les propres termes du Roi). Mais pour faire accroire « le contraire, et qu'on pensât qu'il m'entretenoit en- « core après que tout le monde étoit retiré, continua « le Roi, il demeuroit une heure et demie dans la « garde-robe à lire l'Arioste. Les deux premiers valets « de garde-robe étoient à sa dévotion. Il n'y a point « d'homme plus perdu de vices, ni si peu complaisant. « C'est le plus grand ingrat du monde. Il m'a fait at- « tendre quelquefois des heures entières dans mon car- « rosse, tandis qu'il crapuloit. Un royaume ne suffiroit « pas à ses dépenses. Il a, à l'heure que je vous parle, « jusqu'à trois cents paires de bottes. » La vérité est que M. Le Grand étoit las de la ridicule vie que le Roi menoit, et peut-être encore plus de ses caresses [1]. Fabert donna avis de tout cela au cardinal. M. de Cha-

---

[1] Quoi que Rumigny pût dire à M. le Grand, il négligea de se remettre bien avec le Roi; il se fioit sur son Traité avec l'Espagne. Il avoit envoyé Montmort, parent de Fontrailles, au comte de Brion, car on n'osoit, à cause de La Rivière, s'adresser à Monsieur directement. Par malheur pour lui, M. de Brion étoit à Paris aux noces de mademoiselle de Bourbon et de M. de Longueville. Cela empêcha qu'il n'eût réponse, et donna le temps d'avoir le Traité d'Espagne. La princesse Marie avoit promis à Cinq-Mars de l'épouser quand il se seroit plus élevé : cela avoit contribué à lui faire tourner la tête. (T.)

vigny, qu'il envoya trouver Fabert, ne pouvoit croire ce qu'il entendoit. Cela donna courage au cardinal, qui, voyant qu'après cela M. le Grand faisoit toujours bonne mine, conjectura qu'il y avoit quelque grande cabale qui le soutenoit; c'étoit ce Traité d'Espagne. Avant que de dire mes conjectures comme il l'eut, je dirai quelle étoit la résolution du cardinal. Le cardinal, un peu devant, dictoit un manifeste dont les cahiers ont été brûlés. Il parloit de se retirer en Provence, à cause du comte d'Alais. Il espéroit que ses amis l'y viendroient joindre. Il partit effectivement, après s'être fait dire par les médecins que l'air de la mer lui étoit si contraire, qu'il ne guériroit jamais s'il ne s'en éloignoit davantage. Et au lieu d'aller par terre pour plus grande sûreté, il se mit sur le lac pour aller à Tarascon, disant que le branle de la litière lui faisoit mal. Comme il étoit près de passer le Rhône, on dit qu'un courrier, qui ne l'avoit point trouvé à Narbonne, arriva avec un paquet du maréchal de Brezé, vice-roi de Catalogne, qui, en quatre lignes, lui mandoit qu'une barque ayant échoué à la côte, on y avoit trouvé le Traité de M. le Grand, ou plutôt le Traité de M. d'Orléans avec l'Espagne, et qu'il le lui envoyoit.

Voilà le bruit qu'on fit courir, mais ce n'est pas la vérité, comme nous dirons ensuite. Aussi n'y a-t-il guère d'apparence à ce qu'on disoit là, et ceux qui l'ont cru sont de facile croyance. Le cardinal (à ce qu'a dit Charpentier, son premier secrétaire, qui peut avoir été trompé comme un autre, et qui a conté l'aventure de la barque), fort surpris, commanda que tout le monde se retirât, excepté Charpentier. « Faites-

« moi apporter un bouillon, je suis tout troublé. » Charpentier le va prendre à la porte de la chambre, qu'on ferme ensuite au verrou. Alors le cardinal, levant les mains au ciel, dit : « O Dieu ! il faut que tu « aies bien du soin de ce royaume et de ma personne ! « Lisez cela, dit-il à Charpentier, et faites-en des « copies. » Aussitôt il envoya un exprès à M. de Chavigny, avec ordre de le venir trouver, quelque part qu'il fût. Chavigny le vint trouver à Tarascon, car il jugea à propos de passer le Rhône. Chavigny, chargé d'une copie du Traité, va trouver le Roi. Le cardinal l'avoit bien instruit. « Le Roi vous dira que « c'est une fausseté, mais proposez-lui d'arrêter M. le « Grand, et qu'après il sera bien aisé de le délivrer si « la chose est fausse; mais que si une fois l'ennemi « entre en Champagne, il ne sera pas si aisé d'y remé- « dier. » Le Roi n'y manqua pas ; il se mit en une colère horrible contre M. de Noyers et M. de Chavigny, et dit que c'étoit une méchanceté du cardinal, qui vouloit perdre M. le Grand. Ils eurent bien de la peine à le ramener : enfin pourtant il fit arrêter M. le Grand, et puis alla à Tarascon s'éclaircir de tout avec le cardinal.

Or, comme Fontrailles vit que le Roi étoit si longtemps avec M. de Noyers et M. de Chavigny sans qu'on eût appelé M. le Grand, il lui dit : « Monsieur, « il est temps de se retirer. » M. le Grand ne le voulut pas. « Pour vous, lui dit-il, monsieur, vous serez « encore d'assez belle taille quand on vous aura ôté la « tête de dessus les épaules, mais en vérité je suis « trop petit pour cela (1). » Il se sauva en habit de ca-

---

(1) Avant que de se mêler d'intrigue, Fontrailles avoit mis tout son

« pucin, comme il étoit allé faire le Traité en Espa-
« gne (1). »

Voici ce que j'ai appris de M. Esprit l'académicien, qui dans ce temps étoit domestique de M. le chancelier, sur la manière dont M. le Grand fut arrêté. Huit jours après le départ de Fontrailles, M. le Grand se décide à se cacher à Narbonne chez un bourgeois dont la fille étoit bien avec son valet-de-chambre Belet, qui l'y conduisit. Le soir, il dit à un de ses gens : « Va voir si par hasard il n'y auroit point quelque « porte de la ville ouverte. » Le valet négligea d'y aller, parce qu'on étoit soigneux de les fermer de

---

bien à couvert. Il a vingt-deux mille livres de rente en fonds de terre, sans un sou de dettes. Il dit une plaisante chose au feu Roi qui lui montroit des louis : « Sire, lui dit-il, j'aime les vieux amis et les vieux « écus. » Il ne veut point qu'on raille de sa bosse; sur tout le reste il entend raillerie. Il étoit des esprits forts du Marais. Ces messieurs se mirent, il y a près de vingt ans, à porter des bottes qui avoient de fort longs pieds, mais non pas si longs qu'on les a portés depuis. Quelques capitaines aux gardes dansèrent un ballet des longs pieds. Fontrailles alla prendre cela pour eux, et engagea le comte de Fiesque et Rumigny à se battre. Le comte et son homme se blessèrent. Fontrailles fut culbuté par le sien, et Rumigny désarma le troisième. Ces messieurs du Marais chargèrent les filous, et leur enjoignirent de ne voler plus dans le Marais. Ainsi le Marais fut quelque temps un lieu de sûreté en dépit de lui. Espenan, soldat de fortune, qui avoit été garde de M. d'Épernon, épousa sa sœur. Il avoit gagné la mère et le cadet de Fontrailles. Cet Espenan avoit été en crédit pour avoir déposé contre M. de La Valette à l'assemblée de Fontarabie. Fontrailles le fit appeler en vain plusieurs fois en duel. Le cadet se mit si fort contre l'aîné qu'il lui envoya un cartel. Fontrailles en eut horreur, et, par l'avis de Rumigny, conta cela à tout le monde. Le cadet fût blâmé. Il est mort à la guerre en Catalogne. (T.)

(1) Fontrailles essaya de passer en Espagne; mais, n'y étant pas parvenu, il se retira en Angleterre, où il resta jusqu'après la mort du cardinal. (*Relation de Fontrailles*, au lieu déjà cité, p. 443.)

bonne heure; cependant, voyez quel malheur, une porte avoit été ouverte toute la nuit pour faire entrer le train du maréchal de La Meilleraye. Alors, comme on avoit publié à son de trompe que quiconque découvriroit M. le Grand auroit tant de récompense, et que quiconque le cacheroit seroit puni de mort, etc., son hôte le découvrit, de peur d'encourir la peine annoncée. Si M. le Grand n'eût point été aussi paresseux, et qu'au lieu d'envoyer un de ses gens voir si une porte de la ville étoit ouverte, il y eût été lui-même, il se sauvoit.

La vérité touchant le moyen qu'on a tenu pour avoir le Traité n'est point encore divulguée. Fabert a dit que le feu Roi l'avoit su ainsi que M. de Chavigny et M. de Noyers, et qu'il n'y avoit plus que la Reine, M. d'Orléans, M. le cardinal Mazarin et lui qui le sussent; mais qu'il se gardera bien de le dire. Un jour quelqu'un demanda à M. le Prince par quelle invention on avoit découvert ce Traité? M. le Prince dit quelque chose tout bas à cet homme; Voiture, qui avoit vu cela, dit à M. de Chavigny : « Vous faites tant « le fin de ce grand secret, cependant M. le Prince l'a « dit à un tel. — M. le Prince ne le sait pas, dit Cha- « vigny; puis, quand il le sauroit, il n'oseroit le « dire. » De là, Voiture conjecturoit que cela venoit de la Reine, et pour preuve de cela, on remarquoit qu'après avoir long-temps parlé de lui ôter ses enfants, on cessa tout-à-coup d'en parler. On dira à cela, que si la chose avoit été ainsi, madame de Lansac, qui tenoit la place de madame de Senecey, et qui étoit en même temps gouvernante de M. le Dauphin, n'eût pas tiré le rideau de la Reine si brusquement pour lui insulter, en lui disant d'un ton aigre que M. le Grand étoit arrêté. Cela n'y fait rien, car, pour donner le change, on laissa apparemment faire tout cela à madame de Lansac, et peut-être le lui fit-on faire exprès. Le temps nous en apprendra davantage. Le cardinal Mazarin, au retour de Narbonne, passa le premier à Lyon, et alla voir M. de Bouillon à Pierre-en-Cize, et lui dit : « Votre Traité est découvert; » et en même temps il lui en cita par cœur quelques articles. Cela étonna fort M. de Bouillon, qui crut que M. d'Orléans avoit tout dit; il confessa tout, quand on lui assura la vie.

Comme on menoit M. le Grand à Lyon, un petit laquais catalan lui jeta une boulette de cire dans laquelle il y avoit un petit papier avec quelques avis assez mal digérés. Ce petit garçon, qui étoit à lui, s'étoit mis en ce hasard et venoit de la part de la princesse Marie.

A Lyon, le chancelier Seguier dit tant à M. le Grand que le Roi l'aimoit trop pour le perdre, que cela n'iroit qu'à quelque temps de prison, que Sa Majesté auroit égard à sa jeunesse, que le pauvre M. le Grand en crut quelque chose. Il se persuada que le Roi ne souffriroit jamais qu'on le fît mourir; qu'étant si jeune, il avoit le temps d'attendre la mort du cardinal, et qu'après il reviendroit à la cour. D'abord il confessa tout en secret à M. le chancelier seul [1]. Le chancelier dit alors au cardinal : « Pour M. le Grand, cela va assez

---

[1] Le Roi, à son passage à Lyon, dit cent puérilités au chancelier, et entre autres qu'il n'avoit jamais pu habituer ce méchant garçon à dire tous les jours son *Pater*. Une autre fois, en faisant des confitures, le Roi dit : « L'âme de Cinq-Mars étoit aussi noire que le cul de ce poê-« lon. » (T.)

« bien, mais pour l'autre, je ne sais comment nous
« ferons. » M. le Grand, après divers interrogatoires,
fut conduit enfin au palais de Lyon. On le fit comparoître devant les commissaires; car il ne pensa pas,
non plus que M. de Thou, qui cependant devoit savoir
cela, à décliner, dans l'opinion qu'il avoit que le Roi
ne demandoit d'autre satisfaction, sinon qu'il avouât
publiquement son crime. Il fit d'une manière tout-à-fait aisée, et en termes dignes d'un cavalier, l'histoire
de sa faveur. Ce fut là qu'il avoua que M. de Thou
savoit le Traité, mais qu'il l'en avoit toujours détourné,
et persista dans cette déclaration jusqu'à la mort. On
le confronta après à M. de Thou, qui ne fit que lever
les épaules comme en le plaignant, mais ne lui reprocha point de l'avoir trahi. M. de Thou allégua la loi
Conscii (1), sur laquelle a été faite l'ordonnance de
Louis XIII, qui n'a jamais été exécutée; mais il expliqua mal cette loi, prenant toujours *conscii* pour
complices. M. de Miroménil eut le courage d'ouvrir
l'avis de l'absolution pour lui. Le cardinal, s'il eût
vécu plus long-temps, ne lui en eût pas voulu de bien.
Un exemple qu'on allégua d'un homme de qualité,
nommé..... (2), que le premier président de Thou fit
mourir pour la même chose, nuisit fort à son petit-fils.

(1) Voici le texte de cette loi : *Utrum, qui occiderunt parentes, an etiam conscii, pœnâ parricidii adficiantur, quæri potest? Et ait Marcianus, etiam conscios eâdem pœnâ adficiendos, non solum parricidas.* (L. 6, au Digeste *de lege Pompeiâ, de parricidiis.*) Toute la loi est dans l'interprétation du mot *conscius*, qui signifie tout à la fois, celui qui a connoissance du crime, et le complice du crime. La première interprétation est d'une atrocité qui auroit toujours dû la faire repousser.

(2) Le nom est resté en blanc au manuscrit.

M. le Grand (1) croyoit si peu mourir, que comme on le vouloit faire manger pour lui prononcer après sa sentence, il dit : « Je ne veux point manger; on m'a ordonné « des pilules, j'ai besoin de me purger, il faut que je les « aille prendre. » Il mangea peu. Après on leur prononça leur sentence. Une chose si dure et aussi peu attendue ne fit cependant témoigner aucune surprise à M. le Grand. Il fut ferme, et le combat qu'il souffroit en lui-même ne parut point au dehors. Quoiqu'on eût résolu de ne point lui donner la question, comme portoit la sentence, on ne laissa pas de la lui présenter; cela le toucha, mais ne lui fit rien faire qui le démentît, et il défaisoit déjà son pourpoint, quand on lui fit lever la main pour dire vérité. Il persévéra, et dit qu'il n'avoit plus rien à ajouter. Il mourut avec une grandeur de courage étonnante, ne s'amusa point à haranguer, salua seulement ceux qu'il reconnut aux fenêtres, se dépêcha, et quand le bourreau lui voulut couper les cheveux, il lui ôta les ciseaux et les donna au frère du Jésuite. Il vouloit qu'on ne lui en coupât qu'un peu par-derrière; il retira le reste en devant. Il ne voulut point qu'on le bandât. Il avoit les yeux ouverts quand on le frappa, et tenoit le billot si ferme qu'on eut de la peine à en retirer ses bras. On lui coupa la tête du premier coup. M. le Grand étoit plein de cœur; il ne fut point ébranlé par un si grand revers. Au contraire, il avoit écrit de fort bon sens et même élégamment à la maréchale d'Effiat, sa mère.

---

(1) Quelques-uns des faits relatifs à Cinq-Mars sont placés, dans le manuscrit original, à l'article de Louis XIII; on a cru devoir les réunir tous ici, pour éviter la confusion et les redites.

On trouva la piste de toutes les menées de M. de Thou. C'étoit le plus inquiet de tous les hommes. M. le Grand l'avoit appelé *Son Inquiétude*. Quand il sortoit, il étoit quelquefois une heure sans pouvoir déterminer où il iroit. Par une ridicule affectation de générosité, dès qu'un homme étoit disgracié, il le vouloit connoître, et lui alloit faire offre de services. Etant conseiller, ou maître des requêtes, il alla voir le cardinal de La Valette à Mayence, et fut à la guerre, d'où il revint avec un bras cassé. On se moqua de lui. Si M. le Grand mourut en galant homme, M. de Thou fit le cagot. Il composa des inscriptions pour mettre à des offrandes qu'il faisoit. Il fit des vœux, des fondations et autres choses semblables. Il demandoit sans cesse s'il n'y avoit point de vanité dans son humilité. Enfin, il paillarda furieusement son vin, comme on dit, et il sembloit avec ses longs propos qu'il voulût se familiariser avec la mort. Je trouve qu'il mourut en pédant, lui qui avoit toujours vécu en cavalier, car sa soutane ne tenoit à rien. Il faisoit le coup de pistolet étant intendant de l'armée. Il étoit amoureux de madame de Guémenée. On dit qu'il lui écrivit après avoir été condamné. Au moins écrivit-il à une dame. C'étoit un vilain rousseau. Les grands seigneurs et les grandes dames l'avoient gâté, et aussi l'opinion d'être descendu des comtes de Toul, lui qui se devoit contenter d'être d'une maison illustre par de belles charges et des écrits célèbres (1).

(1) Cyprien Perrot, conseiller de la grand'chambre, père du président Perrot, et ami intime du président de Thou l'historien, trouva un jour par hasard un acte par lequel il paroissoit que l'avocat de Thou, de qui venoit ce président et le premier président du Parlement, étoit

Le cardinal, qui avoit traîné M. de Thou après lui sur le Rhône, eut bien de la peine à gagner la Loire. On le portoit dans une machine, et pour ne le pas incommoder, on rompoit les murailles des maisons où il logeoit, et si c'étoit par haut, on faisoit une rampe dès la cour, où il entroit par une fenêtre dont on avoit ôté la croisée. Vingt-quatre hommes le portoient en se relayant. Une fois qu'il eut attrapé la Loire, on n'avoit que la peine de le porter du bateau à son logis. Madame d'Aiguillon le suivoit dans un bateau à part; bien d'autres gens en firent de même. C'étoit comme une petite flotte. Deux compagnies de cavalerie, l'une de çà, l'autre de là la rivière, l'escortoient. On eut soin de faire des routes pour réunir les eaux qui étoient basses, et pour le canal de Briare, qui étoit presque tari, on y lâcha les écluses. M. d'Enghien eut ce bel emploi. Il passa aux bains de Bourbon-Lancy; mais ce remède ne lui servit guère. On trouva dans Pline que deux consuls romains étoient morts de fièvres qu'ils prirent, comme lui, dans la Gaule narbonnaise. Le cardinal étoit sujet aux hémorroïdes, et Suif (1) l'avoit une fois charcuté à bon escient.

Quand il fut de retour à Paris, il fit ajouter à *l'Europe* (2) la prise de Sedan, qu'il appeloit dans

---

fils d'un habitant d'Atis, village qui est à une journée de Paris; cela le fit rire. Il l'envoya au président, et lui manda que par cette pièce il prouveroit bien nettement qu'il venoit des comtes de Toul. C'étoit la chimère de la famille. Le président prit cela comme il devoit : il n'en fit que rire, et M. Perrot fut un de ses exécuteurs testamentaires. Perrot, sieur d'Ablancourt, y étoit quand on trouva cette pièce; c'est de lui que nous tenons ce fait. (T.)

(1) Chirurgien célèbre de ce temps.
(2) Tragi-comédie en cinq actes en vers, avec un prologue, attribuée

la pièce : *l'Antre des monstres*. Cette vision lui étoit venue dans le dessein qu'il avoit de détruire la monarchie d'Espagne. C'étoit comme une espèce de manifeste. M. Desmarets en fit les vers et en disposa le sujet.

Le cardinal, s'il eût voulu, dans la puissance qu'il avoit, faire le bien qu'il pouvoit faire, auroit été un homme dont la mémoire eût été bénie à jamais. Il est vrai que le cabinet lui donnoit bien de la peine (1). On a bien perdu à sa mort, car il choyoit toujours Paris, et puisqu'il en étoit venu si avant, il étoit à souhaiter qu'il durât assez pour abattre la maison d'Autriche. La grandeur de sa maison a été sa plus grande folie. Pour montrer combien le cabinet lui donnoit de peine, il ne faut que dire combien Tréville (2) lui causa de mauvaises heures. Il avoit su, peut-être par la déposition de M. le Grand, que le Roi, en lui montrant Tréville, avoit dit : « Monsieur le Grand, voilà un homme « qui me défera du cardinal quand je voudrai. » Tréville

---

au cardinal, mais bien plutôt faite par Desmarets, d'après un plan fourni par l'Éminence, et sous ses yeux. Elle fut représentée sur le théâtre de l'hôtel de Bourgogne, avec une grande magnificence, et, malgré son peu de succès, elle fut imprimée en 1643, in-4°.

(1) Par grimace il composa un conseil, et fit Saint-Chaumont ministre d'État; car il ne vouloit pas des gens bien forts. Saint-Chaumont, qui croyoit qu'on donnoit cela à son mérite, en eut bien de la joie. Il rencontra Gordes, capitaine des gardes-du-corps, à qui il le dit : « Oh! « oh! dit Gordes, tu te moques. » Il entre en riant à gorge déployée, et dit au Roi : « Sire, Saint-Chaumont dit que Votre Majesté l'a fait « ministre d'État; quelque sot croiroit cela. » (T.)

(2) Henri-Joseph de Peyre, comte de Troisville (où prononçoit *Tréville*), homme de l'esprit le plus juste et du goût le plus délicat. Il se retira du monde après la mort de Henriette d'Angleterre, duchesse d'Orléans.

commandoit les mousquetaires à cheval que le Roi avoit mis sur pied pour en être accompagné partout, à la chasse et ailleurs, et il en choisissoit lui-même les soldats. On y a vu des fils de M. le duc d'Uzès. On faisoit sa cour par ce moyen-là. Tréville est un Béarnais, soldat de fortune. Le cardinal avoit gagné sa cuisinière; on dit qu'elle avoit quatre cents livres de pension. Le cardinal ne vouloit point laisser auprès du Roi un homme en qui le Roi avoit tant de confiance. M. de Chavigny fut, de la part du cardinal, presser le Roi de le chasser. Le Roi bien humblement lui dit : « Mais, monsieur de Chavigny, que l'on considère que « l'on me perd de réputation, que Tréville m'a bien « servi, qu'il en porte des marques, qu'il est fidèle. — « Mais, Sire, dit M. de Chavigny, vous devez aussi con- « sidérer que M. le cardinal vous a bien servi, qu'il est « fidèle, qu'il est nécessaire à votre Etat, et que vous ne « devez point mettre Tréville et lui dans la balance. — « Quoi, monsieur de Chavigny, dit le cardinal à qui il « faisoit ce rapport, vous n'avez pas plus pressé le Roi « que cela? vous ne lui avez pas dit qu'il le falloit? La « tête vous a tourné, monsieur de Chavigny, la tête vous « a tourné. » Chavigny ensuite lui jura qu'il avoit dit au Roi : « Sire, il faut que vous le fassiez. » Le cardinal savoit bien à qui il avoit affaire. Le Roi craignoit le fardeau, et de plus il avoit peur que le cardinal, qui tenoit presque toutes les places, ne lui fît un méchant tour; enfin il fallut chasser Tréville.

L'Eminentissime croyoit revenir de sa maladie; toutes les déclarations contre M. d'Orléans en sont une marque. Il le haïssoit et le méprisoit, et il le vouloit faire déclarer incapable de la couronne, afin que le Roi, qui ne pouvoit pas vivre long-temps, venant à mourir, ce prince ne pût avoir part au gouvernement. Il y en a qui ont cru que le cardinal avoit fait dessein de gouverner la Reine par le cardinal Mazarin; qu'il l'avoit fait exprès cardinal. Il est vrai que M. de Chavigny y servit fort pour empêcher M. de Noyers de l'être. On a même cru qu'il y avoit déjà de l'intelligence entre la Reine et le cardinal de Richelieu, et qu'elle avoit commencé dès le temps qu'il eut d'elle le Traité d'Espagne. J'ai ouï dire à Lyonne que la première fois que le cardinal de Richelieu présenta le Mazarin à la Reine (c'étoit après le Traité de Cazal), il lui dit : « Madame, vous l'aimerez bien, il a de « l'air de Buckingham. » Je ne sais si cela y a servi, mais on croit que la Reine avoit de l'inclination pour lui de longue main, et que le cardinal de Richelieu s'en étoit aperçu, ou que cette ressemblance lui donnoit lieu de l'espérer.

Quand on joua *l'Europe*, il n'y étoit pas; il l'avoit bien vu répéter plusieurs fois avec les habits qu'il fit faire à ses dépens; son bras ne lui permit pas d'y aller. Au retour, il dit à sa nièce, lui montrant le cardinal Mazarin : « Ma nièce, j'instruisois un ministre d'Etat, tandis que « vous étiez à la comédie. » Et on dit qu'il le nomma au feu Roi, et qu'une autre fois il dit : « Je ne sache « qu'un homme qui me puisse succéder, encore est-il « étranger. » D'autres pensent que c'est trop subtiliser que de dire ce que j'ai dit du dessein de gouverner la Reine par le cardinal Mazarin, et croient que son intention n'a été autre que de mettre dans les affaires un homme qui, étant étranger et sa créature, par gratitude et par le besoin qu'il avoit d'appui, s'attacheroit apparemment à ses héritiers et à ses proches (1); mais ce n'est pas la première fois qu'il s'est trompé. Il prenoit M. de Chavigny pour le plus grand esprit du monde, et Morand, maître des requêtes, pour le premier homme de la robe. On parlera ailleurs de l'un et de l'autre.

Le Roi ne fut voir le cardinal qu'un peu avant qu'il mourût, et l'ayant trouvé fort mal, en sortit fort gai (2). Le curé de Saint-Eustache vint pour l'assister. On assure qu'il lui dit qu'il n'avoit d'ennemis que ceux de l'Etat, et que madame d'Aiguillon étant entrée tout échauffée, et lui ayant dit : « Monsieur, vous ne mourrez point, une « sainte fille, une brave Carmélite, en a eu une révéla- « tion :—Allez, allez, lui dit-il, ma nièce, il faut se mo- « quer de tout cela, il ne faut croire qu'à l'Evangile. »

On a dit qu'il étoit mort fort constant. Mais Boisrobert dit que les deux dernières années de sa vie, le cardinal étoit devenu tout scrupuleux, et ne vouloit point souffrir le moindre mot à double entente. Il ajoute que le curé de Saint-Eustache, à qui il en avoit parlé, ne lui avoit point dit que le cardinal fût mort si constamment qu'on l'avoit chanté. M. de Chartres (Lescot) a dit plusieurs fois qu'il ne connoissoit pas le

---

(1) Arnoul, qui travailloit à la marine, dit que le dessein du cardinal de Richelieu étoit d'envoyer le cardinal Mazarin à Rome pour y servir le Roi; et qu'il lui dit en sa présence : « Monsieur Arnoul, dans « combien de temps pouvez-vous apprêter un vaisseau pour passer M. le « cardinal Mazarin en Italie ? — Monseigneur, dit Arnoul, il y en aura « un de prêt au premier jour. » Le Mazarin alla supplier Arnoul de différer, et cependant le cardinal se porta plus mal. Jamais le Mazarin n'a reconnu ce service. (T.)

(2) Il se fit fermer son cautère, parce que son bras maigrissoit trop. Cela pourroit bien l'avoir tué ; il ne vécut plus guère après. (T.)

moindre péché à M. le cardinal. Par ma foi ! qui croira cela pourra bien croire autre chose !

Le livre intitulé *Optatus gallus* fut fait par le docteur Arsent, de concert avec le nonce du Pape, pour montrer que le cardinal de Richelieu tendoit à faire un schisme en France.

FIN DU TOME PREMIER.

TABLE DES MATIÈRES

CONTENUES DANS LE PREMIER VOLUME.

	Pages.
Henri IV.	3
Le Maréchal de Biron le fils.	20
Le maréchal de Roquelaure.	22
Le marquis de Pisani.	26
M. de Bellegarde, et beaucoup de choses de Henri III.	34
M. de Termes.	43
La princesse de Conti.	45
Philippe Desportes.	52
Le cardinal Du Perron.	59
L'archevêque de Sens, frère du précédent.	61
Le duc de Sully.	63
Le connétable de Lesdiguières. M. de Créqui.	76
La reine Marguerite de Valois.	87
La comtesse de Moret. M. de Cesy.	92
Le connétable de Montmorency.	97
Madame la princesse de Condé.	100
Mademoiselle Du Tillet.	110
Le maréchal d'Ancre.	114
Lisette.	119
Madame de Villars.	122
Madame la comtesse de Soissons.	127
Mademoiselle de Senecterre.	129
M. de Senecterre.	131

TABLE.

	Pages
M. d'Angoulême.	1
Le maréchal de La Force.	14
Malherbe.	15
Mademoiselle Paulet (1).	19
La vicomtesse d'Auchy.	20
M. Des Yveteaux.	21
M. de Guise, fils du Balafré.	2
Le chevalier de Guise, frère du précédent.	2
Le baron Du Tour.	2
M. de Vaubecourt.	2
Rocher-Portail.	2
Le connétable de Luynes, M. et madame de Chevreuse et M. de Luynes.	2
M. le duc de Luynes.	2
Le maréchal d'Estrées.	2
Le président de Chevry. Duret, le médecin, son frère.	2
M. d'Aumont.	2
Madame de Reniez.	2
Le baron de Panat.	2
Madame de Gironde.	2
M. de Turin.	2
M. de Portail, M. Hilerin.	2
Le comte de Villa-Medina.	2
M. Viète.	2
Le chancelier de Bellièvre, le chancelier de Sillery, M. et madame de Pisieux, M. et madame de Maulny.	2
Le Camus, maître des requêtes.	3
Madame d'Alincourt	3
M. d'Alincourt.	3
Faure, père et fils.	3
Vanité des nations.	3
Avocats.	3

(1) C'est par erreur que cet article a été classé ici. Il n'auroit dû trouver place que dans le volume suivant, parmi les articles des habitués de l'hôtel Rambouillet.

TABLE.

	Pages.
Le marquis d'Assigny.	317
Le duc de Brissac.	320
Bizarreries et Visions de quelques femmes.	Ib.
Gens guéris ou sauvés par moyens extraordinaires.	323
La princesse d'Orange, la mère.	327
Le prince d'Orange, le père.	330
M. de Mayenne.	334
Maris cocus par leur faute.	336
Cocus prudents ou insensibles.	338
Le comte de Cramail.	340
Nains, Naines.	342
Le cardinal de Richelieu.	344

www.ingramcontent.com/pod-product-compliance
Lightning Source LLC
Chambersburg PA
CBHW050913230426
43666CB00010B/2151